本书获得四川省高校人文社科"旅游消费者创新理论团
中央高校基本科研业务费"旅游管理重点研究基地"项
四川省哲学社科重点项目（SC14A031）的共同资助。

Advertisement Management
In the Era of Modern Experience Economy

艾 进 ○ 主编

体验经济下的广告管理
——新趋势、新方法与新案例

西南财经大学出版社
Southwestern University of Finance & Economics Press

中国·成都

图书在版编目(CIP)数据

体验经济下的广告管理——新趋势、新方法与新案例/艾进主编
. 一成都:西南财经大学出版社,2015. 10
ISBN 978 - 7 - 5504 - 2182 - 0

Ⅰ. ①体… Ⅱ. ①艾… Ⅲ. ①广告学 Ⅳ. ①F713. 8

中国版本图书馆 CIP 数据核字(2015)第 235141 号

体验经济下的广告管理——新趋势、新方法与新案例
TIYAN JINGJIXIA DE GUANGGAO GUANLI——XINQUSHI、XINFANGFA YU XINANLI

艾进 主编

责任编辑:李特军
助理编辑:李晓嵩
封面设计:何东琳设计工作室
责任印制:封俊川

出版发行	西南财经大学出版社(四川省成都市光华村街55号)
网 址	http://www. bookcj. com
电子邮件	bookcj@ foxmail. com
邮政编码	610074
电 话	028 - 87353785 87352368
照 排	四川胜翔数码印务设计有限公司
印 刷	郫县犀浦印刷厂
成品尺寸	185mm × 260mm
印 张	30
字 数	690 千字
版 次	2015 年 10 月第 1 版
印 次	2015 年 10 月第 1 次印刷
印 数	1— 2000 册
书 号	ISBN 978 - 7 - 5504 - 2182 - 0
定 价	58. 00 元

前　言

　　人类的经济发展历程经历了从农业到工业、从工业到服务业等不同阶段，经历了由商品唯一论到商品与服务结合论的不同认识。然而纵观这二十多年来国内和国外市场的实践，产品和服务消费模式已发生了巨大变化：顾客消费的整个过程变得比产品和服务本身更重要；顾客更愿意由物质产品去获得精神价值；消费的过程开始于实际消费之前，完结于很久之后，甚至持续到永远……由此，消费的过程，即体验，其本身已经成为一种甚至比其核心产品更为重要的产品。传统的管理职能研究与学科知识体系已被打破，新的经济形势急需新的、多元学科交叉的市场理论来总结和说明，并以新的实践案例来提炼和解读。

　　"体验"这一名词正越来越广泛地被使用。"体验"一词有着非常宽泛的含义，最初对"体验"进行界定的是哲学、美学和心理学，随后经济学和管理学也开始关注这一名词。1970 年，美国未来学家阿尔文·托夫勒（Alvin Toffler）把体验作为一个经济术语来使用，这标志着体验开始进入经济学的研究范畴。

　　市场营销对体验进行研究的时间就更晚一些。早期的研究主要集中在情感体验（Havlena & Holbrook，1986；Westbrook & Oliver，1991；Richins，1997）、消费体验（Lofman，1991；Mano & Oliver，1993）、服务体验（Padgett & Allen，1997）等方面，而体验真正成为一个热门研究方向的标志是美国学者派恩和吉尔摩的《体验经济》以及美国体验营销大师施密特的《体验营销》的出版。

　　众多最新的学术研究都指出，体验的设计水平反映着体验经济和体验管理的发展水平。外观体验设计、运作流程设计、管理流程设计都是体验设计的体现和主要任务。体验管理从关注企业员工的内部体验，到外部产品设计、改造、落实企业识别系统（CIS）开始；从连续不断的企业内部营销入手，来激发员工与顾客的生活与情景的感官的认知，塑造心理和意识的情感共鸣，引导思考过程，促进行动和关联行为的产生，从而达成购买产品和服务的目的，进而达到顾客满意度和购后意向的提升。因此，体验管理的理念，在某种程度上相当于以往的对顾客购买过程的引导和管理，这具体反映在沟通方式、沟通频率、沟通深度、卖场氛围以及售前、售中、售后资源投放量等营销广告管理的工作上。

　　本书是西南财经大学市场营销学和旅游管理学教材系列中的一部新教材。本书在汲取国内外广告学著作精华的同时，结合当今时代所处的背景——体验经济，以新的视角和新的案例，融汇了经济学、管理学、市场营销学、行为学、心理学和旅游学等多元学科的核心内容，围绕体验经济的相关理论和大量编者自行收集、整理和提炼的最新案例来对现代广告的相关知识进行新的诠释，这一点是以前的广告类教材从未有过的。

全书分为七大部分，汇总了体验经济下广告管理与策划涉及的相关理论、相关原则与相关流程。全书在重新梳理和优化上述内容后，又尝试着依照理论逻辑和管理流程的顺序进行分类与整合工作，将其细分为体验经济的产生背景、趋势、基本原理和应用，广告管理的基本理论与原理，广告策划的过程与原理，广告的创意方法与原则，广告的制作与执行，世界著名广告公司以及整合营销的广告策划案例七大部分。本书的最后一部分以一个真实的案例总结和归纳了体验式广告管理的一系列流程与方法，即如何将体验的元素用于市场调研、数据分析、市场分析、市场定位、主题提炼、广告的表现与设计等。

本书与当前的广告业发展现状紧密结合，选取并原创了大量生动的广告案例，配以图片（另有大量视频与平面广告资源提供下载支持），有助于加深读者对本书所述内容的理解。本书引用了一些经典案例及图片，主要来源包括百度图片、昵图网等，本书主旨是为教学及科研服务，感谢相关作者的支持，未能在文中一一标出相关作者，也请见谅，欢迎相关作者致电联络，以便支付稿酬。

参加本书编撰的成员有：艾进、杜佼桦、廖志琼、平星月、毛鑫、李沅洁、刘彦雄、薛娇、陈梦婷、陈锦培、胡鸿瑜和路鸿远。参加本书修订和内容优化的成员有：吴谨、刘亚男、杜佼桦和刘墨涵。本书由艾进博士后担任主编，进行总体构思策划，并撰写其中部分内容。同时，本书的编写工作受到了西南财经大学出版社的大力支持，在此表示感谢。

艾进

2015 年夏于柳林通博楼

教材使用说明

这本广告管理教材从初稿整理完成到出版前已经在我的课堂中使用整整两年半了。编写这本书的初始目的是希望在平时教学内容中体现广告学是由多学科组成的交叉性，反映最新时代背景下广告理论和实践的新趋势和新探索的成果，并适应对不同层次学生培养的实用性。

2012年6月，西南财经大学出版社编辑李特军同志提醒我对2011年我主编的《广告学》教材进行再版改动时曾鼓励并推动我开始着手做后续教材的编撰工作。其实，自2011年《广告学》出版以来，使用该书最多最频繁的人就是我自己。我将书上体验经济、广告心理、广告主题和品牌以及STP等内容进行重新充实、总结和提炼，并先后尝试开发和推广了研究生的"体验式广告管理"和本科生的"体验营销""旅游企业广告管理"三门课程。的确，《广告学》一书在这一过程中显得有点力不从心，无法从深度和广度两方面达到培养目标。因此，主观上，我已经有了按照我逐步更新的教案和授课的知识体系进行新编教材的想法。

在我一字一句地对新书所涉及的内容进行梳理、制作教案和课件的过程中，我获得了两个感受：第一，编辑校对工作是一门大学问，不仅需要写作者和文字编辑者反复沟通、协作，进行苛刻的字句推敲，而且要求以过目不忘的能力来对前后内容进行详细的审视与协调。第二，我们所在的当今社会，信息爆炸，创新无处不在，可以说唯一不变的仅仅是变化本身。因此，任何知识和内容的本身都已经显得不是那么的重要，因为今天的知识内容和理论假说可能在明天就被推翻或被替代。

由此，我开始着手进行两方面的编订工作：一方面是对书上部分内容的用词用句进行调整，对部分专业内容进行整合或剥离，力图使本书具有较好的逻辑性、可读性和准确性；另一方面是持续不断地收集整理和提炼最新的相关理论和案例，希望能及时地把国内外最新的理论研究动态和最新实务界的实践、创新和探索纳入本书，以增强本书内容的前沿性和实用性。

然而，上述工作说来简单，其实际操作却何其难也！新文献的收集，图片案例的收集、整理和制作，数据的整理和总结……我的团队成员们忙得夜以继日，不亦乐乎！

本书在本科教学的"体验营销""广告学""广告经营管理""旅游企业广告管理"等课程中均有使用，并按照本科培养目标和学生反映做了结构上的调整。本书在学术型硕士研究生的"体验式广告管理""企业广告经营管理"课程，以及在工商管理硕士（MBA）与旅游管理硕士（MTA）的"市场营销""体验经济下的广告管理"课程中试用，并最终使我重写了本书的第一部分，增加了最后的整合案例部分，调整了此案例中的数据分析部分（这部分的相关内容在提炼精简后已经同时被中国管理案例共享中心案例库收录，并得到了所涉及企业的授权）。

　　本书在编撰和后期试用的过程中，曾得到我校 2010 级、2011 级、2012 级旅游管理专业、市场营销专业、经济学专业研究生和本科生，以及 2012 级、2013 级工商管理硕士生和旅游管理硕士生的热情支持和帮助。本书也得到了西南财经大学出版社李特军主任和李筱编辑的宝贵意见，特此一并致以衷心的感谢！

艾进
2015 年 7 月于柳林通博楼

目 录

第一部分　体验经济下的现代广告管理

第二部分　广告的基本理论与原理

6　广告的营销管理 ……………………………………………………………（114）

第三部分　广告策划

第四部分　广告内容

第五部分 广告的执行

第六部分　世界著名广告公司

第七部分　整合营销的广告策划案例

第一部分
体验经济下的
现代广告管理

图 1　星空（Starry Night）作者文森特·凡·高（Vincent Van Gogh，1853—1890）

图片来源：百度图片

让你听得见、看得见并且感觉得到文森特·凡·高

1. 凡·高的星空

翻开那记载着历史的书卷的每一页，你会发现过去的许多艺术大家们总是在重复着同样的悲惨并辉煌的故事。贝多芬在失聪的折磨下曾一遍遍重复协调着《欢乐女神》的每一个音调；舒伯特在寒冷饥饿中颤颤巍巍地书写着《摇篮曲》的音符以换取一份土豆充饥。是的，还有很多这样的故事已经和正在发生着，而其中最为苦涩的莫过于文森特·凡·高（Vincent Van Gogh）。

生于荷兰的凡·高（1853—1890）在今天被誉为后印象派的三大巨匠之一。多数资料和传记中形容凡·高是艺术的天才，是生活的狂徒，也是悲剧的主角。凡·高生前事事受挫，终不得志，曾经流连于烟花柳巷，曾经流落于街头巷尾，也曾经被送进疯人院。凡·高的画作在其生前也饱尝寂寞，凡·高终其一生仅仅卖出一幅油画和两张素描，然而他的画作却于他自杀后在绘画市场上屡创天文数字的高价。

1889 年 5 月 8 日，凡·高被送到圣雷米的精神病院。那时，医生允许他白天外出写生。1889 年 6 月，也就是凡·高住院一个月后，寂寞的凡·高根据圣雷米村庄的原型，凭自己的记忆和想象完成了名为《星空》(Starry Night) 的一幅油画（其真品现存于纽约现代艺术馆）。

凡·高的宇宙，和他心中的苦闷、哀伤、同情和希望都可以在《星空》中永存。这是一种幻象，超出了拜占庭或罗马艺术家当初在表现基督教的伟大与神秘时所做的任何尝试。凡·高画的那些爆发的星星，和那个时代空间探索的密切关系，要胜过那个神秘信仰时代的关系。然而这种幻象，是用花了一番功夫的准确笔触造成的，这本身就是一种勇气。那笔法是奔放的，或者是像火焰般的笔触，来自直觉或自发的表现行动，并不受理性的思想过程或严谨技法的约束。凡·高绘画的标新立异，在于他超自然的，或者至少是超感觉的体验。而这种体验，可以用一种小心谨慎的笔触来加以证明。这种笔触，就像艺术家在绞尽脑汁，准确无误地临摹着他正在观察着的眼前的东西……

凡·高眼里的世界并非写实的、真实的，或者应该说他看到的更多是一种幻象。虽然是山谷里的小村庄，村庄里的人们还在尖顶教堂的庇护之下有如千百年来一样的麻木的安静并沉寂着，而宇宙里所有的恒星和行星却无一不是在挣扎着、旋转着、扭曲着……一场突变即将爆发。凡·高的内心是彩色的、复杂的：那沉寂的色彩是深蓝色和紫色的，跳动着的星星是黄色的、光明的，张牙舞爪的柏树是棕色的，它们燃烧着、翻腾着，包围着这个世界的茫茫黑暗延伸着直到很远很远……正如凡·高眼中自己的生命，是痛苦、矛盾的，是一种无休无止的折磨。

其实作为非专业人士的我们在欣赏任何一幅艺术作品时都会是淡然且麻木的。作者那惊涛拍岸、波澜起伏的心情往往难以一时间有如灵魂附体般地感悟我们每一个人。毕竟感悟是来源于个人生活经历和知识的积累，感悟因人而异。

2. 歌曲 Starry, Starry Night（星空）

Starry starry night/繁星点点的夜晚

Paint your palette blue and grey/为你的调色盘涂上灰与蓝

Look out on a summer's day/你在那夏日向外远眺

With eyes that know the darkness in my soul/用你那双能洞悉我灵魂的双眼

Shadows on the hills/山丘上的阴影

Sketch the trees and the daffodils/描绘出树木与水仙的轮廓

Catch the breeze and the winter chills/捕捉微风与冬日的冷冽

In colors on the snowy linen land/以色彩呈现在雪白的画布上

Now I understand what you try to say to me/如今我才明白你想对我说的是什么

And how you suffered for your sanity/你为自己的清醒承受了多少的苦痛

And how you tried to set them free/你多么努力地想让其得到解脱

They would not listen/但是人们却拒绝理会

They did not know how/那时他们不知道该如何倾听

Perhaps they'll listen now/或许他们现在会愿意听

Starry starry night/繁星点点的夜晚

Flaming flowers that brightly blaze/火红的花朵明艳耀眼

Swirling clouds in violet haze/卷云在紫色的薄霭里飘浮

Reflect in Vinecent's eyes of china blue/映照在文森特湛蓝的瞳孔中

Colors changing hue, morning fields of amber grain/色彩变化万千，清晨里琥珀色的田野

Weathered faces lined in pain/满布风霜的脸孔刻画着痛苦

Are soothed beneath the artist's loving hand/在艺术家充满爱的画笔下得到了抚慰

For they could not love you/因为他们当时无法爱你

But still your love was true/可是你的爱却依然真实

And when no hope was left inside/而当你眼中见不到任何希望

On that starry starry night/在那个繁星点点的夜晚

You took your life as lovers often do/你像许多绝望的恋人般结束了自己的生命

But I could have told you，Vincent/我多么希望能有机会告诉你，文森特

This world was never meant for one as beautiful as you/这个世界根本配不上像你如此好的一个人

Starry starry night/繁星点点的夜晚

Portraits hung in empty halls/空旷的大厅里挂着一幅幅画像

Frameless heads on nameless walls/无框的脸孔倚靠在无名的壁上

With eyes that watch the world and can't forget/有着注视人世而无法忘怀的眼睛

Like the strangers that you've met/就像你曾见过的陌生人

The ragged man in ragged clothes/那些衣着褴褛、境遇堪怜的人

The silver thorn of bloody rose/就像血红玫瑰上的银刺

Lie crushed and broken on the virgin snow/饱受蹂躏之后静静躺在刚飘雪的地上

Now I think I know what you tried to say to me/如今我想我已明白你想对我说的是什么

And how you suffered for your sanity/你为自己的清醒承受了多少的苦痛

And how you tried to set them free/你多么努力地想让其得到解脱

They would not listen/但是人们却拒绝理会

They're not listening still/他们依然没有在倾听

Perhaps they never will/或许他们永远也不会理解

这首名为《星空》（Starry，Starry Night）的歌曲的主题和内容的创作都源自《星空》的油画。歌曲旋律流畅得浑如天成，歌词也是如画般的唯美，让人想起德国小说家施托姆的诗意小说中大段大段描写的空蒙月色。歌词也是如此的凄婉，一字一句地诉说了凡·高的孤独、凡·高内心的挣扎，以及凡·高那无尽的蹉跎与遗憾。整首曲子的配器就是一把木吉他，极致的简约、纯净。

自歌曲首次发行后，荷兰的凡·高博物馆每天都会定时播放此歌。歌唱者迪克兰·加尔布雷斯（Declan Galbraith）因此获得了极大的荣誉，当然那幅名为《星空》的画更是变得家喻户晓，成为所在博物馆的镇馆之宝！

试想置身于博物馆内，视野里充满了整幅《星空》，听觉的每个细胞感受并聆听着那首唯美的史诗般的歌曲，我们又会怎么样。思绪里的情景与来自歌词的故事一定会交融，思绪里的凡·高一定会与此时的自己相互重叠，而此时的我们每一个人都有可能此时此刻此地成为彼时彼刻彼地的凡·高，从无奈到挣扎再到叹息。

这里讲述的故事在美术学、建筑学和社会学有很多原理和理论可以去演绎和解读（如场所理论）。当然，在管理学和经济学中也有提示。当经济发展到了今天，从制造

业经济途径的服务经济到今天的体验经济，作为参观者和顾客的我们更愿意在游览和消费的过程中完成消费，希望在娱乐和故事中体味整个产品，希望自己成为这一过程的主角。同时，需要在多元化感官刺激的影响下，激发一种情绪和共鸣，去主动的思考和同情（相同的感情）。

这就是今天新形势下产生的对消费及其相关环节的新需求。这种需求将改变我们的生产经营的各个环节。当然，最重要的是这种需求正在改变着我们身边的一切，成为一种视角、一种理念和一种哲学！

1　体验经济及其影响

如果你走进广州地铁站，你就会突然发现自己进入了一个麦当劳的世界。迎面而来的是地铁的进口处的一则广告，广告语很特别："想吃只需多走几步。"似乎人们是为了吃麦当劳才往车内走。的确，车门一开，谁又不是在往里走呢？接着就是在地铁的车门边，有两幅以汉堡包为画面的大型广告。广告语说道："张口闭口都是麦当劳。"随着车门的一开一合，整个广告就好像一张嘴巴在一张一合地吃麦当劳。进入地铁，车内的对门的位置，一包薯条占据广告画面一侧："站台人多不要紧，薯条越多越开心！"就连我们在车上挤来挤去的这种滋味，它都知道。车窗上也有广告："越看它越像麦辣鸡翅？一定是你饿了！"广告画面是一块麦辣鸡翅，烤得橙黄橙黄的，很是诱人。在座位的上方，原先各站点的指示牌也被取代为麦当劳的指示牌了，广告语——"站站都想吃"，每一个"站台"都是麦当劳在中国推出的产品，逐个相继标出，并用连线串起，"巨无霸"—"薯条"—"麦辣鸡翅"—"麦乐鸡"—"麦香猪柳"—"板烧鸡腿"—"奶昔"—"圆筒冰淇淋"—"麦辣鸡腿汉堡"—"开心乐园餐"。

这就是 2002 年 11 月，麦当劳在广州地铁上大规模推出了一种新型广告——体验广告，这种广告就是将体验符号化，通过各种媒介传播出来，这种形式让人耳目一新。因为每一则广告都是经过精心设计、周密策划而来的，包括广告张贴的位置，以及广告语的创意，无论哪一幅都做到了把握住消费者的体验情绪，刺激感觉、传播感受、影响思维、促使行动。在牢牢地抓住消费者"眼球"的同时，又为人们提供更多值得回味的情景和氛围。广告画面设置的是人们能够轻松体验到的内容，广告语则替我们把我们的体验情绪都说了出来，就像一个老朋友把我们的心里话一一说了出来，很是中听。因此，我们能体验到麦当劳的无处不在。渐渐地，麦当劳产品在我们的脑海里留下了深刻的印象。体验广告的互动性最容易使人产生强烈的共鸣，进而产生购买产品的冲动。

1.1　体验经济的到来

1.1.1　体验经济的产生背景和实例解读

我们现今的管理学体系有着这些视角：第一是从生产运作的角度切入到企业整体管理和运行。这实质上是一种以生产为主要目标整合企业相关资源进行管理的理念。在这种理念指导下，企业一切管理行为和措施都围绕着如何生产出更好更多的产品，即提升生产效率来进行安排和制定。而企业营销和广告管理等工作的基本出发点就是体现企业的产品质量，帮助完成其生产能力所对应的销售目标，有效沟通企业对市场的产品信息。第二是从成本管理和资本运作的视角对企业进行开源节流的管理理念。在这种理念的影响下，产品和服务成本根据具体企业确定的产品和服务的种类来核算，而成本的其他部分又演绎出关于企业定位以及产品的定位，并最终整合企业营销资源，分配在营销组合（即产品、定价、促销和渠道）的各个方面。第三是从企业文化与组织价值观的视角来安排企业管理的各个职能与流程。这个企业为什么而存在？企业的使命是什么？由此使命决定的企业内部和外部行为准则，流程与制度将分别与企业的主流价值观或企业主要管理者的价值观进行匹配，并由此演绎出企业的各项管理风格与管理细节。当然还有所谓的人力资本视角与市场营销视角。

在这些视角中，管理者总是将自我认识的市场和管理重心进行解读和资源配置，却往往忽略了消费者的视角与参与。正如不少攻击科特勒市场营销体系和观念的学者都认为，现今的营销是披着市场需求外衣的生产销售导向的骗局，其实质是一种以某一管理职能为主导的管理思路。因为在这个体系中并没有任何体现消费者参与和意见的环节，忽略了消费者的个体意愿，孤立了企业各个职能部门，是真正的"营销近视"。也正如早在1986年美国学者克朗普顿和莱姆（Cropton & Lamb）所质疑的那样，我们现今的管理未能解决两个重要的问题，即我们（管理者）为什么要做现在所做的一切？我们现在做的和五年前有什么不一样？

当然也许有人会质疑现今管理视角究竟有什么不妥。毕竟市场中各个企业仿佛都在已经和正在进行着这样的管理途径。美国人总是喜欢这样说："If it is not broken, keep it。"

然而事实真是这样吗？

2012年11月7日，管理学界赫赫有名的竞争力大师迈克尔·波特（Micheal E. Porter，见图1-1）的著名管理咨询公司摩立特集团宣布破产，公司负债约5亿美元（1美元约合6.35元人民币，下同）。

波特于1979年在《哈佛商业评论》中发表论文指出：产业内的竞争状况由五项外力决定。它们是新进者的威胁、替代性产品的威胁、供货商的议价能力、顾客的议价能力及产业内部的竞争对手。波特由此制定了由上述五力的合力来决定企业最终的获利潜力的五力竞争模型。

波特的竞争理论赢得了世界管理学界极大的认可与推崇。波特本人也因此在世界管理思想界被誉为是"活着的传奇"，被评为当今全球第一战略权威，也是商业管理界公认的"竞争战略之父"，在2005年世界管理思想家50强排行榜上位居第一。

1983年，波特创立了摩立特集团。该公司专门为企业主管和各国政府提供管理咨询服务。摩立特集团红极一时，与著名的管理咨询公司贝恩公司及波士顿顾问集团分庭抗礼。在帮助众多的世界五百强企业进行战略布局和战略制定的工作外，摩立特集团还曾接受利比亚提供的300万美元，以协助卡扎菲提升世界形象，改善利比亚国际声誉。

然而，摩立特集团还是在新的经济形势下水土不服，逐渐衰落了。究其原因，可

图 1-1 迈克尔·波特（Micheal E. Poter）

图片来源：百度图片

以得知波特的竞争力模型理念的实质是以结构性障碍来保护企业自身免于竞争的冲击。在今天，新的经济形势下，企业之间的竞争已非当年的企业战争，未必要对手失败才能造就自身的成功。双赢、共赢和多赢已经是今天企业之间产业内部的主旋律。此外，根据苹果公司和亚马逊公司等企业的成功经验可知，今天的企业必须以不断创新为手段来为客户提供更多的附加值。因此，以创新的理念找到新方法来讨客户欢心才是竞争中的胜利之道。而波特的公司也好，模型也罢，都未能与时俱进地体现上述变化。

是的，今天迅猛的市场变化已经使得昨天的知识和技能不断的过时。相对独立的职能管理模式已经不再适应当今日新月异的变化，并且阻碍了公司中各个部门共同参与到提升顾客满意的工作中去。1994 年，一本名为《基业长青》（*Build to Last*：*Successful Habits of Visionary Companies*，见图 1-2）的管理学著作横空出世。书中跟踪并记录了众多的成功"百年老店"式的企业。在收集整理和提炼这些企业管理共性之后，作者指出其企业文化是强大的，经营远景是明确的，同时企业管理制度是统一且坚持的，因此具备核心竞争力，企业也由此才能达到所谓的"基业长青"。此书一出便引起了管理学界的共鸣，一时之间，"核心竞争力"一词成为热词，受到广泛认同并被推崇。《福布斯》杂志评论该书为 20 世纪 20 本最佳商业畅销书之一。然而时隔四年，1998 年有人对该书所提企业进行了回访，发现这些公司中的 80% 并不盈利，而且其中 40% 已经宣布破产或被并购。由此，有人建议另作一部与此书内容相反的书，名曰《基业常变》（*Build To Change*）来反映当今的市场变化的激烈形势，因为在当今市场，唯一不变的就是变化。

如何去把握现今这些瞬息万变的变化规律，如何提炼其对今天管理者的参考与启示呢？也许我们应该在最近的学术研究和具体企业管理的成功案例中去寻找这些答案。

2006 年，普渡大学的两位学者（Young & Jang）在针对中国香港中档餐饮行业的调研中发现：从消费者的角度出发，中档餐饮企业的菜品品质主要体现在菜品的呈现方式、菜单的选择性、健康的选择、菜品的味道、原材料的新鲜程度以及菜品的温度这六个方面。这也就是说一个餐馆如需提升其菜品品质，不需要做其他的尝试，有效

图 1-2 《基业长青》一书的封面

图片来源：百度图片

工作可以就在上述六个方面展开。研究进一步还发现，餐馆的管理者如需提升其顾客满意度，并不用全面开展以上六个方面的工作。他们只需要增加菜单菜品的选择性、提供更多的健康方面的菜品制作选择，以及更强调其菜品原材料的新鲜程度，做这三件事即可。这也就解释了为什么日本伊藤洋华堂的快食部重视展示菜品的制作过程，提供其原材料的呈现，并告知健康的餐饮知识。而其结果是高满意度的顾客消费过程和评价。研究还发现，如果餐馆需要有效提高顾客用餐后的这些行为意向的比例，如更多地告知其他人本餐馆正面的信息、推荐其他人来消费、自己多次重复消费等，管理人员也只需做三件事。这三件事分别是提供更多的菜品选择、更好地展示其原材料的新鲜程度以及提供适当温度的菜品。

让我们再看看一个五星级酒店的例子。在一项针对四季酒店、凯悦酒店和万豪酒店顾客的研究中发现，这些五星级店的顾客更关注以下这些方面：

我们合理的需求能否被尽量满足？

我们旅行的压力是否能得到全面的舒缓？

酒店是否拥有难忘的装修和特色服务？

酒店提供的服务是不是值得信赖的、绝对不会出错的？

针对上述这些顾客的关注点，四季酒店开发制作了一系列名为 "Not the usual" 的平面广告（见图 1-3）。

图 1-3　四季酒店的"NOT THE USUAL"广告

图片来源：百度图片

　　四季酒店的广告中并没有涉及豪华装修的客房以及独特的建筑外观这些大多数酒店广告使用的元素。广告中别具匠心地从一位正在泳池水下的顾客的视角去展示并感受其所见：洁净的池水显示出酒店设施设备的完善；笑容可掬的服务人员一手端着饮料，一手拿着浴巾，在顾客没有出水上岸招呼之前就已经站立等候在池边……这是怎样的关心、怎样的服务啊！广告下面还谦虚地写着"NOT THE USUAL"，而没有用"UNUSUAL"一词。的确，四季酒店的这些细节并不是那么不得了，仅仅是"不那么平常"（NOT THE USUAL）而已。

　　当然还有这许许多多各行各业的例子，它们的共性在于提醒我们今天的消费特征：今天我们吃的、玩的、买的、住的以及所有的消费产品和服务，其重心已经不再是产品和服务本身。正如顾客评价餐馆的菜品已经不再仅仅是味道和分量，评价酒店也不再仅仅是房间和那些露出八颗牙齿傻笑着的服务员。今天的消费过程比最终产品或服务的本身更为重要，消费者往往更加强调通过产品的物质价值、服务的附加价值去获得自身的精神价值，一个故事怎么说似乎已经比说什么更能打动人心。

　　用一句话来总结：今天消费的过程——体验，已经成了一种产品，其重要程度已经正在超越其所依附的产品或服务本身！

1.1.2　体验经济的来临

　　1970 年，著名未来学家阿尔文·托夫勒（Alvin Toffler）在《未来的冲击》一书中提出：继服务业之后体验业将成为未来经济发展的支柱，但是这一说法在当时没有得到足够的认可，并逐渐被经济理论界所淡忘。直到 1998 年美国经济学家 B. 约瑟夫·派恩（B. Josehp Pine Ⅱ）与詹姆斯·H. 吉尔摩（James H. Gilmore）在《哈福商业评论》7/8 月号期刊上撰文《欢迎进入体验经济》，并随后于 1999 年出版《体验经济》

一书，专门对体验经济进行论述，才引起了人们的关注。《体验经济》一书阐述了体验的经济含义和价值、体验经济活动的类型和阶段以及体验经济产品的设计。

派恩和吉尔摩将"体验经济"解释为"一种企业以服务为舞台，以商品为道具，以消费者为中心，创造能够使消费者参与、值得消费者回忆的活动的经济形态"。他们认为，继农业经济、工业经济、服务经济之后，体验经济已逐渐成为第四个经济发展阶段。派恩和吉尔摩把体验经济同产品经济、商品经济和服务经济做了如下比较（见表1-1）：

表 1-1 不同经济类型的比较

经济类型 / 项目	产品经济	商品经济	服务经济	体验经济
经济提供物	产品	商品	服务	体验
经济	农业	工业	服务	体验
经济功能	采掘提炼	制造	传递	舞台展示
提供物的性质	可替换的	有形的	无形的	难忘的
关键属性	自然的	标准化的	定制的	个性化的
供给方法	大批储存	生产后库存	按需求传递	在一段时期后披露
卖方	贸易商	制造商	提供者	展示者
买方	市场	用户	客户	客人
需求要素	特点	特色	利益	突出感受

在派恩和吉尔摩看来，体验就是以商品产品为媒介激活消费者的内在心理空间的积极主动性，引起消费者内心的热烈反响，创造出消费者难以忘怀的活动。于是体验经济要求经营者的首要任务是把整个企业运作过程当作一个大戏院，设置一个大舞台。这个舞台的表演者说不定就是消费者自己，吸引消费者参与，使消费者感同身受地扮演人生剧作的一个角色，沉醉于整个情感体验过程之中，从而得到满足，进而心甘情愿地为如此美妙的心理感受支付一定的费用。因此，无形的体验能创造出比产品或服务本身更有价值的经济利益。在体验的过程中，消费者珍惜的是因为参与其中而获得的感觉，当产生体验的活动结束后，这些活动所创造的价值会一直留在曾参与其中的个体的记忆里，这也是其经济价值高于产品或服务的缘故。换言之，企业在体验经济中扮演的角色已经从实体产品提供者转变成体验创造的催生者，而这种体验为主的经济形态称为体验经济。时代发生变化了，人们的经济消费形态也就势必跟着变迁。

体验事实上是当一个人达到情绪、体力、智力甚至是精神的某一特定水平时，其意识中所产生的美好感觉。如果体验经济的实质是产生美好的感觉，那么体验经济的发展以及人们对它的认识，将是人类经济生活在21世纪的一场最为深刻的革命。因为人类有史以来的经济活动都是以谋取物质利益为直接目的，而体验经济却是以产生美好感觉为直接目的，突出了表演性，这是一个值得人们瞩目和思考的变化。

1.1.3　顾客体验的构成维度

伯恩德·H. 施密特在他写的《体验式营销》(*Experiential Marketing*) 一书中，从心理学、社会学、哲学和神经生物学等多学科的理论出发，把顾客体验分成感官 (Sense) 体验、情感 (Feel) 体验、思考 (Think) 体验、行动 (Act) 体验和关联 (Relate) 体验五种类型，并把这些不同类型的体验称为战略体验 (Strategic Experience Modules，SEM) (见表 1-2)。

表 1-2　　　　　　　　　　　　　　　消费体验的构成维度

体验模组		刺激目标与方式
个人体验	感官体验	感官是以视觉、听觉、嗅觉、味觉与触觉等感官为媒介产生刺激，并由此激励消费者去区分不同的公司与产品，引发购买动机和提升其产品价值。
	情感体验	刺激顾客内在的情感及情绪。大部分自觉情感是在消费期间发生的。情感营销需要真正去了解什么刺激能触动消费者内在的情感和情绪，并在消费行为中营造出特定情感以促使消费者的自动参与积极性。
	思考体验	刺激的是消费者的思考动机，目标是创造消费者解决问题的体验。通过知觉的注意和兴趣的建立来激励顾客进行集中或分散的思考，积极参与消费过程，更好地使情感转移。
共享体验	行动体验	影响身体行为的体验，强调互动性。涉及消费者身体的体验，让其参与到消费的过程中并感受其行为带来的刺激。
	关联体验	关联体验包括体验的感官、情感、思考与行动等各个方面。关联影响不同个体的交流沟通，并结合个体的各自体验，而让个体与理想的自我、其他人或是所在文化产生关联。关联体验之所以能成为有效的体验是由于特定环境中的社会文化对特定的消费者产生相互的作用。

资料来源：作者整理自 Experiential Marketing (Schmitt，1999)。

施密特提出的策略体验模组量表，可评价消费者对各体验形式的体验结果，并可以衡量结果得知特定体验媒介是否能产生特定的体验形式。

除了施密特对体验维度构成进行了研究之外，其他一些学者也进行了大量相关的研究，如派恩、吉尔摩根据顾客的参与程度 (主动参与、被动参与) 和投入方式 (吸入方式、沉浸方式) 两个变量将体验分成四种类型，即娱乐 (Entertainment)、教育 (Education)、逃避现实 (Escape) 和审美 (Estheticism)。其中，娱乐体验是顾客被动地通过感觉吸引体验，是一种最古老的体验之一；教育体验包含了顾客更多的积极参与，要确实扩展一个人的视野，增加其知识，教育体验必须积极使用大脑和身体；逃避现实体验是顾客完全沉溺其中，同时也是更加积极的参与者；审美体验是顾客沉浸于某一事物或环境中，而他们自己对事物环境极少产生或根本没有影响，因此环境基本上未被改变。派恩和吉尔摩认为，单一的体验类型很难使顾客体验丰富化，最丰富的顾客体验应该包含四种顾客体验的每一类型，这四种顾客体验类型的结合点就是所谓的"甜蜜的亮点"。

1.2 体验经济下的广告趋势

1.2.1 体验式广告

在国内，从麦当劳在广州地铁上推行的体验广告开始，有关体验式广告的一些研究便随之产生并且不断深入发展。现在，体验式广告创意被越来越多地运用于各类广告作品和广告媒介中，并且离我们的日常生活越来越近，甚至是普通的日用品广告也不甘落后，迎头赶上体验式广告的潮流。

体验式广告是将传统广告中以产品功能或服务质量为主要的诉求点，转变为以消费者体验为主要诉求点，通过一系列与体验层次和维度相关的设计（将无形的、不能直接被感觉或触摸的广告体验进行有形的展示，或使用一些可视可听的、与体验有关的实物因素等协助广告的展示效果）帮助消费者正确地理解以及评价企业产品和服务信息的广告形式和理念。体验式广告或通过营造某种戏剧性的情节和相应的环境氛围来表现体验过程，从而刺激消费者的需求和欲望；或通过夸张的艺术手法的运用来获得受众的注意和认同；或通过给受众留下充分的想象空间，凸显其非常个性化的体验感受，引发消费者对品牌的忠诚与热爱。总之，有特色的体验诉求和有效的表达会让诉诸目标受众体验心理的广告卓有成效。广告体验者在一定的物质或精神激励的刺激下，主动地、深入地、全面地去了解或试用某个需要做广告推广的产品。

1.2.2 广告中的各种体验维度的运用

按照伯恩德·H. 施密特的观点，体验营销的核心是感觉、情感、思维、行动、关联，它们既可以单独运用在营销中，也可以两个或全部组合在一起运用。在体验广告中，广告创意策划人员围绕体验营销的五个维度进行广告的设计。在体验广告中，消费者同样受到感觉、感受、思维、行动和关联方面的体验。

1.2.2.1 广告的感觉体验

在广告中，感觉体验是消费者接受广告信息过程中最本能的行为，也是引起广告注意、产生兴趣，达到购买目的最简单的方法。因此，感觉体验在广告中往往可以直接产生购买行为。感觉体验是通过视觉、听觉、触觉、味觉和嗅觉建立感官上的体验，是体验的第一个环节。

最常见的影视广告主要是以视听语言作为传播媒介的，影视广告中画面和声音是展示广告创意的必备手段，共同发挥视听广告的宣传功效。对于视听媒体而言，单纯画面常常很难表达一些非直观的、抽象的信息，这时声音就可以帮助画面完成创意者的既定想法。同时，画外音又可以扩大画面的信息量，给予画面深层次地诠释，也为广告创意提供更加广阔的空间。另外，声音又可以强化情绪的转变，从听觉上起到突出作用，比画面的表达显得更加隐蔽。有了这种声音与画面互补式的感官体验，才使影视广告如此地吸引广大消费者。[①]

只要不局限于传统媒体，在每一个与消费者的接触点上去思考，广告除了给消费者视听体验外，还可以延伸到消费者的触觉、嗅觉、味觉的体验中去。宝洁公司曾为一种新的洗发水展开广告宣传攻势，宝洁公司在公共汽车站亭张贴出能散发香味的海报。这种新的去屑洗发水带有柑橘香味，旨在吸引更多的青少年和女性受众。由盛世公司设计的芳香海报上，一位年轻女子一头秀发随风飘扬，上面还有"请按此处"的字样，按一下，一股雾状香味气体便随之喷出。海报底部，一条宣传语写着："感受清新柑橘的芳香。"

美国市场上第一个天然植物洗发露——伊卡璐草本精华洗发露，策划者利用消费者使用产品的感觉，做了一则"白胡男友"的电视广告：一位女郎走进浴室，开始洗长发。洗发露的清香和柔滑让她忘记了洗发的时间，也忘记了在客厅等她的帅气男友。等她心满意足地吻着秀发香味迈出浴室时，才发现男友已经变成了老头，而她在秀发的映衬下却愈发楚楚动人。策划者威尔斯在广告中突出的不是产品能够使头发亮丽的功能，而是使用产品的感觉"一种充满生机的体验"。

1.2.2.2 广告的情感体验

广告应运用不同消费情景引发顾客的联想，让顾客体验到那种情感，从而决定是否采取行动。情感体验广告的诉求是要触动消费者内心的情感，目的在于创造喜好的体验，引导消费者从对广告对象略有好感到产生强烈的偏爱。广告中可引出一种心情或者一种特定情绪，表明消费过程中充满感情色彩。这种广告诉求的运作需要真正了解什么刺激可以引起某种情绪，以及能使消费者自然地受到感染，并融入这种情景中来。

通常可以利用的正面的、积极的情感，包括爱情、亲情和友情，满足感、自豪感和责任感等。或是在诉求点上追求消费者的情感认同，但需要注意的是情感体验广告不能仅仅把诉求点放在产品本身上，还要将对消费者的关怀与产品利益点完美结合，获得广大消费者的共鸣。德芙巧克力的电视广告是以流动的丝绸来突出巧克力的爽滑口感。感受体验营销是要触动顾客的内心情感，目的在于创造喜好的体验，引导顾客从对某品牌略有好感到强烈地偏爱。

新加坡航空公司是世界十大航空公司之一和获利最多的航空公司之一，原因在于该公司以带给乘客快乐为主题，营造了一个全新的起飞体验。该公司制定严格的标准，要求空姐学会如何微笑，并制作快乐手册，要求以什么样的音乐、什么样的情景来"创造"快乐。

前面提到的伊卡璐草本精华洗发露在"白胡男友"广告之后，其广告又找到了新的魔法：伊卡璐草本精华洗发露童话篇。在延续原有广告欢欣、愉悦、浪漫的前提下，伊卡璐草本精华洗发露相继推出了"睡美人"和"伊甸园的诱惑"，把观众带入了浪漫、温馨的童话世界，使人们感受伊卡璐草本精华洗发露给人带来的童话。

---

① 雷鸣，李丽. 广告中感官体验的延伸 [J]. 商场现代化，2007（3）：249-250.

图1-4　伊卡璐草本精华洗发露广告
图片来源：百度图片

我国台湾大众银行请亚洲著名广告导演塔诺拍摄了一部名为《母亲的勇气》的形象广告片。广告片中，塔诺塑造了一位平凡且伟大的母亲，她不懂外文，从未乘坐过飞机，更没有出过境。但是她为了远在3万千米以外的才生育后的女儿，独自经过3天3夜，乘坐飞机，辗转3个国家……这位母亲在巴西机场转机时，当地机场安保人员误会其携带的给孕妇进补的中药是违禁药品而将其按倒在地，苦苦挣扎。由于语言不通和文化的差异，周围的人们和机场工作人员冷漠且敌视地看着这位老妇人。这位母亲最终历尽波折才终于抵达目的地。广告片中的这位母亲的平凡与母爱的伟大形成鲜明的对比，在观众心中形成强烈震撼的同时，也塑造了大众银行在观众心中的良好形象。

1.2.2.3　广告的思维体验[①]

思维营销启发人们的智力，创造性地让顾客获得认识和解决问题的体验。思维营销运用惊奇、兴奋引发顾客的各种想法。思维体验的另一功效是记忆。心理学研究表明，人们在努力理解一件事的时候，处于聚精会神的状态，对细节格外关注，并以过去的经验、知识为基础，集中脑力，以便对事物做出最佳解释和说明。过后，事情依然能在脑海中留下深刻的印象。激起人们思考的状态有很多，如惊讶、好奇、感兴趣、被挑衅等，而思考的目的是鼓励顾客进行有创意的思维活动，从而能认知并记忆广告中的画面和产品。

2006年夏纳广告节获奖的户外作品——碧浪路线（ARIEL Route）可以说是广告思维体验的典范。广告图片中，一条野外的公路伸向远方，汽车飞奔而过，公路旁是一个巨大的广告牌，画有一件白衬衫，此外就只有碧浪的广告语。大家想不到，广告的精华竟然是广告牌前的一棵小树。仔细阅读这则广告才明白，当汽车距离广告牌很远的时候，小树的枝叶正好挡在广告牌衬衫的胸部，就像衣服上的污点；随着汽车的驶近，小树由于视觉误差而逐渐向旁边退去，好像污点逐步离开衬衫一样；当驾驶者到

---

① 朱琳. 体验广告的魅力解读［J］. 广告大观：综合版，2007（3）：147-148.

达广告牌时，就只能看到干净的衬衫和碧浪的广告语了。看完这则广告，我们真为其创意所折服：这则广告利用人类视觉的误差，现场演绎了污渍离开衬衫的过程，让大众观察的同时也在思考，直到明白广告所言，构思可谓独具一格。

广告中的思维体验，让消费者如临其境，就像是舞台中的一名舞者，跟随着广告的韵律翩翩起舞，体验特别惊喜。体验广告在与消费者交流和互动中，传达了感觉、感受、思维以及行为体验，让"体验的车轮"滚动起来。体验广告不但牢牢抓住消费者的心，而且提供给人们愉悦的体验情景，淡化了广告的商业色彩，激发了人们对消费的热忱，让消费者在自身的满足中，不知不觉地认可广告、认同产品或服务，从而成为体验经济时代的强劲竞争力。

1.2.2.4　广告的行动体验

行动体验是消费者在某种经历之后而形成的体验，这种经历或与消费者的身体有关，或与消费者的生活方式有关，或与消费者与人接触后获得的经历有关等。行动体验广告诉求主要侧重于影响人们的身体体验、生活方式等，通过提高人们的生理体验，展示做事情的其他方法或生活方式，以丰富消费者的生活。耐克广告"Just Do It"家喻户晓，其潜台词是"无需思考，直接行动"，十分具有煽动性。

叶茂中营销策划有限公司的广告策划人员在为伊利的冰品（后将其命名为"伊利四个圈"）进行广告创意设计时，设计就有感于其自己小时候的买冰棍和糖块的经历。在创作"伊利四个圈"的电视广告时，广告策划人员找了一个贴近儿童生活的切入点——以孩子们最熟悉的课堂为背景展开。广告的情节是：下课铃声刚一响起，一名小男孩头上就冒出4个虚幻的光圈（小男孩对"伊利四个圈"冰淇淋的幻想），然后小男孩飞速地绕过课桌，冲出教室，奔跑着去买"伊利四个圈"冰淇淋。小男孩越过障碍物、掠过橱窗，一边跑一边擦汗，飞快地奔向冰淇淋售货亭，手划着圈圈，气喘吁吁地对售货小姐说他要"伊利四个圈"冰淇淋，售货小姐很默契地把产品递给他，并重复道："伊利四个圈。"当小男孩手拿冰淇淋，气喘吁吁地坐在课桌前时，同学们围着他，异口同声地说："太夸张了吧?"小男孩咬了一口冰淇淋，冰淇淋冒出4个光亮的圈。"伊利四个圈，吃了就知道!"小男孩一脸自得的表情。同学们突然回过神来，唰地一下全往外跑。上课铃声响起，所有的同学都非常精神地坐在座位上，有的同学脸上还粘着冰淇淋渣。老师很诧异地看着所有同学说："太夸张了吧?"同学们一边用手划着圈，一边齐声说："伊利四个圈，吃了就知道。"

在广告简洁的画面中，透过小男孩的奔跑，产品的诱惑力演绎得淋漓尽致，同时也勾起了消费者对自己曾有过类似经历的回忆，看到这则广告的人们不管大人还是小孩往往会露出会心一笑。

1.2.2.5　广告的关联体验

关联体验包括感官、情感、思考与行动等层面，但它超越了"增加个人体验"的私人感受，把个人与其理想中的自我、他人和文化有机联系起来。消费者非常乐意在某种程度上建立与人际关系类似的品牌关系或品牌社群，成为产品的真正主人。关联体验广告的诉求正是要激发广告受众对自我改进的个人渴望或周围人对自己产生好感的欲望等。

曾有表店在一款瑞士名表的附卡上面说明400年后回来店里调整闰年,其寓意是在说明该瑞士名表的寿命之长、品质之精,该表店以此卡片来传达商品的价值。

广告要从不同的体验营销目的出发,有针对性地采取不同的广告战略,充分传达各种不同的体验感受,达到销售商品和服务或某种体验的目的。

1.2.3 体验经济下广告的发展趋势

在体验经济时代,消费者不仅重视物品和服务,更渴望获得体验的满足。力图满足消费者体验需要的广告市场的变化也因此悄然发生。过去广告只是作为单纯的产品销售的工具,而在体验经济时代,广告中的体验成为一种新的核心价值源泉。

因此,企业应在深刻把握现今经济所需体验的基础上,制定广告需求相应的体验策略,并通过多种方式向消费者提供体验。只有尽快把当今体验经济广告需求的理念付诸实践,企业才能在激烈的市场竞争中赢得先机。

1.2.4 星巴克的体验营销广告[①]

星巴克(Starbucks)是一家于1971年诞生在美国西雅图的咖啡公司,专门购买并烘焙高质量的纯咖啡豆,并在其遍布全球的零售店中出售。此外,星巴克还销售即磨咖啡、浓咖啡式饮品、茶以及与咖啡有关的食物和用品(见图1-5和图1-6)。

图1-5 星巴克标志　　　　　　　图1-6 星巴克咖啡厅

就像麦当劳一直倡导销售欢乐一样,星巴克把典型美式文化逐步分解成可以体验的元素:视觉的温馨、听觉的随心所欲、嗅觉的咖啡香味等。试想,透过巨大的玻璃窗,看着人潮汹涌的街头,轻轻啜饮一口香浓的咖啡,这非常符合"雅皮"的感觉体验,在忙忙碌碌的都市生活中是何等令人向往。

星巴克认为:其产品不单是咖啡,咖啡只是一种载体,正是通过咖啡这种载体,星巴克把一种独特的格调传送给顾客。这种独特的格调指的就是人们对咖啡的体验。以向顾客提供有价值、有意义的体验为宗旨,以服务和商品为媒介,星巴克通过提供使消费者在心理和情感上得到满足的"星巴克体验"来吸引顾客的忠诚度,成功缔造

---

① 陈培爱. 世界广告案例精解 [M]. 厦门:厦门大学出版社,2008:72-78.

了星光灿烂的咖啡王国，从古老的咖啡里发展出独特的"体验文化"。

《公司宗教》一书的作者杰斯帕·昆得（Jesper Kunde）指出：星巴克的成功在于在消费者需求的中心由产品转向服务、由服务转向体验的时代，成功地创立了一种以创造"星巴克体验"为特点的"咖啡宗教"。也正是通过这种顾客的体验，星巴克每时每刻都在向目标消费群传递着其核心的文化价值诉求。

1.2.4.1 一流品质的咖啡体验

咖啡是星巴克体验的载体，为了让所有热爱星巴克的人品尝到口味纯正的顶级咖啡，星巴克严格把握产品质量，从购买到炒制再到销售，层层把关。

为保证星巴克咖啡具有一流的纯正口味，星巴克设有专门的采购系统。采购系统常年与印度尼西亚、东非和拉丁美洲一带的咖啡种植者、出口商交流沟通，为的是能够购买到世界上最好的咖啡豆。采购系统工作的最终目的是让所有热爱星巴克的人都能体验到：星巴克所使用的咖啡豆都是来自世界主要的咖啡豆产地的极品。

星巴克恪守亲自考察咖啡地然后选择优质原料的原则，从品种到产地到颗粒形状，星巴克的咖啡豆经过挑剔的选择，全是来自世界主要咖啡产地的极品。所有的咖啡豆都是在西雅图烘焙，星巴克对产品质量达到了发狂的程度。无论是原料及其运输、烘焙、配制、配料的添加、水的滤除，还是员工把咖啡端给顾客的那一刻，一切都必须符合最严格的标准，都要恰到好处。精挑细选的原料被送往烘焙车间后，会按照严格的标准接受烘焙和混合，最后被装进保鲜袋中运往星巴克的连锁店，这一系列过程都有星巴克专利技术的支持。星巴克严格规定：保鲜袋一旦打开，其中的咖啡豆必须在7天内销售出去，过了这个期限的咖啡豆不能再销售。

星巴克咖啡的配制十分严格，小杯蒸馏咖啡必须在23秒之内配置完成，牛奶必须升温到150~170华氏度（65.6~76.7摄氏度）并保持一段时间。星巴克的员工们都要接受"煮制极品咖啡"的训练，以将咖啡的风味发挥到极致。

星巴克按照消费者的不同要求把咖啡细分为许多口味，如"活泼的风味"指口感较轻且活泼、香味诱人并让人精神振奋的咖啡；"浓郁的风味"指口感圆润、香味均衡、质地滑顺、醇度饱满的咖啡；"粗犷的风味"指具有独特的香味、吸引力强的咖啡。这样方便消费者享受到自己喜欢的、符合自己个性的咖啡。

1.2.4.2 感性色彩的环境体验

咖啡店是消费者体验咖啡的场所，环境本身也可以给消费者带来美好的体验。完美的体验需要全面的感官刺激，除了用咖啡刺激消费者的嗅觉、味觉，星巴克还想方设法全面刺激消费者的视觉、听觉、触觉，更深刻地影响人们的感受。好的消费环境是完成这一切的必需，也是打造难忘体验的重要因素。

在星巴克的连锁店里，所有摆设都经过悉心设计，风格鲜明的起居室、舒适别致的桌椅和沙发，都在恰如其分的灯光投射下散发出温馨，加上煮咖啡时发出的嘶嘶声、将咖啡粉末从过滤器敲击下来时发出的啪啪声、金属勺子搅拌咖啡时发出撞击声以及轻柔的音乐、精美的书刊杂志，一切都烘托出独具魅力的"星巴克格调"，充满感性色彩。

消费者到咖啡店，不仅为了咖啡，更可能是为了摆脱繁忙的工作、休息放松或是约会。星巴克通过情景设计尽力去营造一种温馨的家的和谐氛围。在环境布置上，星巴克的定位是第三空间，即在办公室和家庭之外，另外一个享受生活的地方和一个舒服的社交聚会场所。

1.2.4.3　周到贴心的服务体验

最简单但最难模仿的就是服务，服务会在无形中加强消费者对企业的好感，有助于建立消费者的忠诚度。服务更是体验营销的 T 形台，是体验产品的载体。"星巴克体验"中最重要也是最难被竞争者复制的，正是星巴克对消费者贴心的服务。

星巴克以咖啡为媒介，以服务于人为定位，要求员工不仅要懂得销售咖啡，更要能传达企业的热情和专业知识。客人走进星巴克，吧台服务员再忙都会回头招呼，遇见熟客，店员会直唤客人的名字，奉上客人喜爱的产品。星巴克的员工被称为"快乐的咖啡调制师"，除提供优质服务外，他们还会详细介绍咖啡的知识与调制方法。星巴克会为 3 人以上结伴而来的客人配备专门服务的咖啡师，咖啡师负责讲解咖啡豆的选择、冲泡、烘焙时应注意的事项，细致解答疑问，帮助消费者找到最适合自己口味的咖啡，体味星巴克的咖啡文化。

星巴克的贴心服务体验还体现在许多细节上，比如在咖啡杯上标出刻度，以便调制师按照标尺调制出完全符合消费者口味需求的咖啡；在杯子上套上套子，方便消费者去拿热饮料；为吸烟的消费者开辟专门区域；等等。

1.2.4.4　店铺之外的延伸体验

为了调动顾客的参与热情，星巴克还把体验延伸到店铺之外，在更多的点上与顾客保持接触，为顾客提供体验。

星巴克通过创建会员俱乐部吸收自发加入的会员，网罗了最忠实的顾客。会员顾客不仅可以在星巴克店内获得特别的服务，还随时会在店铺之外通过互联网收到星巴克发送的信息。星巴克通过发送会员电子期刊与顾客深度沟通。

星巴克店铺的主题活动格外引人注目，这些活动让顾客在咖啡之外体验更多浓郁的馨香。例如，举办"自带咖啡杯"活动，支持顾客自带杯子，给予自带杯子的顾客优惠折扣，倡导珍惜地球资源，减少一次性用品的使用。

星巴克经常选择与其产品相关度高且最容易引起人们广泛关注的公益事业为活动主题。在这些主题活动中，星巴克顾客得以用自己的行动改善公共环境，行动体验超越了咖啡本身的价值，丰富并深化了顾客的体验。

1.2.4.5　不断拓展的创新体验

创新是企业生命力的延续，实施体验营销必须不断创新以保持竞争优势。星巴克将客户的体验融入创新战略，根据营销环境的变化，推出新的体验业务，以不断更新的差异化体验来吸引顾客。

2002 年起，星巴克与 T－Mobile 公司、惠普公司合作，在咖啡店开展了一种"T-Mobile Hot Spot"无线上网服务。顾客用笔记本电脑和掌上电脑就可以在星巴克店内查收电子邮件、上网冲浪、观看网上视频节目和下载文件等。2004年，星巴克开始推出店内音乐服务活动，顾客一边喝着咖啡，一边可以戴着耳机利用惠普平板电脑来选择自己喜爱的音乐，还可以购买旧的音乐光盘，做成个性化的光盘带回家。

在金融服务方面，星巴克引入了一种预付卡。顾客提前向卡内存入5美元至500美元后，就可以通过高速因特网的连接，在星巴克1 000多个连锁店刷卡付款。虽然预付卡没有折扣，但由于结账时间缩短了一半，依旧受到追捧。

1.2.4.6　星巴克的启示

"这不是一杯咖啡，这是一杯星巴克。"没有巨额的广告费用和促销预算，星巴克的魅力却因为顾客之间的口耳相传而广为人知，这就得益于"星巴克体验"造就的品牌忠诚。

1.2.5　《印象·刘三姐》的桂林漓江目的地广告①

《印象·刘三姐》是在全球最大的山水实景演出，创作历经5年零5个月、有1.654平方千米水域和12座著名山峰、由67位中外著名艺术家参与创作、经109次修改演出方案、有600多名演职人员参加演出。

《印象·刘三姐》于2004年3月20日正式公演。世界旅游组织官员看过演出后评价："这是全世界看不到的演出，从地球上任何地方买张机票来看再飞回去都值得。"2004年11月，以桂林山水实景演出《印象·刘三姐》为核心项目的中国·漓江山水剧场（原刘三姐歌圩）荣获国家首批文化产业示范基地称号。

刘三姐是中国壮族民间传说中一个美丽的歌仙，围绕她有许多优美动人、富有传奇色彩的故事。1961年，电影《刘三姐》诞生了，影片中美丽的桂林山水、美丽的刘三姐、美丽的山歌迅速风靡了全国及整个东南亚。从此，前来游览桂林山水、寻访刘三姐和广西山歌，便成了一代又一代人的梦想。《印象·刘三姐》以山水圣地桂林山水美丽的阳朔风光实景作为舞台和观众席，以经典传说刘三姐为素材，以张艺谋为总导演，以国家一级编剧梅帅元为总策划、制作人，并有王潮歌、樊跃两位年轻导演的加盟，数易其稿，努力制作而成的，集漓江山水风情、广西少数民族文化及中国精英艺术家创作之大成，是全世界第一部全新概念的"山水实景演出"。《印象·刘三姐》集唯一性、艺术性、震撼性、民族性、视觉性于一身，是一次演出的革命、一次视觉的革命，是桂林山水之美再一次的与艺术相结合的升华表现。

在2平方千米的阳朔风光美丽的漓江水域上以12座山峰为背景，广袤无际的天穹构成了迄今为止世界上最大的山水剧场。传统演出是在剧院有限的空间里进行，这场演出则以自然造化为实景舞台，放眼望去，漓江的水、桂林的山，化为中心的舞台，给人宽广的视野和超凡的感受，让人完全沉溺在这美丽的阳朔风光里。传统的舞台演出是人的创作，而"山水实景演出"是人与自然的共同的创作。山峰的隐现、水镜的倒影、烟雨的点缀、竹林的轻吟、月光的披洒随时都会加入演出，成为最美妙的插曲。

---

① 资料来源：百度百科（http://baike.baidu.com/view/32018.htm? fr=ala0_1_1）。

晴天漓江的清风倒影特别迷人，烟雨漓江赐给人们的则是另一种美的享受。细雨如纱，飘飘沥沥，云雾缭绕，似在仙宫，如入梦境……演出正是利用晴、烟、雨、雾、春、夏、秋、冬不同的自然气候，创造出无穷的神奇魅力，使那里的演出每场都是新的。演出以"印象·刘三姐"为总题，在红色、白色、银色、黄色四个主题色彩的系列里，写意地将刘三姐的经典山歌、民族风情、漓江渔火等元素创新组合，不着痕迹地溶入山水，还原于自然，成功诠释了人与自然的和谐关系，创造出天人合一的境界，被称为"与上帝合作之杰作"（见图1-7）。

《印象·刘三姐》以现代山水实景为演出背景，支撑这个超级实景舞台最直观的是现代灯光科技。演出也同样体现了一种淋漓尽致的豪华气派，利用目前国内最大规模的环境艺术灯光工程及独特的烟雾效果工程，创造出如诗如梦的视觉效果。自古以来，桂林山水头一回让人领略到华灯之下的优美、柔和、娇美、艳美和神秘的美。《印象·刘三姐》很大程度上可以说是一次真正豪华的灯会，构建了一个空前壮观的舞台灯光艺术圣堂，从一个新的角度升华了桂林山水。演出把广西举世闻名的两个旅游文化资源——桂林山水和刘三姐的传说进行巧妙地嫁接和有机地融合，让阳朔风光与人文景观交相辉映。演出立足于广西，与广西的音乐资源、自然风光、民俗风情完美地结合，看演出的同时，也看漓江人的生活。观众在观看演出之余，既体验了壮美的桂林山水文化，又体验了漓江人特有的生活。

图1-7　《印象·刘三姐》演出照片

《印象·刘三姐》演出究其本质是一出结合城市景观和城市人文与城市形象的城市（区域）广告。与一般广告不同的是，它把目标受众一起放入了这个过程，把广告的主题（"说什么"）、广告的表现（"怎么说"）以及体验的各个环节紧密结合，体现出中国式哲学的天、地、人三者合一的一种意境。与一般城市形象广告一样，《印象·刘三姐》一边述说着桂林风光人文，一边传递着这个城市和区域的精神价值和传统。但是它同时吸纳了每一位观众在这广告之中，并让他们心甘情愿地为观看而付费。这样的基于体验环节并将其独立成为一种体验产品的新形式和新创意广告彻底地颠覆了传统意义的广告要素，即付费人是确定的广告主，大众媒体是其主要手段等。

《印象·刘三姐》、星巴克等一系列成功案例和实践反映这样的事实：体验的设计水平反映着体验经济和体验管理的发展水平。外观体验设计、运作流程设计、管理流程设计都是体验设计的体现和主要任务。体验管理从关注企业员工的内部体验，到外部产品设计、改造、落实企业识别系统开始，连续不断地从企业内部营销入手，来激发员工与顾客的生活与情境的感官的认知，塑造心理和意识的情感共鸣，引导思考过程，促进行动和关联行为的产生，从而达成购买产品和服务的目的，进而达到顾客满意度和购后意向的提升。因此，体验管理的理念在某种程度上相当于以往的对顾客购买过程的引导和管理，当然这具体反映在了沟通方式、沟通频率、沟通深度、卖场氛围以及售前、售中、售后资源投放量等营销广告管理的工作上。

本章小结

体验经济下，体验广告在与消费者的沟通和互动中，不但牢牢地抓住了消费者的"眼球"，而且提供给人们值得回味的情景，淡化了广告的功利色彩，避免了受众对广告的反感，让深陷体验愉悦之中的受众不知不觉中认同了广告中的商品、服务和观念。

体验式广告从传统的广告以产品功能或服务质量为主要诉求点转变为以消费者体验为主要诉求点，通过将无形的、不能直接被感觉或触摸的广告体验进行有形展示，用一些可视可听的、与体验有关的实物因素帮助消费者正确地理解、评价体验；通过营造某种戏剧性的情节和相应的环境氛围来表现体验过程，从而刺激起消费者的需求和欲望；通过夸张的艺术手法的运用来获得受众的注意和认同；通过给受众留下充分的想象空间，凸显其非常个性化的体验感受，引发消费者对品牌的忠诚与热爱。

思考题

1. 请你谈谈对体验经济的理解，以及体验经济对管理职能与流程的影响。

2. 体验经济下，广告中体验的维度有哪些，现实中有哪些例子（请指出并描绘你所见到的体验式广告）？

3. 试论述体验式广告的出现产生的经济背景。

4. 结合第一章内容，查阅相关的文献，请谈谈未来的体验式广告会有哪些创新，为什么？

参考文献

［1］雷鸣，李丽. 广告中感官体验的延伸［J］. 商场现代化，2007（3）.

［2］朱琳. 体验广告的魅力解读［J］. 广告大观综合版，2007（3）.

［3］陈培爱. 世界广告案例精解［M］. 厦门：厦门大学出版社，2008：72-78.

2　体验的原理

2005 年，中国一汽新一代马自达 6 轿车上市之初曾发布了一系列平面广告。这些广告无一例外地以时尚运动为设计原则，协助该款车型成了中国运动和年轻时尚潮流的先驱车型。

广告中（见图 2-1），银灰色（即黑色和白色渐变的无彩系列颜色的应用）给予消费者以科技和时尚的质感，画面中线条与阴影的应用也刻画出无限延伸的空间或立体现代的氛围。广告主角——汽车的摆放位置打破常规：以由下向上或左右侧立的空间扭曲的错觉原则进行展示，吸引了广泛的顾客关注与对其科技含量的遐想。广告下方的"魅·力·科技"的标识更是画龙点睛，对广告的观看者的心理暗示进行了提示和印证，并最终凸显了马自达 6 作为中国第一辆轿跑汽车的形象定位。

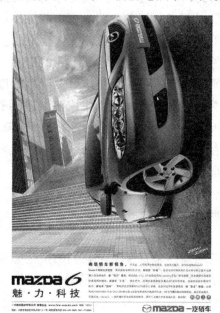

图 2-1　中国一汽马自达 6 轿车上市平面广告

其实，我们看到的仅仅不过是一个灰色的倒置摆放的轿车。为什么我们却能够产生如此丰富和奇异的联想和感觉呢？这就不得不引入我们的下一话题：我们如何感知我们身边的世界万物与信息。

美国社会心理学家威廉·詹姆士（William James）曾经说过："我们对世界的感知，部分依赖于对客观事物的感觉，而另一部分，可能是更重要的一部分，来自于我们的思维。"这段话明确指出了人是凭借自身感觉器官来主观感觉世界万物的。个人的经历、价值观等因素影响着客观事物的被感知特征与理解。

这样我们的主观感知体系或过程就分为了两个部分：感觉与知觉。其中，感觉是客观事物直接作用于人的感觉器官，在人脑中所产生的对事物的个别属性的反应。知觉是客观事物直接作用于人的感觉器官时，人脑对客观事物整体的反映和解读。

因此，知觉以感觉为基础，但不是感觉的简单相加，而是对所有感觉信息进行综合加工后形成的有机整体。由此知觉带有主观意识性，并能在一定程度上调节人的行为。

2.1 我们的感觉器官

人类拥有五种感觉，分别是与我们眼睛对应的视觉、与我们耳朵对应的听觉、与我们鼻子对应的嗅觉、与我们舌头对应的味觉以及与我们肌肤对应的肤觉。其中，肤觉包含了人体的痛觉、冷热觉和触压觉。

人体各种感觉不是分离的，即不是独立开展对外刺激的接受与解读工作的。在各种感觉之间存在着"联觉"的现象，即各种感觉产生相互作用。具体来说，对于人类而言，一种感官的刺激作用将触发另一种感觉，如视觉中的色彩的感觉可以引起味觉和听觉的相关联动。奶黄色往往引发人们感觉到香甜的口感，这也是为什么面包店或蛋糕店往往大量使用这个颜色；蓝色和绿色往往引发清凉的口感和肤感，这就是为什么啤酒、可口可乐以及夏季饮料的宣传和包装往往使用这两个颜色；等等。此外，色彩的感觉还能引起相应的听觉，如现代的"彩色音乐"概念就是这一原理的运用。

人体的各种感觉还拥有"感觉适应"的特征，即在一种感觉的主要刺激下，人体会自动产生适应或忽略的现象，不再对该感觉刺激予以关注。例如，嗅觉的适应现象，"入芝兰之室，久而不闻其香；入鲍鱼之肆，久而不闻其臭"；视觉明暗的适应现象，由明亮的场所进入昏暗的地方，人眼需要一定时间来调整，但之后就不再觉得刺激或是模糊。

由于我们对外界的主观感知体系直接基于我们的上述感觉器官，各器官所对应的各感觉特征由此需要我们系统且全面地进行分析和解读。

2.2 眼睛与视觉

2.2.1 视觉的原理和视觉特征

人类眼睛视觉的产生基础是可见光对视觉感受器——视网膜上的感官细胞的刺激。与其他生物不同，人类眼睛的可见光范围是波长为 380~780 纳米区间的电磁波。在我们的眼睛里面有两种感光细胞。其中，视锥细胞约有 600 万个，是分辨颜色和物体的细节的感光细胞；视杆细胞约有 1.2 亿个，是用来感受物体的明暗，却不能分辨颜色和物体的细节的视觉细胞。

人类的视觉因眼睛的细微差别与感光细胞的数量，在个体视觉上因人而异。但是人眼都有以下特征：

第一，视觉适应。由明亮处进入黑暗的环境时，人往往会在视觉上感觉一片黑暗，什么都看不到；而由黑暗处进入明亮的环境时，人眼往往会感觉刺痛，暂时无法睁眼，甚至失明——这就是视觉的适应。轻微的上述转换可以在短时间恢复，而严重极端的转换会让人不适或给眼睛造成永远的伤害。

第二，后像。后像是指刺激物对眼睛感受器的作用停止以后，感觉现象并不立即消失，能保留一个短暂时间。后像可以分为正后像和负后像。后像的品质与刺激物相同叫正后像；后像的品质与刺激物相反叫负后像。关于后像，我们可以在阳光下做这样的实验：在阳光的反射下，用眼观看一件反光的浅色物体，然后闭上双眼，这时眼睛里会有一个与物体形状一样的发光轮廓，这就是正后像；在同样条件和环境下，观看一个深色的物体，让后闭上双眼，此时眼内也会有一个与该物体形状一样的发光轮廓，这便是负后像。

第三，闪光融合。闪光融合是指断断续续的闪光由于频率增加，人会得到光源恒定，即融合的感觉。日常生活中有很多这样的例子，如日光灯和电脑屏幕总是在按照一定频率闪动着，而其频率正好大于人肉眼的感知范围，因此我们认为其是没有闪动的。如果用摄像机进行拍摄，影片中的屏幕会是闪动跳跃的，日光灯也会是忽暗忽明的。

2.2.2 视觉特征的广告应用

人类的视觉可以被特定环境和设备下的现象误导或操控。例如，闪烁的霓虹灯广告可以制造一种流畅的画面变化的视觉效果；一些城市的雨滴发光二极管（LED）显示的雨滴慢慢下落其实是不同灯珠交互变换的效果（闪光融合现象）；面积少许的亮色调在大规模深色背景下会有一种闪亮跳跃和凸显的效果，如三金西瓜霜的户外平面广告（明暗对比现象，见图 2-2）。

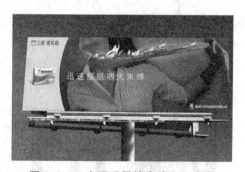

图 2-2 三金西瓜霜的户外平面广告

人类的视觉还受到个体记忆、个体价值观以及参考因素的影响。例如，一些空间扭曲的错觉图片中，观看者往往困惑于所见物体的真实性。无论从哪个视角看，该物体或空间都成立，但是各个元素组合在一起之后的整体事物却是绝不可能在现实中存在的。这其实是因为我们在观看此平面二维图片时，会将自己对三维空间中对距离和空间的识别和判断因素，如线条的延伸、阴影的重叠等用于评价该二维图片，因此会产生错觉（见图2-3）。

图2-3　错乱空间的三角架

又如，一幅让人震撼和心生恐惧的广告往往能够抓住我们的注意力，却无法让我们正确地理解和记忆。这是因为我们对外部刺激的防御体系的自我保护功能已经启动，为了更好地维持机体的良好状态，我们潜意识会选择忽略该信息，而最终的结果就是我们可能视而不见，见而不想（见图2-4）。

图2-4　关注烧伤儿童的户外广告

再如，观看同一事物，对其大小、结构和颜色等特点的判断可能更多地来自其他事物的对比参照。同一事物和信息可能因为参照物的不同而让我们产生判断的偏差。如图2-5中显示的两个中心大白点，我们会觉得左边的要大一些。其实两个中心大白点一样大，只是旁边的参照点的大小导致了我们产生这种错觉。

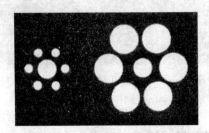

图2-5　参照物与视觉判断

利用上述视觉特征进行广告的差异化设计，是现今广告设计制作人的重要切入点。一方面，视觉是我们感知外部信息最主要的渠道；另一方面，因为不同类型视觉的刺激会产生放大和强化相关视觉信息的效果。以下是一组有关视觉强化的户外广告，分别针对了不同的视觉特性。

图2-6就是利用对比效应将参照物（背景）与视觉对象进行融合以达到强化对象信息的目的。图2-7则是通过利用视觉的延伸效应，以电话线的形式将平面广告与广告架打造成为一个整体，借以提升整个户外广告的外延面积，进而强化并放大广告的视觉效果。同理，图2-8也是这样的原理，而图2-9则是以线条和物体大小的特殊组合，将我们在真实的三维世界中关于空间和运动的经验进行提炼，并放入在二维的平面图形中，由此带来视觉刺激中有关空间与运动的效果。

图2-6　广告中的视觉放大效果

图2-7　广告中的视觉延伸效果

图2-8　广告中的视觉放大和延伸效果

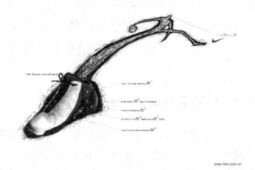

图2-9　广告中的视觉空间与动态效果

美国好莱坞就曾经解读过自身影音产业的核心价值是提供给其消费者独特的视觉和听觉经历，让其在此过程中欢乐或忧伤、惊悚或温馨……好莱坞的"自由女神裸奔"广告就很好地体现出这一理念（请欣赏视频2-1。注：本书涉及的视频和平面广告都请参考与本书配套的电子辅助课件）。

2.3 耳朵与听觉

2.3.1 听觉的原理

声波振动我们耳朵的鼓膜产生的感觉就是听觉。人类听觉的感受器是内耳的柯蒂氏器官内的毛细胞。当声音刺激引起毛细胞兴奋，而兴奋的刺激沿着听觉神经传达到大脑的听觉中枢，听觉就产生了。

引起我们听觉的刺激是频率，即发声物体每秒钟振动的次数。人类耳朵能接收的是频率为 16~20 000 赫兹的声波。我们称为次声波的是低于 16 赫兹的振动，而超声波则频率是高于 20 000 赫兹的振动，这两种声波都是人耳所不能接受和接收的。

常用的关于声音刺激的关键词分别是音高、响度和音色。其中，音高对应的是发声物体振动的频率；响度对应的是发声物的声压级；音色则是把除音高和响度之外的音质差异进行归纳的概念。

不同的声音刺激会导致人体不同的情绪，引起不同听后效果。例如，宝洁公司飘柔品牌在泰国的一则关于一个聋哑女孩儿的广告视频中，激荡的小提琴 D 大调（音色）的应用成功地展现了主人公内心对于命运的抗争与跌宕起伏的情感，随着女主人公的飘逸长发飘飘扬扬，展示着飘柔的功效与品牌价值。

就常规来说，我们耳语声的响度是 20 分贝，普通谈话的响度是 60 分贝，繁忙的街道的响度是 80 分贝，响雷的响度是 120 分贝。实验也证明，长时间处于 85 分贝以上环境中的人会产生听力损失、精神失常。因此，响度也控制着我们的情绪与感受。例如，商场的背景音乐的响度应该是低于 60 分贝高于 20 分贝，这才不影响购物者的购物气氛；影院的声音应该高于 60 分贝低于 80 分贝，这才不至于引起观众的听觉疲劳或降低视听效果。

2.3.2 听觉特征的广告应用

声音也是我们判断所见信息乃至所吃食物特征的重要辅助。如当我们拿到食物时，一般会下意识地听听食物掰开发出的声音以判断该食物是干硬的还是湿软的，以及该食物将带来什么样的口感等。

国外有一个非常有趣的 CEVAL 牌黄油广告，贯穿整个广告的是一首歌曲。演唱者抒情的歌声在大量的黄油涂抹食物后突然变为大口吞咽的声音，其演唱的歌曲由此变为满足的声调并混杂着食物咀嚼声。通过这样的声音传播，观众也会产生对涂抹了黄油食品的渴望，并由此产生对该产品的购买和尝试欲望（请欣赏视频 2-2）。

声音还会引发人们不同情绪的产生。这一点也是广告的制作设计者往往重点关注和利用的地方。例如，抒情悠扬的歌曲让人精神放松、情绪平和，激烈快节奏的声音使人紧张和亢奋等。这就是为什么快餐店往往以快节奏和吵闹的背景音乐让消费者的消费过程便短，借以达到接待更多顾客的目的；而高档的消费场所则往往使用慢节奏的轻音乐，让顾客舒缓下来慢慢地享受环境和消费的过程。德国大众帕萨特汽车在英国的广告就是利用了这些声音的特征，使用了单调和沉闷的声音成功塑造了一位沉闷、严谨并有强迫症的汽车质量检测专家。在单调的、反复的开关器物声中，我们的厌倦情绪与好奇情绪均被强化，直到听到帕萨特汽车的关门声响是那样干脆且厚实。该广告最终成功暗示了帕萨特汽车的良好密封性和安全性（请欣赏视频 2-3）。

听觉还能有效刺激我们的潜意识，并最终影响我们的行为。在成都电视台的一组开关广告中，12 个广告共持续了 4 分 30 多秒。这组广告的播放时间处于该电视台当年最为昂贵的时间段（新闻节目之后，本地天气预报前）。12 个广告中共有 8 个宝洁公司的产品，占了大约 4 分钟时间。虽然当观众看到广告的出现一般会选择换台，而换台的模式往往是频道顺序向上调整。这一时期的宝洁采用的广告传播方式是将各地方台进行整合购买，即购买各地方台同一时间播放同一内容。如果观众看到广告并进行频道的调整，往往的结果是换一个台看到相同的广告内容，再换一个台也是如此。虽然观众并不会刻意注意广告的具体内容，但是这些反复出现的声音已经刺激了观众的潜意识。做一个实验，同事小明今天要去购买洗发水，他分别要买去屑的、柔顺的以及专业的，你会推荐什么品牌？如果不出意外的话，多数人会分别推荐海飞丝、飘柔和莎宣，全是宝洁的产品。如此这般，再通过对超市货架的控制（多数超市日用快消品货架上宝洁的产品往往在最显著、最方便拿取的位置），宝洁实质上控制并垄断了行业的信息，并最终获得了市场的垄断（请欣赏视频 2-4）。

2.4 舌头与味觉

2.4.1 味觉的原理

我们的口腔内有一层由坚实的肌肉组成的片状物，该片状物占据了人体口腔内的大部分空间。舌头极其柔软，并且形状容易改变，因此舌头可以用来品尝、挤压和吞咽食物，还可以帮助我们说话和发声。在舌头的表面上，是许多突起，在其之上又分布有许多味蕾。

舌头的不同部位对味觉的感受能力并不一样，舌尖对甜味、舌根对苦味、舌两侧前部对咸味、舌两侧后部对酸味较敏感。这也揭示了我们为什么自然而然的习惯用舌尖舔冰淇淋；为什么品鉴红酒需要用舌头卷住红酒慢慢用舌头中部的两侧去感受其果酸和葡萄的芬芳；为什么喝了苦口的中药会感觉药始终停留在喉部，没有完全吞咽下去；等等。

2.4.2 味觉的特征

人类的舌头可以感知出五种味道，分别是酸、甜、苦、咸、鲜。人类对味觉的认知与味觉感官的逐渐演化来自于人类自身的进化历程。正确判断食物安全与否关系到人类的生存，从而确保我们只爱吃那些能够安全食用的食物，而不爱吃那些危险的食物。例如，我们喜欢甜，因为甜味代表能量，是我们时刻必需的基本动力；我们讨厌酸和苦，是因为在自然界中，有毒的或不新鲜的食物往往是酸的或苦的；我们能够品尝出咸味，是因为咸味代表着盐分，而人类维持生命需要盐，盐有许多重要的功能，影响着我们整个身体的导电性，控制着我们心脏的跳动和许多其他的生理过程；我们能够清楚地分辨出鲜味，是因为鲜味的主要构成为谷氨酸，谷氨酸是机体的必需氨基酸，是构成蛋白质的基本单位，对我们的生存必不可少。

远古人类本能地根据自身需要进化出味觉分辨能力与喜好特征，同时也进化出味觉的辨别速度能力。例如，当我们把食物送进嘴里，就得判断是该吞进去还是吐出来，这是关乎生死的决定，需要非常迅速地做出判断。我们由此对苦酸味的食物特别敏感，辨别反应速度也最快。

实验证明，人类的味觉是有记忆性的，在国外的味觉实验中，在狼群的喂养过程中，对狼的食物羊肉涂抹泻药。一段时间后，该狼群闻到羊味，吃到有羊味的食物就会产生对食物的抗拒，甚至有害怕和发抖的反应。

由此可以看出，一方面，对美食的追求可以说是人类的一种本能，这种本能从本质上看，是生命的需要，是趋利避害、繁衍生命的需要；另一方面，人类因后天的体验和经历也会形成对不同味道的喜好。例如，有苦味的食物被灌输了有益的观念后，人们对苦味食物的抗拒心理就会降低，对苦味的忍耐度就会提高。

2.4.3 味觉特征的广告应用

人们很早就意识到了味觉、视觉和听觉的联动效应。中国古代就有"君子以饮食宴乐"和"君子有酒，嘉宾设燕以乐"的记载。人们很早就认识到大自然的美景可以使人心旷神怡，欣赏各种艺术可以使人得到美的享受，而一次美食的品尝活动又何尝不能使人得到难以忘怀的身心愉悦呢？这些活动又是相通的，是可以相互提升和影响的。由此可见，人类味觉审美能力来自其审美感情。"趣"和"味"是相连的，审美感情直接影响审美能力。当我们进行味觉体验时，在视觉上，我们会下意识地观察食物的外表，看看食物的颜色是否鲜亮；在肤觉上，我们会触摸食物，判断食物是硬还是软；在听觉上，我们会在把食物掰开时，听听发出的声音来判断食物究竟是干硬的还是湿软的；我们还会下意识地闻闻食物的味道，看看有没有令人愉悦的味道。所有这些印象都会告诉我们对送入嘴巴的食物抱有怎样的期望，并由此帮助我们完成对整个食物品尝过程的综合性评价。这也是为什么在有关食物和饮料的广告中，其颜色的都是鲜明的、有特色的，传递出强烈的味觉口感（见图2-10，第5季饮料的蓝色背景的使用，传递出冰凉清爽的味觉口感）；其画面往往非常突出光滑的质感，暗示出食物和饮料的顺滑口感等。

味觉与情绪也有直接关系。文学作品中常常都有以味道来形容心情的修辞手法。例如，"酸酸甜甜"往往用来形容初恋的那种青涩与彷徨。芬达饮料在日本的广告更是把这样的口味与心情的概念用到了极致。广告中，一幅幅中学的上课场景被搞怪似的夸张成不同身份的教师的古怪授课方式。夜场乐手、李小龙、江户时代的将军、拍卖师以及海盗等教师形象的出现和各种古怪的课堂问题的提出都分别对应了一种芬达汽水的口味并暗示了一种中学生的心情，让其目标受众（学生）对产品的口味产生好奇，对产品的尝试充满期待（请欣赏视频 2-5）。

图 2-10　第 5 季饮料的平面广告

2.5　鼻子与嗅觉

2.5.1　嗅觉的原理

当气体进入鼻腔，气味的分子便分散渗入了覆盖着黏液的鼻黏膜，然后到达嗅觉传感器。嗅觉传感器的神经末梢受到气味的刺激，将信号传递到大脑，大脑破解信号后，嗅觉就产生了，我们便感知到气味了。值得一提的是，有些味道只有通过鼻子的辅助才能让人辨别出来，舌头是无法独立识别这些味道的。例如，当紧紧捏住鼻子，我们将不能用舌头分辨出桂皮粉、辣椒粉和胡椒粉。

嗅觉为人类生存提供重要的信息。这是因为嗅觉是一种远感，即嗅觉是通过长距离感受化学刺激的感觉。在我们祖先的进化过程中，对周边环境的危险信号做出快速有效的识别和判断是人类生存的重要前提，而嗅觉感官则正是由此而生。对于人类而言，嗅觉虽然发生了一定程度的退化，但仍有影响食欲和情绪、警示危险信号等重要作用。有研究指出，嗅觉障碍患者发生意外的概率是嗅觉正常者的 2 倍。因此，嗅觉障碍会严重影响人的生活质量，甚至因为感觉不到危险有毒气体或危险动植物的刺激味道而危及生命。

2.5.2　嗅觉的特征

人的鼻子对臭味最敏感，这不仅仅是因为臭味总是和潜在的危险紧密联系，如大型食肉动物的体味和排泄物的味道往往很臭；由细菌分解蛋白质和脂肪（往往是人和动物的尸体）留下的硫化物的分子轻、运动快，容易被人的鼻子迅速感知。美国耶鲁大学曾接受美国联邦政府的委托——研制出世界上最臭的气味用于军事和治安维护。在一系列实验和测试之后，耶鲁大学的学者们配制出了世界上最臭的气味，其核心配方是硫化物加上酊酸，即腐败物和排泄物的"精华"。但是在随后的真人测试中，该配方宣布失败。这是因为不同文化背景和饮食习惯的人对于臭味的敏感度和耐受力不同。这也证明了个体经历对气味的感知以及由此引发的情绪是有差异的。

针对人体嗅觉的相关研究证明，人类的嗅觉刺激可以唤起人们的记忆和情绪。当气味分子刺激位于人体鼻孔前上方鼻黏膜中的嗅觉神经末梢时，控制着味觉和辨识气味的约 500 万个传感器将该刺激信号传入人脑。人类通过该过程可以分辨约 3 000 种不同的气味。这些气味结合相应的环境、当事人情绪、经历或生理状态而变得拥有不同的意义，并记忆在人的大脑中。由此，人们才会有那些因气味儿产生的认知功能，如闻到青草和泥土的温暖潮湿的味道，我们会意识到春天来了；闻到落叶夹杂着凉风的干燥的味道，我们就想到了秋天。这正如一首歌曲所唱到的："想念你白色袜子和你身上的味道……和手指淡淡烟草味道……"可以理解的是，不是因为白色袜子和烟味有多么好闻而让歌曲中描述的痴情人难以忘怀，而是因为当时与味道相关的经历或情感让其思绪万千和难以忘怀，并由此形成了深深的记忆让其怀念、留念和歌唱。

2.5.3 嗅觉特征的广告应用

嗅觉的上述特征让广告者和营销者增加了一项对顾客进行引导和影响的工具。2008 年，在北京奥运会赛程中，北京会议中心负责接待 1 800 家海外媒体。北京会议中心结合其中心拥有不少松树的特征，管理层还将房间以及餐巾等物品喷洒上松树松脂的味道，将视觉和嗅觉进行有效统一，得到了各国媒体人的好评，并提升了中国的海外形象。2010 年，海南三亚的呀诺达热带风情景区为吸引更多的路过游客，将其景区门内的热带植物和果实进行统一规划并配上喷雾机，这一举措形成了独特的实体广告效果。游客在景区大门进行观望选择之时会感到凉凉的湿润和浓浓的热带气味。游客由此明显感觉到景区里的独特的热带气氛和环境，充满了对景区里风景和内容的好奇，并形成购买门票的实际行为。

当然除了上述这些利用嗅觉刺激的成功营销案例，广告界也积极使用嗅觉这一元素来创作设计各类型的广告。仅以香水广告为例，迪奥的华氏香水广告利用情景的表现，将使用迪奥华氏香水后的感受进行了描绘（见图 2-11）。纪梵希香水将使用者在该香味中愉悦的自我陶醉进行了表现，通过该平面广告，受众虽不能闻到具体的香味，但该香水让人充满愉悦与自信的效果却足以让人们对其充满遐想和期待（见图 2-12）。在众多以香水为主体的广告中，雅诗兰黛香水的"直觉"系列香水广告最为独特，其香味通过图形被抽象化。广告中模特儿的忧郁且不失睿智的眼神（见图 2-13）、不再年轻的外貌以及香水瓶身的设计都暗示出成熟品味女性的个性和共性，即什么是女人的直觉，女人的直觉从何而来？女人的直觉是女人心中的泪滴，其实质是女人经历的故事与沧桑凝聚而成的对外部事物和人的体会与评价。通过这样的广告描绘，香水的味道虽未说明，其适用的人群、使用后的效果以及带来的个人和社会的认同，乃至身份的识别等信息内容都一一融入该广告之中。那种香味应该是淡雅的、柔和的，不华丽更不强烈，让人感到淡定、从容和大气的芬芳。

图 2-11　迪奥华氏香水　　　图 2-12　纪梵希香水　　　图 2-13　雅诗兰黛香水广告

2.6　肤觉

2.6.1　肤觉的原理

肤觉包括触压觉、温度觉和痛觉。皮肤是人体面积最大的结构之一，由表皮、真皮、皮下组织三个主要的表层和皮肤衍生物（汗腺、毛发、皮脂腺、指甲）组成。从功能上讲，皮肤对人体有防卫和保护的功能，有散热和保温的作用，同时还具有"呼吸"功能。皮肤内有丰富的神经末梢，因此皮肤还是人体最大的一个感觉器官，对人的情绪发展也有重要作用。研究证明，人的肤觉，特别是痛觉常伴有个体生理变化和情绪反应，而人体也总是在主动和被动地寻找肤觉的刺激。

千百年来，肤觉被公认为最强的人类躯体经验的生命因素，是人类进行一切创造活动的一个原点。例如，亚里士多德就说过，"没有触觉就不可能有其他的感觉"，而托马斯·阿奎那更是明确地提出，"触觉是所有感觉的基础"。

2.6.2　肤觉的特征

国内外众多的研究都指出，由于肤觉的实质是一种躯体经验，其中包含着的浓重的生命情感色彩。因此，肤觉在审美创造活动中具有潜在的支配作用。这一潜在的支配作用既通过直接肤觉进行审美创造，也借助于肤觉经验的"视觉化"形成的肤觉间接的审美创造。即使在人类思维的形而上学层次中，依然存在有肤觉—躯体经验的因素。这是由于肤觉与视觉的先天联系，即肤觉和视觉有很强的同一性，两者在相当多的情况下是相互融通、相互支持的，因此肤觉的直接创造性完全可以在视觉中得到一定的反映。从另一个角度来看，由于这种先天联系，在纯粹视觉感受中的事物存在着一定程度的肤觉—躯体经验的体验、经验、创造等的因素，也就是说，视觉的创造物中也包含着一定的肤觉—躯体经验的创造。曾经是肤觉的直接创造物的属性与在视觉中感受到的属性基本上是一致的，只是由于视觉的灵便性，它们更多地被归结为视觉内容。当我们再度观赏我们或者他人双手的创造物时，已经融入其中的我们自己的或他人的肤觉经验就会借助视觉影像而被调动出来。比如说一位玉石工匠打磨好了一个细腻而光滑的玉雕，当他再度看这一玉雕时，直接进入其眼睛和大脑的是玉雕的影像，但同时伴随着的还有打磨制作玉雕时的肤觉经验。所有的手工创造物中的肤觉经验，基本上都可以在再度观看时被调动出来，因此观赏的过程从某种程度上也可以说是肤觉体验的再创造过程或者是判断过程。也正是由于这一因素，我们在文艺欣赏之时才能真正结合切身的感受，被调动出真情，产生共鸣。

另外，肤觉创造的形象性、情感性的贯穿主要表现在对一个事物判断或将两个事物结合起来时是以肤觉感受的形象性、情感性为线索的。在现实中，我们无法直接得到对树的判断，同样也无法得到对森林、大海、天际的阴霾的直接的肤觉感受，但我们又必须对这些做出判断，于是其中一个常用的办法就是根据我们的肤觉经验以其相似性，通过比喻的方式去意向性地判断。有的情况下就是"臆想"，是近乎中国古代的"迁想妙得"，而与真正的事实完全不同。人类的许多认识可能都是这样，特别是在人类的早期，在文学、美学当中，在大众的"臆想"里，有很多这样的感受。纵然是虚假的、错误的，人们也宁愿在这虚假的、错误的境界中得到心灵的应和与满足。这是人类的另一条创造之路，即在科学创造的同时，人类还不懈地进行着虚幻的创造，而且乐此不疲、津津有味，纵然是科学也打不破这样的美梦。

2.6.3　肤觉特征的广告应用

肤觉的上述特性也被用在了广告创作与设计中。迪奥的一款女士香水利用添加了黄色的黑白渐变的视觉效果打造出了如丝般顺滑的肤觉效果（见图2-14）。广告中模特儿的肌肤以及香水的瓶身也是利用色彩渐变的原则进行处理，由此画面中的人、衣和背景有机地相互融合，把视觉的元素传递到了观看者对肤觉的感知上来，从而突出了该香水经典、润滑、流畅的使用感受以及雍容典雅的香气暗示。

图2-14　迪奥香水平面广告

2.7　感官之后的体验

根据美国学者施密特（Schmitt B. H.）从心理学、社会学、哲学和神经生物学等多学科的理论出发，提出并验证的人脑模块化的顾客体验学说，我们对外部事物和刺激的感知首先通过感觉器官刺激大脑，而随之则是对各感官刺激解读。我们首先会形成对各刺激综合性判断的情感解读，其次是进一步思考有关刺激与事物以及各信息之间的联系。之后我们会产生对应该刺激的行为选择与意向（Intention）。最终我们将把连续的感官、情感、思考和行动环节打通，形成相互环节交融共生的关联体验环节。

上述过程就是我们如何感知外部事物的顺序和原理，也是当今广告营销者重点关注并尝试创作的基础。例如，前面提到过的通过对视觉、听觉的重点刺激，泰国著名广告导演塔诺以中国的"亲情"为主题，为我国台湾大众银行创作了一个名为"母亲的勇气"的形象宣传广告。广告中，通过解说者毫无情感流露的介绍以及广告情节中拥挤喧闹的国外机场、繁杂缭乱的外文指示牌、机场工作人员冷漠和怀疑的态度，一位平凡且伟大的母亲的形象被成功地塑造出来。她个子矮小，却个性坚强；她不懂外文，从未出国，却敢于独自在异国奔波 3 天，飞行 32 000 千米，在 3 个国家转机……这看似平凡的母亲，为了普通的理由——亲情（去给远在外国才生完孩子的女儿炖汤），却完成了一件对她来说艰辛且不可能完成的任务（独自出国历经 3 国飞行 3 天）。导演在此处还刻意使用了两个元素来强化这种艰辛的场景：一是一位面部表情冷漠呆滞的亚裔工作人员，他分明不懂中文；二是这位母亲被误会所带的中草药是毒品而被机场保安扑倒在地不停地挣扎。该广告通过感官给观众极大的刺激和疑问，并通过我们内心对家庭、对亲人的基本价值为情感刺激，引起我们的同情和感动，随之打出了平凡大众的品质"坚韧、勇敢、爱"，继而推出银行的品牌——大众银行向普通大众致敬（请欣赏视频 2-6）。

又如，大众汽车 30 年的形象宣传片中将其各种车型用带有"心"字底的文字在优美的歌曲中展现。与各车型和文字配套的则是与每款车型的使用情感匹配的生活情景。最后广告中所有的文字中的"心"字底变到了文字中，变化为一个繁体的"爱"字，此处出现了大众汽车的广告词来强调其品牌精神"有多少心，用多少心，中国路，大众心"。该广告首先以美妙的歌声刺激我们的听觉，使用温馨和熟悉的场景画面来打动我们的视觉和情感，最终通过我们对其广告词中品牌精神的认同来强化我们对其品牌和产品的好感和正面印象。由此，该广告把每款车型的定位用中国式的方式进行了表达（各"心"字底的文字和画面情节），告诉我们总有一款车适合我们自己；把德国大众汽车严谨的造车理念和用心创新的企业价值观反复强化，引导我们把其产品、品牌精神、消费需求进行联动思考，并有效结合。其实这也是大众汽车一直坚持的生产和营销原则（请欣赏视频 2-7）。

再如，Xbox 的 360 系列广告之"手枪"篇中，创作者通过两帮人在火车站的对峙首先塑造了一种令人紧张的气氛和情绪，再通过双方以手为枪进行战斗的场面让受众产生极强的好奇和疑问。在此过程中，仿真的爆破声和伤亡场景刺激了观众听觉和视觉，让观众的好奇和疑问加重并累积直至最后一位出租车司机的出现打破了这一切，原来这不过是一场游戏。而最终广告"Jump In（参与）"口号的出现更是继感官体验、情感体验、思考体验后将观众对该广告的体验提升到"行动"的阶段，让人迫不及待想参与其中（请欣赏视频 2-8）。

本章小结

人类对于世界万物的认识凭借的是其自身的五项感觉器官（功能）。这样的过程是主观的、因人而异的。一个人的经历、态度和价值观等因素都影响着其对客观事物的感知认识与理解。这正如"萝卜白菜各有所爱"以及"一千个人眼中就有一千个哈姆雷特"的道理一样。然而，抛开个人因素，人类对事物的认识基础，即感官特征又是有规律可循的。这样的特征机理是客观事物直接作用于人的感觉器官，在人脑中所产生的对事物的个别属性的反应。

人类的感官由大脑统筹管理，并不是独立开展对外刺激的接受与解读工作的，因此导致了人类个体具有由此及彼的"联觉"的现象。"联觉"使得我们个人的各种感觉产生相互作用，进而形成统一且完整的对外部刺激的认识。另外，人体的各种感觉还拥有"感觉适应"的特征，这使得我们个体能够更好地适应外部环境，能够分清楚外界刺激中的关键或主要内容，分清楚刺激的对象与背景的相对关系。这最终让人类拥有分辨主与次的能力。

人类的感觉功能各有特征，形成了当今广告创造与创新的基础和原理，因此了解这些特征并善加应用对于每一个营销者、广告的策划者与管理者来说意义重大。

思考题

1. 人体各感官的共性有哪些？作为广告的创作者和管理者，可以怎样利用这些特征进行广告的创作？

2. 人体各感官的特征对创作广告有什么样的启示？

3. 试讨论，根据施密特的体验阶段论，如何利用广告的刺激过程打造联觉体验效果？

参考文献

[1] 苗力田. 亚里士多德全集：第 3 卷 [M]. 北京：中国人民大学出版社，1992.

[2] 莫特玛·阿德勒. 西方思想宝库 [M]. 西方思想宝库编委会，译. 北京：中

国广播电视出版社，1991.

  [3] 郝葆源，等. 实验心理学 [M]. 北京：北京大学出版社，1983.

第一部分总结

  人类的经济发展的历程经历了从农业到工业，从工业到服务业等不同阶段；经历了由商品唯一论到商品与服务结合论的不同认识。然而纵观这 20 余年来的国内和国外市场的实践，产品和服务消费模式正发生着巨大变化：顾客消费的整个过程变得比产品和服务本身更重要；顾客更愿意由物质产品去获得精神价值；消费的过程开始于实际消费之前，并未完结于消费之后，终身顾客的概念由此产生……由此，消费的过程，即体验，其本身已经成为一种甚至比其核心产品更为重要的产品。

  "体验"这一名词正越来越广泛地被使用。"体验"一词有着非常宽泛的含义，最初对"体验"进行界定的是哲学、美学和心理学，随后经济学和管理学都开始关注这一概念。1970 年，美国未来学家托夫勒把体验作为一个经济术语来使用，这标志着体验开始进入经济学的研究范畴。市场营销对体验的研究的时间就更晚一些。早期的研究主要集中在情感体验（Havlena & Holbrook，1986；Westbrook & Oliver，1991；Richins，1997）、消费体验（Lofman，1991；Mano & Oliver，1993）、服务体验（Padgett & Allen，1997）等方面，而体验真正成为一个热门研究方向的标志是美国学者派恩和吉尔摩的《体验经济》以及美国体验营销大师施密特的《体验营销》的出版。

  众多最新的学术研究成果都指出，体验的设计水平反映着体验经济和体验管理的发展水平。外观体验设计、运作流程设计、管理流程设计都是体验设计的体现和主要任务。体验管理从关注企业员工的内部体验到关注外部产品设计、改造、落实企业识别系统，从连续不断的企业内部营销入手来激发员工与顾客的生活与情景的感官的认知，塑造心理和意识的情感共鸣，引导思考过程，促进行动和关联行为的产生，从而达成购买产品和服务的目的，进而达到顾客满意度和购后意向的提升。因此，体验管理的理念，在某种程度上相当于以往的对顾客购买过程的引导和管理，当然这具体反映在了沟通方式、沟通频率、沟通深度、卖场氛围以及售前、售中、售后资源投放量等营销广告管理的工作上。

  本部分结合相关案例，重点介绍了美国学者派恩和吉尔摩的体验特征理论以及美国体验营销大师施密特的体验阶段论的基本假设与内容，并由此深入体验的基本原理；根据美国社会心理学家威廉·詹姆士指出的感觉器官是人类进行主观体验世界万物的基本途径的论点，介绍了人体各感觉器官（功能）的特征与共性，分析了人脑对客观事物整体进行反映和解读的过程与机制；最终结合涉及多个行业的全球化案例，进一步总结并提炼了与上述体验过程相关的感觉作用机理与特征，力图形成与当今广告创造与创新相关的基础和原理，以供广告与营销的操作者与管理参考与借鉴。

第二部分
广告的基本
理论与原理

丰田"霸道"的广告风波

崎岖的山路上,一辆丰田"陆地巡洋舰"迎坡而上,后面的铁链上拉着一辆看起来笨重的"东风"大卡车;一辆行驶在路上的丰田"霸道"引来路旁一只石狮的垂首侧目,另一只石狮还抬起右爪敬礼。该广告的文案为"霸道,你不得不尊敬"。

刊载于《汽车之友》和美国《商业周刊》(中文版)2003年第12期的这两则丰田新车广告刚一露面,就在读者中引起了轩然大波(见图1和图2)。"这是明显的辱华广告!"看到过这两幅广告的读者认为石狮子有象征中国的意味,丰田"霸道"广告却让它们向一辆日本品牌的汽车"敬礼""鞠躬"。"考虑到卢沟桥、石狮子、抗日战争三者之间的关系,更加让人愤恨。"对于拖拽卡车的"丰田陆地巡洋舰"广告,很多人则认为广告图中的卡车系国产东风汽车,绿色的东风卡车与我国的军车非常相像,有污辱中国军车之嫌。选择这样的画面做广告极不严肃。在舆论的强大压力下,丰田公司和负责制作此广告的盛世长城广告公司先后在2003年12月4日公开向中国读者致歉。

图1 丰田"陆地巡洋舰"广告

图片来源:百度图片

图2 丰田"霸道"广告

图片来源:百度图片

无疑，丰田"陆地巡洋舰"和丰田"霸道"的这两则广告是失败的，究其原因，有如下三点：

　　首先，错误运用争议广告。有媒体报道，这是丰田公司的一种宣传手段，想利用争议之声吸引消费者的注意力。一些引起争议的广告在短期内可能对企业知名度或产品销售等方面产生效果，从长期来看却可能对企业的品牌有破坏性，损害品牌形象。虽然广告本身是以影响力来衡量的，并且一个广告能够引起争议，从某种程度上来说是一件好事，因为这相当于扩大了广告的力度，如果使用得当，对企业的产品宣传、品牌树立能起到事半功倍的效果。反之，如果使用不好，可能会给企业带来很多负面后果。因此，对于争议广告的使用风险也就更大，对创意的要求和把握也就要求更高。丰田"霸道"和"陆地巡洋舰"这两款车的确在短时间内利用多方争议一举成名，但利用这种争议换来的名声几乎都是负面的，对产品的销售和品牌情感的建立几乎没有积极意义。

　　其次，广告设计放大负面情绪。细看丰田公司的这两则广告，可以看出这两则广告都在传达着同样一个信息，那就是霸道！"霸道"一词在现代汉语词典中解释为"蛮横，不讲理"。丰田公司的这两则广告正是准确传达了这样蛮横不讲理的信息：在恶劣条件下，东风卡车只有被丰田车拖着才能前进；丰田车驶过，连石狮子也"不得不敬礼，不得不尊重"。人们对"霸道"的人和事，大多是厌恶、反感的。丰田公司将"Prado"（本意为"平原"）译为"霸道"，并用广告去阐述，实际上在引导一种不良的价值取向，在暗示购买这种产品的人的霸道身份。近年来，日本的教科书事件、参拜靖国神社事件、遗留毒气弹伤人事件，一再揭开日本侵华战争那道历史的伤痕，让中国人生起警惕与愤慨之心，从而激化了对立的情绪，让相当多的中国人不肯忘却与"谅解"，只要稍有风吹草动，民间的愤怒情绪就会再一次发作。不管怎样为这种民间的愤怒命名，无论说是狭隘还是偏激，都不能不承认是一种客观存在，是历史事实在当代的折射，因此无论是从事经济还是文化活动，都不能不考虑到中国人的这种情绪。丰田公司这两则广告的设计者正是忽略了这个愤怒与疼痛的"语境"，在运用狮子符号时又过于轻率，才导致了这场尴尬的局面。

　　最后，这两则广告忽视中国人特有的品牌情感联系。在2002年年末，美国博达大桥国际广告公司（FCB Worldwide）公布了其独家研究调查数据，数据显示，中国消费者忠于国际品牌的基础主要是建立在情感联系，而非品牌是否处于市场领导地位。其他国家的消费者忠于国际品牌的基础则是建立在品牌产品是否完美配合自己，只是渴望"量身打造"的关系。消费者与品牌的关系跟人与人之间的关系十分相似，这些关系的层面由毫无感觉到满意，甚至产生共鸣、舒适、志趣相投。对于作为日系车的丰田汽车，也许本来就与中国消费者之间有一定的情感距离，如果仅凭市场地位、技术性能，就认为可以在中国市场"横行霸道"了，恐怕是行不通的。

　　那么，什么样的广告才是好的、成功的广告呢？从上述的案例中我们可以知道一则好的广告不仅要有好的表现手法，还要激起潜在消费者情感上的共鸣。本部分阐述有关广告的基本理论与原理，包括广告概述、广告心理学、广告的表现策略以及广告营销管理等内容。本部分想要达到的目的是使学生在学习本部分后，能够对广告的相关基本理论与原理有所了解，能够简单分析一则广告。

3　广告概述

开篇案例

"滴滴香浓，意犹未尽"（麦氏咖啡），"味道好极了"（雀巢咖啡），"钻石恒久远，一颗永流传"（戴比尔斯钻石），"牛奶香浓，丝般感觉"（德芙巧克力），"人类失去联想，世界将会怎样?"（联想集团），"Hello，Moto"（摩托罗拉），"农夫山泉有点甜"（农夫山泉），"不是所有的牛奶都是特仑苏"（特仑苏）……相信大家读到上面的语句，脑海中都会浮现出一些具体的画面或是声音。这，就是好的广告词的魅力所在。

本章提要

广告在我们的生活当中无处不在，好的广告不仅朗朗上口，给人以美的印象，还可以在消费者心中树立良好的品牌形象。研究广告，首先就需要对广告有一个基本的认识。在本章中，我们主要就广告的概念与职能、广告的历史演变、广告的分类三大问题进行阐述，目的在于使学生学完本章后，对广告有一个基本的认识，揭开广告面纱，深入探讨广告世界。

3.1　广告的概念与职能

在现代社会，广告充斥在我们的生活之中。然而，"广告"一词的概念在目前国内外广告学界和业界却无法给出一个完全统一的、为人们所公认的解释。广告种类繁多，有共性也有差异性，加之由于广告活动的丰富性、多样性以及人们认识上见仁见智，对"广告"始终没有一个统一的定义。

3.1.1　广告概念的演变

资料显示，广告一词最早来源于拉丁文"Adventure"，原意为注意、诱导、披露的意思，后在英文中演变为"Advertise"，其含义则为某人注意到某事。随着资本主义工商业的发展，广告的动态意义"Advertising"开始被广泛引用。事实上，最初"Advertise"的名词"Advertisement"只是对17世纪开始在报纸上出现的告知货物船只信息以及经济行情等广告内容的称呼。如今，该词的含义逐渐延伸与丰富，到目前为止，除了最常用的广告的含义外，还有广告学、广告业等意思。

20 世纪 50 年代以来，随着第三次科技革命的产生与发展，市场竞争日益激烈，信息传播更加畅通，广告也有了进一步的发展。在当代，以高科技、信息、网络和知识为重要组成部分和主要增长动力的新经济背景下，广告是企业、部门机构、协会等向社会进行全方位信息交流的重要方式，即以沟通为目的，向目标消费者进行告知、诱导和说服，促成其购买。

3.1.2　广告的概念

对广告定义演变的认识有助于我们加深对广告定义的理解。广告有广义和狭义之分。广义的广告是指所有的广告活动，凡是沟通信息和促进认知的传播活动均包括在内。狭义的广告是指商业广告，这是传统广告学的研究对象。本书如无特殊说明，均以商业广告为研究对象。

如何对广告下定义，反映了人们对广告特点和性质的认识。至今广告学界和业界还没有一个统一的、得到公认的广告的定义。但从众多的广告定义中，我们仍能看出一些共同的特点。目前，在国内外较为流行的广告的定义有以下几种[①]：

美国营销协会（AMA）对广告的定义是：广告是由明确的广告主在付费的基础上，采用非人际的传播形式对观念、商品或服务进行介绍、宣传的活动。

哈佛管理丛书《企业管理百科全书》一书认为：广告是一项销售信息，指向一群视听大众，为了付费广告主的利益，去寻求有效的说服来销售商品、服务或观念。

在现在可以查阅到的国外文献中，广告的定义不计其数，我们认为以上两个对广告的定义比较具有代表性，其他的绝大部分对广告的定义都与此大同小异，不再赘述。

我国广告学界对广告的定义中比较流行的有唐忠朴等人在《实用广告学》一书中的定义：广告是一种宣传方式，它通过一定的媒体，把有关商品、服务的知识或情报有计划地传递给人们，其目的在于扩大销售、影响舆论。

苗杰等人在《现代广告学》中将广告定义为：所谓广告，是以营利为目的广告主，通过大众传媒所进行的，有关商品、服务和观念等信息的，有说服力的销售促进和信息传播活动。

《辞海》对广告的定义是：向公众介绍商品、服务内容或文娱体育节目的一种宣传方式，一般通过报刊、电视、广播、招贴等形式进行。这一定义在今天看来存在一些问题，但曾经产生过重大影响。

从以上定义中我们可以概括出对于广告定义的一些共识：

第一，广告需要明确的广告主支付一定的费用。

第二，广告的目的在于向消费者推销商品、服务或观念。

第三，广告是一种信息传播活动。

第四，广告传播的方式是非人际的传播方式，包括大众媒体等。

---

① 清水公一. 广告理论与战略［M］. 胡晓云，朱磊，张姐，译. 北京：北京大学出版社，2005：5.

第五，广告有特定的目标对象。

广告——广告学理论研究的起点，虽然拥有如此多的定义，但是这些对广告的定义均是特定历史时期的产物，至少可以为我们提供关于广告历史性的认识和认识的历史性。进而言之，不同的广告定义，往往都有其独特的视角，都能为我们提供某种独特的思考。[①] 在对上面众多广告定义的梳理中，我们总结出：广告是一种特殊的信息传播活动，这种传播活动在明确的广告主付费的基础上，通过大众媒体等方式将商品、服务或观念等信息传递给特定的目标受众。

3.1.3 广告的职能

由广告的定义可知，广告是一种信息传播活动。在广告的定义中可以发现广告的基本职能之一。除此之外，广告还具有许多其他职能，具体如下：

第一，广告可以传递信息，沟通产销。广告最基本的功能就是认识功能。广告把有关产品生产销售方面的信息传递给消费者，向消费者提供商品或服务信息，这就是广告的信息传递功能。通过广告，能帮助消费者认识和了解商品和服务的各种信息，包括商标、性能、用途、使用和保养方法、购买地点、购买方法、价格等，从而起到传递信息，沟通产销的作用。广告的信息传递功能具体体现在促进、劝服、增强和揭示四个方面。广告的目的是让接受广告信息的受众发生心理状态的改变，在广告的促进与劝服下，使广告受众转变为消费者，达到广告的预期目的。

第二，广告可以促进竞争，开拓市场。竞争是商品经济的产物，是企业得以生存和发展的原动力。市场竞争是一种较量，广告能使竞争的声势增强，通过向消费者提供商品的可选择性、比较性来激发企业的竞争活力。大规模的广告是企业的一项重要竞争策略。当一种新商品上市后，如果消费者不了解其名称、用途、购买地点、购买方法，就很难打开销路，特别是在市场竞争激烈、产品更新换代大大加快的情况下，企业通过大规模的广告宣传，能使本企业的产品对消费者产生吸引力，这对于企业开拓市场十分有利。提高商品的知名度是企业竞争的重要内容之一，而广告则是提高商品知名度不可缺少的武器。精明的企业家总是善于利用广告，提高企业和产品的"名声"，从而抬高"身价"，推动竞争，开拓市场。

第三，广告可以激发需求，增加销售。广告对消费者的消费兴趣与消费欲望不断进行刺激，使得消费者发生更多的购买行为，从而增加产品销售。广告在沟通产销渠道方面起着桥梁作用，而市场扩大资源的限制使广告的促销作用更加明显。广告已成为企业加速商品流通和扩大商品销售的有效工具，市场上广告宣传的开展可以开辟新的道路，激发消费者的需求，从而增加产品的销售。一则好的广告能起到激发消费者的兴趣和感情，引起消费者购买商品的欲望，从而促使消费者购买该商品的作用。曾有这样一个事例：某国烟草公司派了一名推销员去海湾旅游区推销该公司的"皇冠牌"香烟，但该地区香烟市场已被其他公司的品牌所占领。该推销员苦思无计，在偶然间受到了"禁止吸烟"牌子的启发，他就别出心裁地制作了多幅大型广告牌，广告牌上

---

① 张金海，姚曦. 广告学教程［M］. 上海：上海人民出版社，2003：6.

写上"禁止吸烟"的大字，并在其下方加上一行字："'皇冠牌'也不例外。"结果大大引起了游客的兴趣，游客争相购买"皇冠牌"香烟，为公司打开了销路。

第四，广告可以介绍商品知识，指导消费。现代化生产门类众多，新产品层出不穷，分散销售，而且买卖双方信息严重不对称，人们很难及时买到自己需要的东西。广告通过介绍商品知识，向消费者提供产品信息，使消费者了解商品的性能和市场信息，从而起到指导消费的作用，有利于消费者做出购买决策。例如，消费者购买某些产品以后，由于对产品的性能和结构不十分了解，因此在使用和保养方面往往会发生问题。通过广告对商品知识的介绍，也可以更好地指导消费者做好产品的维修和保养工作，从而延长产品的使用时间。

第五，广告可以丰富生活，陶冶情操。好的广告，实际上就是一件精美的艺术品，不仅真实、具体地向人们介绍了商品，而且让人们通过对广告作品形象的观摩、欣赏，引起丰富的生活联想，树立新的消费观念，增加精神上美的享受，并在艺术的潜移默化之中，产生购买欲望。良好的广告还可以帮助消费者树立正确的道德观、人生观，加强精神文明建设，陶冶情操，给消费者以科学技术方面的知识。

3.2 广告的历史演变

在初步了解了广告的基本概念之后，我们认识到广告作为一种信息传播方式，是为了适应人类信息交流的需要而产生的，在漫漫历史长河中，经历了一个漫长的历史演变过程。广告实践作为一种特殊的社会文化现象，是人类文化和社会运动的一部分。研究广告的历史演变过程，有助于我们完善广告发展的历史机制，使广告运动在新经济的大潮中奋勇前进，并随时代的发展步入一个新的台阶。

3.2.1 我国广告的历史演变

3.2.1.1 古代广告的产生与发展（原始社会后期至鸦片战争前）

第一，奴隶社会及其以前广告的发展概况。社会的第一次生产大分工大约发生在原始社会晚期，距今约 4 000~10 000 年的新石器时代。生产力的发展和劳动者的社会分工，促使剩余产品出现，从而奠定了私有制的基础。同时，由于劳动者的技术专业化倾向，使各个劳动者在生产活动中所生产的产品品种和数量都不相同。因此，为了满足个人的需要，开始出现产品交换。随着生产分工的深化，生产的物质品类逐渐增多，剩余产品也随之增多，物质交换活动日趋频繁，交换品的种类和地域范围也不断扩大。为了把用来交换的产品交换出去，就必须把产品陈列于市场，同时，为了吸引他人，势必需要叫喊等。实物陈列和叫喊是最早的广告形式，并且这种形式的广告至今还在流传，而其他的广告形式大体又都是从这种广告形式中演变而来，只不过是采用了新的手段和工具，注入了新的内容。

从中国的古典文学作品中，尤其是在《诗经》中，还可以看到对商业活动的描写片段。《易经·系辞》记载："神农氏作，列廛于国，日中为市，致天下之民，聚天下之货，交易而退，各得其所。"《诗经·邶·北风》用"既阻我德，贾用不售"来描写遭人拒绝之后的心情。《诗经·卫风·氓》更有"氓之蚩蚩，抱布贸丝"这样的对商业活动进行直观描述的诗句。这些都从一定程度上反映了原始社会晚期和奴隶社会时期的商业发展情况和原始的商品销售形式——展示物品和叫卖成为形象的广告。

第二，封建社会广告的发展概况。春秋时期，即公元前 770 年—公元前 476 年，我国社会开始发生并完成从奴隶社会向封建社会的过渡转变。在这一时期，商人阶层开始分化，分为行商和坐贾，《庄子》中屡屡出现的"桂鱼之肆""屠羊之肆"的提法就是明证。行商是走村串寨进行沿途买卖的商人，坐贾是有一定场所的、招徕他人来买卖东西的商人。《白虎通》中对商贾之分有这样的描述："商之为言章也，章其远近，度其有亡，通四方之物，故谓之为商也。贾之为言固也，固其有用之物，待以民来，以求其利者也。故通物曰商，居买曰贾。"也就是在这一时期，人们开始把陈列于市的实物悬挂在货摊上以招揽客人。这样就在实物陈列的基础上，演变和发展成了招牌、幌子等广告形式。《晏子春秋》中就有这样的描述："君使服于内，犹悬牛首于门而卖马肉于内也。"这句话就足以证明，至少当时已存在幌子这样的广告形式。与此同时，在河南登封告咸镇发掘出土的东周陶器上都印有"阳城"篆体陶文字样标记，被认为是我国最早的文字广告。

秦始皇统一中国之后从秦到隋的 800 余年间（公元前 221 年—公元 618 年），由于封建统治阶级对土地的改革和新的税收政策的实施，社会生产力较春秋战国时期又有了一定程度的发展。秦始皇的中央集权制度和统一度量衡、统一文字的措施，以及汉代长期的"休养生息"政策的落实，在客观上为商业的发展创造了有利的条件。西汉的"文景之治"以政通人和、国泰民安而著称，商业的发展规模和范围无疑又比春秋时期有了较大的发展。在这一时期，城市进一步发展。在几百年间，洛阳成为闻名于世的大都会，开设了很多店铺。店铺在当时被称之为"市楼"，门口有一人接待顾客，所采取的广告形式有口头广告、实物陈列等。这时尤其是幌子（见图 3-1），已多为固定店铺所采用，如酒旗、垆等。"垆"作为店铺幌子的原始形式，出现在两汉时期，为以后的店铺装饰起了开创作用。《史记·司马相如列传》中就有关于西汉时司马相如的有关记载："相如置一酒舍沽酒，而令文君当垆。"东汉诗人辛延年亦有"胡姬年十五，春日独当垆"的诗句。可以认为，当时（东汉）已有"外国人"居住国内，从事商业活动。

公元 618 年，唐朝建立，我国的封建社会发展到了鼎盛时期。农业上实行的均田法和租庸调法，有力地推动了经济的发展，工商业日趋繁盛，空前兴旺。唐朝的商业活动中，存在着诸如口头叫卖、招牌广告、商品展销会、旗帜等多种广告形式。

在中国漫长的封建社会中，广告发展到了宋朝开始有了较大的变化。北宋政权由于采取了一系列安定农村、鼓励生产的政策，社会经济在经历了长达数十年的战乱之后，得到了一个休养生息的时机，经济再度回升，商业迅速发展。北宋的都城汴梁不仅是政治经济中心，而且是商品的集散地，各地商人穿梭于此，门面宽阔的大商店出现，从而出现了店面装潢——彩楼、欢门这样的广告形式。与此同时，由于开禁夜市，

图 3-1　文君当垆卖酒

图片来源：大学语文网（http://www.zhyww.cn/dxyw/ywym/200711/4031.html）

商业贸易出现日市、晓市、夜市的分化，小商小贩忙着昼夜交易，"买卖昼夜不绝，夜交三四更游人始稀，五更复鸣"（吴自牧《梦粱录》）。由于小商小贩被允许串街走巷做生意，因此城内各处叫卖之声不绝。《东京梦华录》对叫卖广告记载颇多："从城外守城入城货卖，至天明不绝。更有御街州桥至南内前趁朝卖药及饮食者，吟叫百端。""正月一日年节，开封府放关扑三日。世庶自早互相庆贺，坊巷以食物动使果实柴炭之类，歌叫关扑。"

商业活动的增多也使一些服务行业应运而生，从业者骤然增多。茶坊、酒楼、客店，遍布街头巷尾，生意兴隆。在这种经济背景下，广告得以更进一步发展。招牌、幌子、酒旗、灯笼各显其能，且随着大店铺的出现开始出现新的广告形式——门匾。从北宋张择端的《清明上河图》上就可看到诸如"刘家上色沉檀拣香""赵太丞家""杨家应症"和"王家罗匹帛铺"等招牌门匾（见图3-2）。

原始的广告形式——口头呼叫、音响、招牌、幌子、灯笼以及门匾、门楼、酒旗等店铺广告，在宋朝时已相当繁荣。同时，由于科技水平的提高，印刷工艺取得了极大的进步。在隋朝发明的雕版印刷，到了宋朝已发展为活字印刷。活字印刷技术的发明为广告提供了新的传播媒介——印刷品。历史资料证明，宋朝已经开始出现印刷品广告，现存上海博物馆的"济南刘家功夫针铺"的印刷铜版，就是相当珍贵的宋代广告印刷史料（已图3-3）。

宋朝以后的元、明、清各代，商品经济亦有不同程度的发展。由于人口的增多和对外交流的日益广泛，城市的发展异常迅速，在全国各地形成了不同的地区商业中心。在这一时期，虽然广告的应用异常活跃，然而广告形式却未有所创新，依然是对口头广告、原始音响广告和店铺招牌广告——旗帜、招牌、门匾、门楼、彩灯的应用。

在整个封建时期，就广告形式而言，广告形式主要有以下几种：

图 3-2　《清明上河图》——刘家上色沉檀拣香店

图片来源：承香堂网站（http://www.承香堂.cn/ItemsInfo.aspx？ID=70）

图 3-3　济南刘家功夫针铺印刷广告

图片来源：汕头特区晚报（http://www.step.com.cn/html/2011-02/11/content_183745.htm）

一是口头广告。南宋诗人范成大在其《范石湖集》中有"墙外卖药者九年无一日不过，吟唱之声甚适"的注释。明代汤显祖的《牡丹亭·闺塾》里有"你听一声声卖花，把读书声差"的描述。明代冯梦龙所编宋、元、明"话本"和"拟话本"的总集《警世通言·玉堂春落难寻夫》中更有"却说庙外街上，有一小伙子叫云：'本京瓜子，一分一桶，高邮鸭蛋，半分一个'"的广告叫卖词的记载。在元曲中，则有"货郎儿"的曲牌，最早是沿街叫卖的货郎担为招徕顾客而唱的，后来演变为民谣，最后演变为艺人的曲目。

二是酒旗广告。唐宋以后的诗人词家多以酒旗作为话题，而元明清的文学作品中也多有对酒旗的描述，在此不再赘述（见图 3-4）。

图 3-4　古代酒旗

图片来源：行业中国网（http://www.jzwhys.com/news/8927780.html）

三是幌子。元曲中有"满城中酒店三十座，他将那醉仙高挂，酒器张罗"（杨显《酷寒亭》）的唱词。当时一些出售小商品的店铺把商品做成"夸张甚巨"的大剪刀、大瓶药酒的，陈列于店铺门口或柜头以招徕顾客。在明清两代的小说作品中，对幌子的记载更是不胜枚举（见图 3-5）。

图 3-5　幌子——明刊本《二奇缘》中的留佩馆高挑着招旗

图片来源：每日新报（http://epaper.tianjinwe.com/mrxb/mrxb/2007-10/29/content_5377489.htm）

四是招牌。自从唐代把招牌作为一种行市管理手段之后，招牌一直是横跨唐、宋、元、明、清五代上千年的广告形式之一。《清明上河图》上可以看到各种招牌的形象（见图 3-6）。宋代话本《京本通俗小说·碾玉观音》中有这样的描写："不则一日，到了潭州，却是走得远了。就在潭州市里，讨间房屋，出面招牌，写着'行在崔待诏碾玉生活'。"元代李有在《古杭杂记》中，引用张任国的《柳梢青》词"挂起招牌，一声喝采，旧店新开"来描写旧店复业情景。由于商业竞争，在清朝的北京，更出现利用招牌对骂同业的情况，如"雨衣油纸家家卖，但看招牌只一家，你也窦家我也窦，女娼男盗只由他"。早期的招牌一般比较简单，但为了在商业竞争中取得广告优势，后来就发展出请名人书写，并且出现了店铺中堂，如酒店的"太白遗风"、米店的"民食为天"等。同时，在招牌的装饰上，也开始演变出艺术性图案和描金写红等竞比华贵的表现。

图 3-6　清明上河图（局部）

图片来源：博宝艺术网（http://news.artxun.com/qingmingshanghetu-1490-7445264.shtml）

五是店堂装饰。自宋代开始发展了大的店铺之后，商店的门面修饰也成为广告竞争的主要形式之一。《清明上河图》上可以看到一家"正店"（见图 3-7），其店面装饰已十分讲究。宋朝鼎盛时期的丰乐楼，"三层相高，五楼相向，各有飞桥栏槛，明暗相通，珠帘绣额，灯烛晃耀"（孟元老《东京梦华录》）。同期的《梦粱录》对杭州的描述更是详细，"今杭城茶肆亦如之，插四时之花，挂名人画，装点门面"，可见当时已重视店堂装饰，而在以后的元、明、清时期，这种店堂装饰更是"竞比奢华"。

图 3-7　清明上河图（局部）

图片来源：中国文化艺术网（http://bj.orgcc.com/news/2011/12/23251.html）

六是印刷广告。木版印刷在元明时期大有发展，除官方用来印书之外，民间亦用来印制话本小说和戏曲。尤其在明代中叶以后，印坊所出小说、戏曲大都加有插图绣像，作为书商推销刊本的宣传。弘治戊午年（1498年）刊本的《奇妙全像西厢记》（见图3-8），在其书尾就附有出版商金台岳家书铺的出版说明："……本坊谨依经书重写绘图，参订编大字本，唱与图合。使寓于客邸，行于舟中，闲游坐客，得此一览始终，歌唱了然，爽人心意。"可见当时书商广告的功底。

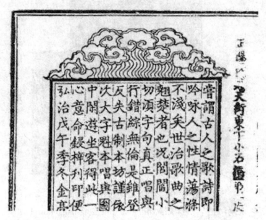

图3-8 金台岳家书铺出版的奇妙全像西厢记

图片来源：百度图片

从各个历史朝代的商业及广告发展情况可以看到从口头广告、店铺广告到印刷广告的历史变革，从而可以看出广告在中国封建社会发展的相对鼎盛时期及其与当时商业经济的关系。

3.2.1.2 中国近现代广告的发展（鸦片战争爆发至新中国成立）

19世纪上半叶，许多资本主义国家都进行了工业革命，生产的高速发展使资本家感到了市场的压力。为了积累巨额资本、开辟新的商品市场、掠夺劳动力和廉价的原料，人口众多且地大物博的中国就成了他们的掠取对象之一。1840年爆发的鸦片战争，就是这种全面的政治、经济和文化入侵的开始。资本主义的侵入，一方面，使中国社会的性质发生了变化，闭关自守的封建社会开始解体，以农业和家庭手工业相结合的自然经济被瓦解，我国社会逐渐沦为半封建半殖民地社会；另一方面，外国资本和商品的大量涌入，也为我国的商品生产提供了推动力，促进了工商业的发展，尤其是民族工商业与远洋资本之间相互争夺市场的竞争，刺激了广告的发展。

鸦片战争后，在帝国主义强权下，清政府签订了《南京条约》，允许开放广州、福州、厦门、宁波、上海五大城市为通商口岸，并且准许中国商人将外国商品从上述口岸运往全国各地销售，从而使资本主义的贸易入侵合法化。从此，外国货如破堤之水涌入内地，并在我国出现了专为外国资本家服务的买办商人。由于外商及外资的大量涌入所带来的商业发展，现代广告业也就在这几个通商口岸城市迅速地发展起来。

在各类输入品中，使用广告最多的首推药品和香烟。在五个通商口岸中，广告最发达的首推上海，这跟上海有广阔的腹地和长江方便的水上运输有关。当时的广告主要靠路牌和招贴。路牌是画在墙上的，蓝底白字，十分简单。招贴则多在国外印制，带回中国张贴。这些路牌广告和招贴广告曾经从城市扩展到广大的农村，发展迅速。在这一时期，除了路牌广告和招贴广告之外，现代形式的报纸、杂志也开始在我国出现。

1853 年，英国人在五大通商口岸出售刊物《遐尔贯珍》，该刊物经营广告业务，为沟通中外商情服务。该刊物在 1854 年曾刊出一则广告，寻求广告刊户："若行商租船者等，得借此书以表白事款，较之遍贴街衢，传闻更远，获益至多。"史学家认为，该刊物是在我国出现得最早的刊物之一。

历史证明，以报纸杂志为标志的现代广告是由外商引入的。1858 年，外商首先在香港创办了《孖刺报》，在 1861 年后成为专登船期物价的广告报。在这期间，外国人除了创办一些综合性报纸外，还创办了一些专业广告报刊，如《东方广告报》《福州广告报》《中国广告报》等。当时的广告业务，主要以船期、商品价格为主，这同五口通商之后国外商船往来频繁、货物进出种类繁多且数量庞大不无关系。1872 年 3 月 23 日，《申报》（见图 3-9）创刊，这是我国历史最久、最有名望的中文报纸。同期创办的还有《上海新报》《中国教会新报》等。这些报纸都刊登大量的广告，几乎可占 2/3 版面。同时，在这一时期，机械设备广告开始出现。

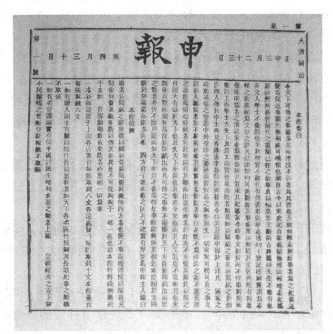

图 3-9 申报创刊号

图片来源：图书馆学基础网（http://wenke. hep. edu. cn/
NCourse/tsgxjc/courseware/fxzl/1/wenxian/02/bao/01. html）

19 世纪末，华人报纸陆续创刊，1895—1898 年的三四年间全国创办了 32 种主要报纸。由于资本竞争的加剧，报纸刊数和广告版面迅速增加。1899 年《通俗报》的 6 个版面中，广告即占其 3/4 版。到 1922 年，我国的中外文报纸已达 1 100 多种。报纸广告的广泛出现，标志着我国近代广告的发展进入了一个新的历史时期。

20 世纪 30 年代，广告公司的兴起是我国广告发展史上的又一个里程碑。在这一时期，广告媒介开始变得多样化，出现了多种多样的广告形式。抗日战争前充斥上海的外商外企为了推销其生产的洋货，许多大型企业中都设有广告部。例如，英美烟草公司的广告部和图画间就从中外各方邀请画家绘制广告。在激烈的商战中，民族工业也开始向广告事业投资，在企业内设置广告部门。同时，由于市场竞争的需要，广告业务不断增加，专业广告公司由此应运而生。在 20 世纪 30 年代初，上海已有大小广告公司一二十家，广告公司的业务以报纸广告为主，其他形式的广告，如路牌、橱窗、霓虹灯、电影、幻灯片等，大体都各有专营公司。

在这段时间，报纸是主要的广告媒介。最大的报纸是《新闻报》，该报在 1923 年即已"日销 15 万份"作为招徕广告的号召。此外，杂志的发行量也不低，如邹韬奋主编的《生活周刊》在 1923 年的每期销数也超过 15 万份。一些主要杂志，如《生活周刊》《东方杂志》和《妇女杂志》等，都登有较大篇幅的广告。路牌广告在早期是广告的主要形式，后来虽然让位于报纸，但是在整个广告业务中还是占有相当份额。由于在大城市里简陋的、刷在民墙上的路牌广告已不能引人注目，有的广告公司就开始将五彩印制的招贴贴在台面上，后来又改为用木架支撑、铅皮装置、油漆绘画的广告。有不少公司，把路牌广告作为主要收入来源。

电波广告的引进是在 1922 年以后。美国人奥斯邦在上海建造了一座 50 瓦特的电台，从而揭开了我国电波广告的序幕，但广播电台正式开播广告是在 1927 年，由新新公司建造了一座 50 瓦特的电台，播送行市、时事与音乐。同年，天津、北京也相继开设电台。到 1936 年，上海已有华资私人电台 36 座、外资电台 4 座、国民政府电台 1 座、交通部电台 1 座，这些电台都主要依靠广告维持。

上海最早的霓虹灯广告引进于 1926 年。其后有外商在上海开设霓虹灯厂，规模较大的有丽安电器公司。华资电器公司也在此后相继出现，并为广告公司制作霓虹灯广告（见图 3-10）。

此外，新出现的广告形式还有车身广告、橱窗广告等。同期，印刷广告也得到进一步发展，相继出现了产品样本、企业内部刊物（免费赠阅）、企业主办专业性刊物、月份牌和日历等形式的印刷广告。

抗日战争爆发后，由于市场受到战争冲击，广告业受到严重影响。上海沦陷后，主要的广告公司相继歇业，剩下的广告业务也大多是介绍日货的广告，虽然在抗日战争后期广告业务和广告公司都有一定恢复，但未有长足进步。

抗日战争时期，国民政府内迁重庆。当时南京、上海、汉口和天津等地的多家报纸也相继内迁。1937 年，在重庆出版的除原有的《商务日报》等外，还有《新华日报》《中央日报》《扫荡报》《大公报》《新民报》等，也刊登各类广告。同时，在解放区创刊的共产党报纸也有少量广告业务。

抗日战争胜利后，各类报纸等媒介单位相继迁回原地复刊，广告公司重新活跃起来。当时的广告中，有很多是"寻人启事"。此外，美国货也大量充斥市场，广告业务

图 3-10　旧上海霓虹灯广告
图片来源：搜狐网（http://ilishi.blog.sohu.com/148057805.html）.

量很大。由于美国货对中国民族工业的冲击过甚，致使民族工业几乎到了崩溃的边缘。当时的国货机制工厂联合会在其主持人的倡导下，发起了一次口号为"用国货最光荣"的旨在抵制外货、挽救民族工业的宣传运动。当时设计了一个标志，在本埠报纸、外埠报纸、路牌上登载广告，号召人们使用国货。但是在 1947 年之后，由于连年内战，导致经济崩溃，中国的广告事业又重新跌入低谷。

3.2.1.3　当代中国的广告发展概况（新中国成立至今）

1949 年，中华人民共和国成立。由于经济、政治、社会诸方面的原因，新中国的广告事业在经历了一个长期的曲折过程之后，才得以迅速恢复和发展。

在新中国成立前夕，有些工商业者对中国共产党的政策不明了，卷款外逃，外加国民党政府在统治后期所采取的经济政策对工商业造成一定损害，导致我国工商业处境困难。资金短缺、原料匮乏，严重地影响了新中国成立初期的工商业的稳定和发展。为了稳定经济形势，促使工商企业恢复生产，新中国人民政府采取了各种有效措施，不仅支持对工商企业的原材料供应和资金供应，同时也加强了对企业的管理措施，在各级人民政府领导之下，成立了工商行政管理局。对于广告行业，则在广告业比较集中的上海、天津和重庆等地，成立了相应的广告管理机构，对广告进行管理，并在全国相继成立了广告行业同业公会。同时，针对当时广告业务中存在的一些问题，对广告行业进行了整顿，解散了一批经营作风不正、业务混乱、濒临破产的广告社。各地区以人民政府名义发布了一批地方性的广告管理办法，如天津市卫生局发布的《医药广告管理办法》、上海市人民政府发布的《广告管理规则》等。重庆市在 1951 年成立广告管理所后，于年底公布了《重庆市广告管理办法》。

在新中国成立初期的一段时间里，广告行业由于人民政府采取的各项措施，得到一定程度的恢复和发展。报纸、杂志、电台、路牌等商业广告业务依然很活跃，同时还举办过几次全国性展览会和国际博览会。

1953 年，我国开始执行第一个五年计划，开展大规模的经济建设。与此同时，我国开展了对资本主义工商业的社会主义改造。由于当时国家对私营工商业实行加工订货、统购包销的经济政策，广告公司的业务量骤减。同时，为配合对私营工商业的社会主义改造运动，在工商行政管理部门的支持下，对广告公司进行了大规模的改组，在一些工业比较集中、经济发达的城市，建立了国营广告公司。例如，北京市文化局领导下的北京市美术公司，天津市文化局领导下的天津美术设计公司，上海市商业局领导下的上海市广告装潢公司和上海市文化局领导下的上海美术公司等，都是在对原有广告公司或广告社进行合并、改组的情况下组建起来的。

全行业公私合营后，工业企业的很多产品由国营企业包销，从而导致广告业务的急剧减少。在当时，已很少再有做广告的企业。在这一时期的后期，报纸广告版面减少，一些城市的商业电台被取消，广播广告日益萎缩。这些情况持续了数年之久。直到 1957 年在布拉格召开了国际广告大会，我国商业部派员参加后，情况才有所改变。

1958 年，商业部和铁道部联合发出通知，为使商业广告更好地为生产和消费者服务，要求利用车站、候车室、车厢及列车内使用的用具等为媒介开展广告业务。在这一段时间内广告业务有了一定的恢复，如上海、天津的广告公司的广告营业额就比 1956 年上升了 6 倍多。然而这一局面持续不到一年，1958 年"大跃进"开始，工业部门提出了"需要什么，生产什么"，商业部门则提出了"生产什么，收购什么；生产多少，收购多少"，接着又进一步提出"工业不姓商，大家都姓国"的口号。从此，工业产品不论多少，也不论品质好坏、价格高低，全部由商业部门包下来。由于商业流通成为独家经营，市场不再有竞争，广告业受到严重冲击，广告管理一度废止。直到 1962 年国民经济进入全面恢复期之后，这种情况才有所改观。

十年"文化大革命"，广告作为"封资修"的东西被砸烂，广告管理机构解散，广告事业的发展陷入一片空白。

1978 年 12 月，中共中央召开了十一届三中全会，宣布全党把工作重心转移到经济建设上来，提出了"对外开放和对内搞活经济"的政策。从此，商品生产不断发展，对外贸易迅速增长。由于发生从计划经济向市场调节的转轨，许多新的产品面临着开拓市场、扩大销路的课题，从而为广告的恢复和发展提供了契机。从此时开始，各地的广播、电视和报纸相继恢复广告业务，广告公司（社）相继成立。到 1981 年年底，全国广告公司已由 9 家发展到 100 多家，报纸、杂志 2 000 多家，广告从业人员 1.6 万多人，并开展了外贸广告业务。到 1983 年年底，全国广告经营单位更达 2 340 家，营业额 2.3 亿元，比 1982 年增长 40%。为加强广告管理，1982 年 2 月国务院颁布了《广告管理暂行条例》，规定广告行业统一由国家和地方各级工商行政管理部门管理。同时，为加强行业自身的建设，成立了中国广告协会和中国对外经济贸易广告协会两个广告行业组织，并举办各种展览会和培训班，促进广告事业的建设与发展。

1989 年，我国广告营业额已达 30 亿元人民币（其中包括对外广告），从业人员近 20 万人，涉及报纸 1 000 多种，杂志 4 000 多份，电台 200 多座，电视台 300 多家。广告事业发展迅猛，广告理论水平不断提高，广告人才培养也逐渐受到重视。我国的广告事业在各方的共同努力下，继续呈现出繁荣发展的景象，为促进商品经济和对外贸易的发展起到更大的作用。

中国广告业告别 20 世纪 80 年代的高速发展的成长期，进入 20 世纪 90 年代低速发展的成熟期。进入 21 世纪以来，我国广告业的发展呈现以下特征：第一，广告主的市场营销费用在分流，广告费增长趋慢。在市场竞争日益激烈的背景下，市场营销的手段日益多样化，过去投入在广告上的费用现在不断被公关、终端推广、业务咨询、互动营销等其他市场营销手段所分化。第二，媒体朝多元化发展，并不断分化。在各媒介形式中，电视媒体仍然是企业主最主要选择的媒体形式，2011 年增幅为 13.9%；电台继续维持着较高的增长，2011 年增幅为 30.2%；报纸和杂志 2011 年分别增长 12.0% 和 15.3%；户外媒体增幅是所有媒体中最低的，仅为 3.7%；互联网持续保持高速增长局面，增幅为 35.6%，是所有媒体中增幅最高的媒体（见图 3-11）。纵观 2011 年广告市场，化妆品及浴室用品、商业及服务性行业、饮料、食品、药品仍然是广告投放的主力，其投放总量之和占据了广告总量的 57.4%。但从增长情况看，这五个行业的增长率都低于整体广告的平均增长率，增长贡献减弱。其中，欧莱雅品牌成为全球广告投放按年同比增长最快、投放最多的品牌。以刊例价计算，2011 年，欧莱雅品牌广告投放额为 105.8 亿元，同比增长 38%。在企业品牌中，宝洁（中国）有限公司的广告投放为 332.6 亿元，成为广告投放最多的企业。从网络广告整体发展看，交通、网络服务、房地产、信息技术以及食品饮料行业占据了目前网络广告投放的前五位，食品饮料行业代替金融业，首次挤进前五位。

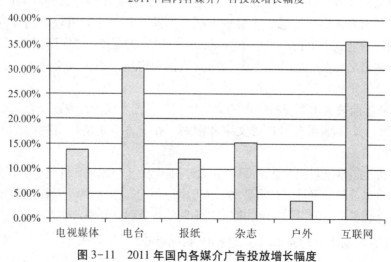

图 3-11　2011 年国内各媒介广告投放增长幅度

资料来源：百度图片

3.2.2　国外广告的历史演变

广告在世界各国的产生和发展都有着共同的规律，都是随着商品的产生而产生，随着科技进步的发展而发展的。科学技术的进步带来的传播手段的革新，对广告的发展产生了巨大的推动作用。同时，一定的社会制度和社会发展水平也对广告的发展产生着制约作用。

依据各个历史时期的广告技术发展水平，可以把广告的发展分为五个时期：

第一个时期：从远古时代到 1450 年古登堡发明活字版印刷的原始广告时期。这一时期的广告只能是手工抄写，数量有限，传播也有限。

第二个时期：1450—1850 年的印刷广告时期。这一时期由于报纸杂志尚未成为大众化工具，因此广告的范围很有限。

第三个时期：1850—1911 年的媒介大众化时期。这一时期报纸杂志大量发行，媒介大众化，并开始出现专业性广告公司。

第四个时期：从 1911 年到 20 世纪 70 年代广告行业化时期。广告业作为一个行业，由于电讯电器技术的发明和发展而得以走向成熟。

第五个时期：20 世纪 80 年代信息革命发生后的信息广告产业时期。这一时期的广告业已不再单纯是一种商业宣传工具，已经发展成为一门综合性的信息产业，广告活动走向整体化。

3.2.2.1　原始广告时期（15 世纪以前）

历史研究证明，现存最早的广告是在埃及尼罗河畔的古城底比斯发现的，是公元前 3 000 多年前的遗物，现存英国博物馆。这份广告书写于一张羊皮纸上，内容为悬赏一个金币以缉拿名为谢姆的逃奴的广告。在古希腊、古罗马时期，一些沿海城市的商业也比较发达，广告已有叫卖、陈列、音响、文图、诗歌和商店招牌等多种，在内容上有推销商品的经济广告、文艺演出、寻人启事等，还有用于竞选的政治广告。例如，罗马商人为了引起人们的注意，在墙壁上刷上商品广告，或者由奴隶们写好挂牌，悬挂在全城固定的地点。出租广告也很常见，有一则广告写道："在阿里奥·鲍连街区，业主克恩·阿累尼乌斯·尼基都斯·梅乌有店面和房屋出租，从 7 月 1 日起出租。可与梅乌的奴仆普里姆斯接洽。"

在 2 000 年前被火山爆发所掩埋的庞贝城，经考古发现，在纵横交错的街道建筑物的墙上和柱子上，刻满了各种广告文字和图画。在官方规定的广告栏内，还发现有候选人的竞选广告。

标牌广告也很常见。据考证，商店的标牌广告起源于公元前 5 世纪至公元前 2 世纪的以色列、庞培和希腊、罗马。在古罗马，人们用一个正在喝酒的士兵图案表示酒店，而用一头骡子拉磨表示面包房。招牌和标记把不同的行业划分开来，使人一目了然。

3.2.2.2　早期印刷广告时期（15 世纪至 19 世纪中叶）

1450 年，德国人古登堡开始使用活字印刷术，自此西方步入印刷广告时代。1475 年，英国人威廉·卡克斯顿在英国办了一所印刷所，印出了第一本英文书和推销该书的广告。该书是法译英的小说集。此后，印刷业逐渐在欧洲大陆的其他国家得以发展。

16 世纪，欧洲经历了文艺复兴的洗礼之后，资本主义经济进一步发展，美洲大陆的发现、环球航行的成功和殖民化运动的兴起，使生产和消费都成为具有世界色彩的事物。也就是在这一时期，出现了现代形式的广告媒介——报纸。

西方的第一份印刷报纸是 1609 年在法国斯特拉斯堡发刊的。1622 年，第一份英文报纸在伦敦出版，这就是《每周新闻》。在这一年的报纸里，载有一份书籍广告。1704 年，美国的第一份报纸《波士顿新闻报》创刊，其创刊号上刊发了一份广告，这是美国的第一份报纸广告。到 1830 年，美国已有报纸 1 200 种，其中 65 种为日报。英国在 1837 年有报纸 400 多种，刊出广告 8 万余条。但是在这一时期，由于经济原因，报纸的发行量很小，作为传播媒介远远未达到大众化，因而报纸广告的影响面很小。

在发行报纸的同时，杂志也陆续出现。世界上最早的杂志是创刊于 1731 年的英国杂志《绅士杂志》。10 年后，美国的费城有两种杂志创刊。1830 年，海尔夫人在费城创办《哥台妇女书》杂志，成为美国妇女杂志的先驱。在此杂志出版前，1741 年美国出版过两本杂志《美国杂志》和《大众杂志和历史记事》，分别在出版 3 个月和 6 个月后就夭折了，但毕竟开创了杂志的新纪元。同一时期的 1706 年，德国人阿洛依斯·重菲尔德发明了石印，开创了印制五彩缤纷的招贴广告的历史。

3.2.2.3 报纸杂志媒介大众化时期（19 世纪中叶至 20 世纪初）

19 世纪后半叶，由于西方主要资本主义国家相继走上帝国主义道路，尤其在发生现代工业革命之后，资本主义经济逐渐走向国家垄断。为了满足其工业机器的原材料供应，开辟其工业品的海外市场，西方列强相继在海外大规模开辟殖民地，发动对其他弱小民族的侵略战争。帝国主义国家的这种殖民化政策，确实为其经济的发展提供了相当大的推动力，同时也促进了其国内人民的流动迁移，信息传播媒介也得以加速大众化。

从 1850 年到 1911 年，世界上有影响的报纸相继创刊。这些报纸有英国的《泰晤士报》和《每日邮报》、美国的《纽约时报》、日本的《读卖新闻》和《朝日新闻》，以及法国的《镜报》等。在当时，所有报纸的主要收入来源都是广告，工厂企业也利用这个媒介来推销产品。

1853 年，在发明摄影不久后，纽约的《每日论坛报》第一次用照片为一家帽子店做广告。从此，广告就开始利用摄影艺术作为其技术手段。

在 19 世纪末，西方已有人开始进行广告理论研究。美国人路易斯在 1898 年提出了 "AIDA 法则"，认为一个广告要引人注目并取得预期效果，在广告程序中必须达到引起注意（Attention）、产生兴趣（Interest）、培养欲望（Desire）和促成行为（Action）这样一个目的。此后，其他人对 "AIDA 法则" 加以补充，加上了可信（Conviction）、记忆（Memory）和满意（Satisfaction）这样几项内容。因此，在 20 世纪末，广告已成为一门独立学科。

广告在这一发展阶段的另一重要进步就是广告公司的兴起。1841 年，福尔尼·帕尔默在费城创立了世界上最早的广告公司，通过向客户收取服务费的方式，在报纸上承包版位，卖给客户。1845 年以后，帕尔默相继在波士顿、纽约开办了广告分公司。

从此，广告代理业日益繁荣。

在 19 世纪末，一些大众化媒介刊物的出现，也为这一时期的广告发展提供了便利条件。1883 年创刊的《妇女家庭杂志》，在 1900 年发行量即达 100 万份之多，可见大众化媒介的发展速度之快。

3.2.2.4 广告行业走向成熟的时期（20 世纪初至 20 世纪 70 年代）

19 世纪末和 20 世纪初是世界经济空前活跃的时期。资本主义从自由竞争走向垄断，使海外市场的开辟成为现实。这一方面刺激了当时经济的发展，另一方面也刺激了对新的科学技术的需要。这种需要大大地刺激了科学技术的发展，新发明、新创造不断涌现，使资本主义经济走向现代化。

广告业在这一时期的重大进展之一，是广播、电视、电影、录像、卫星通信、电子计算机等电信设备的发明创造，使广告进入了现代化的电子技术时代。新的广告形式不断产生和新技术的采用提高了广告的传播效益。世界上最早开办广播电台的是美国，1902 年第一家领取营业执照的广播电台——匹兹堡西屋电器公司的商业电台开始播音（实际上底特律的经营试验台 SMK 比它还早几个月成立）。继美国之后，其他国家也相继建立了广播电台。这些电台都设有商业节目，主要播放广告。

20 世纪 30 年代，英国广播公司在伦敦设立了世界第一座电视台。美国在 1920 年开始试验电视，但在 1941 年才有商业电视正式播出。在二战后，电视得以迅速发展。尤其是在 20 世纪 50 年代美国首创彩色电视之后，由于电视广告集语言、音乐、画面于一体，电视成为最理想的传播媒介，因而在其后的广告业中独占鳌头。

除了电视和广播外，报纸杂志及其他形式的印刷广告，也因电子技术的应用而得以迅速发展。广告已成为报纸杂志的生命主宰和收入来源。此外，各种博览会也成为重要的广告形式。

现代广告的另一个重大发展，就是广告管理水平的提高。广告公司的专业水平和经营管理水平均大有改进，而政府部门也通过立法管理等形式规范和约束广告公司的行为，规定广告业的发展方向。同时，政府还设立专职管理机构，从事广告管理工作。

现代广告事业的进步，最重要的还是表现在广告理论方面。由于广告发展的需要，广告理论的研究工作得以深入开展，从而使广告学成了一门独立的、具有完整系统的综合学科。

3.2.2.5 现代信息产业时期（20 世纪 80 年代至今）

进入 20 世纪 80 年代以后，现代工商业迎来了信息革命的新时期。现代产业的信息化大大地推进了商品市场的全球统一化进程，广告行业也相应地发生了一场深刻的革命。在这场信息革命中，广告活动遍布全球。许多广告公司由简单的广告制作和代理发展成了一个综合性的信息服务机构，广告技术也被电子技术代替。由于有了先进的科学技术，广告信息的传递速度得到极大提高，通过卫星可把相隔万里的广告信息在一瞬间传递过来，通过电子计算机可以对广告信息进行存储分析。

与此同时，现代广告公司也发展成了集多种职能为一体的综合性信息服务机构，负责收集和传递政治、经济、社会、文化等各种各样的信息，并把这些信息用来指导企业的新产品开发、生产和销售，为工商企业的商品生产和销售提供一条龙的信息服务。

同时，广告信息在传递过程中也变得高度科学化和专业化。一幅广告从市场调查入手，开展市场预测、广告策划，到设计、制作、发布，再经过信息反馈、效果测定等多个环节，形成了一个严密的、科学的、完整的过程，尤其是近年整体策划观念的兴起，更使广告活动趋于系统化，充分发挥了广告业的信息指导和信息服务作用。

总之，要发展我国的广告事业，不仅需要总结我国漫长历史中广告宣传活动中的经验，挖掘具有现实意义的理论价值，更要认识、考察和分析外国广告的历史，引进和借鉴国外广告的技术和方法，建立中国广告事业发展所必需的国际机制，使之在与国际广告的互动中获得更好的发展。

3.2.3　国内外广告历史发展的比较

根据时间的发展，中外广告历史发展的一些联系和区别如表3-1所示：

表3-1　　　　　　　　　　　中外广告发展史时间对比轴

外国	中国
原始广告时期（15世纪以前） **古希腊、古罗马时期** 广告形式：叫卖、陈列、音响、文图、诗歌和商店招牌等多种形式 **中世纪** 背景：手工业作坊、工业萌芽、庄园经济、城市复兴 广告形式：叫喊、招牌、标记 **早期印刷广告时期（15世纪至19世纪中叶）** 1450年，古登堡使用活字印刷术，西方步入印刷广告时代 16、17世纪出现报纸杂志 1706年，石印发明，开创了印制五彩缤纷的招贴广告的历史 **报纸杂志媒介大众化时期** 1850—1911年，世界上有影响的报纸相继创刊 1853年，摄影艺术作为广告技术手段 19世纪末，西方已有人开始进行广告理论研究，并且广告公司开始兴起 **广告行业走向成熟的时期** 广播、电视、电影、录像、卫星通信、电子计算机等电信设备的发明创造，使广告进入了现代化的电子技术时代 广告管理水平提高、广告理论研究深入、广告学成了一门独立的、具有完整系统的综合学科 **现代信息产业时期** 广告活动遍布全球，电子技术大大推动了广告发展，广告的信息在传递过程中也变得高度科学化和专业化	**原始社会晚期** 广告形式：陈列、叫卖 **奴隶社会时期** **封建社会时期** **春秋时期** 背景：奴隶社会向封建社会过渡 广告形式：幌子、招牌等形式，出现了最早的文字广告 **秦汉时期** 背景：秦始皇统一中国，统一文字、度量衡、货币 广告形式：口头陈列为主，店铺幌子的原始形式开始出现 **隋唐时朝** 背景：城市商业初具规模，封建社会发展到了鼎盛时期 广告形式：实物演示、免费品尝、口头叫卖、招牌广告、商品展销会、旗帜等广告形式 **宋元明及清朝前期** 背景：商业贸易繁盛，活字印刷术发明，后期产生资本主义萌芽 广告形式：口头广告、酒旗广告、招牌、店堂装饰、印刷广告、幌子 **近现代（鸦片战争到新中国成立）** 背景：资本主义国家全面入侵，抗日战争影响重大 广告形式：路牌、招贴画、报纸杂志广告、电波广告 **新中国成立至今** 背景：新中国成立、"文化大革命"、改革开放 广告形式：报纸杂志、电视广播、户外、网络、新兴、直投、路牌、站牌、视频、文字等形式不计其数

资料来源：作者根据相关资料整理所得

　　和西方相比，中国广告的发展起步早，早在原始社会时期物物交换的形式就已出现了陈列、叫卖等广告形式。但是中国广告发展慢，尤其是 15 世纪后，广告形式、广告理论、广告管理各个方面的发展都与西方产生了较大差距。商品经济的发展是中国广告发展的驱动力，封建社会时期重农抑商的政策对中国广告的发展产生了极大的抑制。西方国家广告发展的主要促进力量是科学技术的更新，印刷技术、摄影技术等推动着国外广告事业的不断发展。鸦片战争过后，资本主义的入侵对中国广告的发展从某种程度上说起到了一定的促进作用，国内开始兴办报纸杂志，创办电台，学习西方先进的广告技术。新中国成立后，"文化大革命"时期广告作为"封资修"的东西被砸烂，广告管理机构解散，广告事业的发展陷入一片空白。改革开放后，中国经济蓬勃发展，城乡市场繁荣兴旺，商业活动异常活跃，为中国的广告事业的复兴和发展注入了强大的活力。

　　广告形式上，中外广告的比较在表 3-1 中能清晰地看到。西方的广告形式在印刷技术、摄影技术、电子技术的发明后，得到了极大的丰富和发展。国内广告形式前期发展变化缓慢，在鸦片战争后西方资本主义国家贸易入侵带来广告形式的大幅更新。

　　广告理论上，在 19 世纪末，西方已有人开始进行广告理论研究。20 世纪后，现代广告事业的发展增大了对广告的需求，促进了广告理论研究的深入，从而使广告学成了一门独立的、具有完整系统的综合学科。经过了一个多世纪的发展，现在国外广告理论的研究更加深入完善。新中国成立以后，国内开始进行广告学研究与教育，但受到社会经济发展的影响，发展速度受到限制，发展比较缓慢，广告理论研究较浅，广告体系还不完善。

　　广告管理上，西方广告公司成立早，19 世纪中叶在美国出现了最早的广告公司。之后广告公司的专业水平和经营管理水平不断提高，而政府部门也通过立法管理等形式规范和约束广告公司的行为，规定广告业的发展方向。同时，政府还设立专职管理机构，从事广告管理。国内的广告管理也是在新中国成立后才开始，在管理虚假广告、不实广告、不公平广告等方面存在欠缺，广告市场还存在很多问题。

3.3　广告的分类

　　合理的广告分类是广告策划的基础，是整个广告设计和制作过程的依据。广告的种类可以根据不同的标准进行划分，如根据广告的性质、内容、对象、范围、媒体、广告主、诉求方式、效果以及广告周期等来划分。

3.3.1　根据广告的目的分类

　　根据广告营销发起目的的不同，可以将广告分为营利性广告和非营利性广告。

　　营利性广告又称商品广告，是指以营利为目的，传达商业信息的广告。本书所涉及的广告便是营利性广告。

　　非营利性广告是指不以营利为目的，旨在说服公众就某一社会问题、公益事业或政治问题等内容的广告。其目的着眼于免费服务，用以宣传观念和事实，通常是指宗教组织、慈善组织、政府部门、社会团体等非营利机构的广告，比如政治宣传广告、社会公益广告、社会教育广告以及寻人启事、人才招聘、征婚、挂失、求职等以启事形式发布的广告都属此类（见图 3-12）。

图 3-12　中国梦公益广告

图片来源：中国文明网（http://www.wenming.cn/jwmsxf_294/zggygg/pml/zgmxl/201309/t20130930_1501267）

3.3.2　根据广告的内容分类

根据广告营销内容的不同，可以将广告分为商业广告、劳务广告、企业广告、文化广告、社会广告、公益广告及意见广告等。

商业广告是指商品经营者或服务提供者承担费用，通过一定的媒介和形式直接或间接地介绍所推销的商品或提供的服务的广告。商业广告是人们为了利益而制作的广告，旨在宣传某种产品而让人们去购买。商业广告包括销售广告、形象广告、观念广告等为企业商业目的服务的一切形式的广告，最终目的是获利，又称经济广告、营利性广告（见图 3-13）。

图 3-13　欧可茶业广告

图片来源：昵图网（http://www.nipic.com/show/4/79/5013743k39fe4782.html）

劳务广告（服务广告）旨在介绍商品化劳务，促使消费者使用这些劳务，如银行、保险、旅游、家电维修等广告（见图3-14）。

图 3-14　广东发展银行广告

图片来源：昵图网（http://www.nipic.com/show/3/113/f48f0de9cddf86bc.html）

企业广告是为了树立企业形象、建立良好的公众信誉、提高企业知名度、引起消费者对企业的关注与好感、促进消费者理解企业价值观和文化所进行的广告（见图3-15）。企业广告通常与企业的公关活动联系在一起，构成了企业公关活动的一部分。

图 3-15　万达集团平面广告

图片来源：昵图网（http://www.nipic.com/show/4/137/5701795ke1e854d7.html）

文化广告是指传播教育、科技、文化、艺术、体育、新闻、出版、旅游等信息的广告，是广告主有计划地通过传媒向消费者介绍、推销自己的文化产品或服务，唤起消费者的注意，并促使其去消费某种文化产品的一种信息传播活动。例如，蒙牛乳业通过出版书籍《蒙牛内幕》使读者主动且深入地了解了蒙牛企业及产品，达到硬性广告所无法比拟的效果；依云矿泉水通过推出与产品相关的音乐来宣传产品，使产品销量提高了 30%。

社会广告是为社会大众提供小型服务为主要内容，以非营利为主，如招生、征婚、寻人、租房等广告。

公益广告是以为公众谋利益和提高福利待遇为目的而设计的广告，是企业或社会团体向消费者阐明其对社会的功能和责任，表明自己追求的不仅仅是从经营中获利，还要关心和参与如何解决社会问题和环境问题这一意图的广告，是不以获利为目的而为社会公众切身利益和社会风尚服务的广告（见图 3-16）。公益广告具有社会的效益性、主题的现实性和表现的号召性三大特点。

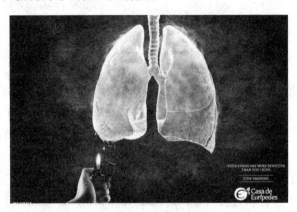

图 3-16　公益广告

图片来源：昵图网（http://www.nipic.com/show/2/74/7617006kd5a6de19.html）

意见广告是指通过付费表达自己意见，不以获利为目的，包括政治广告。

3.3.3　根据广告营销的传播媒体分类

按照广告营销的传播媒体的不同，可将广告分为印刷媒介广告、电子媒介广告、户外媒介广告、邮寄广告及交通工具广告等。

印刷媒介广告是指刊登在印刷媒体上的广告，主要包括报纸、杂志、挂历、产品目录、公园门票等广告。印刷媒介广告具有信息发布快、可经常修改、费用低、可反复阅读等优点；缺点是时效性差、注目率较低、读者常对此熟视无睹。印刷媒介广告适用于色彩影响较小的机械、电子、交通工具等产品的广告宣传。

电子媒介广告是指以电子媒体为媒介的广告，主要包括广播广告、电视广告、国际互联网广告、电影广告、幻灯广告等。电子媒介广告具有生动、形象、突出等特点，但保持时间短、易消失、费用高，适用于日用品的广告宣传。近年来，随着互联网的高速发展，网络广告的市场正在以惊人的速度增长，网络广告发挥的效用也越来越受到重视。广告界甚至认为互联网络将超越路牌，成为传统四大媒体（电视、广播、报纸、杂志）之后的第五大媒体。在网络广告中，正成长出微博、微信等一批新兴高效的广告形式，它们成本低、针对性强、互动性强，在广告行业中扮演着越来越重要的角色。微博广告如图 3-17 所示：

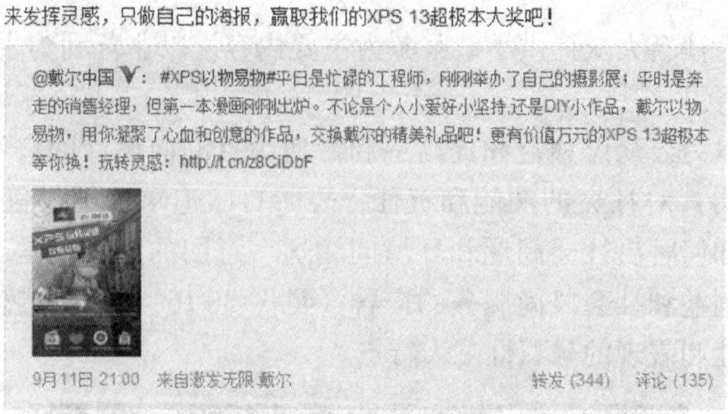

来发挥灵感，只做自己的海报，赢取我们的XPS 13超极本大奖吧！

@戴尔中国 V：#XPS以物易物#平日是忙碌的工程师，刚刚举办了自己的摄影展；平时是奔走的消售经理，但第一本漫画刚刚出炉。不论是个人小爱好小坚持还是DIY小作品，戴尔以物易物，用你凝聚了心血和创意的作品，交换戴尔的精美礼品吧！更有价值万元的XPS 13超极本等你换！玩转灵感 http://t.cn/z8CiDbF

9月11日 21:00　来自激发无限 戴尔　　　　　转发 (344)　评论 (135)

图3-17　戴尔微博广告

图片来源：新浪微博（http://e.weibo.com/dell）

户外媒介广告是指在街道、车站、码头、建筑物等公共场合按有关规定允许设置、张贴的招牌、海报、旗帜、气球、路牌等宣传广告。这类广告的优点是成本低、持久性强；缺点是辐射范围小、不易更改，只有其色彩鲜艳、明快、和谐时，才能引起人们的注意。

邮寄广告亦称DM（Direct Mail）广告、直接投递广告、通信广告、明示收件人广告等。根据美国DM广告联合会（Direct Mail Advertising Association）的定义，所谓DM或DM广告，是针对广告主所选择的对象，以直接邮寄的方式，通过印刷及其他途径制成的广告作品，作为传达广告信息的手段。邮寄广告的优点是成本低、灵活性强；缺点是广告的关注率低、容易被人们忽视。

交通工具广告是在火车、飞机、轮船、公共汽车等交通工具及旅客候车、候机、候船等地点进行广告宣传。其优点是旅客量大、面广，宣传效果较好，费用低廉等；缺点是针对性差、创作空间有限等。

3.3.4　根据广告营销的市场范围分类

根据广告营销的市场范围的不同，可以把广告分为国际性广告、全国性广告、区域性广告和地方性性广告。

国际性广告是指广告主通过国际性媒体、广告代理商和国际营销渠道，对进口国家或地区的特定消费者所进行的有关商品、劳务或观念的信息传播活动。国际性广告是以本国的广告发展为母体，再进入世界市场的广告宣传，使出口产品能迅速地进入国际市场，为产品赢得声誉，扩大产品的销售，实现销售目标。对于逐渐融入全球经济的中国企业而言，为了参与国际市场竞争，广告的国际化将成为一种国际化趋势。

全国性广告的刊播主要是为了激发国内消费者的普遍反响，占领国内市场，塑造行销全国的名牌产品。同国际广告一样，这类广告宣传的产品也多是通用性强、销售量大、选择性小的商品，或者是专业性强、使用区域分散的商品。

区域性广告是指选用区域性传播媒体，如地方报纸、杂志、电台、电视台开展的广告宣传，这种广告的传播范围仅限于一定的区域内。此类广告多是为配合差异性市场营销策略而进行的。

地方性广告是指只在某一地区传播的广告。地方性广告的广告传播范围更窄、市场范围更小，消费群体目标相对明确集中，广告主大多是商业零售企业和地方工业企业。这类广告的目的是促使人们使用地方性产品。

3.3.5 根据广告营销的诉求方式不同分类

广告营销的诉求方式是指广告借用什么样的表达方式以引起消费者的购买欲望并采取购买行动的一种分类方法。根据广告营销的诉求方式不同，可以把广告分为理性诉求广告与感性诉求广告两大类。

理性诉求广告是一种采用理性说服方法的广告形式。这种广告说理性强，有理论、有材料，虚实结合，具有深度，能够全面地论证企业的优势或产品的特点。作为现代化社会的重要标志，理性诉求广告既能给顾客传授一定的商品知识，提高其判断商品的能力，促进购买行为，又会激起顾客对广告的兴趣，从而提高广告活动的经济效益。例如，瑞士欧米茄手表的广告（见图 3-18）就是典型的理性诉求广告。全新欧米茄蝶飞手动上链机械表，备有 18K 金和不锈钢型号，由瑞士生产，始于 1848 年，机芯仅 25 毫米薄，内部镶有 17 颗宝石，配上比黄金贵 20 倍的铑金属，价值非凡，浑然天成。这样精确的描述，使消费者对产品有了更细致的了解，这里的每个数字都使这则广告更具说服力。

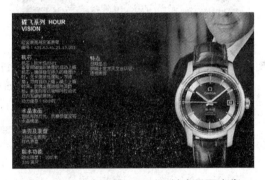

图 3-18　欧米茄蝶飞系列机械表平面广告

图片来源：梦芭莎网(http://vogue.moonbasa.com/omega/a104178059745.html)

消费者购买和使用商品在很多情况下是为了追求一种情感上的满足，或自我形象的展现。当某种商品能够满足消费者的某些心理需要或充分表现其自我形象时，它在消费者心目中的价值可能远远超出商品本身。也正因为这样，感性诉求广告在现代社会得以诞生，在今天更是得以蓬勃发展。因此，感性诉求广告是诉诸消费者的情绪或情感反应，传达商品带给消费者的附加值或情绪上的满足，使消费者形成积极的品牌态度。这种广告又叫做"情绪广告"或"感性广告"。例如，绿箭牌口香糖广告描述了父亲与女儿之间的电话联系与慰问，说明电话联系不如相见，相见才是亲。而看到绿箭口香糖好像看到了亲人，让人不由自主地想起自己的亲人，从而急于与家人团聚。离别时，父亲在女儿的包里放了一包绿箭口香糖，这是父亲对女儿的牵挂，当女儿想父亲时将绿箭口香糖放在嘴里嚼嚼，就如同见到了父亲一般。绿箭口香糖让相见更亲密，见到绿箭口香糖就像见到了亲人（见图3-19）。这期间传递了浓浓的亲情，很有韵味，减少了相隔两地亲人之间的牵挂。此则广告通过绿箭口香糖传达了浓浓的爱，让消费者都知道父母的爱永远是伟大且无私的。给人一种温馨的感觉，同时也将广告推向了高潮，通过亲情提高了产品的知名度。从而有更多的人关注绿箭口香糖，体现其一片孝心。

图 3-19　绿箭口香糖父女篇广告（请欣赏视频 3-1）

图片来源：新浪网（http://blog.sina.com.cn/s/blog_52d21ec80100vlsu.html）

本章小结

　　广告有广义与狭义之分。广义的广告指所有的广告活动，凡是沟通信息和促进认知的传播活动均包括在内。狭义的广告是指商业广告，这是传统广告学的研究对象。

　　由广告的定义可知，广告是一种信息传播活动。概括而言，广告的基本职能包括传递信息，沟通产需；促进竞争，开拓市场；激发需求，增加销售；介绍知识，指导消费；丰富生活，陶冶情操；等等。广告作为一种信息传播方式，经历了一个漫长的历史演进过程。广告作为一种特殊的社会文化现象，是人类文化和社会运动的一部分。

　　作为营销的重要内容和手段，广告要服务于营销，因而按照不同的营销角度可以将广告划分为不同类型：按广告的目的划分、按广告的内容划分、按广告营销的传播媒体划分、按广告营销的市场范围划分以及按广告营销的诉求方式划分。

思考题

1. 广告的定义是什么？广告有哪些分类？其分别对应的分类标准是什么？

2. 请谈谈广告的发展历史，并对中外广告的发展历史进行对比，分析其异同点及内在原因。

3. 请结合实例谈谈对广告作用的理解，分析生活中的广告是怎样对消费者加以影响，从而达到广告主的目的的。

参考文献

［1］傅根清，杨明. 广告学概论［M］. 济南：山东大学出版社，2004.

［2］江波. 广告心理新论［M］. 广州：暨南大学出版社，2002.

［3］丁俊杰. 现代广告通论——对广告运作原理的重新审视［M］. 北京：中国物价出版社，1997：139-140.

［4］张金海，姚曦［M］. 上海：上海人民出版社，2013：6.

［5］艾进. 广告学［M］. 成都：西南财经大学出版社，2012：5-12.

［6］大卫·奥格威. 一个广告人的自白［M］. 林桦，译. 北京：中信出版社，2008.

［7］徐卫华. 新广告学［M］. 长沙：湖南师范大学出版社，2007：52.

［8］何修猛. 现代广告学［M］. 上海：复旦大学出版社，1998：53-54.

［9］杨建华. 广告学原理［M］. 广州：暨南大学出版社，1999：357

4　广告心理学

开篇案例

　　男女主角在东方快车夜车上首度相遇，却错过相识的时机，男主角在女主角身后沉迷于她的香味。女子辗转难眠后来到车窗旁，借由晚风吹拂寄送她的思念与香味。来到伊斯坦布尔后，错过轮渡的她等在岸边随手拍起四周照片，男子身影无意间被她拉进镜头里，仿佛命中注定式巧合在等待着她，也许男子也在寻觅着。冥冥之中，正是香奈儿5号香水牵起两人的联系，男子追随着她的脚步，不需言语、眼神再次确认，两人最终相拥于一片镶有香奈儿标志的马赛克地砖上，镜头由上而下呈现出两人之间流露出的浓郁思念。

　　这是香奈儿5号香水的一则广告，在这则广告中，广告心理学得到了近乎完美的运用。

　　广告活动最终是要通过消费者的心理活动来产生功效的。正如心理学之父冯特所说，心理学观察的最为直接的经验、其他社会科学所揭示的规律都将通过社会规律来发挥作用。因此，我们在研究广告的一般规律之前，必须对广告刺激带来的心理过程有所了解。

本章提要

　　广告心理学是心理学的一个分支，是心理学在广告中的运用，是一门应用性和交叉性的缘边学科。广告心理学的研究对象是广告活动参与者在广告活动过程中产生的心理现象及其心理活动规律。广告是否能达到预期的效果，取决于广告能否让消费者产生清晰的认知，激起消费者情感的共鸣，进而导致消费者的购买意愿和购买行为。因此，在开展广告活动之前，必须了解广告心理。本章将从广告心理学的研究对象、广告影响消费者的行为、广告心理学的研究原则与程序、广告心理学的研究方法等方面展开对广告心理学的分析。

4.1 广告心理学的研究对象

广告心理学中的注意、感觉、知觉、联想、记忆以及动机、情绪、需要和个性等，都是以外界事物作为刺激物，经过人脑加工处理产生的各种心理活动形式，遵循刺激—反应的模式。

广告心理学是研究广告活动参与者在广告活动中产生的心理和行为及其规律的学科。人的心理现象多种多样，通常为了便于了解人的心理活动，将其分为心理过程和心理基础两个方面。

4.1.1 心理过程

心理过程是不断变化着的、暂时性的心理现象。心理过程着重探讨人的心理共同性，主要包括认知、情绪和意志三个方面，即常说的知、情、意。知是人脑接受外界输入的信息，经过头脑的加工处理转换成内在的心理活动，进而支配人的行为的过程；情是人在认知输入信息的基础上所产生的满意、不满意、喜爱、厌恶、憎恨等主观体验；意是指推动人的奋斗目标并且维持这些行为的内部动力。人的心理是一种动态的活动过程，其中认识过程是基本的心理过程，情感和意志是在认识的基础上产生的。知、情、意不是孤立的，而是互相关联的一个统一的整体，它们相互联系、相互制约、相互渗透。

4.1.1.1 认识过程

认识过程是指人在认识客观事物的过程中，为了弄清客观事物的性质和规律而产生的心理现象。心理现象的各个方面不是孤立的，而是彼此相互关联的，共同存在于人的统一的心理活动之中。认识过程是个体获取知识和运用知识的过程，包括感觉、知觉、记忆、想象和思维等。

第一，感觉。感觉是人脑对直接作用于感觉器官的外界事物的个别属性的反应，是消费者认识的最初来源，是认识的第一步。没有感觉就没有知觉，没有知觉也就不能形成一系列复杂的心理活动。任何广告活动首先应让消费者感觉到其存在，这是消费者认知广告、接受广告的第一步。

感觉的种类包括视觉、听觉、嗅觉、味觉和触觉。人们凭感觉接收到的外界信息主要来自于视觉和听觉，这种感觉特性决定了广告传播者采用的广告形式主要是视听广告。另外这也告诉了广告制作者和传播者无论在视觉、听觉还是其他感觉上，广告作品及其传播都要最大限度地给予广告受众良好的感知。由于大多数感觉的反应都是后天学习得来的，因此广告还要考虑到受众的文化环境和理解能力。

央视"著名企业音乐电视展播"中播出的广东康美药业的音乐电视（MTV）《康美之恋》被誉为"最唯美"的广告，其作品风格优雅、情深意长，美妙动听的歌曲诉说着一对青梅竹马的恋人在神奇秀美的桂林山水间相互爱恋、共同创业的感人故事。这则广告通过桂林阳朔世外桃源、遇龙河、浪石滩、相公山等著名风景区的优美景色，恰如其分地演唱"一条路海角天涯，两颗心相依相伴，风吹不走誓言，雨打不湿浪漫"的故事情节等使人们在视觉、听觉上得到充分的享受（见图4-1和图4-2）。

图4-1 桂林阳朔世外桃源（请欣赏视频4-1）

图片来源：百度图片

图4-2 《康美之恋》广告图片（请欣赏视频4-2）

图片来源：百度图片

第二，知觉。知觉是人脑对直接作用于感觉器官的客观事物的整体反映。消费者对商品的知觉是在感觉的基础上形成的，由于人们对事物的认识过程不可能只停留在感觉阶段，只是处于片面的、局部的和个别的认识上，而是必然要发展到对整体的认识。知觉又恰好是一种整体性的认识，因此一般认为广告知觉的研究才是研究广告心理学的真正的起点。

没有对某种商品的个别属性的感觉，消费者就不能形成对这种商品的整体知觉。知觉并不只是被动地接受感觉的映像，相反是一个积极能动的反映过程。例如，当消费者带着既定的购买目的去选择某种商品时，这种商品就会成为符合其知觉目的的刺激物，它会很清楚地被感知，成为消费者知觉的对象，而其他商品或刺激物就可能显得比较模糊,成为知觉对象的背景。当然,随着消费者知觉目的的变化,知觉对象与背景是可以相互转换的。就广告宣传、认识及接受来说,消费者对广告的知觉决定着广告的效果及其记忆和后来的购买行为,从某种意义上说,整个广告的认识及接受问题就是人们对广告的知觉。

某杀虫剂的平面广告(见图4-3)通过荒诞的表现手法传递产品信息,使用蜘蛛侠的形象来代指昆虫,以倒地的蜘蛛侠暗示其受到打击,使广告受众根据自己的生活经验,探索造成这一结果的原因,最终使广告受众发现广告右下角呈现的杀虫剂产品,领悟到该杀虫剂的威力。

图4-3 某杀虫剂广告

图片来源:铭阁堂(http://www.logotang.com/ReadNews.asp? NewsID=8366)

广告知觉具有整体性、选择性、理解性和恒常性等特点。

广告知觉的整体性。人们所知觉的客观事物是由许多部分和属性结合在一起的,但人们并不把它们感知成彼此无关的许多属性或部分,而把它们感知为一个整体。人们在知觉过程中的这一特点称为知觉的整体性。

广告知觉的选择性。人的知觉并不是一个由感官简单地接受感觉输入的被动过程,而是一个经由外部环境中提供的物理刺激(如新闻、广告等)与个体本身的内部倾向性(如兴趣、需要等)相互作用,经信息加工而产生首尾一贯的客体映象的过程。因此,人的知觉是积极的、能动的,其主要表现就是选择性。就刺激本身的情况而言,如果广告作品的设计新颖别致,语言幽默风趣,刊播的时间或位置醒目突出,能够给受众的视听以强有力的刺激,广告信息被接受的可能性就比较大。就消费者的主观因素而言,广告信息必须是与广告对象切身相关且能激发消费者兴趣,才能引起注意,进入大脑进而转化成潜意识,并指导行动。

广告知觉的理解性。在对现实事物的知觉中,需有以过去经验、知识为基础的理解,以便对知觉的对象做出最佳解释、说明。人们的知识经验不同、需要不同、期望不同,对同一知觉对象的理解也不同。因此,广告的设计制作必须考虑到受众的文化、习俗,尤其是产品进入外国市场。在广告知觉的实际运用中,理解性的应用不胜枚举。美国有一家眼镜公司的产品品牌是"OIC",读作"Oh, I See"。美的电器的广告:"原来生活可以更美的。""美的"二字，一方面，是本产品的品牌名称；另一方面，"美的"也是一个形容词，暗喻如果使用美的电器，生活就会更美好，此外还指出生活中可以更多地使用美的电器。知觉与记忆、经验有着深刻的联系，当知觉时，对事物的理解是通过知觉过程中的思维活动达到的，而思维与声音有密切的关系，因此广告中音乐、语言的指导能使人对知觉对象的理解更迅速、更完整。

广告知觉的恒常性。人们在刺激变化的情况下把事物知觉成稳定不变的整体的现象称为知觉的恒常性，主要有大小恒常性、形状恒常性、颜色恒常性等。恒常性的存在能使人有效地适应环境的变化。有的广告商通过打破恒常性，对受众视听觉进行强烈刺激，从而在人的感知里留下深刻的印象。例如"Ipod MP3"广告换衣篇，时间、衣着、肤色、形象的迅速衔接转换，在时间上、心理上给广告受众以强烈的吸引力和乐趣，从而在广告受众心里留下深刻印象。因而，广告制作者和发布者必须竭尽全力认真把握目标市场受传者的选择知觉尺度，紧追他们的动机、需要及感兴趣的事物，巧妙地提出诉求，才能提高广告作品与目标受传者的接触概率，才能激发消费者的购买欲望，促使他们及时付诸购买行功，实现广告目标。

广告知觉中常见的偏差有首因效应、近因效应、晕轮效应等。首因效应，即第一印象，第一印象的好坏直接影响到产品在消费者心目中的形象，对于品牌形象的树立，产品的销售起着至关重要的影响。形成良好的第一印象是广告策划和广告创意的重要目标和问题。近因效应是指最近获得的信息在印象的形成中所起的作用较大，可以冲淡以前的信息所形成的印象。晕轮效应是知觉者的一种以偏概全的心理现象，针对这一点，就要求我们在广告中，抓住产品的突出优势，吸引受众眼球，集中宣传产品所能带来的利益，引起受众的良好的兴趣。

第三，记忆。记忆是人们在过去的实践中经历过的事物在头脑中的反映，广告记忆的过程包括识记、保持、再认和回忆四个基本环节。广告识记，即识别和记住广告，是记忆的开始阶段，在这一环节中人们将不同的广告区别开来，并将注意的广告信息在头脑中积累下来。广告保持就是把识记的广告信息进一步巩固，使其较长时间地保留在大脑中，即人们把实际过程中得到的广告信息，在大脑中储存的过程。广告再认就是对过去接触过的广告信息重新出现时能够识别出来的过程，再认程度的大小取决于对原广告的识记和保持程度。广告回忆就是对过去记忆或存储的广告信息的回想或提取的过程。

记忆在消费者的心理活动中起着极其重要的作用，消费者如果没有对商品的个别属性形成记忆，就不会对商品产生感觉印象。如果没有对商品整体的记忆，就不会产生对商品的知觉。因此，广告宣传必须采取有效的措施，以强化对广告对象的记忆。下面通过农夫山泉广告的例子来说明增强广告记忆的方法。

"农夫山泉有点甜"是经典中的经典，这句蕴含深意、韵味优美的广告语，一出现就打动了每一位媒体的受众，令人们牢牢记住了农夫山泉。为何这句广告语会有如此非同凡响的效果呢？原因正在于它极好地创造了一个记忆点，正是这个记忆点征服了大量的媒体受众，并使他们成了农夫山泉潜在的消费者。首先，农夫山泉仅仅用了"有点甜"三个再平常、简单不过的字眼，且真正的核心点更只在一个"甜"字。这个字富有感性，同时描述了一种美好的味觉，每个人接触这个字都能获得最为直观的感觉，这个感觉无疑具有极大地强化记忆的功效，从而使媒体受众记住了"有点甜"就很难忘记农夫山泉，而记住了农夫山泉就很难对农夫山泉的产品不动心。农夫山泉就是以简单取胜。简单，使农夫山泉能够轻松地表述；简单，也使消费者能够轻松地记忆。其次，"农夫山泉有点甜"这句广告词不落俗套，独辟蹊径，虽是轻描淡写，但一语道破其产品口味，显得超凡脱俗，与众不同。这样就与其他同类产品形成了鲜明的差别，使自己的产品具有了独特的个性，最为重要的是让电视机前的消费者感到耳目一新，难以忘却。最后，农夫山泉的广告决非一句"农夫山泉有点甜"就完事大吉，而先是出现一幅非常美丽淳朴的千岛湖的风景画面，重点突出纯净的湖水，接着采用几个非常富有人情味的人物描写，然后再用大量的"笔触"细腻地刻画了一个农家小孩饮用了湖水后的甜蜜、纯真的微笑，最终才是一句话外音"农夫山泉有点甜"。这最后一句点题之语是点睛之笔，在前面所营造的绝妙意境的高潮时分自然而然、如约而至地降临，一下子就深深地扎进了观看者记忆的海洋，让观看者不由自主地记住了这一刻、这一点，也记住这一点背后纵深面的广阔信息。

第四，想象。想象是人脑通过改造记忆中的表象从而创造新形象的过程，是过去经验中已经形成的暂时联系进行新的结合的过程。因此，想象是与其他心理活动密切地、有机地联系在一起的。想象在感觉、知觉的基础上进行，与记忆活动交织在一起，又参与思维过程，还会引起情绪的产生和发展等。

绝对伏特加（Absolut Vodka）是世界知名的伏特加酒品牌，多年来，绝对伏特加不断采取富有创意且不失高雅及幽默的方式来诠释该品牌的核心价值：纯净、简单、完美。绝对伏特加的平面广告极富想象，其创意要领都以怪状瓶子的特写为中心，下方加一行两个英文词，以"ABSOLUT"为首词，并以一个表示品质的单词居次，如"完美"或"澄清"。无需讲述任何产品的故事，该产品的独特性就可由广告的创意性和趣味性准确地反映出来。把瓶子置于中心充当主角当然很可能吸引顾客，但更重要的是与视觉关联的标题措词与其引发的奇想才赋予了广告无穷的魅力（见图4-4）。

图4-4 绝对伏特加广告图片

图片来源：百度文库（http://wenku.baidu.com/view/373264330b4c2e3f57276336.html）

第五，思维。思维是指在生活和工作中若要认识事物的特点和意义，就必须利用感知的材料以及已有的知识进行分析和思考，从而认识事物的本质，掌握事物运动的规律。广告受众接受广告信息之后依据个人经验和广告内容，推断出广告产品给自己带来的益处，结合自己的需要和购买能力做出消费决策。

以优乐美奶茶广告为例，广告以冬季飘雪为背景，男女主角坐在咖啡馆内，手捧一杯优乐美奶茶，莞尔细语，"我是你的什么？""你是我的优乐美啊。""原来我是奶茶啊！""这样我就可以天天把你捧在手心了！"青年男女略带羞涩而甜蜜的表达心中的爱意（见图4-5）。通过对广告的感知，受众对产品进行集中思维——捧在手心的是爱，虽然只是奶茶，但优乐美同时也是爱的传递，从而以此加深对品牌的认知。

图4-5　优乐美广告图片（请欣赏视频4-3）

图片来源：搜搜问问（http://wenwen.soso.com/z/q350599243.htm）

4.1.1.2　情感过程

情感是指人在认识客观事物的过程中所引起的对客观事物的态度体验或感受。情绪和情感常常被混用，情绪和情感的共通性在于都是人在认识客观世界时，在反映客观事物的属性、特征及其联系的过程中，引起的愉快、满意、喜爱、厌恶、恐惧、遗憾等心理状态，是客观事物是否符合自己的需要而产生的态度体验。但是情绪和情感仍存在不同。我们通常把短暂而强烈的具有情景性的感情反映看做情绪，如愤怒、狂喜、恐惧等；而把稳定而持久的、具有深沉体验的感情反映看成情感，如自尊心、责任感、亲情等。

人们在认识客观事物时，通常会产生满意或者不满意，喜欢或者不喜欢等主观体验，而这些主观体验构成了情感过程。换句话说，人们在认识客观事物时所产生的愉快、满意、厌恶、遗憾等的情绪或情感，在心理学中统称为情感过程。

4.1.1.3　意志过程

意志是指自觉地确定目的，根据目的支配和调节行为，从而实现预定目的的心理过程。意志活动是指为改造客观事物而提出目标，制订计划，然后执行计划，克服困难，最终完成任务而进行的活动。

意志过程是指由认识的支持与情感的推动，使人有意识地克服内心障碍与外部困难并坚持实现目标的过程。广告计划的实施、广告目的的达到、广告对受众的影响、市场营销战略的实现都表现为典型的意志过程。

认识过程、情感过程和意志过程都有其自身的发生和发展规律，但三者并非彼此独立的心理过程。情感和意志过程是在认识过程基础上产生的，同时情感与意志过程又对认识过程发生影响。由此可见，认识、情感、意志三个过程是统一的心理活动中的不同方面。

4.1.2 心理基础

广告如何有效地对消费者进行有力诉求，除了对广告要宣传的商品或服务有全面了解外，更重要的是要认识广告诉求对象的需要、动机与态度等心理基础。

4.1.2.1 需求

现代心理学认为，人类的一切活动，包括消费者的行为，总是以人的需求为基础。需求反映有机体对其生存和发展条件表现出的缺乏状态，这种状态既可能是生理性的，也可能是心理性的。如一个人口渴时有喝水的需求，与他人交往时有获得友爱和受人尊重的需求等。

需求与消费者的活动紧密相连，在市场经济下，消费者的需求直接表现为购买商品或使用服务的愿望。当一种需求被满足后，又会产生新的需求。但是消费者在很多情况下对自身潜在的需求并不清楚。因此，唤醒或激发潜藏于消费者心里的需求，并促使其有所行动，便成为广告诉求的基本目标。因为从广告与消费心理角度来讲，需求是消费者个人内部所感受的愿望，是消费者购买的原动力。找到消费者的具体需求，在广告中充分表现出对消费者需求的关注，才会获得广告受众的认可和接受，提高广告的传播效果。"怕上火，喝加多宝"的广告词直接表现出加多宝凉茶的功能和益处，针对潜在消费者怕上火的需求，引发了广大广告受众的注意。

4.1.2.2 动机

动机是指推动有机体寻找满足目标的动力，是个体进行某种形式活动的主观原因。动机是以需要为基础的，一旦个体正常生活的某种需要被意识到后，人的身体就会激动起来，产生驱动力，有选择地指向可满足需要的外界对象目标，进而产生行为或倾向。

需要是产生动机的基础，动机是为实现一定目的而行动的原因。例如，具有去西藏旅游的动机的消费者，对"离天最近的地方"——西藏地区的旅游广告十分关注，在修通青藏铁路之后，交通成本的下降引起这些消费者的注意，人们为达到亲身前往去欣赏西藏的自然风光和人文景色的旅游目的，往往会收集大量关于青藏铁路情况的报道以得到丰富多样的信息。消费者的西藏旅游动机促使消费者做出西藏旅游决策，增加了赴西藏旅游的人次，使得西藏旅游业获得大发展。

4.1.2.3 态度

态度是指个体对人、物、事的反应倾向。态度可以是肯定的、否定的或者中立的。肯定的或者否定的态度，尤其是那些包含强烈感情的态度，都能刺激人们的行动或不行动。广告的目的就是为了建立、改变或强化人们对商品、服务或观念的态度。

一般认为态度的结构包括三种成分：认知成分、情感成分和意动成分。认知成分反映个人对态度对象的赞同或不赞同、相信或不相信方面；情感成分反映个人对态度对象的喜欢或不喜欢方面；意动成分反映个人对态度对象的行动意图、行动准备状态。

4.2 广告影响消费者的行为

广告是针对消费者进行的信息传播活动，其目的是使消费者对产品、观念或服务产生认知，改变有关态度，以促成消费者对广告涉及商品的购买行为。广告的效果是通过诉求来达到的。所谓诉求，也就是指外界事物促使人们从认识到行动的全心理活动过程。广告诉求就是要告诉消费者，有些什么需要、如何去满足需要，并敦促消费者购买动机的产生。

广告如何有效地对消费者进行有力诉求，除了对广告要宣传的商品或服务有全面了解外，更重要的是要认识广告诉求对象的需求、动机、情感与态度等心理基础。

4.2.1 马斯洛的需求层次理论

现代心理学认为，包括消费者行为在内的人的一切活动，总是以人的需求为基础。需求与消费者的活动紧密相连。在市场经济条件下，消费者的需求表现为消费者购买商品或使用服务的愿望。但是在很多情况下，消费者对自身潜在的需求并不清楚。因此，唤醒消费者潜在的需求，促进消费者的购买行为或使用服务行为，成了广告诉求的基本目标。从广告与消费者心理角度来讲，需求是消费者个人内部所感受到的愿望，是消费者购买的原动力。

马斯洛的需求层次理论将人类的需求分为五种，并将五种需求进行了等级的划分，按层次逐级递升，分别为生理需求、安全需求、社交（情感和归属）需求、尊重需求、自我实现需求（见图4-6）。马斯洛认为，当人的低层次需求被满足之后，会转而寻求实现更高层次的需求。另外还有两种需求：求知需求和审美需求。这两种需求未被列入到马斯洛的需求层次排列中，马斯洛认为这两种需求应居于尊重需求与自我实现需求之间。

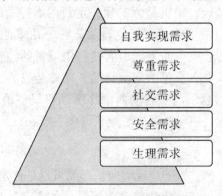

图4-6 马斯洛需求层次理论

图片来源：百度图片

生理需求是人的需求中最基本的，这类需求若得不到满足，就会危及人的生存。人们对食物、住所、睡眠和空气等的需求都属于生理需求，这类需求的级别最低，但同时也是人类维持自身生存的最基本要求，人们在转向较高层次的需求之前，总是尽力满足这类需求。从这个意义上说，生理需求是推动人们行动的最强大的动力。马斯洛认为，只有这些最基本的需求满足到维持生存所必需的程度后，其他的需求才能成为新的激励因素，而到了此时，这些已相对满足的需求也就不再成为激励因素了。

安全需求是人类要求保障自身安全，摆脱丧失事业和财产威胁，避免职业病的侵袭和接触严酷的监督等方面的需求。马斯洛认为，整个有机体是一个追求安全的机制，人的感受器官、效应器官、智能和其他能量主要是寻求安全的工具，甚至可以把科学和人生观都看成是满足安全需要的一部分。当然，当这种需求一旦相对满足后，也就不再成为激励因素了。安全需求主要表现为人们要求免除恐惧和焦虑、生活有保障、有稳定的职业、有一定的积蓄和安定的社会等。

当前两个需求得到很好的满足后，社交需求就会突出出来。社交需求包括两个方面的内容。一方面是友爱的需求，即人人都需要伙伴之间、同事之间的关系融洽或保持友谊和忠诚；人人都希望得到爱情，希望爱人，也渴望被爱。另一方面是归属的需求，即人都有一种归属于一个群体的感情，希望成为群体中的一员，并相互关心和照顾。感情上的需要比生理上的需要细致，和一个人的生理特性、经历、教育、宗教信仰都有关系。

尊重需求又可分为内部尊重需求和外部尊重需求。内部尊重需求是指一个人希望在各种不同情景中有实力、能胜任、充满信心、独立自主。总之，内部尊重就是人的自尊。外部尊重需求是指一个人希望有地位、有威信，受到别人的尊重、信赖和高度评价。马斯洛认为，尊重需要得到满足，能使人对自己充满信心，对社会满腔热情，体验到自己活着的用处和价值。

自我实现需求是最高层次的需求，是指实现个人理想、抱负，发挥个人的能力到最大限度，达到自我实现境界，接受自己也接受他人，解决问题能力增强，自觉性提高，善于独立处事，要求不受打扰地独处，完成与自己的能力相称的一切事情的需要。也就是说，人必须干称职的工作，这样才会使他们感到最大的快乐。马斯洛提出，为满足自我实现需要所采取的途径是因人而异的。自我实现需求是在努力实现自己的潜力，使自己越来越成为自己所期望的人物。

马斯洛认为，在上述五种需求中只有当低级层次的需求得到一定程度的满足后，较高层次的需求才会出现并起主导作用。

这一理论对于广告、营销策划有着重要的意义。一方面，这一理论提醒我们消费者购买某种商品可能是出于多种需求和动机，因此商品、服务和需求之间并不存在一一对应的关系。如果认为消费者购买饼干仅仅是为了充饥，购买饮料仅仅是为了解渴，那就大错特错了。另一方面，只有低层次的需求得到满足后，高层次的需求才能更好地得到满足。这说明企业在开发设计产品时，除应重视产品的核心价值，还要重视为消费者提供产品的附加价值。在广告的宣传中更要注意对产品价值的体现。

4.2.2 消费者的动机、行为和目标

4.2.2.1 消费者的动机

第一，动机的概念和分类。

动机是指推动有机体寻找满足目标的动力。动机是以需要为基础的，一旦个体正常生活的某个需要被意识到后，人的身体就会激动起来，产生驱动力，有选择地指向可满足需要的外界对象目标，进而产生行为或倾向。

尽管由各种需求引发的购买动机多种多样，但最主要的动机可以分为生理动机与心理动机两大类。

生理动机又称本能动机，是由生理需求引起的购买动机。消费者的生理动机大量表现在引起人们购买衣、食、住、行等生活必需品的行为中。在社会不发达、商品匮乏的时代，生理动机在各种动机中起主导作用，具有经常性、习惯性和稳定性的特点。而在现代社会，各种商品琳琅满目，极其丰富，人们在购买时有很大的可选择性，所以单纯由生理动机引发的购买行为已不多见，在购买过程中总是混杂着其他的动机，一直影响到最终的购买决定。

心理动机是由心理（精神上的）需求引起的购买动机。心理需要比生理需要复杂得多，既有由消费者个人心理活动而产生的购买动机，如求实心理、求廉心理等，也有众多的由社会国家引起的购买动机，如求同心理、求异心理、求名心理等。心理动机不像生理动机那样是相对稳定、具有共性的，而是根据民族、地域、文化、习俗、时代、经济等差异，表现出种种姿态，有的甚至截然相反。因此，现代广告活动只有很好地把握消费者的消费心理，了解、满足以至开发各种购买动机，才能提高广告的效果，促进销售。

对于广告来说，其作用就是给消费者展示某种诱因，激发消费者产生对某种商品或服务的需求，进而诱发消费者产生购买动机。

婴儿纸尿裤在美国刚上市推广的时候，制作了一个广告标题是"不用洗尿布的妈妈又开始谈恋爱了"。画面上打扮得漂漂亮亮的妈妈和丈夫亲昵地靠在一起，就如热恋情人一般。在广告不流行的年代，这则广告引起了许多人的瞩目，但产品市场反映效果却欠佳。吸引人们目光的广告却打不开市场，令产品开发商很费解。后来，产品开发商通过一系列的访问和市场调查，终于弄清楚问题所在。不少家庭主妇认为如果自己为了成为漂亮妈妈而不去洗尿布，会被婆婆骂为懒女人，因此主妇们不愿意为了方便去买纸尿裤给自己的宝宝穿。问题找到后该公司将产品的诉求点放在"用纸尿裤能够带给宝宝干爽、舒适的感觉"上。这样一来妈妈们是为了宝宝的健康而购买纸尿裤，购买动机在广告中得到重新诠释。广告改动后，纸尿裤立刻被抢购一空，纸尿裤渐渐代替传统的尿布。

第二，消费者的购买动机。

现实生活中，可能人们购买相同的商品却基于不同的目的，也可能人们在不同阶段会选择不同品牌的同类产品，这些往往是因为人们的动机不同或是在不同阶段动机

产生变化造成的。下面简要介绍几种消费者的购买动机。

一是求实动机。它是指消费者以追求商品的使用价值为主导倾向的购买动机。在该动机下，消费者希望一分价钱一分货，注重产品的质量。

二是求美动机。它是指消费者以追求商品欣赏价值和艺术价值为主要倾向的购买动机。在这种动机下，消费者讲究商品的艺术美、造型美。

三是求新动机。它是指消费者以追求商品的时尚、新颖、奇特为主导倾向的购买动机。在这种动机下，消费者特别注意商品的款式、独特和新颖。

四是求廉动机。它是指消费者以追求商品、服务的价格低廉为主导倾向的购买动机。在这种动机下，消费者选择商品以价格为第一考虑因素。

五是求名动机。它是指消费者以追求名牌、高档商品，借以现实或提高自己的身份、地位而形成的购买动机。

六是模仿或从众动机。它是指消费者在购买商品时自觉不自觉地模仿他人的购买行为而形成的购买动机。

七是好癖动机。它是指消费者以满足个人特殊兴趣、爱好为主导倾向的购买动机。具有这种动机的消费者，大多出于生活习惯或个人癖好而购买某种类型的商品。

人们的购买动机往往也不仅限于上述的几种，且购买动机也并非彼此孤立，而是相互交错、相互制约的。对于广告创作者来说，在制作广告时也要注意把握消费者的购买动机，将产品的定位、特点、用途、功能等与广告的内容、主题等结合起来，以符合目标消费者的购买动机。例如，大宝化妆品的广告一直都采用普通人的形象来针对一般家庭追求质优价廉的消费动机。又如，某个电冰箱的广告，一个蜗牛在冰箱上缓慢爬行，它注意到更加缓慢转动的冰箱电表，惊讶的感叹"怎么比我还要慢"，这则广告就是针对人们希望节能的心理动机。很多广告作品中出现歌星、影星、体育明星使用某种产品的画面，也主要是针对人们的追求名牌、模仿他人购买行为的动机。

4.2.2.2 消费者的行为

第一，消费者行为的概念及影响因素。

消费者行为是指消费者为索取、使用、处置消费物品所采取的各种行动以及先于决定这些行动的决策过程，甚至是包括消费收入的取得等一系列复杂的过程。

影响消费者行为的个体与心理因素是需要与动机、知觉、学习与记忆、态度、个性、自我概念与生活方式。这些因素不仅影响和在某种程度上决定消费者的决策行为，而且对外部环境与营销刺激的影响起放大或抑制作用。影响消费者行为的环境因素主要有文化、社会阶层、社会群体、家庭等。

第二，研究消费者行为的意义。

其一，消费者行为研究决定了营销策略的制定。从营销角度看，市场机会就是未被满足的消费者需要。要了解消费者哪些需要没有被满足或没有完全被满足，通常涉及对市场条件和市场趋势的分析。例如，通过分析消费者的生活方式或消费者收入水平的变化，可以揭示消费者有哪些新的需要和欲望未被满足。在此基础上，企业可以针对性地开发出新产品。

市场细分是制定大多数营销策略的基础，其实质是将整体市场分为若干子市场，每一子市场的消费者具有相同或相似的需求或行为特点，不同子市场的消费者在需求和行为上存在较大的差异。企业细分市场的目的是为了找到适合自己进入的目标市场，并根据目标市场的需求特点，制定有针对性的营销方案，使目标市场的消费者的独特需要得到更充分的满足。

市场可以按照人口、个性、生活方式进行细分，也可以按照行为特点，如根据小量使用者、中度使用者、大量使用者进行细分。另外，也可以根据使用场合进行市场细分，如将手表按照是在正式场合戴、运动时戴，还是平时一般场合戴细分成不同的市场。

营销人员只有了解产品在目标消费者心目中的位置，了解其品牌或商店是如何被消费者所认知的，才能发展有效的营销策略。科玛特（K-Mart）是美国一家影响很大的连锁商店，该商店由20世纪60年代的廉价品商店发展到20世纪七八十年代的折扣商店。进入20世纪90年代后，随着经营环境的变化，科玛特的决策层感到有必要对商店重新定位，使之成为一个品味更高的商店，同时又不致使原有顾客产生被离弃的感觉。为达到这一目标，科玛特首先需要了解其当前的市场位置，并与竞争者的位置做比较。为此，通过消费者调查，科玛特获知了目标消费者视为非常重要的一系列店铺特征。经由消费者在这些特性上对科玛特和其竞争对手的比较，科玛特获得了对以下问题的了解：哪些店铺特征被顾客视为最关键；在关键特性上，科玛特与竞争对手相比较处于何种位置；不同细分市场的消费者对科玛特和竞争对手的市场位置；消费者对各种商店特性的重要程度是否持有同样的看法。在掌握这些信息，并对这些信息进行分析的基础上，科玛特制定了非常具有针对性且切实可行的定位策略，结果科玛特原有形象得到改变，定位获得了成功。

消费者喜欢到哪些地方购物，以及如何购买到该企业的产品，也可以通过对消费者的研究了解到。以购买服装为例，有的消费者喜欢到专卖店购买，有的消费者喜欢到大型商场或大型百货店购买，还有的消费者则喜欢通过网络购买。各种偏好的比例是多大以及哪些类型或具有哪些特点的消费者主要通过上述哪些渠道购买服装，这是服装生产企业十分关心的问题。这是因为只有了解目标消费者在购物方式和购物地点上的偏好和形成偏好的原因，企业才有可能最大限度地降低在分销渠道选择上的风险。

对消费者行为的透彻了解，也是制定广告和促销策略的基础。美国糖业联合会试图将食用糖定位于安全、味美、提供人体所需能量的必需食品的位置上，并强调适合每一个人，尤其是适合爱好运动的人食用。然而调查表明，很多消费者对食用糖形成了一种负面印象。很显然，糖业协会要获得理想的产品形象，必须进行大量的宣传工作。这些宣传活动成功与否，很大程度上取决于糖业协会对消费者如何获取和处理信息的理解。总之，只有在了解消费者行为的基础上，糖业协会在广告、促销方面的努力才有可能获得成功。

其二，为消费者权益保护和有关消费政策制定提供依据。随着经济的发展和各种损害消费者权益的商业行为不断增多，消费者权益保护正成为全社会关注的话题之一。消费者作为社会的一员，拥有自由选择产品与服务，获得安全的产品、获得正确的信息等一系列权利。消费者的这些权利，也是构成市场经济的基础。政府有责任和义务来禁止欺诈、垄断、不守信用等损害消费者权益的行为发生，也有责任通过宣传、教育等手段提高消费者自我保护的意识和能力。

政府应当制定什么样的法律、采取何种手段保护消费者权益，政府法律和保护措施在实施过程中能否达到预期的目的，很大程度上可以借助消费者行为研究所提供的信息来了解。例如，在消费者保护过程中，很多国家规定，食品供应商应在产品标签上披露各种成分和营养方面的数据，以便消费者做出更明智的选择。这类规定是否真正达到了目的，首先取决于消费者在选择时是否依赖这类信息。

4.2.2.3　消费者的目标

消费者作为经济人，为了达到一定的目标，将在消费与不消费以及如何消费之间做出选择。消费者作为追求最大满足的理性人，其消费决策则以追求利益最大化目标。凯恩斯认为，无论是从先天人性看还是从具体事实看，有一条心理规律都是正确的，即收入增加时，人们将增加自己的消费。

消费者目标的确定取决于其需求状况，需求目标的异质性所带来的不确定，给满足不同的消费人群和同一消费者不同阶段的消费需要带来了难度。由于需求强度大小和当时心理需要层次的不同，不同的消费者消费的侧重点是不一样的。同时，消费者的目标也与心理满足程度密切相关。

从长期来看，消费者目标的确定对发展消费者隐藏的心理特征起到更多的作用。有效需求同时取决于心理因素，包括消费倾向、流动偏好和对资产未来收益的预期等，并且根据生理需要、安全需要、社交需要、尊重需要和自我实现需要的分类，决定消费者的目标的层次。因此，消费者的目标确定受多种因素的制约。

4.2.3　广告影响消费者的行为

广告通过对产品和服务的品牌、性能、质量、用途等方面的信息的有效传播，能够拓展和提升消费者对有关商品、服务等方面的认识，指导消费者进行有效购买和使用，可以给消费者的日常生活带来极大的方便。

4.2.3.1　广告向消费者提供信息

随着信息化的发展，广告在商品营销中的作用日益强大，"酒香不怕巷子深"已变为"好酒也怕巷子深"。过去，"好酒"品质优良，市场狭小，通过消费者的口碑效应，形成稳定消费者群，"巷子深"也会有人专程前往。现在，产品同质化，同类产品众多，竞争激烈，"好酒"不做广告，不能将产品信息传递到消费者，不被消费者了解和熟悉，"巷子深"增加消费者的购买成本，自然会被消费者遗忘。现在广告信息传递方式多样，传播速度快，极大地促进了销售。广告主要可以提供内部信息、外部信息、口传信息和中立信息。

内部信息主要来自于消费者自身的知识与经验。消费者在日常生活中，不断消费不同的产品积累消费经验。这种经验的来源是消费者的亲身实践，因此可靠性和可信性极强。消费者通常以内部信息作为评判、选择商品的依据，借助内部信息的积累，完成评判、选择商品的过程。

外部信息主要是指消费者从自身以外获取的知识与经验。在市场经济发达的今天，消费者已经不能单纯地以内部信息作为评判、选择商品的依据，而是必须借助大量外部信息的获得，才能够完成评判、选择商品的过程。消费者获取的外部信息主要来源于广告主利用广告传播工具向消费者传递商品各方面的信息。

口传信息是指消费者之间进行的人和人之间相互传递的商品信息。口传信息由于是在亲密的人与人之间进行传播的，因此能够成为消费者最信任、最有效的信息源，但其传播的形式——人际间口传的局限性，使得它无法在更大的范围、以更快的速度把信息传递给消费者，以满足更多的消费者对商品和服务等方面的认知、识别、选择性购买的要求。因此，口传信息难以成为消费者获取商品、服务等方面信息的最主要的信息源。

中立信息是指有关部门对商品所做的决定、检测报告。例如，政府公布的有关商品质量检查、评比的结果和电视台等举办的商品知识咨询节目等。中立信息源的信息发表的数量是极其有限的，不能够成为消费者对商品各方面的认知、识别、选择性购买的信息的主要来源。

广告对消费者产生巨大的作用，影响消费者的行为，因此广告成为对消费者最具影响力的信息来源。有关方面的实证研究结果表明广告已成为不同产品信息来源的主要途径，但值得注意的是，广告对消费者的影响由于传播途径不同也会有所不同。

4.2.3.2 广告对消费者的引导作用

第一，广告激发了消费者现实的需求。广告以理性诉说或者情感诉说的方式打动消费者，引起消费者情绪与情感的共鸣，在好感的基础之上进一步产生商品或品牌信赖感，从而最大限度地激发消费者的需求。例如，著名品牌自然堂的广告，其广告语"你本来就很美"是企业作为广告主所找到的绝妙的说辞，充分利用了女性追求美的愿望，激发了每个女人内心深处的自信心，让消费者与自然堂品牌产生情感上的共鸣，促使其购买该产品。也正是因为这句广告语才让自然堂在 2001 年竞争激烈的化妆品市场中以黑马之姿一炮而红。

第二，广告激发了消费者潜在的需求。潜在需求，即潜伏于消费者心理和社会关系中、消费者自身还未充分认知到的需求。潜在需求变成现实需求，既可以由消费者的生理上或心理上的内在刺激引起，也可以由外在刺激物引起。广告作为一种外在刺激诱因，其任务就在于把握消费者深层心理，并根据消费心理和行为特征，展示与其潜在消费需求相符的商品和服务，使广告能通过情感的诉求唤起消费者的共鸣，激发其购买欲望，并付诸购买行动。

20 世纪 80 年代风靡亚太市场的变形金刚系列玩具就是使潜在需求变成现实需求的成功案例。在推销玩具前，企业将精心制作的电视系列动画片《变形金刚》无偿赠送给电视台播放起到广告的作用，使孩子们被变形金刚迷住，从而诱发孩子们对拥有变形金刚的需求，形成购买欲望。企业通过利用艺术形象到实物玩具的移情效应，适时推出变形金刚系列玩具，成功地开发了变形金刚玩具市场。

第三，广告创造全新的消费需求。广告常以完全相同的方式，向消费者多次重复同样的内容，通过大力渲染消费或购买商品之后的美妙效果，利用大众流行的社会心理机制创造轰动效应，形成明显的示范作用，指导人们的购买与消费行为。在指导购买的过程中，广告会告知消费者产品的用途、产品的使用方法、产品的售后服务，以减少消费者的疑虑，激发更多消费者参与购买。

随着现代商品经济的发展，"适应消费市场"的观念逐渐淡薄，"创造消费市场"的观念逐渐兴起，并且日益受到重视。例如，日本索尼公司在20世纪80年代就提出了"创造市场"的口号，向20世纪60年代提出的"消费者需要什么，我就生产什么"的市场观念提出挑战，以"我生产什么就准是消费者真心所需的"创造市场观念。

4.2.3.3　广告的想象作用

好的广告，实际上就是一件精美的艺术品，不仅真实、具体地向人们介绍了商品，而且让人们通过对广告作品形象的观摩、欣赏，引起丰富的联想，树立新的消费观念，增加精神上美的享受，并在艺术的潜移默化过程之中，产生购买欲望。良好的广告还可以帮助消费者树立正确的道德观、人生观，提高人们的精神文明水平，陶冶人们的情操，并且给消费者以科学技术方面的知识。

4.2.3.4　广告的负面作用

广告对消费者有着重要的指导和引导作用，但广告同时也给消费者的生活带来了不利的一面。比如说，为强调产品的功能与作用，在广告表现中采取了戏剧化的或"一面说理"的表现方式，通过设计一些离奇的情节，渲染一种时尚生活离不开的产品观念，不仅使人们对广告的真实性产生疑问，而且容易造成一种产品"万能"的观念。

在现实生活中，一些广告误导人们生活的价值主要取决于其拥有和消费什么样的产品，而不在于其创造了什么，从而在一定程度了助长了享乐主义之风。广告对少年儿童的影响十分大，少年儿童由于大量接触广告，自小就生活在一个"品牌"的世界里，因此对产品的追求远远超过其实际需要和家庭承受力，尤其是广告所展示的豪华的生活、奢侈的用品，使少年儿童不知不觉中误以为广告里描绘的世界就是真实的世界，并竭力去追求。此类广告对少年儿童的健康成长是很不利的，这也是困扰社会的一个重要问题。

媒体过多的广告发布，不仅干扰了人们正常的信息接收和解读，也浪费了受众的宝贵时间。户外广告有时会影响到交通安全，对人们的生命财产造成威胁。广告的诱惑性还会使人们长期处于消费的饥渴状态，导致购买没有什么实际使用价值的产品等。

4.2.4　人格心理学对广告的影响

人格心理学为心理学的分支之一，可简单定义为研究一个人所特有的行为模式的心理学。"Personality"一般都会被译作"性格"，心理学界则把它译为"人格"。"人格"不单包括性格，还包括信念、自我观念等。准确来说，"人格"是指具有一致的行为特征的群集。人格的组成特征因人而异，因此每个人都有其独特性。这种独特性致使每个人面对同一情况下都可能做出不同反应。人格心理学家会研究人格的构成特征及其形成，从而预计人格对塑造人类行为和人生事件的影响。人格是个体在行为上的内部倾向，表现为个体适应环境时在能力、情绪、需要、动机、兴趣、态度、价值观、气质、性格和体质等方面的整合，是具有动力一致性和连续性的自我，使个体在社会化过程中形成的给人以特色的心身组织。

人格上的一致性和连续性同样也会体现在消费者的购买行为中，因此广告应体现产品或服务的个性，形成品牌特色，与目标市场客户意趣相投，促进购买，培养品牌忠诚度。

美国的哈雷·戴维森无疑是一个极有个性的品牌。它以"Cool"（"酷"）的造型和巨大的轰鸣声彰显着独立反叛、傲视权威的个性。在工业化浪潮的席卷下，该品牌坚持部分零件手工制作；在流线型设计成为时尚的时候，该品牌坚持古典的造型——这些不但没有成为顾客拒绝哈雷·戴维森的理由，反而成为消费者津津乐道的话题，形成了品牌的特点。该品牌的广告着重体现独立、反叛、复古的特色，也与产品、品牌文化相辅相成（见图4-7）。

哈雷·戴维森乐于为各种电影和摄影提供其产品。在《终结者》系列电影中，影星施瓦辛格使用的重要道具之一就是哈雷·戴维森摩托。这不仅展示了哈雷·戴维森摩托冷酷的外表，也给哈雷·戴维森品牌增添了一丝英雄主义色彩，丰富了品牌的故事，从而对品牌文化进行了有力的广告宣传。哈雷·戴维森摩托潜心营造的一种凝聚年轻一代梦想、反叛精神、奋斗意识的"摩托文化"，迎合了年轻人尽情宣泄自己自由、反叛、竞争的精神和彰显富有、年轻、活力的需求，培养出了很多将哈雷品牌纹在自己身上、与这个牌子终身相伴的忠实消费者。

图4-7　哈雷摩托车试驾活动

图片来源：新浪网（http://auto.sina.com.cn/photo/funnypic/75270.shtml）

4.3　广告心理学的研究原则与程序

4.3.1　广告心理学的研究原则

要使广告达到预期的目的，必须研究广告活动参与者在广告过程中的心理现象及其行为的规律性，利用广告心理学研究的成果指导创意、设计和制作广告。采用科学的方法研究广告活动过程中人的心理，在不同的研究领域中，根据不同的研究对象，使用不同的研究方法，将具体研究方法的特点与所研究对象的特点相结合。在开展广告心理学课题研究时，都要遵守客观性原则、发展性原则、系统性原则和应用性原则。

客观性原则是科学研究必须遵循的重要原则，指的是科学研究要尊重客观事实，以实事求是的态度按照研究对象的本来面目加以考察。要求研究者保证获得的材料真实客观，而且结论内容反映研究对象自身的真实状况，在采用科学方法加工所得到的资料和数据的基础上建立研究结论，如实发现广告心理的新原理和新规律。

发展性原则是指广告活动参与者的心理现象始终处在发展和变化之中。一种心理品质形成后，随着环境和实践活动的改变，也会有一定的发展和改变。广告心理学的研究者必须遵循发展性原则，把广告受众的心理活动看作动态变化发展的过程，来研究广告心理活动发生发展的规律。广告心理和行为都有其连续的发展过程，要在广告活动发展过程中考察心理和行为，既要联系客观事实，又要注重未来发展。广告业的发展要求广告心理学的研究者对不断发展变化的广告市场和广告受众进行动态的、具有前瞻性的研究。

系统性原则是指用整体的、系统的观点指导广告心理学的科学研究活动。广告心理系统是一个极其复杂的动态系统，其中任何一种因素的变化，都可能引起广告活动状态的改变。在广告心理的研究中，必须考虑各种内、外部因素之间相互联系和制约的作用，把某一心理现象放在多层次、多因素的系统中进行全面的分析和考察，系统地认识其中的规律。

应用性原则是指广告心理学要研究广告活动中存在的现实问题，以提出解决广告活动问题的具体方案或对策为目的。广告心理学的任务是认识广告心理现象及其变化规律，依据理论了解广告业的发展方向，应用广告心理学的研究成果指导开展广告活动。

由于广告活动中心理因素起着重要的作用，所以广告心理研究成果的应用性极强，与广告创意和市场营销理论结合，共同促进广告业的发展。

4.3.2　广告心理学的研究程序

广告心理学理论对广告实践有着很强的依赖性，由于研究的目的、时间、被试、收集与处理资料的方式等的不同，广告心理学的具体研究方法也多种多样。

观察法是利用感官或借助于科学的观察，在自然清净的环境中有计划和有目的地对被观察者的言行表现进行考察记录，以期发现其心理活动变化和发展规律的一种研究方法。观察法主要分为自然观察法、控制观察法、参与观察法、非参与观察法、直接观察法、间接观察法几大类。观察法具有资料客观真实、使用范围广、易陷入主观推测或偏见、获取信息全面等特点。

访谈法是通过访谈者与受访者的交谈，收集有关受访者心理与行为资料的一种研究方法。访谈法主要有焦点小组访谈、深度访谈和电话访谈三种。访谈法具有收集资料迅速、灵活且易于控制、使用范围广、访谈的效果取决于双方的互动和合作的特点。

问卷法就是把问卷交给受测者，让受测者回答，并通过对答卷内容的分析得出相应结论的研究方法。根据问卷填答者的不同，问卷法可分为自填式问卷法和代填式问卷法。问卷法具有样本可大可小、使用范围较广泛、资料易于整理和统计分析、对问卷的质量有较高的要求的特点。

实验法是指有目的地控制和改变某种条件，使被试产生所要研究的某种心理现象，然后进行分析研究，以得出这一心理现象发生的原因或起作用的规律性结果。实验法可分为自然实验法和实验室实验法两种。实验法具有结果可靠性高、成本较高的特点。

个案研究法是对某一个体、群体或组织在较长时间里连续进行调查、了解，收集全面的资料，从而研究其行为、心理发展变化的全过程的研究方法。个案研究法通常划分为个人调查、团体调查、问题调查三种类型。个案研究法具有通过特别事例来研究一种现象、研究过程非标准化、资料加工难度大的特点。

4.4 广告心理学的研究方法

科学研究是一个严谨的过程，进行广告心理学研究必须遵循一定的步骤，防止研究结果与事实相悖。

4.4.1 第一步：确定研究课题

进行广告心理学科学研究的第一步就是确定具体研究课题。根据广告活动的特点，有不同的途径可以确定研究课题，主要方法如下：

第一，从实践领域中选择课题；

第二，从理论领域中选择课题；

第三，从交叉或相邻学科中选择课题；

第四，从学科研究焦点中选择课题；

第五，通过查阅和评价有关文献来选择研究课题；

第六，从广告传播活动中选择课题。

另外，在广告心理学研究中，还应该注意所选研究课题的重要性、可行性、新颖性和先进性等问题。

4.4.2 第二步：分析问题

确定研究课题后，通过查阅文献获取研究的资料以及实地考察与课题相关的数据资料，分析研究课题中的问题，并对问题进行深入的认识。采用不同的分析方法，对研究课题进行分析，最终确定所要研究的问题。

4.4.2.1 对现有研究成果的分析

在实施广告心理学研究课题之前，研究者要了解与本课题同样的、类似的和有关联的课题研究的历史和现状，包括了解在该课题方面已取得的研究成果、目前的进展情况、已经解决的问题、采用的解决问题的途径、已经得出的结论的可靠性、还存在的尚未解决的问题及没有解决的原因、解决这些问题的关键所在；了解在此研究领域中开展研究的经验和教训、解决问题时所采用的实验研究设计；了解已有理论解释是否合理，以及尚未说明的问题等。

4.4.2.2 对广告传播现象的分析

由于广告具有大众传播的特性，在对现有设计课题的研究成果的分析基础上，研究者还要收集整理与课题相关的广告传播现象资料，并凭借对资料的掌握和研究的经验，分析研究课题，透过现象抓住本质。广告传播现象的形成受多种因素的影响，广告主、广告公司、广告媒体、广告受众以及广告管理者，在广告过程中对广告信息的传播有不同的作用。

4.4.3 第三步：提出假设

研究假设的提出不仅依赖于对现有资料的分析，还依赖于研究人员所具有的研究经验和研究经历。研究假设能充分反映解决问题的思路，为问题的研究指明方向。

4.4.3.1 演绎法

演绎法是从普遍性结论或一般性事理推导出个别性结论的论证方法。例如，根据美国心理学家马斯洛需要层次理论，研究者提出假设：消费者的需求结构决定消费者的购买商品的类别。通过这一特殊假设的验证来检验某一理论的正确性。

4.4.3.2 归纳法

归纳法是从个别性知识引出一般性知识的推理，是由已知真的前提，引出可能真的结论。例如，平面广告、广播广告、影视广告各自的刺激方式不同，根据视听刺激的作用不同，提出影视广告比平面广告更加容易引起注意的假设。通过收集资料进行分析研究和实验研究，检验这一假设。

4.4.4 第四步：设计与实施研究方案

4.4.4.1 确定研究方案

研究方案有很多种，需要研究者根据具体的研究目的和具体的条件来确定研究方案。研究方案中采用的不同研究类型和研究方法，都有其各自的长处与局限性，应综合加以确定。

第一，确定研究收集资料的方法。研究收集资料的方法主要包括观察法、访谈法、问卷法、实验法和个案研究法。采取何种方法收集资料，要根据具体的研究问题的内容确定。

第二，确定调查队伍。由于要通过大规模的问卷调查和访谈调查收集资料，受到人手方面的限制，往往委托专门的调查代理机构完成调查工作，从而节省了大量的时间和精力。

第三，确定工作语言。统一研究人员使用的工作语言，包括专业工作术语。使用统一的工作语言和术语，减少研究工作中出现各得其解的情况，提高工作效率，避免差错。统一的工作语言和术语使研究者能够准确地表述研究内容，不会引发歧义和误解，保证研究工作的顺利进行。

4.4.4.2 确定研究变量

根据所提出的研究假设，详细列举出研究中涉及的所有变量，对自变量、因变量或无关变量等加以识别和标识。大部分的研究都会涉及许多变量，这就要求研究者对各种变量有正确的认识，并能根据研究目的来确定、控制或取舍各种研究变量。

4.4.4.3 选取研究对象

选取什么样的事物作为研究对象，这取决于研究的性质与目的及研究结果的推论范围。广告心理学研究中常常通过有代表性的取样来对总体做出推断。可以根据研究的目的决定采取随机取样或非随机取样的方法。

4.4.4.4 制定具体的研究程序

制定具体的研究程序的核心是怎样采取措施对各种变量进行操纵与控制。对不同的变量所采取的方式是不同的，通过各种不同的实验设计来体现。通常有真实验设计与准实验设计两种。

4.4.4.5 实施研究方案

研究方案的实施是严格按照研究设计程序进行的操作过程，方案需要对于各种无关变量、各种意外事件的出现尽量消除或采取有效措施加以克服。在规定条件下使用具体的研究方法，按照研究程序开展研究，才能获得相应的研究结果。

4.4.5 第五步：整理与分析研究结果

在通过研究获得大量的原始资料和初步的研究结果后，整理与分析研究结果就是对所获得的原始数据与资料进行进一步的加工处理。

整理研究结果先要进行原始数据和资料初步的整理，进行必要的筛选。然后进行初步的编码、归类，即系统化。

分析与解释研究结果，即通过对数据和资料的加工能够得到有关变量间关系的结果，可对提出的假说进行验证，可为验证和建构理论提供依据。常用的方法主要有定量分析和定性分析两种。

4.4.6 第六步：撰写研究报告

研究报告通常是对课题研究的总结和对研究成果的展示。研究报告有多种类型，撰写研究报告的基本格式是一致的。研究报告通常包括标题、摘要与关键词、前言、研究方法、结果与讨论、结论、参考文献与附录七部分。

本章小结

广告心理学是研究广告过程中消费者的心理与购买行为之间的科学。广告能否达到预期的效果，取决于广告是否能让消费者产生清晰的认知，激起消费者情感的共鸣，进而导致消费者产生行为目标和购买行为。了解消费者的心理活动过程，是开展任何广告活动的必然前提。本章主要讲述了广告心理学的研究对象、研究原则与程序以研究方法，还介绍了广告影响消费者的行为。

思考题

1. 广告心理学的研究对象是什么？分别有什么特点？不同的研究对象之间有怎样的相互关系？
2. 简述广告心理学研究的原则。
3. 广告心理学课题研究的基本步骤是什么？请结合实际课题简单阐述。

参考文献

[1] 傅根清，杨明. 广告学概论 [M]. 济南：山东大学出版社，2004：105，108-109，112-114.

[2] 江波. 广告心理新论 [M]. 广州：暨南大学出版社，2002：127-129.

[3] 江林. 消费者行为学 [M]. 北京：首都经济贸易大学出版社，2002：118.

[4] 马继兴. 广告心理学 [M]. 北京：清华大学出版社，2011：41-51，222-227.

[5] 艾进. 广告学 [M]. 成都：西南财经大学出版社，2012：73-76.

5 广告的表现策略

开篇案例

Vian（依云）源自拉丁语"Evua"，是"水"的意思。这个与众不同的矿泉水来自阿尔卑斯山脉的法国依云天然矿泉水，素以天然和纯净享誉世界。天然的冰川岩层赋予依云水独特的滋味和均衡的矿物质成分。1789 年，依云水因为治愈了一位法国贵族的肾结石，从此被公认为健康之水，其卓越的理疗功效于 1878 年得到法国药学院的认可，从此依云水堪称天然矿泉水中贵族。

在"Live Young"（永葆童真）系列中，依云矿泉水不仅推出了多个令人耳目一新的电视广告与平面广告，还向消费者提出了一个主张，让消费者明白从中可以获得的具体利益——活出年轻，永葆童真。

在 2009 年的电视广告旱冰宝宝中，视频共出现了 96 个用特效技术制作的宝宝，这些穿着纸尿裤的可爱宝宝竟然滑旱冰，还摆出各种酷酷的姿势，别看这些宝宝虽然还只是婴儿，却拥有无比的神力，旱冰鞋在他们脚下如飞火轮一般自如。他们忽而跳跃，忽而翻跟头，忽而又大跳说唱舞（Hip Hop）（请欣赏视频 5-1）。

依云矿泉水这则广告近乎完美地运用了 USP、广告定位等广告表现策略，获得了超过 6 500 万次的浏览量，至今还保持着观看次数最多的在线广告的官方吉尼斯世界纪录。

本章提要

广告表现是广告创意表现的简称，其目的在于通过各种富有创意的符号来传递产品信息，使广告别具一格、不落窠臼，从而吸引消费者的目光，促进消费。要有好的广告表现，就必须按照一定的程序进行广告表现策划。本章主要从广告表现、USP 策略的评价及其应用、品牌形象（BI）策略、广告的定位（Position）策略的评价及其应用和其他策略评价及其应用来对广告表现进行分析。

5.1 广告表现

5.1.1 广告表现的概念

广告表现是将广告主题、创意概念或意图，用语言文字、图形等信息传递形式表达出来的过程。广告表现是整个广告工作的一个中心转折点，其前面的工作多为科学调研、分析，提出构思、创意；其后面的工作多是将前面工作的结果，即停留在纸上和脑海中的语言文字、构想转化成具体的、实实在在的广告作品。广告表现的结果是具体实在的广告作品，而正因为要与广告接触者直接见面，广告表现就应当以适合接受者的接受习惯和互动关系的形成为目标进行有效的广告表现。

5.1.2 广告表现策划的主要过程

广告表现就是把广告主基于广告目标的要求（主题意念、创意构想）转化成原稿和图像的过程。具体过程如下[①]：

第一步，进行营销分析，即通过对企业和产品的历史分析、产品评价、消费者评价以及市场竞争状况评价等，确立该广告表现的基础。这是确定广告概念的前提。

第二步，确定广告概念。这往往由广告主向广告公司进行说明，一般称作定向，即根据商品属性、市场竞争状态、广告目标等决定广告表现的基本设想和基本方针。这是广告设计者确定主题、进行原稿设计和编制广告计划的依据。

第三步，选择并确定广告主题，即根据广告主的说明和希望，确定具体的广告主题，也就是广告的中心思想，借以传递广告概念。

第四步，通过创意形成原稿或图像，开始具体的广告设计、编制工作。

从上述的过程介绍中，不难看出广告概念的确立以及慎重选取合适的主题以传递广告概念是整个广告表现策划的核心。在当今体验经济的大潮下，越来越多的广告公司会针对广告涉及的对象、表现的主题等，在广告的表现中增加利于人们参与、互动的元素。

5.1.3 广告表现与广告主题、创意的关系

5.1.3.1 广告表现与广告主题的关系

就一件具体的广告作品而言，只要明确了广告目标、广告对象、广告策略，下一步的主要问题就是选择和确定广告的主题，即明确广告的中心思想。广告主题策划是取得广告对象满意、引起广告对象注意、促成广告目标达成的重要手段。为了达到预期的广告效果，必须在商品或企业中找出最重要的部分来进行诉求发挥。广告主题的好坏、诉求力的强弱，决定了消费者对广告主题思想的共鸣程度，从而也决定了广告

---

① 陈乙. 广告策划［M］. 成都：西南财经大学出版社，2002：122.

效果的好坏。因此，人们常常说，广告主题是广告的灵魂。

广告主题是广告目标、信息个性、消费者心理需求三个要素的融合体。它们之间的关系是：广告目标是广告主题的出发点，离开了广告目标，广告主题就会无的放矢，不讲效果；信息个性是广告主题的基础和依据，没有信息个性，广告主题就会没有内容，广告也就没有自己的诉求；消费者心理需求是广告主题的角色，没有这个角色，广告主题就调动不了消费者的心理力量。

正确的广告主题为广告表现提供了最基本的题材。广告不是简单的摄影绘画，也不仅是文字游戏。广告的主题必须分析消费者购买某种商品的原因是什么，消费者想知道什么，愿意在什么时间、什么地点听到或看到广告。正确的广告主题才是说服消费者购买的关键。

需要注意的是，广告主题不是广告目标、信息个性、消费者心理需求三者的简单相加或拼凑，而是一个有机的融合点。因此，一个广告既要考虑企业，又要考虑商品，还要考虑消费者，更要赋予人情味和联想。一个好的广告主题必须符合易懂、刺激、统一、独特的要求。例如，"农夫山泉有点甜"（农夫山泉纯净水）；"戴博士伦，舒服极了"（博士伦隐形眼镜）；"如果失去联想，人类将会怎样"（联想电脑）……它们虽然是简单的广告语但是很好地表现出了广告的主题。

5.1.3.2　广告表现与广告创意的关系

广告主题确定下来之后，广告活动进入最为关键的阶段，即广告创意阶段。这时广告创意人员应当考虑的是如何完整、准确、充分、艺术地表现广告的主题。美国著名的广告专家大卫·奥格威说："如果广告活动不是由伟大的创意构成，那么它不过是二流品而已。"成功进行广告的基础是卓越的创意。创意是现代广告的灵魂，是引起消费者注意、激发消费者购买欲望的驱动力。

第一，广告创意的概念。

何为创意？从字面理解，创意就是创造新的想法，是一种创造性的思维活动。将创意应用于广告活动中，就是广告创意。现代广告的核心就在于创意，针对何为创意，不同的学者有着不同的见解。被称为"美国广告之父"的广告人詹姆斯·韦伯·扬（James Webb Young）曾经提出：创意是把原来的许多旧要素进行新的组合，进行新的组合的能力，实际上大部分是在于了解、把握旧要素相互竞争关系的本领。美国广告学者格威克认为创意就是发现人们习以为常的事物的新意。

余明阳教授在《广告策划创意学》里将广告创意定义为：所谓广告创意，从动态的角度看，就是广告人员对广告活动进行创造性的思维活动；从静态的角度看，就是为了达到各个目的，对未来广告的主题、内容和表现形式所提出的创造性主意。

第二，广告表现与广告创意的关系。

广告创意的核心就是表达广告的主题。广告创意是表现广告主题的构思和意念，必须以广告主题为核心，围绕广告主题而展开。然而广告主题仅仅是一种思想或观念，这种抽象的意念必须借助一定的具体形象来表现，即广告表现是广告主题的形象化和具体化，是消费者理解、欣赏广告主题的中介，因此广告创意是广告表现的灵魂，而广告表现是广告创意的外化过程。好的广告表现可以准确地体现广告创作人员的创意，有效地传递有意义的广告讯息，从而有助于广告与消费者的沟通。不合适的广告表现则有可能无法实现广告讯息的有效传递，甚至会扭曲广告创作人员想要传达的广告讯息，从而毁掉一个好的广告创意。

5.2　USP 策略的评价及其应用

在 20 世纪四五十年代，广告表现策略开始兴起。在产品竞争还不算激烈的 20 世纪 50 年代，广告的表现策略主要以独特的销售主张（USP，下同）策略为主，其强调以产品为导向。到了 20 世纪 60 年代中后期，广告越来越多，信息开始泛滥，意在寻求"独特的销售说辞的" USP 策略的效果逐渐减弱，此时品牌形象（BI，下同）策略开始兴起，其主要思想是强调品牌形象。到了 20 世纪 60 年代末，市场竞争更加激烈，厂商开始将消费者的需求放在首位，广告的定位策略发挥的作用越来越大。

直到今天，USP 策略、BI 策略和广告的定位策略依然在广告的表现策略中占据一席之地，发挥着重要的作用，在本节和以下两节中，将具体阐述 USP 策略、BI 策略和广告的定位策略。

5.2.1　USP（Unique Selling Proposition）策略的定义及要点

5.2.1.1　USP 策略的定义

USP 策略是由罗瑟·瑞夫斯（Rosser Reeves）于 1961 年在《广告的现实》(*Reality in Advertising*) 一书中提出的。他认为广告的成功与否取决于商品是否过硬、是否有特点。他提出的 USP 理论，即独特的销售主张理论认为，广告就是发挥一种建议或劝说功能。该理论使广告界摆脱了随意性很大的经验状态，为广告学殿堂树立了坚实的支柱。

到了 20 世纪 90 年代，达彼思（Bates，原名 Ted Bates）广告公司进一步认定 USP 策略的创造力在于挖掘一个品牌的精髓，并通过强有力的说服来证实其独特性，使之变得所向披靡、势不可挡。这时的 USP 策略已经不仅是瑞夫斯时代所强调的"针对产品的事实"，而是上升到了品牌高度，强调创意来源于对品牌精髓的深入挖掘。品牌精髓挖掘的层次由内到外包括品牌个性（Personality）、品牌价值（Values）、品牌利益（Benefits）和品牌属性（Attributes）。具体分为以下七步：

第一，设置品牌轮盘（Brand Wheel），明确品牌的基本框架；

第二，进行品牌营销策划（Brand Marketing Agenda）；

第三，进一步审查品牌特性（Brand Interrogation）；

第四，利用头脑风暴法，进行广告创意；

第五，初步形成创意；

第六，进行创意测试，找出样板创意和令人惊奇的事实，然后用词汇鲜明地、直接地表达出来；

第七，撰写 USP 创意演示简报。

5.2.1.2 USP 理论的基本要点

第一，每一则广告必须向消费者"说明一个主张（Proposition）"，必须让消费者明白购买广告中的产品可以获得何种具体的利益。

第二，所强调的主张必须是竞争对手做不到的或无法提供的，必须说出其独到之处，在品牌和说辞方面是独一无二的。

第三，所强调的主张必须是强有力的，必须聚焦在一个点上，集中打动、感动和吸引消费者来购买相应的产品。

USP 策略视消费者为理性思维者，消费者的注意力和兴趣往往集中在那些重要的、有价值的或与自己需要相关的产品上，经常用产品某一独有的特征来辨别、认知某一产品。USP 策略正是利用人们认知的心理特点，在广告中宣传产品独有的特征及利益，引起消费者注意、理解、记住并产生兴趣，从而促使其作出购买决策和采取行动。由此出发，该策略认为广告必须对准目标消费者的需要，提供可以带给他们实惠的许诺，而这种许诺必须要有理由的支持。

5.2.2 USP 策略的成功广告案例

5.2.2.1 M&M'S 巧克力豆——"只溶在口，不溶在手"

M&M'S 巧克力豆的那一句家喻户晓的广告语——"只溶在口，不溶在手"，便是瑞夫斯 50 多年前的杰作（见图 5-1）。

图 5-1 M&M'S 巧克力豆

图片来源：百度图片

1954 年，美国玛氏公司苦于新开发的巧克力豆不能打开销路，而找到瑞夫斯。玛氏公司在美国是小有名气的私人企业，尤其在巧克力的生产上具有相当的优势。玛氏公司新开发的巧克力豆由于广告做得不成功，在销售上没有取得太大效果。玛氏公司希望瑞夫斯能构想出一个与众不同的广告，从而打开销路。瑞夫斯认为，一个商品成功的因素就蕴藏在商品本身，而 M&M'S 巧克力豆是当时美国唯一用糖衣包裹的巧克力。有了这个与众不同的特点，又何愁写不出打动消费者的广告呢。瑞夫斯仅仅花了10 分钟，便形成了广告的构想——M&M'S 巧克力豆"只溶在口，不溶在手"。广告语言简意赅、朗朗上口、特点鲜明。随后，瑞夫斯为 M&M'S 巧克力豆策划了电视广告片：

画面：一只脏手，一只干净的手。

画外音：哪只手里有 M&M'S 巧克力豆？不是这只脏手，而是这只干净的手。因为 M&M'S 巧克力豆只溶在口，不溶在手。

仅仅 8 个字的广告语，简单清晰，就使得 M&M'S 巧克力豆不黏手的特点深入人心，名声大振，家喻户晓，成为人们争相购买的糖果。"只溶在口，不溶在手"这句广告语沿用至 20 世纪 90 年代，这条广告语仍作为 M&M'S 巧克力豆的促销主题，把 M&M'S 巧克力豆送到了各国消费者的心中，玛氏公司也成为年销售额达 40 亿~50 亿美元的跨国集团。

5.2.2.2 瑞夫斯所做的总督牌香烟广告

图 5-2 的说明：只有总督牌香烟在每一支滤嘴中给人两万颗过滤气瓣。当你吸食丰盛的香烟味道透过它时，它就过滤、过滤、再过滤。

男人："有那两万颗过滤气瓣，实在比我过去吸食没有过滤嘴香烟时的味道要好。"

女人："对，有滤嘴的总督牌香烟吸起来是好得多……并且也不会在我嘴里留下任何丝渣。"

烟盒旁侧说明文字：只比没滤嘴香烟贵一两分钱而已。

这则广告指出总督牌香烟"有两万颗细小过滤凝气瓣——比其他品牌多两倍"，指出了其与其他同类产品的不同之处。

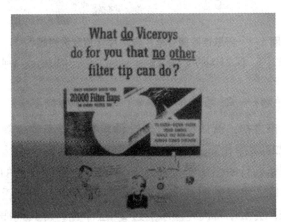

图 5-2 总督牌香烟

图片来源：百度图片

5.2.2.3 舒肤佳——后来者居上，称雄香皂市场

1992 年 3 月，舒肤佳香皂进入中国市场，而早在 1986 年就进入中国市场的力士香

皂已经牢牢占住香皂市场。后生舒肤佳香皂却在短短几年时间里，硬生生地把力士香皂从香皂霸主的宝座上拉了下来。

舒肤佳香皂的成功自然有很多因素，但关键的一点在于它找到了一个新颖而准确的"除菌"概念。在中国人刚开始用香皂洗手的时候，舒肤佳香皂就开始了其长达十几年的"教育工作"，要把手真正洗干净——"看得见的污渍洗掉了，看不见的细菌你洗掉了吗？"

在舒肤佳香皂的营销传播中，以"除菌"为轴心概念，诉求"有效除菌护全家"，并在广告中通过踢球、挤车等场景告诉大家，生活中会感染很多细菌，用放大镜观察到的细菌"吓你一跳"。然后舒肤佳香皂再通过"内含抗菌成分'迪保肤'"之理性诉求和实验来证明舒肤佳可以让人把手洗"干净"。另外舒肤佳香皂还通过"中华医学会验证"增强了品牌信任度（见图5-3）。

图 5-3　舒肤佳除菌香皂广告图片（请欣赏视频 5-2）

图片来源：搜素材（http://www.sosucai.com/detail-160146--1.html）

5.2.2.4　乐百氏纯净水——27 层净化

乐百氏纯净水上市之初，就认识到以理性诉求打头阵来建立深厚的品牌认同的重要性，于是就有了"27 层净化"这一理性诉求经典广告的诞生。

当年纯净水刚开始盛行时，所有纯净水品牌的广告都说自己的纯净水纯净，导致消费者不知道哪个品牌的水是真的纯净或者更纯净的时候，乐百氏纯净水在各种媒介推出卖点统一的广告，突出乐百氏纯净水经过 27 层净化，对其纯净水的纯净提出了一个有力的支持点。这个系列广告在众多同类产品的广告中迅速脱颖而出，乐百氏纯净水的纯净给受众留下了深刻印象，"乐百氏纯净水经过 27 层净化"很快家喻户晓。"27 层净化"给消费者一种"很纯净可以信赖"的印象（见图5-4）。

图5-4　乐百氏矿泉水（请欣赏视频5-3）

图片来源：昵图网

5.3　品牌形象（BI）策略

5.3.1　品牌形象（Brand Identity，BI）策略的定义及要点

5.3.1.1　BI策略的定义

品牌形象策略由美国奥美广告公司的奥格威提出。他认为对于那些相互之间差异很小的产品（如香烟、啤酒等）而言，难以在广告策略上采用USP策略以及其他建立在产品差异基础上的广告策略，这就存在一个广告表现策略上的表现转化问题。对于如何转化，奥格威认为通过将产品差异的表现转化为对品牌形象的表现，就能很好地解决这一转化问题，这便产生了品牌形象策略。采用这一策略是要通过树立品牌形象，培植产品威望，使消费者保持对品牌长期的认同和好感，从而使广告产品品牌得以在众多竞争品牌中确立优越地位。

5.3.1.2　BI策略的要点

奥格威认为每一个广告都应该看成对品牌形象的贡献。如果采取了这种态度，当今的许多问题就能得到解决。品牌越相似，理性思考在品牌选择中就越薄弱。威士忌、香烟或啤酒的不同品牌之间并没有明显的不同，它们几乎一样。广告越能为品牌树立一个鲜明的个性，该品牌就越能获得更大的市场份额和更多的超额利润。具体来说，品牌形象策略的主要观点如下：

第一，为塑造品牌服务是广告最主要的目标。广告最主要的任务是为树立品牌和营销产品服务，力求使广告中的商品品牌具有并且维持较高的知名度。因此，许多企业不惜花很大的代价找明星、抢知名度高的媒体进行广告传播。

第二，任何广告都是对品牌的长期投资。从长远的观点看，广告决不能因追求短期的利益而牺牲自身品牌形象，一个具有较高知名度的品牌一定要尽力去维护它。没有眼光的企业往往只顾眼前利益，最终企业办不下去而倒闭。奥格威告诫客户，目光短浅地一味搞促销、削价以及其他类似的短期行为的做法，无助于维护一个好的品牌形象。

第三，品牌形象比产品功能更重要。随着科学技术的发展与普及，同类产品的差异性逐渐变小，消费者选择品牌时运用的理性思维就会减少，品牌之间的知名度大小就越来越显示出重要性。因为这时的消费者感到对选择哪个品牌的产品好坏已不是重点，重点是看谁的产品品牌知名度高。品牌树立一种突出的形象可以帮助企业在市场上获得较大的占有率和利润。

第四，广告更重要的是满足消费者的心理需求。消费者消费时所追求的是"物质利益和心理的满足"。对有些消费群体来说，物质利益已不是第一位，而满足心理需求则上升到首要位置，因此广告应尤其重视运用形象来满足这类消费者的心理的需求。广告的作用就是赋予品牌不同的联想，正是这些联想给了品牌不同的个性。

与 USP 策略一样，品牌形象策略也是产品观念下的一种产物，深深带有产品时代的烙印。两者的共同点在于它们的出发点都是产品，都把产品作为第一要素，都是为产品寻找一种独特的要素。只是 USP 策略认为这种独特的要素是建立在产品的物理特性之上的，通过对产品自身属性的挖掘可以找到；而品牌形象策略认为这种独特性可以由人们追加给它，在某种意义上是超越了产品的具象而存在。[①]

5.3.2 树立品牌形象的方法

树立品牌形象的方法很多，常见的有以下几种：

5.3.2.1 商标人物形象

李奥·贝纳于 1935 年为绿色巨人公司（那时叫"明尼苏达流域罐头公司"）的豌豆虚构的"绿色巨人"人物形象就是一个非常成功的品牌形象。李奥·贝纳为了表现豌豆的新鲜和饱满，描绘了一幅连夜收割和包装豌豆的夜景，并穿插了一个捧着一个大豆荚的巨人形象。"绿色巨人"给人留下了长久美好的形象，作为对这一成功形象的回报，"绿色巨人"牌豌豆总能比其他品牌卖得贵一些。

5.3.2.2 模特儿的形象

万宝路广告中突出强壮、有血性、埋头工作的男子汉——不管是牛仔、渔民还是滑雪者或作家，他们都有一个共同的特征，那就是手背上都刻有纹身（借以让广告中的形象更粗犷剽悍）。这些人通过广告邀请烟客"到有这种味道的地方来"，即"万宝路故乡"（Marlboro Country）。

5.3.2.3 名人形象

用名人来推荐产品是非常流行的品牌形象策略。早在 20 世纪 20 年代，智威·汤普逊公司就事先在力士香皂的印刷品广告中插印影星照片，从而树立起"力士香皂，国

---

① 袁安府，等. 现代广告学导论 [M]. 杭州：浙江大学出版社，2007：230-231.

际影星所使用的香皂"这一形象（见图5-5）。

图5-5　力士香皂的明星广告

图片来源：时光网（http://group.mtime.com/liztaylor/discussion/1261652/）

5.3.2.4　拟人化的动物、卡通形象

可口可乐公司在中国上市的第一个专门为儿童消费群定做的"酷儿"饮料就是可口可乐公司首次运用卡通形象作为产品的代言人。

5.3.2.5　普通人的形象

名人广告的收视率比一般广告高，但其广告费非常昂贵，尤其在进入20世纪90年代以后，名人广告的可信度开始下降，于是有些企业开始聘请普通人做证人广告。法国有一则洗衣机的广告，选用了一位满脸皱纹的老农妇来做广告，她的笑容质朴真诚，很为消费者所理解，该广告将产品销售量提高了1/3。目前国内许多洗涤用品都是选用普通人来做广告的。

5.3.3　BI策略经典案例

5.3.3.1　可口可乐的BI策略

"我要让全世界唱出和声美妙的歌，我要为全世界买一瓶可口可乐，让可口可乐与你为伴，可口可乐才是真实的……"

这是1971年9月可口可乐公司在意大利的一个小山坡上聚集200多位来自世界各地不同种族的青少年拍摄的电视广告中唱出的歌。这个极其经典的可口可乐形象广告一经播放立即轰动社会，这一真情动人、气势如虹的形象战役的胜利，揭示了可口可乐神话成功的秘密所在（请欣赏视频5-4）。

可口可乐作为软饮料市场的巨无霸、享誉全球的超级名牌，是世界上销量最大的饮料，每天被150多个国家和地区的5.34亿人饮用。早在20世纪70年代，有人做过这样一个有趣的统计，把全部销售出去的可口可乐的瓶子直立排放，等于从地球到月球来回 115 次，或建成宽 7.5 米，绕地球赤道 15 圈的高速公路。

可口可乐名气之大，在美国可谓家喻户晓，在全球范围内也是知名度最高的。1990 年，美国一家形象咨询公司对美国、日本、西欧的 1 万名消费者进行调查，请消费者选出世界范围内最具知名度和影响力的十大名牌，结果可口可乐名列榜首。

可口可乐的标志已成为其通行全球的"金护照"，可以毫无阻挡地向全球每个角落渗透。对于可口可乐的爱好者来说，它不仅仅是一种软饮料，而是一种信仰，一种延续多年的生活方式。正如《可口可乐家族》一书的作者伊丽莎白·坎德勒·格雷厄姆在书中所说的那样，现在可口可乐已成为一种全球性产品，不必懂英文，只要一提可口可乐，人家就懂得你的意思。在中东的河滩上，在阿根廷的大草原上，在波利尼西亚的丛林中……只要一说"可口可乐"，人们就知道你要什么。

可口可乐发展到今天这样一个兼营多种行业的实力雄厚的商业帝国，凭借的是仅是产品的独特口味吗？不是，因为实际上可口可乐的主要成分是糖水，有许多国家的人还喝不惯其辛辣味。可口可乐之所以能风靡全球，一个无可争辩的事实是其卓越而成功的品牌形象战略。可口可乐那独特的红白二色的标志（见图 5-6），历经百年，基本上没有变过，人们只要看到该标志，就会很快地辨认出这是可口可乐。可口可乐在全世界的招牌都一样，在全世界展示相同的品拍形象，开创了品牌形象模式化的先河。

图 5-6　可口可乐标志

图片来源：昵图网

5.3.3.2　李奥·贝纳的万宝路香烟广告

1924 年，美国菲利普·莫里斯公司生产了一种名为"万宝路"的香烟，专供女士享用，广告口号也尽显女性味道，即"像五月的天气一样柔和"。然而产品投放市场后，销售业绩始终不佳，被迫退出市场。二战后，美国经济有了新的发展，烟草消费量激增，过滤嘴香烟问世。菲利普·莫里斯公司对"万宝路"香烟情有独钟，为"万宝路"香烟配上过滤嘴，再次投放市场，但是依然未能打开销路，于是该公司求助于李奥·贝纳。

　　当时的美国市场，竞争激烈而残酷，新产品投放市场，成功率往往只有 3%～5%，更何况要使一个倒了的牌子东山再起，再创辉煌，简直比下台总统重返白宫还难。李奥·贝纳勇敢地接受了这一挑战。经过精心策划，李奥·贝纳决定为"万宝路"香烟做"变性手术"：把"万宝路"香烟定位为一个具有男子气概的全新形象，选用最具美国风格的西部牛仔充当其广告形象。1954 年，全新的"万宝路"香烟广告正式推出，粗犷、剽悍、豪爽的牛仔形象在不同的广告画面上以不同的姿态出现，或在旷野的驰骋中追捕牛犊，或在夕阳的余晖里挽缰沉思，或在落日的傍晚后悠闲晚饮……尤其是其电视广告语——"人马纵横，尽情奔放，这里是万宝路的世界！欢迎您加入万宝路的世界！"激荡人心的旋律、牛仔与万马奔腾的画面征服了无数美国人的心，大家纷纷加入万宝路的世界。短短一年间，"万宝路"香烟的销量整整提高了 3 倍，一跃成为全美十大畅销香烟之一。如今，"万宝路"香烟已成为世界最著名、销量最大的香烟品牌，其品牌价值已成为公司的一笔巨大资产。1995 年，"万宝路"香烟品牌价值升至446 亿美元，重新战胜可口可乐而夺回全球十大驰名商标标王的桂冠（见图 5-7）。

图 5-7　万宝路的广告（请欣赏视频 5-5）

图片来源：百度图片

5.4　广告的定位（ Positioning ）策略的评价及其应用

5.4.1　广告的定位策略的定义及要点

5.4.1.1　广告的定位策略的定义

　　美国著名营销学者科特勒认为定位是勾画企业的形象和所提供价值的行为，需要向顾客说明本企业的产品与现有竞争者和潜在竞争者的产品有什么区别。

大卫·奥格威在 1980 年年底出版的《奥格威谈广告》中也曾提出产品的定位问题，定位是行销专家的热门话题，但对于这个名词的定义却没有一个定论，奥格威的定义则是"这个产品要做什么，是给谁用的"。

里斯和特劳特对定位的定义是：定位始于产品，可以是一件商品、一项服务、一家公司、一个机构、甚至于一个人，也许就是你自己。但定位并不是要你对产品做什么事，定位是你对未来的潜在顾客的心智所下的功夫，也就是把产品定位在你未来顾客的心中。

5.4.1.2 广告的定位策略的要点

广告的定位策略的基本要点可概括如下：

第一，广告的目标是使某一品牌、公司或产品在消费者心目中获得一个据点，占有一席之地。定位就是要为品牌在消费者的心目中寻找一个有利的位置，使消费者一旦产生某种需要的时候，首先想到的就是已经在其心目中占有特定位置的某个品牌，从而达到理想的传播效果和目标。

第二，广告应将火力集中在一个狭窄的目标上，在消费者的心智上下功夫，是要创造出一个心理的位置。广告在传播的过程中要想不被其他的声音淹没，就必须集中力量于一点，换句话就是要做出某些"牺牲"，放弃某些利益和市场。例如，沃尔沃定位于安全、耐用，就放弃了对速度、外观等利益的诉求。

第三，应该运用广告创造出独有的位量，特别是"第一说法""第一事件""第一位置"。因为只有创造第一，才能在消费者心中造成难以忘怀的、不易混淆的优势效果。从心理学的角度，人们易于记住位于第一的事物。例如，人们往往可以不假思索地回答出世界第一高峰的名字——珠穆朗玛峰。可是第二高峰、第三高峰的名字又有多少人知道呢？事实证明，最先进入人脑的品牌平均比第二次进入人脑的品牌在长期的市场占有率方面要高出一倍。如果市场上已有一种强有力的头号品牌，创造第一的方法就是找出公司品牌在其他方面可以成为"第一"的优势，在消费者头脑中探求一个还未被他人占领的空白领域。

第四，广告表现出的差异性，并不是指产品的具体的特殊的功能利益，而是要凸显品牌之间的类的区别。例如，七喜汽水就称自己的产品为"非可乐"，当人们需要非可乐饮料时就会首先想到七喜汽水。

第五，这样的定位一旦建立，无论何时何地，只要消费者产生相关需求，就会自动地先想到广告中的这种品牌、这家公司或产品，达到先入为主的效果。

里斯和特劳特认为定位是在我们传播信息过多的社会中，认真处理怎样使他人听到信息等种种问题的主要思考部分。[①] 广告的定位的基本原则并不是去塑造新而独特的东西，而是去操纵原已在人们心中的想法，打开联想之门，目的是要在顾客心目中占据有利的地位。定位的观念不仅适用于企业界，任何人都可以利用定位策略在生活的各种竞赛中领先对手。

---

① 傅根清，杨明. 广告学概论 [M]. 济南：山东大学出版社，2004：49.

5.4.2 广告定位的作用与意义

广告定位是广告策划的基础与前提，只有通过准确的广告定位才能提炼出明确的广告主题；只有明确了广告的主题，才能保证广告策划沿着正确的方向前进。就一般规律而言，投放产品，广告先行；策划广告，定位先行。[①] 例如，无糖可口可乐的定位是一种新的可口可乐饮料，它有可口可乐的味道，但是不含糖分；无糖可口可乐既是一种可口可乐，又是一种减肥可乐为消费者提供第三种选择。总结起来，广告定位的作用与意义如下：

第一，准确的广告定位是广告宣传的基准。企业的产品宣传要借助于广告这种形式，但"广告什么"和"向什么人广告"，则是广告决策的首位问题。在现实的广告活动中，不管企业有无定位意识，是否愿意，都必须给拟开展的广告活动进行定位。科学的广告定位对于企业广告战略的实施与实现无疑会带来积极有效的作用，而失误的广告定位必然给企业带来利益上的损失。

第二，准确的广告定位是确保广告有效传播的关键。就广告对目标受众发生作用的过程而言，注意力是受众接受和理解广告信息不可逾越的第一道障碍。由于广告信息所处的环境越来越杂乱，绝大多数的广告信息都是处在一种不断干扰之中。准确的广告定位，一方面，突出了广告的鲜明的诉求点；另一方面，确保了诉求的力度，从而确保了广告信息的有效传播。

第三，准确的广告定位是说服消费者的关键。广告作为一门说服性的艺术，能否打动消费者往往取决于对消费者需求的洞察与满足。消费者往往会用自己的钱包，给广告在某种程度上评分，这已经成为一个残酷的现实。广告定位就是一种攻心战略，探讨的是消费者为什么买该产品、消费者想知道什么、消费者在什么时间想听到和看到该广告。因此，一个广告能否起到促销的作用，关键就是有无准确的定位。

第四，准确的广告定位有利于商品识别。在现代营销市场中，生产和销售某类产品的企业很多，造成某类产品的品牌多种多样，广告主在广告定位中所突出的是自己品牌的与众不同，使消费者认牌选购。消费者购买行为产生之前，需要此类产品的信息，更需要不同品牌的同类产品信息。广告定位所提供给消费者的信息，其中很多为本品牌特有性质、功能，有利于实现商品识别。广告定位告诉消费者"本产品的有用性"，更告诉消费者"本品牌产品的与众不同个性"。

第五，准确的广告定位有利于进一步巩固产品和企业形象定位。现代社会中的企业组织在企业产品设计开发生产过程中，根据客观现实的需要，企业必然为自己的产品所针对的目标市场进行产品定位，以确定企业生产经营的方向，企业形象定位又是企业根据自身实际所开展的企业经营意识、企业行为表现和企业外观特征的综合，在客观上能够促进企业产品的销售。无论是产品定位还是企业形象定位，无疑都要借助于正确的广告定位来加以巩固和促进。

---

① 袁安府，等. 现代广告学导论 [M]. 杭州：浙江大学出版社，2007：215-216.

5.4.3 广告的定位策略经典案例

一句广告语可以明确地传达了品牌的定位，创造了一个市场，这句广告语居功至伟。百事可乐通过广告语传达"百事可乐，新一代的选择"，终于在与可口可乐的竞争中，找到了突破口。百事可乐从年轻人身上发现市场，将其定位于新生代的可乐，邀请新生代喜欢的超级明星作为其品牌代言人，终于赢得年轻人的青睐。

百事可乐先是准确定位，从年轻人身上发现市场，将其定位为新生代的可乐，并且选择合适的品牌代言人，邀请新生代喜欢的超级巨星作为其品牌代言人，把品牌人格化形象，通过新一代年轻人的偶像情节开始了文化的改造。围绕这一主题，百事可乐的合作伙伴天联广告公司（BBDO，下同）为百事可乐创作了许多极富想象力的电视广告，如"鲨鱼""太空船"等，这些广告针对二战后高峰期出生的美国青年，倡导"新鲜刺激，独树一帜"且和老一代划清界限的叛逆心理，提出"新一代"的消费品味及生活方式，结果使百事可乐的销售量扶摇直上。

1994 年，百事可乐投入 500 万美元聘请了流行乐坛巨星麦克尔·杰克逊拍摄广告片——此举被誉为有史以来最大手笔的广告运动。把最流行的音乐文化贯穿到企业和产品之中，也开始了百事可乐的音乐之旅（请欣赏视频 5-6）。

从此以后，百事可乐进入了销售的快车道，音乐体育双剑合璧，同时这一攻势集中而明确，都围绕着"新一代"而展开，从而使文化传播具有明确的指向性（见图 5-8）。

图 5-8 百事可乐广告海报

图片来源：昵图网

5.5 其他策略评价及其应用

5.5.1 整体形象（CI）创意策略

整体形象（CI，下同）策略以美国著名广告大师奥格威为代表，是指为确定企业宗旨规范企业行为，设计企业统一视觉识别系统而形成的对企业形象的总体设计。CI（Corporate Identity）理论，即企业识别或企业形象理论。

所谓 CI，是指企业为塑造良好的企业形象，将企业的经营理念、企业文化及社会使命感，通过视觉化、规范化和系统化，运用整体市场传播方式及视觉沟通技术加以整合性宣传，使社会公众对企业产生一致的认同感和价值观，以赢得公众的信赖，为企业的发展创造一个最佳的经营环境氛围。它强调塑造企业整体形象而不是某一品牌形象，这就要求广告服务于企业的战略理念、价值观、企业文化，与企业的整体形象保持一致。CI 理论包括三个基本要素，即理念识别系统（Mind Identity System，MIS）、行为识别系统（Behavior Identity System，BIS）和视觉识别系统（Visual Identity System，VIS），三者共同构成了一个企业 CI 的有机整体。

企业理念识别系统的主体是企业的经营理念，包括企业精神、企业宗旨、行为准则、经营方针等内容。企业的经营理念是企业在成长过程中演变形成的基本精神和具有独特个性的价值体系。成功的企业 CI 战略往往是通过对企业内部经营观念的重新认识和定位来指导企业的长期发展。

行为识别是指企业在经营理念的指导下，对企业内部的引导和管理活动以及企业外部的经营行为，包括公关和社会公益。企业行为识别系统的个性特征在于充分运用企业所能运用的各种媒体及传播手段，采用多种形式和方法，最大限度地赢得内部员工和社会大众的认同。同时，这种行为系统又要求企业必须长期坚持，注重策略。

视觉识别是指企业通过静态的识别符号传达企业的经营理念，强调企业的个性、主体性和共通性，以塑造独特的企业形象。企业视觉识别系统包括企业名称、品牌标识、专用印刷书体、标准字体与标准色、企业宣传标语口号及标志造型、图案等。[①]

CI 发源于欧洲，成长于美国，深化于日本。最早感知 CI 的是德国 AEG 电气公司，1907 年，德国 AEG 电气公司采用培特·贝汉斯设计的 AEG 三个字母形象的图案作为企业标志，并将企业识别符号应用于系列产品与产品包装、产品宣传以及办公用品上，形成整体形象识别，从而开创了企业实施统一视觉识别系统的先河。

早期成功导入 CI 的当属国际商业机器公司（IBM，下同），这家已有百余年经营历史的公司，导入 CI 理论，把既长又难以记忆的公司全称 "International Business Machines" 缩写成 "IBM"，设计成 8 条条纹的具有个性的标准字体，选用象征高科技的蓝色为公司的标准色。通过整体设计，塑造一个全新的 IBM 企业形象，成为美国公众

① 韩顺平. 现代广告学 [M]. 成都：电子科技大学出版社，1998：124-125.

信任的"蓝色巨人",在美国计算机行业中占据霸主地位。此后可口可乐公司将 CI 理念推向高潮（见图 5-9）。

图 5-9　IBM 的蓝色标志

图片来源：百度图片

20 世纪 60 年代日本人引进 CI，日本在引进欧美的 CI 时，并非完全照搬，而是将民族理念与民族文化融入其中，对 CI 进行了结构上的革命与完善，形成日本式的 CI 体系。与"欧美型 CI"相比，"日本型 CI"的风格侧重于改革企业理念与经营方针。整个 CI 策划是以企业理念为核心开发的，在注重视觉美感的同时，从整体的经营思想、价值取向、企业道德入手来规范员工行为，带动生产、创造利润，并创造了很多的全球品牌，如索尼（SONY）。到 20 世纪 70 年代，CI 作为一种企业系统形象战略被广泛运用到企业的经营发展中。

5.5.2　品牌个性论（Brand Character）

20 世纪 50 年代，对品牌内涵的进一步挖掘，美国精信（Grey）广告公司提出了"品牌性格哲学"，日本小林太三郎教授提出了"企业性格论"，从而形成了广告创意策略中的另一种后起的、充满生命力的新策略流派——品牌个性论（Brand Character）。该理论用公式表达就是：品牌个性＝产品＋定位＋个性。该策略理论在回答广告"说什么"的问题时，认为广告不只是"说利益""说形象"，更重要的是"说个性"。由品牌个性来促进品牌形象的塑造，通过品牌个性吸引特定人群。这一理论强调品牌个性，品牌应该人格化，以期给人留下深刻的印象；品牌应该寻找和选择能代表品牌个性的象征物，使用核心图案和特殊文字造型表现品牌的特殊个性。

品牌个性理论的基本思想如下：

第一，在与消费者的沟通中，从标志到形象再到个性，个性是最高的层面。品牌个性比品牌形象更深入一层，形象只是形成认同，但个性可以造成崇拜，品牌个性是品牌形象的内核。例如，德芙巧克力的广告语"牛奶香浓，丝般感受"，品牌个性在于那个"丝般感受"的心理体验，能够把巧克力细腻滑润的感觉用丝绸来形容，意境够高远，想象够丰富，充分利用联觉感受，把语言的力量发挥到了极致。

第二，品牌个性就像人的个性一样，因此为了实现更好的传播沟通效果，应该将品牌人格化。

第三，塑造的品牌个性应具有独具一格、令人心动、经久不衰的特性，其关键在于用什么核心图案或主题文案来表现的问题。

第四，寻找选择能准确代表品牌个性的象征物往往很重要。① 例如，米其林使用100多年的轮胎人形象——"必比登"（Bibendum）。

江波在其《广告心理新论》中认为品牌个性是特定品牌使用者个性的类化，是其关系利益人心中的情感利益附加值和特定的生活价值观的体现。因此，个性化的品牌容易引起消费者的注意，易被消费者认同，同时可以提高品牌忠诚度，使得消费者对同一品牌的不同信息保持识别的一致性，有利于消费者对其延伸产品的认同。②

5.5.3　共鸣论策略

1998年，《泰坦尼克号》成为全世界人们讨论的热门话题，创造了人类电影史上的新纪元。在当年的奥斯卡金像奖颁奖晚会上，该片获得了包括最佳影片在内的共11项奥斯卡金像奖。同时该片也创造了人类营销史上的奇迹，上映3个月就赢得了12亿美元的票房收入。究其原因，在于《泰坦尼克号》正迎合了人们的怀旧情结，引起了专家与观众的共鸣。这种以怀旧等方式，挖掘人的情感，创造了广告策划、创意策略的重要理论——共鸣论。

共鸣论（Resonance）主张在广告中述说目标对象珍贵的、难以忘怀的生活经历、人生体验，以唤起并激发人们内心深处的回忆，同时赋予品牌特定的内涵和象征意义，建立目标对象的移情联想。

通过广告与生活经历的共鸣作用而产生效果和震撼，其基本观点如下：③

第一，该策略最适合大众化的产品或服务，在拟订广告主题内容前，必须深入理解和掌握目标消费者。

第二，应经常选择目标消费者所盛行的生活方式加以模仿。

第三，关键是要构造一种能与目标对象所珍藏的经历相匹配的氛围或环境，使之能与目标对象真实的或想象的经历连接起来。

第四，广告侧重的主题内容是爱情、童年回忆、亲情等。

每个民族都有其文化背景，在广告中表现这种传统的文化也能引起消费者的共鸣。养生堂"父子"系列广告，表现的是中国传统伦理中的孝道，具有深层的文化背景。广告中有一句话更是震撼人心："几乎所有的父亲都知道儿子的生日，又有几个儿子知道父亲的生日。"

2001年，雕牌洗衣粉的"妈妈，我能为您干活了"，以及公益广告"妈妈我也给您洗脚"；飘柔人参洗发露"帮女儿梳头"；中国移动所做的一系列有关亲情的广告都能很好地引起消费者的共鸣，打动消费者。在中国移动的电视形象广告"母女篇"中，女儿给母亲打电话没人接时焦急的神情，电话接通时说的那句"不是离不开手机，而是我离不开你"，以及短片结束时的字幕"手机接通的不仅是牵挂"，都深深地打动着人们，令人情感上产生共鸣。

---

① 陈乙. 广告策划 [M]. 成都：西南财经大学出版社，2002：159.
② 江波. 广告心理新论 [M]. 广州：暨南大学出版社，2002：25.
③ 江波. 广告心理新论 [M]. 广州：暨南大学出版社，2002：25.

泰国人寿保险的广告无论是"父子篇""丘爷爷篇",还是"女儿篇"等都是以普通人的生活情节来体现人的情感或人生的哲理。其中有一个电视广告讲述了一个孕妇为了即将离世的丈夫提前生孩子的故事。广告是以一个医生的旁白叙述整件事:她拜托我一定要在那时间之前替她接生。我问她原因,她只说时间所剩不多了。产后才两个小时,她跟宝宝就离开病房。而他,随时将会因脑癌过世。他正在不认输地硬撑着,其实他离死期不远了。有时候,我们不禁自问我们为何生于今世,而今世我们又该做些什么。宝宝终于及时地躺在爸爸的怀里。孩子稚嫩的小手放在昏迷不醒的爸爸的手中,爸爸仿佛感觉到这幸福的一刻,紧闭的双眼流出泪水。医生看到这一幕发出感慨:"也许我们真正该问的是,为什么我们会在这里。"最后,爸爸在之前的录像中说道:"孩子!爸爸拜托你好好照顾妈妈喔!一定要好爱好爱她。还要记得,我也爱你!爸爸真的好爱你!照顾好妈妈!"这些富有情感的广告让观看到的人为之动容,产生情感共鸣,感人至深,让人感触到人世的温暖(请欣赏视频 5-7)。

5.5.4 ROI 创意策略

ROI 是一种广告创意指南,是广告大师威廉·伯恩巴克创立的恒美国际广告有限公司(DDB,下同)制定出的关于广告策略的一套独特的概念主张,其基本要点如下:

第一,好的广告应当具备三个基本特质,即关联性(Relevance)、原创性(Originality)、震撼性(Impact)。

第二,广告与商品没有关联性,就失去了广告存在的意义;广告没有原创性,就缺乏吸引力和生命力;广告没有震撼性,就无法给消费者留下深刻、持久的印象。

第三,一个广告若要单独具备这三个特征之一并不难,关键是同时实现这三个特征,达到"关联性""原创性"和"震撼性"的结合却是一个很高的要求。

第四,达到 ROI 必须解决的基本问题包括:广告的目的是什么,即为什么要制作广告;广告做给谁看,即广告的受众是谁;广告可以带来多大利益,即有何竞争利益点可以做广告承诺;品牌有何特别个性;选择什么媒体是合适的;受众的突破口在哪里。

例如,凯迪拉克曾做过的广告,一架战斗机在沙漠中发现了不明物体在超速前进,引来滚滚沙尘。拉近镜头,观众可以看到原来是三辆凯迪拉克的汽车,但是由于沙尘太大,战斗机上的飞行员只好离去,并向总部报告"还是看不到"。这时凯迪拉克的广告语响起"凯迪拉克,敢为天下先"(请欣赏视频 5-8)。这个广告一方面很好地体现了 ROI 策略,另一方面高调建立起与市场上其他品牌完全不同的开创性的高端品牌形象,给消费者提供和其他品牌截然不同的消费感受。

又如,同是润喉片广告,草珊瑚含片请歌星代言,而金嗓子喉宝则是利用球星罗纳尔多、卡卡,撇开原创性和冲击力不谈,后者在关联性上就明显出了大问题,如果改为球星进球后向呐喊助威的球迷表示感谢奉上金嗓子喉宝,似乎效果会更好。

本章小结

本章主要阐述了广告表现的概念、广告表现策划的主要过程、广告表现与广告主题的关系、广告表现与广告创意的关系，以及主要的广告表现策略。

广告表现是将广告主题、创意概念或意图，用语言文字、图形等信息传递形式表达出来的过程。广告表现就是借助各种表现手段、表现形式、表现符号将广告创意转化成广告作品的过程，是广告创意的物化过程。

广告表现策划的主要过程有：第一步，进行营销分析。第二步，确定广告概念。第三步，选择并确定广告主题。第四，通过创意形成原稿或图像，开始具体的广告设计、编制工作。

广告表现策略主要包括：USP（独特的销售主张）策略、BI（品牌形象）策略、Positioning（品牌定位）策略、CI（整体形象）策略、Brand Character（品牌个性）策略、Resonance（共鸣）策略及 ROI 策略。

思考题

1. 什么是广告的主题？什么是广告的创意概念？什么是广告表现？它们彼此之间有些什么联系？

2. 试述广告表现策划的主要程序。

3. 广告表现有哪些策略？它们的主要内容分别是什么？

4. 试分析一个广告案例，说明运用了哪些表现手法？有何成功之处，又有何失败之处？

参考文献

[1] 陈乙. 广告策划 [M]. 成都：西南财经大学出社，2002：122，150-155，159.

[2] 覃彦玲. 广告学 [M]. 成都：西南财经大学出版社，2009：28.

[3] 袁安府，等. 现代广告学导论 [M]. 杭州：浙江大学出版社，2007：208，215-216，230-231.

[4] 傅根清，杨明. 广告学概论 [M]. 济南：山东大学出版社，2004：47.

[5] 韩顺平. 现代广告学 [M]. 成都：电子科技大学出版社，1998：124-125.

[6] 江波. 广告心理新论 [M]. 广州：暨南大学出版社，2002：25，365-371.

[7] 艾进. 广告学 [M]. 成都：西南财经大学出版社，2012：93-111.

6 广告的营销管理

开篇案例

2008 年 8 月 21 日，在搜狐论坛里出现了一个爱情故事："漂亮学姐竟是恋熊女孩，我来冒死揭她老底"。发出这个帖子的"网友"则是这位女孩的"学弟"，他将"学姐"私人博客上的文章偷偷转发到了网上，让网友评价这个恋熊女孩的爱情。随后，在网上又出现了所谓的自拍帖："三十五中校花拍酷熊真人照片"。把原帖中抽象的文字转变为具体的形象：一个美丽的女孩和一位不离不弃的小熊。接着联想公司出击，宣称以"Idea pad S9/S10"冠名赞助，出资 1 000 万元人民币，把整个故事拍成短片，并且聘请林俊杰演唱主题歌《爱在线》，宣布酷库熊成为联想公司新系列笔记本电脑卡通形象代言（见图 6-1）。

图 6-1　联想爱在线广告海报（请欣赏视频 6-1）

图片来源：notebook.pconline.com.cn

该营销的创意之处在于使用了网络新的视频展现形式——静态电影，拥有唯美感人的爱情故事，通过柔美的音乐拨动网友内心的情感世界的神经。通过三部曲情感故事，引导网友一步一步探讨人与人之间的真正距离是什么？

第一部曲：以第三者视角，聚焦爱情故事，引导网友关注讨论爱情观。

第二部曲：以故事女主角的视角，深入女孩纠结的情感世界，距离会不会毁灭人与人之间的情感？

第三部曲：以酷库熊的视角关注女主角，揭示人与人之间真正的距离是心与心的距离。

《爱在线》上线 12 天，点击率即达到 478 万次，留言 10 180 条。其中，猫扑网单帖最高点击达到 961 655 次，留言 914 条；校内网点击达 4 058 337 次，被分享 46 万多次，通过新鲜事传达 22 081 488 次……深入人心地感动着众多网友，更为后续联想广告宣传做出重大贡献。

联想 S10 校内网"酷库树洞"应用程序（APP，下同）如图 6-2 所示：

图 6-2　爱·在线二维码登录

图片来源：jiangsu.pconline.com.cn

为了配合联想 S10 新品笔记本电脑上市和"酷库熊"玩偶的炒作，校内网开发了"酷库树洞"APP 进入植入。校内网用户以匿名"小熊"的身份，通过"树洞"将心里话传递给好友，让彼此的心更贴近、彼此联系更紧密。

"酷库树洞"以 APP 形式出现，依据校内网特有的社区人际关系，进行病毒式营销传播。其目的在于让更多的人知道联想 S10 不仅仅是台笔记本电脑，更是人们生活工作中随时随地、无所不在的沟通工具，是一个穿梭于人群中传递感情、在线沟通的介质。"酷库树洞"上线仅 20 天，即在无广告情况下达到 40 万次的安装量，每日活跃用户高达 7 万人（见图 6-3）。

图 6-3　爱·在线网络宣传页面

图片来源：百度图片

从联想 Idea pad S9/S10 的营销案例中，不难看出联想公司采用了多种营销策略，而最主要的就是网络营销。联想公司将目标人群定义为追求浪漫爱情和时尚生活的年轻一代，也正因如此联想公司将营销渠道由传统的杂志、电视转移到了年轻人更为热衷的网络。

为了引起网友的好奇之心，联想公司的营销策略的第一步是通过论坛中发表的帖子聚焦爱情故事，引导网友关注讨论爱情观。第二步则是推出自拍帖，使让文字具象化。由于网络传播的便利性、迅速性、无时空的限制使得帖子在短时间内就被疯狂转载，恋熊女孩的爱情故事被无数的少男少女们所知晓，而这也为微电影《爱在线》的上映做了良好的铺垫。第三步《爱在线》的上映不仅解开了网友对于恋熊女孩爱情故事的疑惑，也让感人的爱情故事深入人心，更是借此机会将联想 Idea pad S9/S10 与感人爱情结合在一起，使消费者不仅不容易对其产生反感，反而乐意去重复观赏此类广告，甚至愿意去转载、去传播。

该次营销策略在于以静态电影三部曲为联想公司新品上市制造噱头，通过细腻的表现手法，聚焦情感纠结，使网友关注这个爱情故事，进而深深地爱上《爱在线》、为爱守候的酷库熊，也使网友们在不知不觉中就对联想 Idea pad S9/S10 增加了好感。当联想 Idea pad S9/S10 正式上市时，销售供不应求，销售量增长了 130%。

广告营销不是一个短期的行为，而是一个整合营销传播的系统工程，不仅仅是针对一个品牌、一个产品的销售，更重要的是去建立一个品牌形象，创造品牌价值。

最后出现的 APP 则很好地做到了这一点，"酷库树洞"的创意来源于联想 S10 "随时上网、持续在线"的独特功能，将玩偶小熊打造成人与人心灵沟通的使者，从而打破现代都市生活中人们对于心里话难以启齿的现象，满足他们心灵诉说的强烈欲望，达到人与人之间情感交流的"爱在线"。"爱在线"理念植入人心，使得联想不仅仅是一个普通的电脑品牌，而是"爱在线"这一理念的代表者、实践者，这一切都为联想公司之后的营销打下了坚实的基础。

本章提要

广告活动和市场营销都是商品经济发展到了一定程度的产物。作为一门学科，广告学的建立，也是市场经济孕育的结果。市场营销学是在 19 世纪末 20 世纪初，资本主义经济迅速发展时期创建的，广告学亦在这一时期兴起。从一开始，这两门学科就紧密地结合在一起，相互影响，密不可分。广告不仅是企业营销活动的重要组成部分，而且是实现市场营销战略目标的重要手段。研究广告学，需要从市场营销的角度去审视、深入；研究市场营销学，又必须考虑广告的原理和运用方式。

因此，学好广告学，有必要先对市场营销学方面的知识进行了解。本章将依次从营销的相关概念、广告与营销的关系、广告与营销战略以及整合营销传播这四个部分来学习广告与营销的相关知识。

6.1　营销概述

任何一位广告主都面临着这样一个永恒的挑战：如何通过媒介将自己的产品、服务及观念有效地传递给买方。要做到这点，他们必须首先理解市场与产品之间的重要关系，而理解这种关系恰好是市场营销的分内之事。

然而营销的作用往往被人们误解，甚至是忽略。比如大家都知道，没有适度的资金支撑，一家企业很难存活；没有生产，就没有产品可买卖。但企业如何才能知道应该生产什么样的产品和服务？或通过什么渠道销售？向谁出售？这就是营销的事了。因此，本节将对营销的观念和相关概念进行描述，明确当今营销活动的真正含义。

6.1.1　营销观念的演变

营销观念又称为营销哲学或营销理念，是企业市场营销的思维方式和行为准则的高度概括。从西方企业市场营销活动的发展历史来看，主要出现五种有代表性的营销观念（见表6-1）。

表 6-1　　　　　　　　　　　营销观念

生产观念 时间：19世纪末20世纪初。 背景条件：卖方市场，市场需求旺盛，供应不足。 核心思想：生产中心论，重视产量与生产效率。 主要观点：应当集中提高生产效率和扩大分销范围，增加产量，降低成本。 营销顺序：企业→市场。 典型口号：我们生产什么，就卖什么。 典型代表：可口可乐、福特汽车。 **营销观念** 时间：20世纪50年代。 背景条件：买方市场，发现需求并满足需求。 核心思想：消费者主权论，以消费者为中心。 主要观点：实现企业目标关键在于正确确定目标市场的需要和欲望，且比竞争对手更有效地传送目标市场所期望的东西。 营销顺序：市场→企业→产品→市场。 典型口号：顾客需要什么，我们就生产、供应什么。 典型代表：通用公司战胜福特公司。	**产品观念** 时间：19世纪末20世纪初。 背景条件：消费者欢迎高质量的产品。 核心思想：致力于品质提高。 主要观点：企业管理需要致力于生产优质产品，并不断精益求精。 营销顺序：企业→市场。 典型口号：质量比需求更重要。 典型代表：李维斯等。 **社会营销观念** 时间：20世纪70年代。 背景条件：社会问题突出，消费者权益运动的蓬勃兴起。 核心思想：企业营销＝顾客需求＋社会利益＋盈利目标。 主要观点：企业的任务是确定诸目标市场的需要、欲望和利益，并以保护或者提高消费者和社会福利的方式，比竞争者更有效、更有利地向目标市场提供所期待的满足。 营销顺序：市场及社会利益需求→企业→产品→市场。	**推销观念** 时间：20世纪30、40年代。 背景条件：卖方市场向买方市场过渡阶段，致使部分产品供过于求。 核心思想：运用推销与促销来刺激需求的产生。 主要观点：消费者通常不会大量购买某一组织的产品，因而企业必须积极推销和进行促销。 营销顺序：企业→市场。 典型口号：我们卖什么，人们就买什么。 **小结** 前三种观念的不足都是忽视了市场需求，而营销观念则是弥补了这个不足的革命性的企业经营哲学。 社会营销观念是营销观念的补充和修正。社会营销观念要求企业要权衡企业利润、消费者需要和社会利益这三个方面的利益（见图6-4）。

表格来源：作者根据资料整理所得

图6-4 社会营销观念图示

图片来源：作者根据资料整理所得

6.1.2 营销的概念

"营销"一词译自英语"Marketing"，这一英语学名最早出现在1902年《密执安大学学报》。1907年，宾夕法尼亚大学开设了市场营销课程。迄今为止，对"Marketing"的定义表述多种多样，有人译成市场行销或市场销售，更多使用的是营销。那么到底什么是营销？

6.1.2.1 传统的营销

1922年，美国学者费雷德·克拉克在《营销原理》一书中把营销功能归纳为三大功能：交换功能、实体分配功能和辅助功能。二战后，营销概念发生质的变化。由于买方市场的出现，企业的一切经济活动必须以顾客为中心，以满足顾客需求为前提。市场营销必须突破流通领域，形成新的概念，于是第一次出现了营销概念。

1960年，麦卡锡提出"4Ps"，强调企业营销主要包括产品、价格、渠道、促销这四个方面策略和手段。1960年，美国市场营销协会定义委员会给市场营销下了定义：市场营销是引导货物和劳动从生产者流转到消费者或用户所进行的一切企业活动。在这个定义中表现出以下两个重要思想：

第一，营销是从生产者流转到消费者或用户的活动。在这个活动中，必须清楚地意识到消费者的存在，依据消费者的需求、欲望来考虑销售和流通。这就是现在经常说的以消费者为中心的思想。

第二，市场营销活动过程，不是单向的，是一个综合系统（见图6-5）。

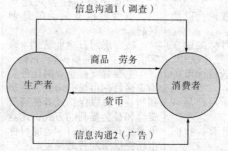

图6-5 传统的市场营销过程

图片来源：作者根据资料整理所得

随着时间的推移，这个定义越来越难概括和表述现代市场营销是整个过程。首先，市场营销活动的主体不只是局限于生产者和消费者，已经扩展到了非营利的社会组织或个人。其次，产品这个概念也不只是货物和劳务，思想、主义和计策也进入这个范围。

6.1.2.2 真实的营销

1988 年，美国市场营销协会重新给营销下了定义：营销是个人和组织对思想（或主义、计策）、货物和劳务的构想、定价、促销和分销的计划和执行过程，通过这种过程来实现满足个人和组织目标的交换活动。[①]

1989 年，菲利普·科特勒又提出了著名的"大市场营销"概念，在"4P"的基础上创造性地加上政治及公关，即所谓的"6P"。

1995 年，美国营销协会又一次修正了营销的定义：营销是指对观念、商品及服务进行策划并实施设计、定价、分销和促销的过程，其目的是引起交易，从而满足个人或组织认知的需求、欲望和目标。[②] 菲利普·科特勒在《营销管理》中指出：营销是一个包括分析、计划、执行、控制的战略管理过程，强调了营销咨询系统在营销管理中的重要性。[③]

总体来说，随着经济的发展和社会的进步，市场营销的三个基本要素发生了转变。第一，关心消费者。企业以消费者的利益为主要目的，必须采取积极的方法谋求消费者的利益，消费者应为一切营销决策的中心。第二，整体行动。整个企业应视为一个整体，所有资源应统一使用，才能更有效地满足消费者。第三，利润报酬。企业不应以利润为一目标，利润应视为企业服务消费者使消费者满足的一种剩余报酬。

虽然在这一时期消费者的利益得到了重视，但是此时的市场营销观念也有其局限性，主要概括为三个方面：第一，市场营销观念强调消费者导向，无法消除非消费者的职责和攻击。第二，市场营销观念强调观念和长期规划，只重视技术的发展趋势、产品改良和消费者偏好的改变，忽视了在人们的价值观念和优先顺序快速变化的世界中可能发生的"文化的废退"。第三，市场营销观念追求并满足自私的利益，这可能是其最根本的弱点。许多迹象表明，人们对于企业以自我为中心无休止地追求市场地位和利润所造成的种种"副产品"感到厌恶与不能容忍。

因此，市场营销观念由于其自身具有的重大缺陷以至于不足以指导企业去适应企业环境的新变化。在这种重视人类需要与价值的新环境中，企业期待更新的符合时代要求的营销观念。

2004 年 8 月，美国市场营销协会对市场营销重新给出了一个全新的定义：营销既是一种组织职能，也是为了组织自身及利益相关者的利益而创造、沟通、传递客户价值、管理客户关系的一系列过程。道森的人类观念（Human Cocept）是迄今为止最为

① Peter D. Bennett. Dictionary of Marketing Term [M]. Chicago：American Marketing Assoction, 1988：115.

② Peter D. Bennett. Dictionary of Marketing Terms [M]. 2nd edition. New York：American Marketing Association, 1995.

③ 菲利普·科特勒. 营销管理 [M]. 11 版. 梅清豪，译. 上海：上海人民出版社，2003.

先进的营销观念,克服了市场营销观念的主要缺陷。在人类观念的引导下,企业的注意力将集中于人类需要的实现。

6.1.3 营销的概念体系

根据美国营销学者菲利普·科特勒的定义①,营销是指个人和集体通过创造并同别人交换产品和价值以获得其所需所欲之物的一种社会过程。这一定义包含了一些营销学的核心概念:需要、欲望、需求、市场、价值、产品、交换、营销者。

6.1.3.1 需要、欲望和需求

人类的各种需要和欲望是市场营销的出发点。需要、欲望和需求的定义如表6-2所示:

表6-2 需要、欲望和需求定义

需要是市场营销活动的起点,是指没有得到某些基本满足物的感受状态。根据马斯洛的需求理论,人的需要包括生理、安全、社交、自尊和自我实现5个方面的需要。需要存在于人的生理过程中,是人类与生俱来的。企业可用不同方式去满足需要,但不能凭空捏造。	欲望是指人们在获取上述基本需要时的愿望。一种基本的需要可以用不同的具体满足物来满足,比如为满足"解渴"的生理需要,人们可能选择白开水、茶、果汁、可乐等多种产品形式。企业无法创造需要,但可以不断地通过广告、营销、公关等手段影响和激发顾客的欲望,并开发特定的产品和服务来满足这些欲望。	需求是指对具有支付能力购买并且愿意购买的某个具体产品的欲望,即对某特定产品及服务的市场需求。仅仅激发顾客的欲望是不够的,还要考虑顾客是否有能力购买企业的产品。只有当顾客有能力购买企业的产品时,欲望才可转化为需求。企业可通过各种营销手段来影响需求,并根据对市场需求的调研,决定是否进入某一产品或服务市场。

表格来源:作者根据相关资料整理所得

6.1.3.2 市场

营销学中的市场是指广义的市场,即一种产品的实际或潜在的购买者市场。市场的大小取决于人口、购买力和购买欲望三个要素,这三个要素互相制约,缺一不可。因此,市场不仅是区域,而且包括了一群买者与卖者。正如马歇尔所说,一个完全的市场就是一个大的或小的区域,在这区域里有许多买者和卖者都是如此密切注意和如此熟悉彼此的情况,以致一样产品的价格在这个区域中实际上总是相同的。②

6.1.3.3 价值

这里的价值是指营销中的价值,即顾客对产品满足各种需要的能力评估,而不是指产品本身价值的大小。简而言之就是顾客最喜欢的产品价值最大,反之价值最小。

顾客让渡价值是指总顾客价值与总顾客成本之差。总顾客价值就是顾客从某一特定产品或服务中获得的一系列利益;总顾客成本是在评估、获得和使用该产品或服务时引起的顾客的投入成本(金钱和时间、精力等)。

---

① 菲利普·科特勒. 营销管理 [M]. 11版. 梅清豪,译. 上海:上海人民出版社,2003.

② 马歇尔. 经济学原理:上卷 [M]. 朱志泰,译. 北京:商务印书馆,2005:131-132.

顾客让渡总价值的构成为营销提供了两种创造顾客让渡价值的基本思路：第一，提高总顾客价值，从提高产品价值、人员价值、形象价值和服务价值着手；第二，降低总顾客成本，除了通常的降低货币成本外，还可以通过降低顾客的时间成本、体力成本和精力成本等手段来实现。

顾客满意是指顾客通过对一种产品或服务的可感知的效果（或结果）与他的期望值相比较后，所形成的愉悦的感觉状态。

6.1.3.4　产品

产品是指任何能用以满足人类某种需要或欲望的东西。产品概念包括三个层次，如表 6-3 所示：

表 6-3　　　　　　　　　　　　**产品概念的层次**

第一，产品概念的核心层。核心产品，即消费者所追求的利益。人们购买产品不是为了获得产品本身，而是这种产品能满足某种需要，如电视机带来娱乐，洗衣机带来省力，汽车带来方便等。	第二，产品利益的载体。有形产品主要表现在品质、特色、式样、品牌、包装五个方面，如电视机的画面和音质的好坏、款式的新颖与否、品牌的知名度如何。	第三，附加产品。这是指顾客购买产品时所得到的附带服务或利益，包括售后服务、安装维修、保证与承诺等。随着人们生活水平的提高，市场上的产品越来越丰富，产品同质化现象也越来越严重，消费者开始越来越重视附加服务。

表格来源：作者根据相关资料整理所得

6.1.3.5　交换

交换是指提供某种东西作为回报，获得需要的产品的方式。为了实现交换，必须有两个或两个以上的参与者，交换双方各自拥有对于对方有价值的东西，有交换的能力和意愿，并有彼此为了实现交换而进行沟通的渠道。在市场营销学中，交换是一个过程而不是一个事件。

6.1.3.6　营销者

营销者通常是指那些希望从他人处得到资源并愿意以某种有价物作为交换的人。营销者既可以是买者，也可以是卖者，如果买卖双方都在积极寻求交换，那么双方都称为营销者。

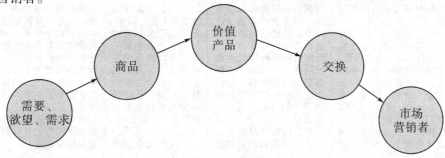

图 6-6　市场营销的过程

图片来源：作者根据资料整理所得

6.1.4 营销体系

6.1.4.1 宏观环境

市场营销宏观环境分析主要包括以下因素：人口环境、政治法律环境、经济环境、社会文化环境和自然环境、技术环境等（见表6-4）。

表6-4　　　　　　　　　　　　　宏观环境分析

第一，人口环境分析。这主要是对人口数量与增长速度、人口地理分布及地区间流动和人口结构进行分析，它们对市场产生深刻的影响，企业应密切关注人口环境的发展动向，捉住市场机会，调整市场营销策略。	第二，政治法律环境分析。对于企业而言，主要包括三个层面：政府有关的经济方针政策、政府颁布的各项经济法令、法规和群众团体。这样，企业充分地了解政治法律关系，使企业的营销活动更加顺畅。	第三，经济环境分析。这主要是对居民的收入及储蓄和信贷等进行环境分析。企业需要对经济环境变化予以观察，做出正确的分析和预见，以制定正确的市场营销策略。	第四，社会文化环境和自然环境分析。前者主要分析的内容有风俗习惯、宗教信仰、价值观念、教育程度和职业；后者分析的内容主要是自然资源变化的影响。	第五，技术环境分析。人类社会的进步，归根到底是因为技术的进步。随着新技术的不断出现，不断形成新的消费领域。新技术在传统行业的应用，不断创造出更多的营销机会。盲目追求新技术，使企业营销风险增加。

表格来源：作者根据相关资料整理所得

6.1.4.2 微观环境

市场营销微观环境是直接制约和影响企业营销活动的力量和因素。企业必须对微观环境进行分析。微观环境包括供应商、企业内部门、营销中介、顾客、社会公众、竞争者（见表6-5）。

表6-5　　　　　　　　　　　　　微观环境分析

第一，供应商的分析。供应商是指对企业进行生产所需而提供特定的原材料、辅助材料、设备、能源、劳务、资金等资源的供货单位。这些资源的变化直接影响到企业产品的产量、质量以及利润，从而影响企业营销计划和营销目标的完成。供应商的分析主要包括分析供应的及时性和稳定性；供应的货物价格变化；供货的质量保证。 第二，企业内部门分析。企业开展营销活动要充分考虑到企业内部的环境力量和因素。企业是组织生产和经营的经济单位，是一个系统组织。企业内部一般设立计划、技术、采购、生产、营销、质检、财务、后勤等部门。企业内部各职能部门的工作及相互之间的协调关系，直接影响企业的整个营销活动。	第三，营销中介分析。营销中介是指为企业营销活动提供各种服务的企业或部门的总称。营销中介分析主要包括对中间商、营销服务机构、物资分销机构、金融机构的分析。 第四，顾客分析。顾客是指使用进入消费领域的最终产品或劳务的消费者或生产者，也是企业营销活动的最终目标市场。顾客对企业营销的影响程度远远超过前述的环境因素。顾客是市场的主体，任何企业的产品和服务只有得到了顾客的认可，才能赢得这个市场，现代营销强调把满足顾客需要作为企业营销管理的核心。	第五，社会公众分析。社会公众是企业营销活动中与企业营销活动发生关系的各种群体的总称。公众对企业的态度会对其营销活动产生巨大的影响，既可以有助于企业树立良好的形象，也可能破坏企业的形象。因此，企业必须采取处理好与主要公众的关系，争取公众的支持和偏爱，为自己营造和谐、宽松的社会环境。社会公众分析的对象有金融公众、媒介公众、政府公众、社团公众、社区公众和内部公众。	第六，竞争者分析。竞争是商品经济的必然现象。商品经济条件下，任何企业在目标市场进行营销活动时，不可避免地会遇到竞争对手的挑战。即使在某个市场上只有一个企业在提供产品或服务，没有"显在"的对手，也很难断定在这个市场上没有潜在的竞争企业。一般来说，企业在营销活动中需要对竞争对手了解、分析的情况有竞争企业的数量有多少；竞争企业的规模大小和能力强弱；竞争企业对竞争产品的依赖程度；竞争企业采取的营销策略及其对其他企业营销策略的反映程度；竞争企业能够获取优势的特殊材料来源及供应渠道。

表格来源：作者根据资料整理所得

6.1.4.3 STP 理论

市场细分（Market Segmentation）的概念是美国营销学家温德尔·史密斯在 1956 年最早提出的，此后美国营销学家菲利普·科特勒进一步发展和完善了史密斯的理论并最终形成了成熟的 STP 理论——市场细分（Segmentation）、目标市场选择（Targeting）和市场定位（Positioning）。STP 理论是战略营销的核心内容。因此，关于 STP 理论的具体内容将在本章单独以一节的篇幅来详细阐述。

6.1.4.4 4Ps 理论与 4Cs 理论

第一，4Ps 理论简介。

4Ps 理论产生于 20 世纪 60 年代的美国，随着营销组合理论的提出而出现。1953 年，尼尔·博登（Neil Borden）在美国市场营销学会的就职演说中创造了"市场营销组合"这一术语，是指市场需求或多或少在某种程度上受到所谓"营销要素"的影响。为寻求一定的市场反应，企业要对这些要素进行有效组合，从而满足市场需求，获得最大利润。1960 年，美国密歇根州大学教授麦卡锡在其《基础营销》一书中将这些要素一般性地概括为 4 类：产品、价格、渠道、促销，即著名的 4Ps。这是营销理论占重要地位的结构性概念。1967 年，菲利普·科特勒在其畅销书《营销管理：分析、规划与控制》第一版进一步确认了以 4Ps 理论为核心的营销组合方法（见表 6-6）。

表 6-6　　　　　　　　　　　　　4Ps 理论四要素简介

| 产品（Product）是指企业提供其目标市场的货物或劳务。注重开发的功能，要求产品有独特的卖点，把产品的功能诉求放在第一位。 | 价格（Price）是指顾客购买产品时的价格。根据不同的市场定位，制定不同的价格策略，产品的定价依据是企业的品牌战略，注重品牌的含金量。 | 渠道（Place）是指产品进入或到达目标市场的种种活动，包括渠道、区域、场所、运输等。企业并不直接面对消费者，而是注重经销商的培育和网络的建立，企业与消费者的联系是通过分销商来进行的。 | 促销（Promotion）是指企业宣传其产品和说服顾客购买其产品的种种活动。企业注重销售行为的改变来刺激消费者，以短期的行为促成消费的增长，吸引其他品牌的消费者或导致提前消费来促进销售的增长。 |

表格来源：作者根据相关资料整理所得

第二，4Ps 理论的意义。

4Ps 理论的提出奠定了营销管理的基础理论框架。该理论以单位企业作为分析单位，认为影响企业营销活动效果的因素有两种：一种是企业不能够控制的，即宏观环境因素；另一种是企业可以控制的，即微观环境因素。

企业的营销活动实质是一个利用内部可控因素适应外部环境的过程，即通过对产品、价格、分销、促销的计划和实施，对外部不可控因素做出积极动态的反应，从而促成交易的实现和满足个人与组织的目标，用科特勒的话说就是"如果公司生产出适当的产品，定出适当的价格，利用适当的分销渠道，并辅之以适当的促销活动，那么该公司就会获得成功"。因此，市场营销活动的核心就在于制定并实施有效的市场营销组合（见图 6-7）。

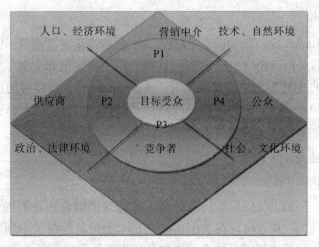

图6-7　市场营销组合

注：P1-Product，P2-Price，P3-Place，P4-Promotion

图片来源：http://wiki.mbalib.com/

　　此模型的优势在于将企业营销活动这样一个错综复杂的经济现象，概括为三个圈层，把企业营销过程中可以利用的成千上万的因素概括为四个大的因素，即4Ps理论——产品、价格、渠道和促销。如此一来，就使得原本复杂且难以把握的企业营销活动变得简单明、易于掌握。得益于这一优势，此模型很快便得到了营销界普遍接受。

　　第三，4Cs理论——整合营销传播的理论基础。

　　20世纪90年代以来，营销领域越来越多的人转向劳特朗所提出的4Cs理论，将4Ps理论称为传统理论。4Cs理论主张的新观念如表6-7所示：

表6-7　　　　　　　　　　　　　　　　4Cs理论四要素简介

| Consumer：用"客户"替代"产品"，先研究消费者的需求和欲求，然后再去生产和销售顾客确定想购买的产品。 | Cost：用"成本"取代"价格"，着重了解消费者为满足其需要和欲求所愿意付出的成本，再去制定定价策略。 | Convenience：用"便利"替代"地点"，即制定分销策略时，要尽可能考虑给消费者方便以购得商品。 | Communication：用"沟通"取代"促销"，沟通是双向的，而促销无论是推动还是拉动策略，都是线性传播方式。 |

表格来源：作者根据相关资料整理所得

　　4Cs理论能否取代传统的4Ps理论，一直都存在着争议。从某种意义上来说，4Cs理论是从消费者角度出发的，4Ps理论是从厂商角度出发的。

表6-8 4Ps 与 4Cs 的区别

类别		4Ps		4Cs
阐释	产品	服务范围、项目，服务产品定位和服务品牌等	客户	研究客户需求，提供相应产品或服务
	价格	基本价格，支付方式，佣金折扣等	成本	客户愿意付出的成本是多少
	渠道	直接和间接渠道	便利	考虑让客户享受第三方物流带来的便利
	促销	广告，人员推销，营业推广和公共关系等	沟通	积极主动与客户沟通，找寻双赢的认同感
时间		20 世纪 60 年代中期（麦卡锡）		20 世纪 90 年代初期（劳特朗）

表格来源：作者根据相关资料整理所得

6.1.4.5　营销预算

营销预算是指执行各种市场营销战略、政策所需最适量的预算以及在各个市场营销环节、各种市场营销手段之间的预算分配。通常一个公司最早要确定的预算项目就是营销预算。作为公司营运的重要控制工具，一般说来，营销预算一旦获准执行，即意味着最高级的营销主管对该预算承担直接责任，也是对管理层的承诺，并且一般情况下不会改变，除非更高级别的管理层因为某种特殊的原因需要修改、重新审批，或者在制定该预算时面临的环境已经有了巨大的变化，现有的预算不再适用。

营销预算通常有销售收入预算、销售成本预算、营销费用预算三个部分，而公司的经营预算除了这三个部分以外，还有行政管理费用预算、研究开发费用预算、税务预算等指标。作为完整的经营预算，还应该有资本预算、预算资产负债表、预算现金流量表等。

收入的预算是最为关键的，也是最不确定的。不同的行业、不同的公司这种不确定性程度不同。例如，波音公司的飞机制造合同交货时间早已经排到 3 年以后了，那么这样的业务销售收入就比较确定，主要与生产能力有关。有的公司与国家政策或者国际经济环境有关，往往其不确定性就大。有的公司，如经营消费品的公司，其收入受到消费者可支配收入、竞争形势等因素影响就很大。但是无论如何，必须对收入进行尽可能准确地预算，因此我们在进行预算时需要先确定一些基本的原则和条件假设，并推测在这样的前提下，收入应该是什么样子。

销售成本预算似乎是可以由标准的材料和人工成本结合产品销售数量计算得来，但是对生产部门而言，要复杂很多。营销预算必须列清楚每种产品规格的销售数量预算，这样生产经理才可以做出销售成本预算。一般来讲，生产经理做出的销售成本与营销预算计算出来的销售成本会有所不同，这主要是由于产品的库存状况造成。同时，在生产经理的概念里面，组合成产品的各种材料还需要有一定的库存，这些对成本和现金流都会有影响。

营销费用预算基本上可以分为市场费用预算和行政后勤费用预算两大类。市场费用是为了取得销售所产生的费用，比如广告费用、推销费用、促销费用、市场研究费用等；行政后勤费用主要是指订单处理费用、运输费用、仓储费用、顾客投诉处理费用、后勤人员薪酬等。这些行政后勤费用因为主要是与市场行销有关，因此也被列入到营销费用里面。

6.2 广告与营销

随着经济全球化，市场竞争越来越激烈，市场规模也越来越大，因此对经济活动的效率有了更高的要求。在这种背景下，作为新的信息资源的广告活动对于增强企业的市场竞争意识，促进企业生存和发展，有不可替代的作用。

作为营销的重要因素之一，企业也需要广告来宣传自己。特别是在同行业中出现势均力敌的竞争对手时，适当的广告策略能够使企业把握住机遇超越对手，反之则会使得企业错失机遇从而落后于竞争对手甚至是走向灭亡。因此，把握好广告与营销的关系，对整个企业的生存和发展至关重要。

6.2.1 广告与营销的关系

企业内部可控因素分为产品、价格、促销、渠道四个方面，这四个可控因素的组合即市场营销组合。作为营销组合四方面之一的促销，又由若干个部分构成，包括广告、人员销售、公共关系、推销等。因此，广告只是企业促销措施之一，是作为营销组合的一个有机组成部分而存在并发挥作用的。

6.2.1.1 广告策划

广告策划是市场营销活动的一部分，在市场营销活动中居于服从、服务的地位。

进行广告策划的目的是为了提升宣传效果，使企业以最少的广告开支达到最好的营销目标。作为营销组合的一项策略措施，广告策划既要服从营销目标的总体要求，又要处理好与产品、价格、市场、渠道等各项策略的关系。

由于广告目标是为企业市场营销目标服务的，广告策划就需要适时地体现市场营销的总体构思、战略意图和具体安排。换个说法就是，广告策划就是要生动、形象、精确、适时地体现市场、产品、价格和渠道这四个方面的策划意图。综上可知，广告策划是服务于营销活动的，并且力求从多个方面为营销策划服务。

营销计划对广告策划起着决定作用，规定着广告策划的方向、方法、内容；而广告策划对于营销计划又有着反作用，广告策划对于实现营销计划是必不可少的，起着先导、辅助和促进的作用。因此，广告策划之于营销，并不是一种被动的活动，应体现主动性、创造性和进取性。

6.2.1.2 广告传播

传统广告传播是为了保持产品在公众中的优秀形象，通过将产品质量和经营理念有效地传达给顾客，力图维护品牌的高知名度，来刺激目标顾客群的购买欲望。而在市场竞争愈加激烈的环境下，单纯地提升品牌知名度已经难以再对消费者造成稳定、持久的影响。

进入 21 世纪以来，经济全球化已经彻底改变了传统的传播模式和营销观念。这一时期的营销策略表现为客户中心制，营销重点是基于对消费者需求的准确把握与不断满足，通过实现个性化服务，最终把一般消费者转化成忠诚顾客。在客户中心制的营销策略指导下，此时的广告传播不单是要维护和扩大品牌知名度，还要通过提供高渗透、快捷、优质、互动的信息，来实现个性化服务，从而维系和扩大品牌忠诚的顾客群，来获得最大的品牌关系价值。

6.2.1.3　广告促销

受不同的经济背景、营销策略的影响，广告促销有着不同的形式和内容。同人类经济社会的发展一样，广告促销活动也是由简单到复杂，由低级到高级的过程，并且在实践应用中呈现出的不同阶段性。

第一阶段：20 世纪 70 年代末到 80 年代末，市场处于竞争初期，竞争主要通过产品本身的性质特点及功能利益造成的差异性来实现。此时的营销策略是产品中心制，营销的重点是吸引顾客购买，广告促销活动侧重于信息硬式传输方式。

第二阶段：20 世纪 80 年代末到 90 年代中期，市场竞争较为激烈，同质同类产品充斥着市场。这一阶段的营销策略是将企业的个性、理念、文化和精神等特点传播社会公众，以使公众产生深刻认同感。营销的重点是达到促销与树立企业形象的目的，广告促销主要为企业形象广告的导入。

第三阶段：20 世纪 90 年代中期到 90 年代末，经济全球化的初期，传统的市场结构和消费观念都发生了质的变化，品牌竞争优势成为这一时期的主导优势。此时的营销策略主要是针对企业的经营状况和所处的市场竞争环境，为使企业在竞争中脱颖而出而制定的。营销重点是满足那些购买品牌产品而获得的心理更高层次的需要，广告促销侧重于突出企业无法替代的品牌优势。

6.2.2　广告与营销的交叉

6.2.2.1　研究内容

作为信息传播活动的广告，其起点和落点都在经济领域。传播什么样的信息内容以及怎样进行传播，需要研究市场，了解营销环境，研究消费者，从满足消费者的需求和欲望出发；需要研究产品，以适应不同的市场环境，制定出相应的广告策略，争取好的传播效果。

市场营销是个人和群体通过创造并同他人交换产品和价值，以满足需求和欲望的一种社会和管理过程。涉及需要、欲望、需求、产品、效用、交换、交易、关系、市场和市场营销者等核心概念。这些概念对于广告活动也是至关重要的。因此，在研究内容上市场营销和广告同属于经济范畴，市场营销学是研究广告的理论基础。

6.2.2.2　经营管理的重要组成部分

由于市场竞争的加剧，企业需要有更多的发展机会，必须以消费者为中心，重视市场和销售。市场营销在现代化生产中的地位越来越重要，促进销售是市场营销组合中的重要环节，广告活动是其中的重要手段和方式。市场营销的中心任务是完成产品销售。广告是为实现市场营销目标而开展的活动，通过信息传播，在目标市场内沟通企业与消费者之间的关系，改善企业形象，促进产品销售。因此，广告和市场营销都是企业经营管理的重要组成部分。

6.2.2.3　最终目的

市场营销以满足人类的各种需要、欲望和需求为最终目的，通过市场把潜在交换变为现实交换的活动。广告也可以看成是针对消费者的需要和欲望，刺激消费者热情，调动潜在消费意识，最终促成购买行为的传播活动。因此，广告其实是营销活动的一部分，广告目标就必须为营销目标服务。综上可知，广告活动和市场营销活动的最终目的是一致的。

6.2.3　消费品和产业用品的广告差异

快速消费品使用寿命短、消费速度快，如食品、纸巾、洗化等，强调的是商品快速地被大量消费的特性。产业用品是指不用于个人和家庭消费，而用于生产、转售或执行某种职能的产品，如大型机床、生产设备等。由于具有行业专有属性很强、产品标准和规范性强、技术含量高等特殊性质，使得产业用品和许多快速消费品在实际营销中存在较大差异。

据调查，在营销沟通常用的四种手段中，工业品企业和快速消费品企业投入的人力、物力、财力差异性很大（见表6-9）。

表6-9　　　　　　　　　　工业品和快消品的营销投入比较　　　　　　　　单位:%

营销沟通	工业品	快速消费品
广告	10	50
销售促进	10	35
人员推销	30	10
公关	50	5

表格来源：作者根据相关资料整理所得

如表6-9所示，工业品在广告、销售促进、人员推销、公关方面的投入依次上升，而快速消费品的相应投入则基本相反；工业品偏重于公关，相对看淡广告，而快速消费品非常看中广告，看淡公关。

在企业的宣传方面，品牌对于快速消费品企业相对重要。但是由于快速消费品的品牌忠诚度不高，消费者很容易受到购物现场气氛的影响而在同类产品中转换不同的品牌。因此，广告对快速消费品来说，最重要的作用就是"将顾客引到购买现场"。由于多数产业用品都是标准化的，产品同质化程度较高，这就要求企业针对自己的目标客户，打造出具有个性的品牌，满足市场细分需求，才能取得市场竞争优势。因此，品牌对于产业用品企业非常重要。广告对于产业用品最大的作用就是通过树立良好的企业形象来使产品品牌获得用户的认可，从而提高产品的品牌形象（见表6-10）。

关键差异元素	快速消费品	产业用品
品牌	比较重要	重要
广告	广泛覆盖、多样化等的传播渠道、重要性很强	重点在专业刊物、媒介和行业协会等活动中提高品牌知名度，提升在目标用户中的品牌形象
销售促进	普遍广泛使用、非常重要	集中在特定对象、有限的行业
人员推销	一般重要	非常普遍、特别重要
公关	一般重要	重要，关系营销、互动营销等沟通方式

表 6-10 　　　　　　　　　　快消品与产业用品的差异

表格来源：作者根据相关资料整理所得

6.3　广告与 STP 战略

广告主要想使自己产品的广告能更好地起到营销的作用，就要考虑对产品进行相应的营销战略选择。营销战略一般包括三步：首先，对市场进行细分；其次，选择目标市场；最后，整合应用各种营销手段在目标市场上进行定位。这就是 STP 战略，这里 S 指 Segmenting Market，即市场细分；T 指 Targeting Market，即选择目标市场；P 指 Positioning，即定位。正因为如此，营销大师菲利普·科特勒认为，当代战略营销的核心，可被定义为 STP。本节我们按照 STP 三部曲的顺序对广告与市场营销 STP 战略的关系进行深入的分析。

6.3.1　广告与市场细分

6.3.1.1　什么是市场细分

市场细分是美国市场学家温德尔·史密斯（Wendell R.Smith）于 20 世纪 50 年代中期提出来的。市场细分是按照消费者欲望与需求把总体市场划分成若干个具有共同特征的子市场的过程。那些由可识别的以及具有相同欲望、购买能力、地理位置、购买态度和购买习惯的人群构成了细分市场。企业之所以要把市场划分成不同的细分市场并且区别对待，一方面是因为在市场上存在着差异化的需求，另一方面则是出于竞争的考虑。

6.3.1.2　市场细分的作用

第一，有利于企业分析、发掘和捕捉新的市场机会，选择最有效的目标市场，制定最佳的营销战略；第二，有利于企业开发市场，按照目标市场的需求来改良产品或开发新产品，使各企业在竞争中同存共进；第三，有利于企业把自己的特长和细分市场的特征与实际结合起来，集中有限的资源，合理分配人、财、物，取得最大的经济效益；第四，有利于企业针对目标市场的要求，适时调整市场营销战略。

市场细分对于广告的策划、创作来说，最重要的意义集中体现在一个"分"字上。第一，市场细分把市场从单一整体看成多元异质的分割体，这更符合当今消费品市场的特点。第二，市场细分体现了市场竞争从主要是价格竞争转向产品差异性竞争和服务多元化竞争。第三，由于细分市场的出现，就有了运用目标市场与广告策略组合的前提条件①。

6.3.1.3 市场细分的过程

第一，确定营销目标、选择企业进入市场的范围。企业的市场营销活动首先要确定营销目标，即企业生产什么、经营什么、要满足哪一部分消费者需求，从而确定本企业进入市场的范围。

第二，列出企业进入市场的潜在消费者的全部需求。这是企业进行市场细分的依据，必须全面而尽可能详尽地列出消费者的各种需求。

第三，分析可确定的细分市场。企业通过对不同消费者的需求了解，找出各种消费者作为典型，分析可能存在的细分市场。

第四，筛选消费者需求，确定市场细分因素。对可确定的细分市场，企业应分析在消费者需求中哪些需求是重要的，将一些消费者需求的一般要素剔除。

第五，根据各细分市场消费者的主要特征，为各个确定的细分市场确定名称，以便于企业进行分类。

第六，进一步调研可确定的细分市场。企业应尽可能地了解各个细分市场的具体需求，深入掌握各个细分市场上消费者的购买行为，以使细分后的市场与市场细分因素相符合。

第七，分析各个细分市场的规模。分析细分市场上消费者的数量、购买能力、潜在需求发展程度等，然后选择和确定目标市场。

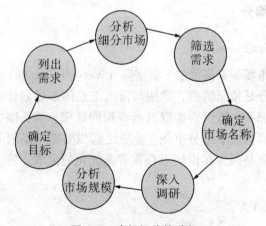

图 6-8　市场细分的过程
图片来源：作者根据相关资料整理所得

① 余明阳，陈先红. 广告策划创意学 [M]. 上海：复旦大学出版社，2008：69.

6.3.1.4　市场细分的条件

第一，做到分片集合化。市场细分的过程应从最小的分片开始，根据消费者的特点先把总体市场划分为一个个较小的片，然后把相类似的小片集合到一起，形成一个个较大的片。对这个集合后的相对大一些的片的要求特征加以明确，即每个片（即细分市场）必须有各自的构成群体、共同特征和类似的购买行为。

第二，细分后的子市场要有足够的购买潜力。由于对细分市场的开发通常需投入大量的资金，所以这样既要求细分后的子市场具有与企业营销活动相适应的规模，还要求子市场不仅具有现实的购买力，还需要具有充分的购买潜力，这样的子市场才有发展前途。

第三，细分后的子市场要有可接近性。这主要是指企业能够有效地集中营销力量作用于所选定的目标市场的程度。

第四，市场细分要有可衡量性。这主要体现在两方面：一是作为细分的标准应该是能够得到的，有些消费者特征虽然重要，但是不易获取或衡量，不适宜作为细分的标准；二是细分后的消费者市场的人数、购买量及潜在购买能力应该是可以衡量的，否则细分则被视为不成功。

第五，市场细分要有相对的稳定性。每一个分片划定之后，要有一个相对的稳定期，具体期限的要求要根据市场的变化和商品的特征而定。

6.3.2　广告与目标市场

市场细分的目的在于有效地选择并进入目标市场。在市场细分的基础上，正确的选择目标市场是目标市场营销成败的关键，也是广告创作、宣传与投放的关键。

6.3.2.1　目标市场的概念

第一，目标市场的定义。

目标市场（Target Market）是企业为满足现实或潜在的消费需求而运用产品（服务）及营销组合准备开拓的特定市场。目标市场选择则是在诸多细分市场中选择最为合适的细分市场作为目标市场的过程。

第二，目标市场选择的原则。

目标市场的选择是企业整个营销战略最重要的事情，一旦目标市场选择失误就会造成企业营销方向的失误，还会造成最终目的很难或无法完成。一般而言，目标市场的选择应遵循以下原则：一是目标市场上必须存在尚未满足的需求，有充分的发展潜力。二是目标市场必须具备潜在的效益，目标市场的选择应能够使企业获得预期的或合理的利润。三是目标市场的选择要与企业拥有的资源相匹配。四是目标市场的选择必须符合企业的总体战略。企业的宗旨、使命以及对象是企业选择目标市场的先决条件，目标市场是实现企业宗旨、目标的渠道途径。

6.3.2.2　目标市场策略的类型

企业选择的目标市场不同，其市场营销的战略也不一样。一般情况下，企业有三种目标市场策略可供选择：无差异性营销策略、差异性营销策略和集中性营销策略。

第一，无差异性营销策略。无差异性营销策略是指企业把整个市场看作一个整体，不再进行细分，只推出一种产品，运用一种营销组合，满足尽可能多的消费者需要所采取的营销策略。早期的美国可口可乐公司，由于其拥有世界性专利，因此曾以单一的品种、标准的瓶装和统一的广告宣传长期占领世界软饮料市场（见图6-9）。

图6-9　可口可乐早期经典宣传海报

图片来源：百度图片

第二，差异性营销策略。差异性营销策略是指企业把整体市场划分为若干个细分市场，并针对不同细分市场的需求特征，分别设计不同的产品和运用不同的营销组合，以满足不同细分市场上消费者需求所采取的营销策略。

宝洁公司就针对不同消费者对洗发产品的不同需求，提供适用于不同发质、不同心理需要的价位不同、品质不同、品牌不同的洗发产品给消费者，并且配以不同宣传主题的广告来相呼应（见图6-10）。迪奥（Dior）香水专门针对不同女性消费者开发了三款经典的香水系列（图6-11、图6-12、图6-13）。大众汽车专门针对不同车型需求的客户推出了一则名为"大众心"的广告片（请欣赏视频6-2）。

图6-10　宝洁宣传海报

图片来源：百度图片

　　毒药（Poison）香水是迪奥公司出品的女用香水，属东方香型。瓶身造型典雅，有红、绿、白、紫、蓝五种不同香氛的水晶包装。毒药香水问世于20世纪80年代，与其时而强调物质，时而强调个人成就的时尚风气相吻合。毒药香水塑造的正是这种炽热而进取的女性神秘性感的体现，充满着诱惑与迷人的气息，有一种叫人无法不为之心动，不为之吸引的浓浓芬芳。

图6-11　迪奥毒药香水

图片来源：百度图片

　　迪奥真我香水（Dior Jadore）在1999出产。该香水纯净、永恒的造型，体现了迪奥一贯的格调，即高雅而迷人。细长的瓶颈，用金色的领巾围了一周，更加显得高贵不凡。瓶身光滑透明没有一点修饰，这几个字母很美地隐藏在水晶瓶盖上。针对拥有绝对女性气质，即现代优雅、明亮感性的消费者。

图6-12　迪奥真我香水

图片来源：昵图网（http://www.nipic.com/show）

　　1947年，迪奥花漾香水（Miss Dior）作为迪奥的第一款香水，显露出创作者对花的无限热情。克里斯汀·迪奥（Christian Dior）曾经说过："除了女人之外，花是最神圣的生灵。她们如此纤美，又充满魅力。"显然，这款花香型香氛致力于表现的便是女性与花的相同品性，即愉悦新鲜感，谨慎、谦逊和不朽。花朵、粉色、蝴蝶结，仅这几个关键词，就可以想象是怎样的女性，即将浪漫的品味带入生活，渴望爱情且注重生活品质。在克里斯汀·迪奥的第一系列作品"Corolle"中，他创造了迪奥花漾香水最初的双耳细颈椭圆形瓶身，以此向花样女子致意。

图6-13　迪奥花漾香水

图片来源：昵图网（http://www.nipic.com/show）

　　第三，集中性营销策略。集中性营销策略是指企业在市场细分的基础上，选择一个或几个细分市场作为自己的目标市场，实行高度专业化的生产或销售，集中满足一个或几个细分市场上的消费者需求所采取的营销策略。诺基亚公司曾是一个涉足造纸、化工、橡胶、电缆、电信等领域的集团公司。1993年，诺基亚公司总裁将移动通信公司之外的所有公司通通卖掉，将所有的财力、物力、人力都集中在移动通信业务上，为了保证移动网络和移动电话业务的持续发展，甚至放弃了其他盈利公司。正是因此，后来诺基亚公司才可以成为移动电话的领先供应商，从1996年开始连续15年占据手机市场份额第一的位置，同时也是移动通信、固定宽带等的领先供应商之一（见图6-14）。

图6-14　诺基亚经典标志

图片来源：昵图网（http://www.nipic.com/show）

综上所述，无差异性营销策略、差异性营销策略、集中性营销策略的比较如表6-11所示：

表 6-11　　　　　　　　　　　　　目标市场策略的比较

差异＼策略	无差异性营销策略	差异性营销策略	集中性营销策略
基础	成本的经济性	消费者需求的多样性；现代企业的营销能力增强；市场竞争激烈	将有限的资源集中起来在小市场占大份额
优点	单一产品线可降低生产存货成本；无差异的广告方案可缩减广告成本；没有市场细分又可减少营销调研工作和管理成本	生产机动性强、针对性强，企业能更好地满足客户需求，从而扩大企业的销量；有利于提高企业的市场占有率，提高企业的声誉；风险性小	有效利用资源，集中优势，占领空隙市场；提高市场占有率，稳固市场地位；降低营销成本，提高投资收益率；产品针对性强，提高利润率和企业声誉
不足	无法满足细分市场需求；降低企业的市场占有率并减少利润	增加企业的营销成本；企业的资源配置不能有效集中，甚至在企业内部出现彼此争夺资源的现象	市场区域相对较小，企业发展受到限制；潜伏着较大的经营风险
适用条件	具有大规模的单一生产线；具有广泛的分销渠道；企业产品质量好，品牌影响大，生产实力雄厚，商誉好	有一定的规模，实力较雄厚；技术水平、设计能力等适应性好；经营管理素质比较好	一般适用于实力有限的中小企业

表格来源：作者根据相关资料整理所得

6.3.2.3　选择目标市场策略应考虑的因素

由于三种目标市场策略各有优缺点，企业必须根据企业本身的条件、产品特点及市场发展趋势，有计划、有目的地加以选择。一般而言，企业选择目标市场营销策略至少应考虑下列因素：

第一，企业的资源。如果企业资源雄厚，可以考虑实行无差异性营销策略或者差异性营销策略。若实力不足，最好采用集中性营销策略。

第二，产品的差异性程度。如果企业经营的是一些彼此差别不大、规格差不多的产品，如钢铁、化工原料及其他农矿初级产品等，则采用无差异性营销策略比较合适。如果企业经营的商品差别很大，则应采用差异性营销策略或集中性营销策略。

第三，市场同质性。如果在市场上所有顾客在同一时期偏好相同，购买的数量相同，并且对营销刺激的反应相同，则可视为同质市场，宜实行无差异性营销策略。反之，如果市场需求的差异较大，则为异质市场，宜采用差异性营销策略或集中性营销策略。

第四，产品生命周期。产品生命周期分为四个阶段：导入期、成长期、成熟期、衰退期。在产品处于导入期，同类竞争品不多，竞争不激烈，企业可以采用无差异性营销策略。当产品进入成长期或成熟期，同类产品增多，竞争日益激烈，为确立竞争优势，企业可考虑采用差异性营销策略。当产品进入衰退期，企业应尽可能减少各种开支，目标应侧重于少数利润相对丰富的市场，因此采取集中性营销策略。

第五，竞争者的市场营销策略。若主要竞争对手实施无差异性营销策略时，企业采取差异性或集中性营销策略很可能取得成功。若主要竞争对手实施了差异性或集中性营销策略时，企业也必须在这两种营销策略中进行选择。

第六，竞争者的数目。当市场上同类产品的竞争者较少，竞争不激烈时，可采用无差异性营销策略；当市场竞争者多，竞争激烈时，可采用差异性营销策略或集中性营销策略。

6.3.2.4 广告营销策略的选择

对广告活动来说，产品生命周期的理论十分重要。第一，广告主可以根据产品不同的生命周期调整和控制广告费的投入；第二，处于生命周期不同阶段的产品，其市场需求量、市场竞争状况、消费者心理、营销策略等都有不同的特点。因此，各阶段的广告策略应针对不同阶段的特点有所不同。

第一，产品导入期。产品导入期是新产品正式投放市场销售缓慢增长的时期。此阶段产品的市场需求量较小，销售额增长较缓慢；市场营销成本非常高，企业获利很低甚至亏本；同类产品较少，市场竞争环境较宽松。导入期内由于风险大、花费多，持续时间应越短越好。

在导入期广告主要起告示作用，解决知名度问题，因此要采取告知性广告策略。广告诉求偏重于理性教育，强调新产品概念带给消费者的具体利益，其核心就是强调产品的独特功效，从而迅速提高产品知名度，引起消费者注意。广告宣传时应充分利用不同的媒介组合，使广告信息到达最广泛的消费层面，从而达到快速占领市场、初步提升品牌知名度的目的，为以后的发展打下良好的基础。

第二，产品成长期。产品成长期是产品销售快速增长和利润大量上升的时期。其特征表现为产品逐渐或迅速被消费者了解并接受，产品销售量快速增长；企业不断扩大生产规模，生产成本大幅下降，利润快速增长；市场竞争开始激烈，产品价格降低。

此阶段应采取说服性、竞争性广告策略，突出品牌，以品牌广告为主，并巩固产品概念。诉求重点在于突出本产品的优异，刺激选择性需求，进一步扩大市场占有率。同时，企业必须有强烈的品牌竞争意识，迅速提升品牌形象，占领有利的市场位置。其理论基础则是品牌形象论，广告最主要的目标是为塑造品牌服务；每一广告都是对品牌的长期投资，为维护品牌形象，可以牺牲短期经济效益；同类产品的差异性缩小，描绘品牌形象比强调产品的具体功能特征重要得多；广告应重视运用形象来满足消费者的心理需求。例如，万宝路香烟运用品牌形象策略，通过品牌形象与消费者建立情感联系，从而使其成为全球第一香烟品牌。

第三，产品成熟期。产品成熟期是产品销售增长减慢，为对抗竞争、维持产品地位，营销费用日益增加，利润下降的时期。其特征表现为产品销售量达到最大，市场进入相对饱和状态；市场竞争更加激烈，销售价格相对以往来说略有降低，促销费用增加，利润下降。

此阶段应采取维持性、提醒性及竞争性广告策略，广告宣传重点放在品牌和企业形象的宣传上，尤其要注重凸显出品牌之间的区别，从而提高品牌和企业美誉度，培养品牌忠诚者。其理论基础为广告定位论，即把产品定位在未来潜在顾客的心中。

成熟期竞争异常激烈，需要利用各种社会公关、销售公关等推动产品品牌来提升企业形象，避免产品提早进入衰退期。因此，此阶段促销广告增加、费用较高且形式多样；公关活动的形式及费用投入达到高潮；为赢得顾客的继续信赖，质量管理更严格，服务更完善。例如，土耳其航空公司的一则广告宣传片就是该航空公司针对目前状况而专门策划的，通过云集科比等众多国际大牌明星来巩固和提升企业自身形象（请欣赏视频6-3）。

第四，产品衰退期。产品衰退期是产品销售额下降趋势逐渐增强，利润不断下降最终趋于零，从而退出市场的时期。

此阶段应采取提醒性广告策略，重点宣传品牌，维持老顾客对该品牌的忠诚度，使其不要轻易放弃该产品。大幅减少广告费用，到保持忠诚者需求的水平即可；利用低廉的价格、促销活动、企业信誉、良好的售后服务等吸引产品后期购买者；及时开发新产品替代旧产品，并把广告重点逐渐转移到更有潜力的新产品上，有计划地引导产品以新代旧。

6.3.3　广告与市场定位

6.3.3.1　市场定位与广告定位

所谓市场定位，就是根据所选定的目标市场的竞争情况和本企业的条件，确定企业和产品在目标市场上的竞争地位。实际上，定位的实质就在于要设法建立一种竞争优势，以便在目标市场上吸引更多的顾客。从广告策划和创作的角度看，产品定位是广告诉求的基础，没有产品的定位就不能决定产品的推销计划和广告要达到的目标。

一直以来，广告定位都是与产品定位紧密联系在一起的。余阳明先生认为产品定位和广告定位是两个不同的概念，前者是确定产品在市场上的位置，后者则是确定产品在广告中的位置。但是两个概念之间又有密切的关系：广告定位是产品定位在广告中的体现。广告定位离不开产品定位。产品定位越明确，广告定位才越准确。因此，确定广告的定位，应该从产品定位开始分析，产品在人们心目中出于什么位置，能够给人们带来什么好处和利益，知名度、美誉度和信任度如何等，这些都构成了产品在人们心目中的形象，这种形象就是广告定位所追求的效果。例如，宝洁公司的一则广告宣传片以感谢母亲的视角出发，将产品定位于温暖的母爱与家庭，向消费者展示了宝洁公司旗下的一系列品牌——汰渍、帮宝适、佳洁士等，收获了更多关注和支持（请欣赏视频6-4）。

6.3.3.2　产品市场定位的方法

一个产品有好的定位，必须依赖于一个好的定位方法，企业经常采用的产品定位方法有以下四种（见表6-12）：

表6-12　　　　　　　　　　　　产品定位方法

第一，根据产品属性和利益定位。产品本身的属性以及消费者由此而获得的利益能使消费者体会到产品的定位。例如，大众汽车的"豪华气派"，奔驰汽车的"高贵"，沃尔沃汽车的"耐用"，雪佛兰汽车的"大众化、值得信赖"。	第二，根据产品的价格和质量定位。对于那些消费者对质量和价格比较关心的产品来说，选择在质量和价格上的定位也是突出企业形象的好方法。质量取决于制作产品的原材料，或者取决于精湛的工艺，而价格也往往反映其定位。	第三，根据使用者定位。企业常试图把某些产品指引给适当的使用者或某个细分市场，以便根据相应的细分市场建立起恰当的形象。例如，海澜之家的定位是"海澜之家，男人的衣橱"。	第四，根据竞争地位定位。突出本企业产品与竞争者同档次产品的不同特点，通过评估选择，确定对本企业有力的竞争优势加以开发。

表格来源：作者根据相关资料整理所得

6.3.3.3　产品市场定位策略

第一，加强与提高策略。该策略是指在消费者心目中加强和提高本产品（企业）现在的地位。

在美国及世界软饮料市场上，几乎是可口可乐和百事可乐的天下，而美国七喜汽水公司在其广告中宣称"七喜：非可乐"奇妙地将饮料市场分为可乐型饮料与非可乐型饮料两部分，进而说明七喜汽水是非可乐的代表。这种非可乐的产品定位，确立了七喜汽水在非可乐市场上"第一"的位置，使其销售量不断上升，数年后一跃成为美国市场的三大饮料之一（见图6-15）。

图6-15　七喜汽水经典海报

图片来源：http://www.taopic.com

第二，填补市场空白策略。该策略是寻找为许多消费者所重视但未被竞争者占领的市场定位，企业一旦找到市场上的空白，就应对其进行填补。

长期以来，在轿车用户每年呈乐观的增长趋势的背景之下，轿车市场忽视了一个潜在的消费群体——年轻人。他们收入不高但有知识、有品位，有一定事业基础，心态年轻、追求时尚。在他们看来轿车市场的中、低端轿车虽价格稍低，但外形、色彩等都较单一；高端轿车虽性能好，但价格不菲。对颇为看重价格、外观、性能的这一群体而言，这些都不能激起他们的购买欲。而奇瑞QQ恰恰看准这一空白点强力出击，满足了他们的心理需求，形成了奇瑞QQ独特的市场定位。奇瑞QQ借用了年轻人熟悉的腾讯QQ，作为自己的品牌，进一步加强了亲和力。借助腾讯QQ广泛的知名度，加上奇瑞QQ装载独有的"I-say"数码系统,以及轻便灵巧的外观、鲜艳大胆的颜色,使它成为市场上走俏的产品(见图6-16)。

图 6-16 奇瑞 QQ

图片来源:http://www.mycheryclub.com/mozone

凤凰卫视的定位就是以时事资讯为主,借助我国香港特殊的地理位置和文化背景,将内地不易传播或不可能大规模报道的各类新闻信息予以高度重视和进行有规模、有分量的报道和传达,提供与内地电视传媒具有很强差异性的电视节目,从而赢得观众、占领市场(见图6-17)。

图 6-17 凤凰卫视台标

图片来源:http://www.post.8j.com

第三,重新定位策略。产品在目标市场上的位置确定之后,经过一段时间的经营,企业可能会发现某些新情况,如有新的竞争者进入企业选定的目标市场,或者企业原来选定的产品定位与消费者心目中的该产品形象不相符等,这就促使企业不得不考虑对产品的重新定位。省级卫视收视率排名第一的湖南卫视也是重新找准自己的定位——"最具活力的中国电视娱乐品牌"的媒体定位,在国内确立了娱乐传媒的强势品牌地位(见图6-18)。

图 6-18　湖南卫视台标

图片来源：http:// www.quanrun.cn

第四，高级俱乐部策略。该策略是指企业可以强调自己是某个具有良好声誉的小集团的成员之一，如企业可以宣称自己是行业三大公司之一或者是八大公司之一等。"三大公司"的概念是由美国第三大汽车公司的克莱斯勒汽车公司提出的，该公司曾宣称其是美国"三大汽车公司之一"（见图 6-19）。

图 6-19　克莱斯勒汽车公司的历史

图片来源：http://www.chrysler.com.cn/brand.html

6.4　整合营销传播

从应用层面上来看，整合营销传播早在 20 世纪 80 年代就已经在一些公司和营销传播机构受到了重视。从客户这一方面来说，老练的生产商，如星巴克咖啡、花旗银行和福特汽车，正在整合营销传播工具，包括直效营销、活动赞助、销售推广以及公共关系与大众媒介广告结合起来，树立其品牌。而从广告公司这一方面来讲，有人在和互联网上搜索了一下"整合营销传播公司"，结果发现 200 多家公司号称可以提供整合营销传播服务。在商业出版物上，连篇累牍的文章纷纷认为整合营销传播已经彻底超越了时尚或时髦词语的阶段，达到了生产商与其客户的交流理念不断转变的阶段。

本节对整合营销传播的相关知识进行系统梳理，以便对整合营销传播形成一个全面而系统的认识。

6.4.1　什么是整合营销传播

"整合营销传播"的英文全称是"Integrated Marketing Communication"，英文简称"IMC"。由于研究者的研究角度、使用立场不同，关于整合营销传播的定义也有许多种，其中得到广泛认可的定义包括以下两个：

整合营销传播是一个体现综合计划附加值的营销沟通概念，该计划将对各种传播准则的战略作用进行评估。如普通广告、即时反应广告、销售推广和公共关系，然后将这些准则结合起来，产生出清晰、连贯而又最强大的传播作用。

整合营销传播是将事物视为一个整体的一种新方法，而过去我们只看见局部，如广告、公共关系、销售推广、购买、员工沟通等。整合营销传播是以顾客的眼光经过重新部署的传播方式，而顾客将传播视为一种源头不明的信息流。

尽管这两种定义的表述各不相同，但都符合了整合营销传播的核心思想：将与企业进行市场营销有关的一切传播活动一元化。整合营销传播是多种传播声音的战略协调，其目的是通过协调营销组合中的广告、公关、促销、直效营销以及包装设计等因素，充分利用劝服性传播对消费者和非消费者受众的影响。

6.4.2　整合营销传播的特征

营销组合与整合营销传播的比较如表6-13所示：

表6-13　　　　　　　　　营销组合与整合营销传播的比较

比较	思维	强调	理论
营销组合	由内向外	推销	4Ps
整合营销传播	由外向内	沟通	4Cs

表格来源：作者根据相关资料整理所得

美国著名学者特伦斯·A. 辛普在其著作《整合营销传播——广告、促销与拓展》当中明确指出：整合营销传播具有5个关键特征。现将其主要内容总结如下：

6.4.2.1　最终影响消费者行为

整合营销传播能影响消费者行为就意味着成功的整合营销传播能够得到消费者行为方面的回应，而不仅仅是只影响消费者对品牌的认知或只是加强消费者对品牌的态度。

6.4.2.2　传播过程始于现有或潜在的消费者

整合营销传播的一个重要特征就是传播过程应该是开始于现实消费者或潜在消费者，然后再由这些消费者回到品牌传播者，以此决定采取怎样的媒介形式将相关的广告信息告知现有或潜在的消费者，以说服和引导他们采取品牌传播者所期待的行为。

6.4.2.3　要运用一切传播形式与消费者接触

有效的整合营销传播需要使用各种各样的传播形式以及所有可能的顾客接触方式

来作为潜在的信息传播渠道。遵循整合营销传播的这一特点，就要求营销传播者在营销过程中不能局限于任何单一媒介或某种媒介的一部分，而是要将对消费者可能产生影响的所有媒介组合起来，以对消费者形成一个立体传播模式，从而使消费者能够全方位接触到相关的品牌信息。

6.4.2.4　营销传播的各要素要获得协同优势

信息和媒介的协调对树立一个有力而统一的品牌形象并促使消费者采取购买行为至关重要。如果没有将所有的传播要素很好地整合起来，不仅不能使消费者对品牌形成一个统一、明确的认知和印象，甚至还可能将消费者原本形成的品牌印象模糊化，从而淡化对品牌的记忆和忠诚度。

6.4.2.5　要和消费者建立关系

在现代激励的市场环境下，关系的建立是现代市场营销的关键，而整合营销传播乃是建立关系的关键。这里所说的关系是指消费者和品牌之间持久的联系。二者之间的成功关系能够引起消费者的重复购买乃至对品牌的高度忠诚。

6.4.3　整合营销传播的层次

6.4.3.1　认知的整合

这是实现整合营销传播的第一个层次，要求营销人员认识或明了营销传播的需要。

6.4.3.2　形象的整合

形象的整合牵涉确保信息与媒体一致性的决策，信息与媒体一致性一方面是指广告的文字与其他视觉要素之间要达到的一致性，另一方面是指在不同媒体上投放广告的一致性。

6.4.3.3　功能的整合

功能的整合是把不同的营销传播方案编制出来，作为服务于营销目标（如销售额与市场份额）的直接功能。也就是说，每个营销传播要素的优势劣势都经过详尽的分析，并与特定的营销目标紧密结合起来。

6.4.3.4　协调的整合

协调的整合是人员推销功能与其他营销传播要素（广告公关促销和直销）等被直接整合在一起，这意味着各种手段都用来确保人际营销传播与非人际形式的营销传播的高度一致。例如，推销人员所说的内容必须与其他媒体上的广告内容协调一致。

6.4.3.5　基于消费者的整合

营销策略必须在了解消费者的需求和欲求的基础上锁定目标消费者，在给产品以明确的定位以后才能开始营销策划。换句话说，营销策略的整合使得战略定位的信息直接到达目标消费者的心中。

6.4.3.6 基于风险共担者的整合

这是营销人员认识到目标消费者不是本机构应该传播的唯一群体，其他共担风险的经营者也应该包含在整体的整合营销传播战术之内。例如，本机构的员工、供应商、配销商以及股东等。

6.4.3.7 关系管理的整合

关系管理的整合被认为是整合营销的最高阶段。关系管理的整合就是要向不同的关系单位进行有效的传播，企业必须发展有效的战略。这些战略不只是营销战略，还有制造战略、工程战略、财务战略、人力资源战略以及会计战略等。也就是说，企业必须在每个功能环节内发展出营销战略以达成不同功能部门的协调，同时对社会资源也要做出战略整合。

整合营销的层次如图 6-20 所示：

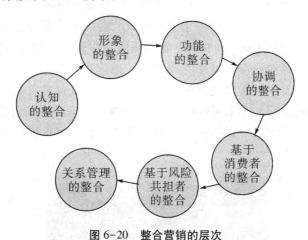

图 6-20 整合营销的层次

图片来源：作者根据相关资料整理所得

6.4.4 广告与整合营销传播

6.4.4.1 广告在这营销传播中的定位

整合营销是以消费者为中心，综合协调运用各种形式的传播方式，以统一的目标和传播形象，传递一致的信息，树立产品或品牌在消费者心目中稳定的地位，以建立起企业与消费者之间长期稳定的关系，更有效地实现产品的营销目的。广告是传递商品信息实现营销目的的重要的传播手段，广告传播是整合营销传播的重要组成部分，也是整合营销传播成功的关键。因此，广告传播策略的制定要遵循整合营销传播计划，广告传播活动要与整合营销活动的基调相一致。

整合营销传播是一项高度完善的系统工程，以实现更好的传播效果和经济效益，而这一目标的达成要靠系统同各组成部分的配合，广告作为其中重要的组成部分，更要积极参与整合传播活动。广告传播作为整合营销传播系统工程中的一个子系统，也要以整合的优势进行传播，配合使用不同的传播媒体，保持广告信息的一致，让不同媒体的受众能获得对于同一品牌的清晰一致的信息，同时还要对不同发展阶段的广告进行整合，以保持广告传播在时间上的一致性。[①]

6.4.4.2　广告在整合营销传播中的应用

第一，广告信息整合。

其一，不同媒体的信息整合。为了提高广告传播效果，厂商经营借助不同形式的媒体和渠道进行广告发布，向消费者传播关于同一产品或品牌的广告信息。由于媒体的特点各有不同，不同媒体的广告形式也就不同。这样同一消费者在经由不同媒体接收关于同一产品或品牌的广告时，或不同消费者从不同媒体接收关于同一产品或品牌的广告时，都可能产生信息冲突现象。为避免这种情况，就必须对不同媒体的信息进行整合。

其二，要传播清晰一致的信息。专家分析，消费者正进入一个"浅尝资讯式购买决策"的时代，即消费者在众多的信息中只选取所需的一小部分，并按自己的理解加以组织，然后据此做出购买决策。因此，消费者收集少量产品信息就做出决策的趋势，对厂商是一大挑战。针对消费者这种"浅尝式"的信息处理方式，广告创作要注重传播清晰一致的信息，易于消费者的理解与接受。例如，可口可乐在开展全球性广告宣传时，广告的永恒的主题是"喝可口可乐吧"。这些广告中的共同成分是可口可乐的饮用者都满面笑容。广告向消费者传达了清晰一致的信息，即喝可口可乐使人心情愉快（见图 6-21 和图 6-22）。

图 6-21　欢畅时刻，畅爽到底

图片来源：http://www.coca-cola.com.cn/NewCenter/nicegallery.aspx

---

① 聂艳梅. 整合之下话广告——广告传播与整合营销传播 [J]. 广告大观，2000（10）.

图6-22　欢畅时刻，你我共享

图片来源：http://www.coca-cola.com.cn/NewCenter/nicegallery.aspx

其三，针对不同受众的传播信息整合。有的产品，尤其是日用品，市场消费需求量很大，目标消费者的情况较为复杂。为了更有效地传播广告信息和实现广告目的，通过根据消费者不同的需求和动机把其分为不同的目标群体，然后依据其消费特点，分别采取不同的诉求策略和信息表达形式，并立足于全体消费者对各类信息进行整合。

其四，要考虑各媒体的发布时间，进行时间上的整合。在不同的时间段选择当时的优势媒体，做出统一的安排，更有效地实现时间上的发布效益。

第二，媒体运用的整合。

广告信息进入流通要借助于相应的媒体与渠道才能到达消费者。如今新媒体纷纷涌现，媒体的细分化趋势也日益明显，因此广告信息可供选择的传播途径也很多，如何才能更合理地选择各类媒体，以更有效地发挥媒体运用的整合优势，是广告参与整合营销传播的重要内容。

其一，要考虑各媒体的覆盖地域，实现空间组合。媒体的覆盖地域要与产品的销售区域相吻合，如果产品的销售区域需由不同的媒介共同覆盖，则要仔细考虑媒体的覆盖地域交叉，更为经济充分地利用媒体。

其二，要依商品传播的需要，采取"跟随环绕"的媒体选择策略。要随着消费者从早到晚的媒体接触，安排不同的媒体以跟随方式进行随时的说服。例如，早晨在家中使用广播与电视，上班途中使用户外媒体，办公室使用报纸，晚间则使用电视等，营造有利于消费者接受广告信息的环境，从而大大提高广告的传播效果。

其三，要考虑各媒体的发布时间，进行时间上的整合，以形成时间上的发布优势。

例如，美国防癌协会（ACS）在创作推广防晒系数（SPF15，下同）产品的公益广告时，先对SPF15的潜在使用者进行分析，通过和他们的谈话，了解他们如何购买与使用产品，在正常时日、假期和周末都接触什么样的媒体。通过对这些资料的分析，确定使用的媒体种类，比如在分析潜在使用者为12~18岁的消费者时，媒体选择为家庭/学校海报、广播、电视、报纸/杂志、记者招待会、空中文字广告、泳帽、太阳眼镜、小册子等。事实上，在具体的操作过程中，这些媒体的运用效果很好，证明了选择、组合的正确性。

第三，不同发展阶段上的广告整合。

整合营销传播除了重视空间的整合外，还要进行时间上整合，这是成就整合营销传播、塑造强势品牌之目的的重要手段。时间上的整合就是在不同的发展阶段，运用各种形式的传播手段，传达协调一致而又渐次加强的信息。完成既定的营销目标，并实现塑造品牌形象和积累品牌资产的更高层次的任务。

时间的界限有长有短，可以是一次主题广告运动，也可以是一个产品的生命周期等。一般来讲，整合营销传播在开展之初就要制定缜密而严谨的整合营销计划，在不同的时间阶段上，广告要根据鲜明的品牌个性和明确的定位相结合而进行阶段性的营销计划，制定本阶段的广告活动策略并创作相应的广告作品，以坚持品牌的一贯形象与个性，对品牌塑造进行持续性的投资与强化。

例如，百事可乐一直把可口可乐作为竞争对手，由于可口可乐问世较早，因此有了一批口味稳定的忠实顾客群，百事可乐认为消费者的口味一般很难改变，于是把目标消费者定在 13~16 岁的年轻人，以培养他们的口味。这样百事可乐在以后的广告宣传中，把"新一代"作为整合的主题，1961 年创作"现在，百事可乐献给自以为年轻的朋友"的广告，1964 年则以"奋起吧！你是百事的一代"为广告语进行宣传，后来又邀请摇滚歌星麦克尔·杰克逊出演、导演比利克利斯特尔拍摄电视广告（请欣赏视频 6-5）。直至今天，新生代"红人"吴莫愁等仍凭青春逼人之气来充当百事可乐的形象代言人（欣赏视频 6-7）。不同的营销阶段百事可乐的广告都以"新一代"为主题赋予品牌以年轻的内涵，塑造稳定而持久的品牌形象。

6.4.5 整合营销传播的步骤

整合营销传播的步骤如图 6-23 所示：

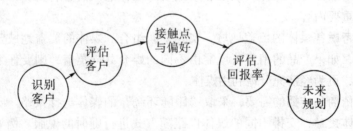

图 6-23 整合营销传播的步骤

图片来源：作者根据相关资料整理所得

6.4.5.1 识别客户与潜在客户

这是整合营销传播的第一步，需要建立消费者和潜在消费者的资料库。资料库的内容至少应包括人员统计资料、心理统计资料、消费者态度的信息和以往购买记录等。按照整合营销传播的要求，根据这些记录把客户、潜在客户加以归类分组，如他们使用的产品形式类似等。整合营销传播和传播营销沟通的最大不同在于整合营销传播是将整个焦点置于消费者、潜在消费者身上，因为所有的营销组织，无论是在销售量或利润上的成果，最终都依赖消费者的购买行为。

6.4.5.2 评估客户与潜在客户

这一阶段主要分析对组织最为重要的回报——销售额，以及最终的利润。换句话说就是，要尽可能去识别对组织最有价值的现有和潜在客户。评估的关键在于使用消费者及潜在消费者行为方面的资料作为市场划分的依据，因为对于一个整合营销传播战略来说，行为目标是最重要的要素，表明了一个营销传播计划所要达到的目的，所以用过去的行为推论未来的行为最为直接有效。

在整合营销传播中，可将消费者分为三类：对该品牌的忠诚消费者、对其他品牌的忠诚消费者和游离不定的消费者。很明显这三类消费者有着各自不同的"品牌网络"，而想要了解消费者的品牌网络就必须借助消费者行为资讯才行。

6.4.5.3 接触点与偏好

对于整合营销传播过程，了解客户接触点和偏好是非常重要的。接触点是指客户和潜在客户同组织、品牌、销售渠道成员或其他任何与品牌有直接联系，并能影响客户现在或将来对品牌的考虑的人或活动发生接触的途径。接触偏好是指客户或潜在客户所偏爱的，从公司或品牌处接受信息和材料的途径。

整合营销传播不只是基于组织向客户和潜在客户传播什么，还发生在品牌接触，即客户和潜在客户在整个市场上对品牌的接触和体验。因此，营销传播经理的首要任务是了解现有的所有接触点。可以将每一个接触点视为将来有用的传播方式，这些接触点通常比整合营销传播经理开发传递的信息更有影响力。整合营销传播的目标不只是这些接触点，而是管理这个过程。理解品牌接触的最好方法之一就是品牌接触审计，即营销和传播人员对组织接触其客户和潜在客户的所有途径进行的分析。了解客户和潜在客户偏爱哪种传播方法也是非常重要的，可以依照"回流模型"的过程（见图6-24），同顾客和潜在顾客进行面谈，并请顾客按照自己的偏好为这些传播方法评级。

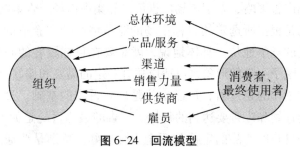

图6-24 回流模型

图片来源：作者根据相关资料整理所得

6.4.5.4 评估客户投资回报率

在这个阶段，主要是通过了解各类客户的价值并确定传播投资回报的框架，然后通过运用相关的统计方法来对客户的投资回报进行一个整体评估，并确定长期客户与短期客户所能获得的投资回报情况。

6.4.5.5 方案执行后的分析与未来规划

当整合营销传播的流程进行到这一步时，营销传播的相关人员已经很准确地评估完了长期客户和短期客户的投资回报。接下来，营销传播人员只需要对营销传播项目实际的财务成绩和所挑选的客户群体进行评估，进而以确定项目是否成功。评估完成后，紧接着要做的就是要延续已经成功的营销与传播方法，修改不成功的方法。因此，了解项目的成败与否可以为未来的项目计划提供参考，营销传播流程的循环也不会就此结束。

本章小结

本章是从 STP 的视角来研究广告的营销管理，主要分为营销的观念和概念体系、营销与广告的联系、广告的 STP 战略和整合营销传播四个部分。现围绕研究核心广告 STP 战略，总结如下：

市场细分是按照消费者欲望与需求把总体市场划分成若干个具有共同特征的子市场的过程，那些由可识别的及具有相同欲望、购买能力、地理位置、购买态度和购买习惯的人群构成细分市场。企业之所以要把市场划分成不同的细分市场并且区别对待，一方面是因为在市场上存在着差异化的需求，另一方面则是出于竞争的考虑。市场细分的目的在于有效地选择并进入目标市场。在市场细分的基础上，正确地选择目标市场是目标市场营销成败的关键，也是广告创作、宣传与投放的关键。

目标市场（Target Market）是企业为满足现实或潜在的消费需求而运用产品（服务）及营销组合准备开拓的特定市场。目标市场选择则是在诸多细分市场中选择最为合适的细分市场作为目标市场的过程。与目标市场三种营销策略相对应，广告市场策略也有无差别市场广告策略、差别市场广告策略和集中市场广告策略。

市场定位指的是根据所选定的目标市场的竞争情况和本企业的条件，确定企业和产品在目标市场上的竞争地位。具体地说，就是要在目标顾客的心目中为企业和产品创造一定的特色，赋予一定的形象，以适应顾客一定的需要和偏好。

从广告策划和创作的角度看，产品定位是广告诉求的基础。没有产品的定位就不能决定产品的推销计划和广告要达到的目标。广告的最终目的是为了促进商品的销售，对于企业来说，一旦找准产品的定位就要全力维护好，特别是要通过有效的广告活动使产品的形象扎根于消费者的心目中，并在消费者的心目中确定自己牢固的地位。

思考题

1. 科特勒对市场营销下的定义是："个人或群体通过创造产品和价值，并同他人进行交换以获得所需所欲的一种社会及管理过程。"科特勒对营销管理下的定义是："为实现组织目标而对旨在建立、加深和维持与目标购买者之间有益的交换关系的设计方案所作的分析、计划、实施及控制。"请谈谈你对这两个概念的理解。

2. 学习了营销的定义，你对"营销并非只是企业中负责产品推销的人的工作，企业中的所有人都应该起到营销者的作用"这句话认同吗？这意味着什么呢？

3. 什么是 STP 战略？你认为市场 STP 战略与广告 STP 战略是一样的吗？为什么？

参考文献

［1］Peter D. Bennett. Dictionary of Marketing Term ［M］. Chicago：American Marketing Assocition，1988：115.

［2］Peter D. Bennett. American Marketing Association：Dictionary of Marketing Terms ［M］. New York：American Marketing Association，1995.

［3］菲利普. 科特勒. 营销管理 ［M］. 梅清豪，译. 上海：上海人民出版社，2003.

［4］马歇尔. 经济学原理：上卷 ［M］. 朱志泰，译. 北京：商务印书馆，2005：131-132.

［5］Robert Frank. Pepsi Bets a Blue Can Will Spur Sales Aboard ［N］. Wall Street Journal，1996-04-02 （B8）.

［6］Laura Petrecca. Like Homes in on Office ［J］. Advertising Age，1998 （8）：16.

［7］Betsy Sperthmann. Is Advertising Dead? ［J］. PROMO Magazine，1998 （9）：32-36，159-162.

［8］Jim Osterman. This Changes Everything ［N］. Adweek，1995-05-15.

［9］Kate Fitzgerald. Beyond Advertising ［J］. Advertising Age，1998 （8）：1，14.

［10］Don E. Schultz. Integrated Marketing Communications：Maybe Definition is in the Point of View ［J］. Marketing News，1993 （18）：17.

［11］Don E. Schultz，Stanley I. Tannenbaum，Robert F. Lauterborn. Integrated Marketing Communications ［M］. Lincolnwood：NTC Business Books，1993.

［12］Esther Thorson，Jeri Moore. Integrated Communication：Synergy of Persuasive Voices ［M］. Mahwah N. J：Erlbaum，1996：1.

［13］聂艳梅. 整合之下话广告——广告传播与整合营销传播 ［J］. 广告大观，2000 （10）.

第二部分总结

广告学在长期发展过程中，构建了较为完整的学科体系，并在这一学科体系的理论框架下形成了一系列的基本原理，这些基本原理是在长期的广告实践中总结出来的，带有规律性或普遍性的行为准则，经过广告人或广告大师们的理论升华后，对广告运作又具有重要的指导意义。要弄懂广告，首先就必须了解广告的相关概念及其历史演变进程。从广告学的发展看，广告的心理学原理、消费者行为学等日益重要；从广告学的形成过程看，广告的营销学原理占有较大比重。随着广告内部和外部环境不断发生变化，广告与广告的表现策略理论的联系也日益紧密。

广告是一种特殊的信息传播活动，这种传播活动在明确的广告主付费的基础上，通过大众媒体等方式将其商品、服务或观念等信息传递给特定的目标受众。广告经历了漫长的历史演进过程，从最原始的叫卖广告，到粗糙的招牌幌子，到印刷的传单广告，再到现在精美的平面海报、夺人眼球的夸张创意广告、动人心弦的电视广告，不管是在中国还是全球，广告都实现了大发展、大跨越。

广告学是一门综合性的边缘学科。广告学在其形成过程中，由于研究对象日益明确而逐渐进从其他学科中独立出来。广告学在其发展过程中，不断吸收和融合其他学科的研究成果，与其他学科发生着紧密的联系，在心理学这一学科上表现较为明显。

1898 年，美国人路易提出了"AIDA 法则"。他认为广告的说服功能是通过广告信息刺激受众而实现的。一个广告要引起人们的关注并取得预期的效果，必然要经历引起注意、产生兴趣、培养欲望和促成行动这样一个过程才能达到目的。路易斯的提法主要是从心理学的角逐度，也就是从广告受众的心理活动的过程这个视角逐来探讨如何提高广告在营销过程中的效果问题，因而引起了人们的高度重视。广告的心理学原则还有注意原则、记忆原则、联想原则及说服原则等。心理学运用于广告学，是广告学形成的重要标志之一，而广告运作过程中对心理学原则的吸收和运用，又使广告心理学成为广告学的重要学科分支。

随着广告内外部环境的变化，广告的表现策略理论也有了很大的发展。

20 世纪 50 至 70 年代，"推销主义"广告的代表人物罗素·瑞夫斯、大卫·奥格威、艾·莱斯和杰·屈特围绕"广告便是推销"这一中心观点分别提出了 USP 理论、品牌形象理论和定位理论，从不同的角度阐述了"广告即销售"这一主题。

USP 理论又称为"独特的销售主张"，英文表述为"Unique Selling Proposition"。这一理论的创始人罗素·瑞夫斯为当时世界十大广告公司之一彼达恩广告公司的总裁，也被称为美国首席文案撰稿人。20 世纪 50 年代，当广告艺术创意的潮流呈汹涌澎湃之势的时候，他冷静地指出：广告是科学。而科学的广告在创意表现过程中必须遵循 USP 原则，USP 原则是第一个被较完整表述的"推销术"原则。

BI 理论又称为"品牌形象论"，英文的全称是"Brand Image"。这一理论的创始人大卫·奥格威是 20 世纪 60 年代美国广告"创意革命"的三大旗手之一，也是美国"最伟大的广告撰稿人"，世界著名广告公司奥美广告公司的创始人。该理论的重要论点是：其一，广告最主要的目标是为塑造品牌形象服务；其二，任何一个广告都是对品牌的长期投资，广告活动应该以树立和保持品牌形象这种长期投资为基础；其三，为维护一个良好的品牌形象，可以牺牲短期的经济利益；其四，描绘品牌形象比强调产品的具体功能特征重要得多。

定位理论由美国著名的营销专家艾·莱斯和杰·屈特在 20 世纪 70 年代倡导。定位理论的核心内容是希望通过特定的广告宣传，替处于竞争期中的产品树立一些便于记忆、新颖别致的东西，从而在消费者的心目中留下一个恰当的心理位置。

随着广告技术的进步和广告传播范围的扩大，广告与社会学领域内的心理学、营销学、消费者行为学、文化学、管理学、历史学、美学，自然科学领域内的声、光、电学，以及应用学科范畴的计算机科学、摄影学、美术学等均发生了较为密切的联系，广告学多学科融合、多领域交叉、多层面支撑的综合性特点日益明显。

第三部分　广告策划

以下这则广告背后是一个浪漫的邂逅的故事：

故事的主人公小兰是一名狂热的"拇指族"，她最喜欢的就是用动感地带聊天交友，而且小兰也拥有许多的聊友。其中，有一个叫"JAY"的男孩是小兰最好的聊友。两个人聊得非常愉快和投机，并且常常你来我往互致短信。

和当代众多的年轻人一样，小兰同时还是一个狂热的粉丝，而她的偶像则是炙手可热的周杰伦。

周杰伦开演唱会了，小兰和众多粉丝一起兴奋地看着自己的偶像在舞台上星光闪耀。在听周杰伦唱歌的时候，她激动地发出一条短信给"JAY"："我正在听周杰伦的歌。"

正在这时候，周杰伦从台上停下了演唱，竟然取出手机熟练地按着键盘发了一条短信。就在这一瞬间，小兰的手机短信响起，全场静默。小兰取出手机一看，一下子幸福地晕倒了。

短信上说："我正在唱周杰伦的歌。"

原来，小兰的那个聊友"JAY"就是周杰伦啊。

这是周杰伦与中国移动——动感地带合作的一则广告——"我的地盘，我做主"。广告播出之后，一瞬间就迷倒了无数少男少女。

"从 2004 年 7 月 26 日开始，如果你是中国移动用户的话，只要你'12590707'，就可以收听到周杰伦为动感地带量身定做的新歌《我的地盘》。"在歌曲中周杰伦用自己独特的歌声和词曲再次讲述了其对于动感地带的认识，也因此成了歌迷们传唱的金曲。

"我的地盘，我做主"以及由周杰伦代言的广告中出现的"没错，我就是 M-ZONE 人"成为年轻人的口头禅。

无疑，这次广告活动可以说是很成功的，对于该广告的策划也应该是肯定的。对于一个产品，如何赢得更高的受众度，如何赢得更大的市场竞争力，优秀的广告活动可以有效地促进产品的推广。

如何策划出消费者喜爱的广告？

如何针对消费者的需求制作出更有吸引力的广告活动？

如何将产品的特质在广告活动中富有创意地表达出来？

成功的广告策划不仅仅可以提高产品的知名度，还可以提升企业的声誉，增加消费者对于该产品的品牌忠诚度。可见优秀的广告活动对于产品和公司都起着至关重要的作用，而广告策划则是广告活动得以有效执行的先决条件。没有精细的广告策划，再多的创意也无法恰当地表现。

如何进行广告策划？接下来的第七、八、九、十章则会引导读者对广告策划有一个全面且清晰的了解和学习。

7 广告策划概述

开篇案例

天气怎么样?

当我们说到天气预报时,通常觉得这和看一幅干的油画一样有趣,但这并不意味着一家 24 小时播放天气预报的闭路电视台就是一家优秀的电视台。天气预报的信息很容易获得,但许多人都不会整天看天气预报频道(TWC,下同),比如凌晨 3 点就几乎没有人看这个节目。因此,当电视台节目的竞争变得更加激烈的时候,闭路电视公司开始认为 TWC 提供的服务是可以替代的。

TWC 不得不和其他闭路电视供应商(如 ESPN 等)相竞争。TWC 需要改变品牌给消费者带来的感觉,即 TWC 提供的是一件商品,TWC 是一个可以得到消费者忠诚的迷人的品牌。现在的问题是在消费者认为天气预报很无聊的情况下,如何实现品牌形象的改变。

如果节目融入与消费者"相关"的内容后,天气预报就不会再令人厌烦了。TWC 有一批特别虔诚的观众,对他们来说,天气预报不仅仅是准确的预报,他们以"敬畏""迷惑"的语气提及大自然母亲的"神秘""奇迹""力量"。不过,尽管他们是热心的观众,但他们肯定节目的时候仍然有一些尴尬。可以说,他们只有在非公共场合下才敢说这番话,毕竟那些过于严谨的气象学家并不为多数人所理解。

可以讥讽地说,气象学家有耐心地向人们提供所需的信息——预测。天气预报本身并不令人厌烦,但把自己包装起来迎合人们对天气的预测需求使它变得令人厌烦了。

思考:如果是你,这次广告活动应该采取怎样的策略才能达到更好的效果?怎样策划一则广告才能赢得更多的肯定?

本章提要

广告策划是将谋略创造和科学程序融为一体的艺术,已经成为现代广告活动中的核心部分,可以说广告策划的成败决定着一个企业产品在消费者心目中的地位。具体而言,广告策划是广告人对要进行的广告活动在周密的调查和分析的基础上所做出的具有创造性、科学性和系统性特征的整体计划和安排。凡事"预则立,不预则废",因此只有广告人在科学的策划谋略的指导下,按照科学的广告策划程序,做好每个环节的工作，有明确的目标、详尽的计划、正确的行动，才能发挥广告的作用，进而取得成功。本章从广告策划的基础知识入手，按照广告策划的一般程序和内容，对其中的重点环节进行介绍。

7.1　广告策划的概念与基本特征

7.1.1　广告策划的概念

广告策划是广告从低级阶段发展到高级阶段的显著标志。运用现代科学技术和多学科的知识进行广告策划，在美国、法国、日本等广告业发达的国家中已成为一种时尚。[①]随着社会经济的发展和改革的深化，我国广告界也渐渐认识到广告策划的重要性。一批优秀的广告公司在实践中对广告活动进行科学策划，已经或正在获取重大的经济效益和社会效益。现代广告策划在激烈的市场竞争中将发挥越来越大的作用，认识广告策划的含义、特征和作用，把握其内涵与原则，是我们跨入广告策划这座科学艺术殿堂的第一步。

广告的起源可以追溯到产生商品交换的远古时代，科学的广告策划是现代社会经济发展的产物。广告策划的概念是在 20 世纪 60 年代由英国伦敦波利特广告公司创始人斯坦利·波利特首次提出的。这一概念一经提出后便得到了广告界的认可，很快就流行于法国、日本等广告业发达的国家。近年来，我国广告界和企业界对广告策划的重要性的认识也逐步提高，并开始运用于广告实践之中。实际上，尽管人们对广告策划现象司空见惯，但对于什么是广告策划，其科学含义是什么，并不十分清晰明了。

虽然目前学术界对于广告策划的概念尚没有定论，总体说来广告策划是根据广告主的营销策略，按照一定的程序对广告运动或者广告活动的总体战略进行前瞻性规划的活动。广告策划以科学、客观的市场调查为基础，以富于创造性和效益性的定位策略、诉求策略、表现策略和媒体策略为核心内容，以具有可操作性的广告策划文本为直接结果，以广告活动的效果调查为终结，追求广告运动（活动）进程的合理化和广告效果的最大化，是广告公司内部业务运作的一个重要环节，是现代广告业运作科学化、规范化的重要标志之一。[②]

广告策划不是具体的广告业务，而是广告决策的形成过程，其核心是确定广告目标，制定和发展广告策略。具体而言，广告策划可以分为两种：一种是单独性的，即为一个或几个单一性的广告活动进行策划，也可以为单项广告活动进行策划；另一种是系统性的，即为企业在某一时期的总体广告活动进行策划，也可以称为总体广告活动策划。[③]

广告策划作为一种科学的广告管理活动，必须确定广告目标、广告对象、广告策

---

① 饶德江. 广告策划［M］. 武汉：武汉大学出版社，1996：1-4.

② 徐智明，高志宏. 广告策划［M］. 北京：中国物价出版社，1997：16.

③ 陈乙. 广告策划［M］. 成都：西南财经大学出版社，2002：72.

略等原则问题。也就是说，广告策划的诀窍是要解决广告"说什么""对谁说""怎样说""说的效果如何"等一系列重大问题。

7.1.2 广告策划的基本特征

广告策划作为广告人对要进行的广告活动在周密的调查和分析的基础上做出的具有创造性、科学性和系统性特征的整体计划和安排的广告管理活动，具有以下特征：

7.1.2.1 广告策划是一种创造性的指导活动

策划是一种程序，在本质上是一种运用脑力的理性行为。基本上所有的策划都是关于未来的事物，也就是说，策划是针对未来要发生的事情做当前的决策。[①] 广告策划有别于写、画、制作等具体的广告业务，具有一定的创造性，是对这些具体的广告业务提出基本原则和战略策略，是对广告活动进行预先的思考和规划，并将这些要素体现于制定的广告计划之中。

7.1.2.2 广告策划是一项具有针对性的科学实践活动

广告策划并非研究广告的一般规律，而是把广告学的原理运用到具体的广告活动中。按照特定的广告主的需要，并充分考虑广告活动的科学性、有效性，任何广告活动都应当针对特定的广告目标，讲究投入产出，强调广告效益，力争实际效果，这是广告策划的根本目的所在。广告效益既包括企业产品销售的经济效果，也包括企业形象、品牌形象等方面无形的效果；既包括近期可见的效果，也包括远期的潜在效果。

7.1.2.3 广告策划是一种系统性的活动

广告策划的系统性是指使广告活动的各个环节、各个要素互相协调、互相依存、互相促进。系统的本质则要求广告要有统一性，即广告策略的统一性。科学的广告活动具有自身的规律，按照消费者的消费心理规律，按照商品的导入期、成长期、成熟期、衰退期的不同特点，分系统、分步骤地实施广告策略。各种广告策略系统组合、科学安排、适地运用，具有严密的系统性，才能防止广告策略之间、广告媒介之间互相矛盾、互相冲突，也才能克服广告活动中的随意性和盲目性，取得较好的经济效益和社会效益。

7.2 广告策划的原则[②]

广告策划作为企业营销策划活动的重头部分，既不是无计划地进行，也不是无目的地展开，而是按照一定的原则，有计划、有步骤地进行。一个成功、完整的广告策划，应当遵循广告策划的原则，将策划过程分为具体的阶段，不同阶段的工作对象、内容和目标均应遵循一定的原则。具体来说，广告策划的原则可以分为四类（见图7-1）。

[①] 美国哈佛企业管理丛书编纂委员会的观点。

[②] 李景东. 现代广告学 [M]. 广州：中山大学出版社，2010：50-52.

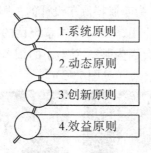

图 7-1　广告策划的原则

资料来源：作者根据相关文献资料整理所得

7.2.1　系统原则

系统是物质世界存在的方式，广告策划也不例外。广告策划是由众多环节和内容组成的，并不是彼此孤立的，而是通过贯穿在广告策划中的广告策略统一起来的。广告策划的各项内容彼此环环相扣，广告策划的实施环节彼此密切配合，使广告活动成为一个和谐统一的整体，在统一的策略指导下有序进行。把系统原则运用到广告策划中去就是如实地把广告策划作为一个有机整体来考察，从系统的整体与部分之间相互依赖、相互制约的过程来解释系统的特征和运动规律，以实现广告策划的最优化。

系统原则在广告策划中体现在以下四个方面：

第一，广告和产品是统一系统中的两个子系统，必须互相协调。这主要表现在广告必须服从产品，保持与产品之间的一致性。广告高于产品，会导致虚假；广告低于产品，会导致过谦；广告背离产品，会导致离散。因此，这些情况在广告策划的过程中应极力避免，以免产生负面效果，影响广告策划的效益。

第二，广告的各种发布手段在相互配合上应协调一致、组合有序。例如，同一产品在一定时期出现不同的广告主题，同一企业的广告在同一年份出现不同的信息，以致出现自相矛盾或其他问题，这些在广告中都是应该避免的。

第三，广告内容和表现形式同属一个系统，应当和谐统一。内容要通过恰当的形式来表现，而任何广告形式都必须服从广告内容，实现内容与形式的统一。

第四，广告与周围的外部环境也是一个系统。广告要适应外部环境，并利用外部环境中的有利因素，使人们通过广告不仅可以认识和了解产品，而且还能联想到产品象征的意义。

美国某鱼罐头企业在加拿大魁北克报纸上刊登了一则广告。广告画面是一位穿着短裤的女士正在和一位男士打高尔夫球。该广告的用意是：一位女士可以抽空陪丈夫打高尔夫球，然后用鱼罐头准备午饭。但事实是，魁北克的女士不和男士打高尔夫球，在高尔夫球场上她们也不穿短裤。更重要的是，鱼罐头在魁北克并不当作主菜，是饭桌上不起眼的东西。由于缺乏对市场的分析和调查，使广告与外部环境严重背离，导致这次广告惹来了不少麻烦，是一次不成功的广告。由此可见，外部环境对于广告的成功与否也起着相当重要的作用。

又如，李奥贝纳广告公司①为菲亚特汽车设计的一则广告。该广告的表现手法则是从细节入手体现整体性的重要作用，体现广告系统性的整体原则。这里广告商的目的是想突出汽车的整体质量，不会因为某一个小小的细节——一个零件的缺失导致整个产品的不足，影响产品的本身效果（见图7-2）。

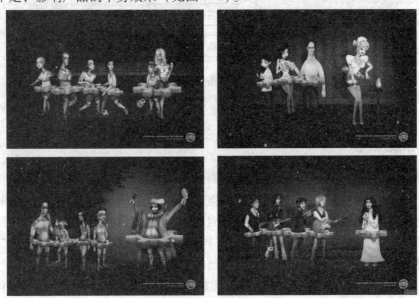

图7-2　"一个零件出错就可能导致整体都无法正常运作，请使用原厂配件"②

7.2.2　动态原则

成功的广告策划要能够适应未来千变万化的环境和条件，应该是富于弹性的、动态的、有变化的。广告策划伴随着整个广告活动全过程，包括事前谋划、事中指导、事后监测，因而是周而复始、循环调整的。在整个广告活动过程中都有相应的阶段性策划工作要点，应该把策划作为广告活动中的调控器来使用，及时恰当地调节广告活动中的每一个要点。

广告策划中所依据的市场环境、消费者以及竞争对手的情况，随时都有可能发生变化，这就要求广告策划的内容必须具有一定的灵活性。想要制作优秀的广告策划，策划人员就应当能针对各种情况的变化及时做出调整，以适应新的形势的需要。

7.2.3　创新原则

广告策划活动是一项创造性思维活动。创新是广告策划的关键和保证，创造性的策划具有从别人的所有特点中找出空隙的能力，具体表现在广告定位、广告语言、广

---

①　李奥贝纳广告公司是美国广告大师李奥·贝纳创建的广告公司，现在是全球最大的广告公司之一，于1935年成立于美国芝加哥，是美国排名第一的广告公司，在全球80多个国家和地区设有近100个办事处，拥有1万多名员工，集品牌策划、创意、媒体为一体，在中国为国际及国内的知名客户提供全方位的广告服务。

②　资料来源：李奥贝纳公司为菲亚特设计的广告。

告表现、广告媒体等方面。

别具一格、独树一帜、标新立异，给人以新的感受，这就是广告策划追求的目标。在市场经济条件下，广告的新颖性、启发性和吸引力是不可或缺的。如果广告千篇一律，没有变化，那么对人也就没有感染力。这样广告策划也就失去了意义。将广告简单化、格式化不但收不到预期的宣传效果，甚至会产生负面的社会作用，降低广告在社会公众心目中的声誉。

广告的创新，首先是创意的独树一帜。创意决定一个广告生命力的强弱，同一种产品从各个角度出发而制作出的不同创意，其感染力度也会发生很大的不同。例如，日本丰田汽车在打入中国市场的时候，巧妙地把丰田汽车广告融进中国的一句谚语之中："车到山前必有路，有路必有丰田车。"恰到好处地运用了中国的传统的谚语，使得该广告给人以新的感受和无尽的回味，并且很容易进入消费者的记忆中，令人产生深刻的印象。

力求有新意的广告语言是广告创新的又一要求，要有"语不惊人死不休"的锤炼精神。要从生活中提炼警句、名言，使广告词富有哲理性、富有人情味、富有新意。例如，美国一家泡泡糖的生产公司的广告词是"本产品的名气是靠吹出来的"，语句诙谐幽默，耐人寻味。在中国的语言中，有不少的成语或俗语，可以通过加入否定词或其他的词形成新的词意，利用这种方式构思的广告语言，往往会出现奇妙的效果。例如，上海家用化学品厂生产的"美加净颐发灵"，其广告语为"聪明不必绝顶"读起来令人叫绝，语句简洁新颖，意味深长。

广告的表现也应该力求新颖、独特，使广告表现具有新的艺术构思、新的格调和新的形式，以有效地传递信息，创造需求。例如，我国香港地区一家专营胶黏剂的商店，推出了一种最新的"强力万能胶水"。为使该产品能为消费者所了解，店主用这种胶水把一枚价值数千港元的金币粘贴在墙上，并声称谁能用手指把金币抠下来，金币就归谁所有。一时间，该店门庭若市，不仅观者云集，登场一试者也不乏其人。新奇的广告手法，使这种胶水的良好性能声名远扬，商店生意大好。

7.2.4 效益原则

效益原则是要求广告策划活动中，以成本控制为中心，追求企业与策划行为本身双重的经济效益和社会效益。企业在进行广告活动中要与其盈利性相一致，这种盈利既可能是短期的，也可以是长期的。同样，企业在进行广告策划时要注重其投资回报率，不要为策划而策划，要抓住最根本的东西，即广告活动能为企业带来的利润是多少。因此，广告活动如果不能为企业带来利润，那么就丧失了它存在的意义，也就不会有企业愿意做广告策划。

广告策划应该带来一定的经济效益。提高广告的经济效益，即是说要力争用尽可能少的广告费用，去取得最佳的广告效果。广告经营者在从事广告策划时，应同时考虑到消费者和广告主两方面的利益，认真进行经济核算，选择最优方案，做到广告活动花钱少、效果好。只有这样，才能使广告主乐于使用，消费者也乐于接受。即使企业自己进行广告策划，同样有经济效益的问题需要考虑。

一般来说广告策划的结果，应该是能给广告主带来以下三方面的经济效果（见图7-3）：

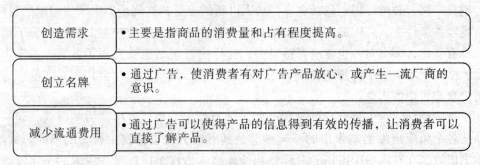

创造需求	• 主要是指商品的消费量和占有程度提高。
创立名牌	• 通过广告，使消费者有对广告产品放心，或产生一流厂商的意识。
减少流通费用	• 通过广告可以使得产品的信息得到有效的传播，让消费者可以直接了解产品。

图7-3 广告策划的经济效益

资料来源：作者根据相关文献资料整理所得。

要制作好的广告还要注意社会效益。广告既是一种经济现象，又是一种文化现象。一方面，在生产、流通和消费领域中，广告在沟通产销、传递供求信息、促进销售、满足需求等环节发挥着积极作用；另一方面，广告还要体现为社会大众服务的宗旨，正确引导消费者消费，推出健康的生活观念和生活方式，鼓励良好的社会风尚，灌输高尚的思想情操和文化修养。

威廉·伯恩巴克是著名广告公司DDB公司的创始人之一，他曾经为埃飞斯出租车公司策划了一次堪称世界经典的广告，不仅轰动了整个业界，也给该公司带来了巨大的经济效益。[①]

在市场经济极为发达的美国，出租车行业自然也是早已走上了垄断之路，并出现了几家全国性的大型出租车公司。这些公司从事的并不是专门载客的业务，而是真正意义上的出租汽车，即将汽车租给一般人使用。如果要出远门，还可以在此城租车而到目的地还车，只要是同一家公司的分支机构就没有问题。在这种情况下，美国的出租车公司规模越大，竞争力就越强，各家出租车公司为争夺行业龙头老大的地位必然要展开激烈的角逐。

长期以来，在美国租车业中高居榜首的是哈兹公司，占第二位的是埃飞斯公司。为了争夺第一的宝座，埃飞斯公司与哈兹公司展开了激烈的商业厮杀。但由于实力悬殊，埃飞斯公司屡战屡败，自创业之后的15年中，年年亏损，已经到了难以为继、濒临破产的边缘。

1962年，埃飞斯公司更换了总裁，新总裁调整了经营策略，同时选择伯恩巴克的DDB公司作为其广告代理商。他要求DDB公司以100万美元的广告费发挥500万美元的效果，帮助埃飞斯公司扭转颓势。

伯恩巴克在与埃飞斯的经理们以及自己公司的广告专家进行了认真详细的调查研究之后，果断提出了全新的广告策略——"放弃争当老大的目标，甘居老二，保存实力，以退为进"。

---

① 江西科技师范学院广协. 新浪博客《威廉·伯恩巴克——创造现代广告六位巨人之一》（http://blog.sina.com.cn/s/blog_605161250100fsdc.html）。

这确实是常人难以理解的一步棋。要知道，在某一行业之中，老大与老二虽然仅仅是一步之差，但是他们的地位却大不相同，占据第一位的公司往往比其他后来者在各个方面都拥有明显的优势。单单是第一的牌子就有相当高的含金量，凭借它，无须花费太大的气力就能争取不少顾客，因为一般人对于第一名总是有一种崇拜的心理。埃飞斯公司之所以不惜血本与哈兹公司拼死相争，道理也就在这里。

在当时，哈兹公司的财力是埃飞斯公司的 5 倍，年营业额是埃飞斯公司的 3.5 倍，要与这样的强大对手争个高低，必然是自己先要倒霉。埃飞斯公司当时的领导人十分开明，接受了这一甘居第二的广告新策略。就这样，1963 年，连续亏损多年的埃飞斯公司开始改弦更张，正式推出公开宣称自己是第二位的全新广告（见图 7-4）。

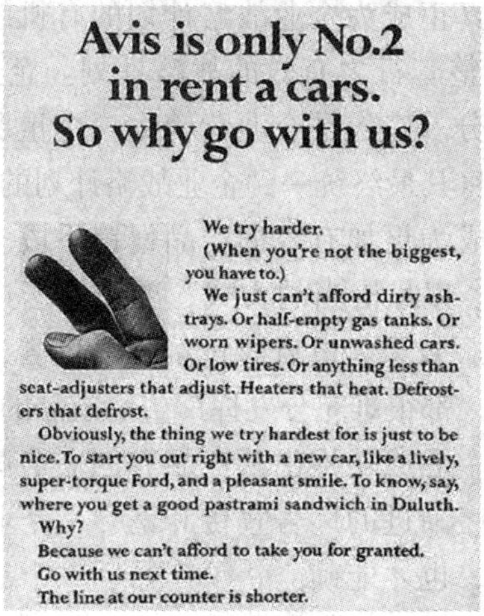

图 7-4　老二也好

资料来源：http://student.zjzk.cn/course_ware/web-waxz/found/1-alfx/f1_b/f1_b_2/1_b_2_2.htm

广告标题："埃飞斯在出租车业只是第二位，那为何与我们同行？"

广告正文："我们更努力（当你不是最好时，你就必须如此），我们不会提供油箱不满、雨刷不好或没有清洗过的车子，我们要力求最好。我们会为你提供一部新车和一个愉快的微笑……与我们同行。我们不会让你久等。"

这是美国历史上第一个将自己置于领先者之下的广告。这一大胆创意在刚开始提出来时遭到了许多人的反对，因为谁也不愿意公开承认自己不如别人。但是埃飞斯公司的新总裁对此却十分赞赏，他力排众议，果断采纳了这一广告作品。事实证明了伯恩巴克的正确，广告刊播后，立即引起了广大消费者的关注，并产生了相当强烈的效果。

这一广告的高明之处就在于敢公开承认埃飞斯公司所处的地位，同时又申明了埃飞斯公司不忘顾客的厚爱，努力工作的积极态度。这一表态引起了美国消费者的极大兴趣和同情。因为崇拜强者与同情弱者是人类普遍存在的两种感情。埃飞斯公司的广告通过巧妙的形式，唤起了人们的同情心理，因而争取了大量的顾客。两个月之后，埃飞斯公司竟奇迹般扭转了亏损的局面。

当年，长期赔本的埃飞斯公司就实现了 120 万美元的盈余，第二年这一数字上升到 260 万美元,第三年又增长了近一倍,达到 500 万美元。多年争当老大,亏损累累,如今甘成老二,财源茂盛。这就是杰出的广告策划所带来的巨大效益。

7.3 广告策划的意义和作用

广告策划是现代广告与现代管理科学相结合的结晶。广告策划把现代管理技术与现代广告活动的多样性、复杂性、系统性和定量性要求结合起来,使现代广告真正成为一门科学。广告策划的意义和作用主要表现在以下几个方面:

第一,广告策划使广告真正成为企业战略计划的有机组成部分。企业要在竞争中取胜,就必须重视并制定一整套行之有效的战略计划。企业经营管理中的任何行动,都应看成实现战略的一个部分。广告是企业营销中一个重要组成部分,只有对企业广告活动进行整合规划,才能将其最终统一到企业战略计划的框架中。

第二,广告策划使广告成为更加有效的产品促销手段。广告策划使广告能以最适当的内容、在最合适的时机、以最恰当的方式,准确地送达事先确定的目标市场,从而最大限度地发挥广告的说服效果。没有经过策划的广告,或者偏移中心,或者无的放矢,或者与产品销售脱节,都很难充分发挥广告对产品的促销作用。

第三,广告策划是现代企业成功推出新产品和创立名牌产品的基本手段之一。通过精心安排、错落有致、循序渐进的广告宣传和诱导,企业设计的良好形象才能在众多消费者心目中有效地形成,也才能确立一项产品、一个品牌甚至一个企业在市场中的理想位置。没有出色的广告策划,任何一个良好的产品形象、品牌形象或者企业形象的建立都是不可能的。

第四,广告策划是实现企业广告整体优化,杜绝和减少无效、低效广告,提高广告效益的有效途径。

第五,广告策划是广告经营者提高整体服务水平和竞争实力的重要途径。

7.4 现代营销策划与广告策划

7.4.1 现代营销策划与广告策划

企业营销策划是对企业的整个业务的经营活动,主要包括市场调查和分析、产品策略、价格策略、促销策略、企业决策和售后服务等方面的有机组合的策划。在现代化大生产高度发展的今天,企业营销活动的各种因素并不是孤立地存在的,而是相互之间有着紧密的联系并相互制约的,因此企业营销组合是现代营销策划的关键所在。而广告策划作为促销策略策划的重要部分,必须从企业营销组合的全局着眼,使之与营销组合的各个部分有机地协调、统筹安排,从而展现出广告策划的魅力。

随着企业营销观念的发展,广告策划的观念也发生了深刻的变化。

传统的广告策划观念仅仅把广告作为商品推销的一种手段：在内容上，局限于产品的介绍和购买欲望的刺激；在目标上，侧重于短期的销售增长和经济效益；在形式上，偏重于平铺直叙的直接宣传。因此，传统广告活动基本上是站在企业自身的立场上，以促进企业现有产品的销售为主要目标。结果往往是广告不一定能符合消费者的需求和接受心理，难以产生促销效果，最终影响企业整体的营销效果。[①]

现代广告是以企业整体营销为基础的广告，不是以企业为中心，而是以消费者为中心，强调从消费者的需求及广告受众的接受心理出发开展广告宣传，注重广告的整体效应和长远效应。现代广告的目标主要以开拓和巩固企业的目标市场为目的，重视广告的长期效益而不拘泥于短期利益的得失。在广告内容上，现代广告不局限于产品的推销和介绍，而注重于建立稳固的品牌信誉和良好的企业形象。在这种情况下，广告活动不是孤立的行为，而是企业整体营销策略的重要组成部分。

耐克广告一向都比较注重质量，2010 年世界杯耐克推出的《踢出传奇》的视频广告已成经典，此外更有一组平面广告，将几位著名球星的英姿永恒地凝聚成了雕像，让人拍手叫绝。该组雕像系列广告共有 5 幅，分别是 Drogba（德罗巴）、Ribery（里贝里）、Robinho（罗比尼奥）、Ronaldo（C. 罗纳尔多）、Rooney（鲁尼）5 位世界著名的足球明星。该系列广告名为"Write the Future"（"书写未来"），宣传语为"The Moment Lasts a Second, The Legend Lasts Forever"（"那一刻只持续了一秒，传奇却将永远延续"）。广告中的足球明星雕像栩栩如生，仿佛定格在了那一瞬间（见图 7-5）。

图 7-5　书写未来

图片来源：http://www.70.com/news/view-1-493.html

该组系列广告便是将广告策划与企业营销结合在一起，利用足球明星在体育界的

---

① 陈培爱. 广告策划［M］. 北京：中国商业出版社，1996：15-18.

影响效应，不仅可以打开市场，取得宣传效果，还能带来商机，赢得市场竞争力。

现代商品经济的发展改变了市场的供求关系，也改变了消费者的接受心理。市场整体性日益突出，市场各要素及各部分之间的联系越来越密切。市场的各种环境要素也会在不同程度上对企业的近期和远期产生影响。因此，现今的企业广告活动必须充分考虑市场各方面的影响因素，进行总体的、长远的规划。广告策划可以围绕企业的经营目标，把各方的力量结合在一起，充分发挥其综合效果。

7.4.2　广告策划在企业营销策划中的重要作用

广义的市场概念是商品交换关系的总和。市场由三个要素构成：卖方、买方、必要的信息传递。广告作为信息传递的重要手段，使供需双方得以及时沟通。在激烈的市场竞争条件下，广告不是简单地传递买卖双方的信息，而是在广告信息传递的目标、内容、形式、策略与时机上，融入了大量的智慧、知识，并通过科学的、系统的、有针对性的策划，为企业取得良好的经济效益和社会效益服务。广告策划的重要作用有：

7.4.2.1　创造新的市场需求

广告策划不仅可以刺激消费者的消费欲望，促成购买行为，而且通过策划能创造出新的消费观念，引导消费者去追求新的消费。不论是老产品或新产品，都可以通过广告去发掘市场的潜在需求，提高市场占有率。例如，"南方黑芝麻糊"通过广告的策划创意，使被现代人淡忘的传统营养食品重新以健康、营养、温馨的形象进入千家万户。又如，化妆品历来被中国人视为奢侈品，但通过广告的宣传推动，如今大部分女性为美容而化妆、为健康而化妆、为延缓衰老而化妆已成时尚和一种生活方式，并已悄悄地进入一部分男士的生活领域。

7.4.2.2　增强了企业的竞争实力

在国内外市场的逐步融合、接轨的过程中，竞争成为经济活动中的必然现象。竞争不仅能促进企业的发展，而且能促进市场的繁荣和社会的发展。广告策划是现代企业在市场上开展竞争的重要手段，其独特功效就在于创造出独特、有新意且系统周详的竞争方案，从而极大地提高企业的竞争优势。经过精心周密的广告策划，能对企业产品和服务的相对优势有意识地进行强调，从而达到战胜竞争对手的目的。

7.4.2.3　提高了企业经营管理水平

广告策划的直接结果就是形成企业对某项活动统筹安排的策划方案。为了达到既定目标，企业活动必须遵循所设定的工作程序，这就保证了企业生产经营活动系统有序，也保证了在实现目标的前提下最经济地配置企业资源。在生产管理方面，企业必须降低能耗，调整产品结构，提高产品质量；在销售服务方面，企业的广告活动要求做好流通环节的协调工作，做好售后服务；在企业管理方面，由广告活动带来的竞争压力促使企业各部门通力合作，保持高效运转的状态，使企业管理进入良性循环。总之，广告策划提高了企业经营管理水平。

7.4.2.4 有效地提高企业的声誉

如今越来越多的企业意识到，要树立起企业的整体形象，市场就能得以巩固和发展，企业的产品就更为畅销。在广告策划中，可以有意识地突出企业形象标识的宣传，或者采用公共关系的手段塑造和扩展企业的整体形象。一般来说，广告策划活动越成功，企业的知名度就越高，就越能有效地促进其产品的销路。

例如，湖南卫视 2013 年收官之作《爸爸去哪儿》可谓在年末彻底火了一把，五对明星父子（女）只用两期节目就瞬间成为全民话题，成为 2013 年第四季度毫无争议的收视"黑马"。《爸爸去哪儿》的走红也成功使得"999 感冒灵"这个老品牌瞬间焕发出新的生机，并达到了互利双赢的局面。《爸爸去哪儿》栏目冠名整合营销也获得了 2014 中国广告长城奖·广告主奖·营销传播金奖。最终能达成这一局面与其所共同宣扬的积极向上的社会价值观密不可分。《爸爸去哪儿》是国内首款亲子类真人秀节目，主打"温情""关爱""家庭温暖"等主题。与此同时，"999 感冒灵"传递的品牌内涵一直是"温暖""贴心"，从其广告语"暖暖的，很贴心"就可以明显感觉到。就是这样一个用真心与感情同消费者互动交流的营销方式，成就了"999 感冒灵"营销的成功（见图 7-6）。

图 7-6　999 感冒灵冠名国内首款亲子类真人秀节目《爸爸去哪儿》

图片来源：http://ent.gog.cn/system/2013/11/04/012838785.shtml

由此可见，广告策划是从企业的整体利益出发，不仅能为企业带来经济效益，还有利于树立企业良好的社会形象。广告策划使经济效益与社会效益较好地结合，使二者相辅相成，互相促进，更好地发挥企业整体机能的作用。

本章小结

广告策划是广告从低级阶段发展到高级阶段的显著标志，现代广告策划在激烈地市场竞争中将起到越来越大的作用。认识广告策划的含义、特征，深刻把握其内涵，是我们跨入广告策划这座科学艺术殿堂的第一步。

在广告策划过程中，应严格遵循广告策划的四大原则。通过系统原则、动态原则、创新原则、效益原则的有机结合，让制作出的广告更加具有逻辑性，更加严谨，富有深意。

通过对广告策划的意义及其作用的分析，了解了广告策划在广告活动中占据着不可替代的位置。想要制作一个成功并且完整的广告，就应该深刻了解其意义和作用，并且在广告策划的整个过程中，将其意义与作用有效地应用于策划过程中，方能体现出广告策划的功能性。

企业营销策划是对企业的整个业务的经营活动，主要是市场调查和分析、产品策略、价格策略、促销策略、企业决策和售后服务等方面的有机组合的策划。企业营销组合是现代营销策划的关键所在。广告策划作为促销策略策划的重要部分，必须从企业营销组合的全局着眼，使之与营销组合的各部分协调、统筹安排，从而展现出广告策划的魅力。

思考题

1. 广告策划的含义和特征是什么？
2. 成功的广告策划需要遵循一定的原则，具体为哪几大原则？
3. 简述广告策划在现代市场营销中的作用。
4. 有效的市场营销可以使得广告策划在广告活动中发挥更好的效果，如何将广告策划与企业的营销活动有效地结合起来，达到最优的效益？

参考文献

［1］Earl Cox, Catrina Mc Auliffe. When Magic Happens ［N］. Adweek，1998-07-13.

［2］Bob Garfield. Clouds of Geekiness Part for Weather Fans ［N］. Ad Age，1997-09-22.

［3］饶德江. 广告策划 ［M］. 武汉：武汉大学出版社，1996：1-4.

［4］陈乙. 广告策划 ［M］. 成都：西南财经大学出版社，2002：72

［5］李景东. 现代广告学 ［M］. 中山大学出版社，2010：50-52.

［6］陈培爱. 广告策划 ［M］. 北京：中国商业出版社，1996：15-18.

8 广告策划的内容与撰写

开篇案例

"我的灵感，我的立邦"是立邦公司在 2007 年推出的一个很成功的广告作品。整个广告分为以下五个部分（见图 8-1）：

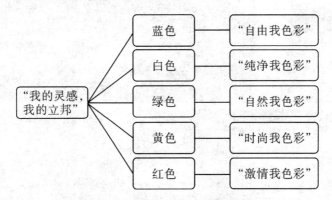

图 8-1 立邦漆广告作品构思图

资料来源：作者根据相关文献资料整理所得

在 1 分钟的广告作品播放中，每种颜色的开头都有穿白色衣服的人来向镜头泼同色系油漆。

蓝色——"自由我色彩"。湛蓝的天空上鸟儿在自由盘旋，蓝天下是骑着单车的女生在一望无际的麦田中做拥抱的姿势，接着是一位男生从高台上跳入海中。

白色——"纯净我色彩"。孩童打扮成了天使，在开满蒲公英的草原上嬉戏，身穿白裙的女子牵着白马漫步在沙滩上，海风吹过，宛如雅典娜。

绿色——"自然我色彩"。女子头戴绿色草编织物对着镜头开怀欢笑，慵懒的变色龙静静地趴在树干上，雨水打在热带雨林宽大的树叶上。

黄色——"时尚我色彩"。身穿黄色外套的音乐师在随着音乐摆动着，与此同时身穿缀满黄花时装的模特身上停着蝴蝶，炫彩夺目，彰显时尚。

红色——"激情我色彩"。身穿红色衣服的演奏家在拉着大提琴，身边是翩然起舞的红衣舞者，画面切换为激情四射的球场上球迷在激情呐喊（参照图 8-2）。

图 8-2 "我的灵感，我的立邦"

图片来源：百度图片

伴着轻松欢快的音乐，立邦漆广告在每一部分结束时都会出现一个类似的场景：人们沉浸在刷着体现相应主题颜色涂料的房子里。如此一来，带给观众的不只是家的绚丽多彩，更是浪漫、温馨、唯美的体验以及轻松愉悦的感觉。

在整个广告策划的内容中，立邦漆致力于一个明确的主题——给人带来装修家的"灵感"。

该广告作品并不是单纯地介绍产品的功能，而是通过镜头的不断切换转变，让观众自己去感受立邦漆给家带来的改变，这样不仅不会给观众带来强加于身的反感，反而能使之心生向往。

最后，广告语"我的灵感，我的立邦"，运用"我的"，一种亲和力瞬间营造了家的温馨。在这里，不是在向你卖产品，而是从你的角度出发，为你设想，为你打造出属于你的"灵感之家"。

本章提要

2007 年，立邦涂料（中国）有限公司凭借"我的灵感，我的立邦"广告一举拿下当年中国艾菲（EFFIE）奖企业品牌形象类金奖。如同色彩是立邦公司永恒的话题一样，广告是立邦公司最有效、最直接的工具。立邦公司的广告通过缤纷的色彩、独特的表现手法塑造了一个经典的广告，这不仅重新塑造了其企业形象，准确地把握住了品牌定位和诉求重点，而且还增加了其销售额，切切实实地提高了企业的绩效。

立邦公司的成功，给我们留下了深刻启示，一个成功的广告策划对一个企业有着巨大而深远的影响。实际上，广告策划是一项工作流程系统化、目标性很强的工作。广告策划是通过策划人员进行分析，确定广告的目标、广告的定位、广告的创意、广告的媒介选择、广告的预算、广告的实施与评估等贯穿广告活动始终的活动。广告策划作为集谋略创造和科学程序于一体的艺术，是广告活动的核心，只有通过科学的广告策划才能真正实现广告的功效。在实际中，面对一个广告策划，做好准备工作后，需要策划人员做的第一项工作就是对市场进行调查分析，然后科学地设计广告策划方案。本章将会围绕立邦公司"我的灵感，我的立邦"广告，阐述一般广告策划的内容和基本流程。①

8.1 广告策划的内容

一个成功的广告策划需要经过详细而周密的市场调查，根据所调查的内容进行系统、全面的分析，利用已掌握的知识，运用先进的手段，科学合理地策划广告活动。在这一过程中，充分考虑广告策划的内容，对企业广告的整体战略与策略进行运筹和策划。完整的广告策划通常包括市场调查与分析、确立广告目标、目标市场和产品定位、广告创意表现、广告媒介选择、广告实施计划等内容。

8.1.1 广告策划市场调查与分析

广告学中的市场调研是广告公司、企业或者是媒介单位等从事广告活动的机构，为了了解市场信息、编制广告方案、提供广告设计资料、进行广告策划和创意、制订营销计划及检查广告效果等目的而进行的调查。通过进行市场调研可以有目的、系统地收集各种有关市场及市场环境情况的资料，并且运用科学的研究方法进行分析、提

---

① 案例来源：肖开宁. 中国艾菲奖获奖案例集 [M]. 北京：中国经济出版社，2010：2-14.

出建议，对企业的经营提出改进意见，以提高企业经营管理效益和广告的促销功效。①

8.1.1.1 广告策划营销环境调查分析

广告策划营销环境调查分析包括宏观环境、中观（行业）环境和微观环境调查分析（见表8-1）。

表8-1 广告策划营销环境分析

宏观环境调查	对政策、经济、社会文化和技术四大重要因素（PEST）的调查分析
中观（行业）环境调查	主要关注该广告主企业所在的行业发展势态对广告策划的影响
微观环境调查	侧重于广告主企业内部的各个影响广告策划的因素（SWOT）分析。

资料来源：作者通过相关文献资料整理所得

8.1.1.2 消费者调查

消费者调查，即通过上面的市场调查结果对消费者进行调查分析现有消费者群体的消费行为、现有消费者群体的态度、潜在消费者群体的特性、潜在消费者变成现有消费者群体的可能性。其具体内容有现有或潜在消费者群体的特性，如现有或潜在消费者的人口特征（年龄、性别、年龄、职业、地域等）；现有或潜在消费者需求的发展性，如会不会因为广告的传播而发展其购买行为；等等。

8.1.1.3 产品调查分析

产品调查分析形成消费者分析结果，其主要内容有企业在现有消费者方面面临的问题、企业在现有消费者方面存在的机会、潜在消费者和企业争取潜在消费者方面存在的机会。在分析广告策划产品本身时就要调查分析产品特性、产品形象、产品生命周期、同类产品。最后总结产品调查分析，明确产品在市场上面临的问题和机会以及产品与同类产品比较时的优势和劣势。

8.1.1.4 市场调查

通过对广告策划营销环境的调查分析后，确定产品或服务的定位和目标市场。就该目标市场进行详尽的市场调查，主要涉及确定市场调查的目标、范围、对象、方法和拟订市场调查计划；拟订市场调查计划所需的调查问卷、访谈提要，准备必要的设备和人员；具体实施市场调查计划；分析和整理市场调查结果，并根据该结果编制市场调查和分析报告。

8.1.1.5 竞争状况调查

竞争状况调查分析，即调查分析广告主企业及其竞争对手，包括确定企业的竞争对手；确定企业自身与竞争对手比较时的优势和劣势；在调查分析企业与竞争对手的广告策划活动时主要从各自的广告时间、广告范围、诉求对象、媒体策略、广告效果进行比较；比较获得企业与竞争对手在广告方面的优势和劣势。

---

① 唐先平，左太元，李昱舰. 广告策划［M］. 重庆：重庆大学出版社，2008：8.

根据以上几个角度的分析，可以在立邦公司的市场调查结果中得知，多年以来立邦漆一直以专业、可靠、大气的形象和领先的销售份额在中国市场中占据领导品牌地位。但是随着市场形势的变化，立邦漆面临着挑战（见表8-2）。

表 8-2   立邦漆面临的挑战

主要问题	具体内容
品牌形象的老化	由于品牌传播缺乏突破性和创新感，在消费中心目中立邦漆的形象渐渐略显守旧，并且与现代消费者产生了距离感，这一点体现在立邦漆的高端产品与多乐土漆的高端产品相比不具优势
市场竞争的瓶颈	从三合一到五合一，再从五合一到全效合一，两大主要品牌功能效果方面的比拼达到了白热化，而技术方面的领先程度已经不足以在品牌间制造巨大的区别，令消费者感受到某一方的绝对优势。在购买倾向上，多乐土漆与立邦漆的差距渐渐缩小了

资料来源：作者通过相关文献资料整理所得

面对以上的挑战，应对的策略简单明了，即凭借情感拉动力占据优势。与其费尽口舌地摆出各种说服理由，不如让消费者"爱"上自己。这样做的目的在于：一是改变消费者对立邦漆的固有思维，不再对消费者说教，令消费者产生对品牌前所未有的贴近感和向往感。二是打破竞争僵局，突破在功能竞争方面的恶性循环，冲出行业传播瓶颈，给整个市场带来一股清新之风，令人在耳目一新的同时感受到立邦漆的与众不同。

8.1.2 确立广告目标

确立广告策划活动的目标，即广告策划活动要达到的目的，当然也是由企业营销目标决定的。广告目标规定着广告策划活动的方向，影响着广告活动的其他项目的进行，如媒体的选择、表现方式的确定、广告应突出的信息内容等。

不同的营销目标决定了企业广告策划的广告目标不同。归纳起来广告策划目标主要有知名度创牌广告目标、宣传说服保牌广告目标以及促进销售广告目标和竞争广告目标。在广告策划时要根据前面论述的企业面临的市场机会、目标消费者进入市场的程度、产品的生命周期以及广告效果指标等各个因素来确定适当的广告目标，只有这样才能达到广告主所期望的广告效果。

根据市场调研结果，立邦漆策划小组大致了解了立邦漆的状况，然后便是和委托方进行接洽，了解委托方需要达到怎样的广告目标才能进行下一步工作的开展。经过一系列的接洽，立邦公司制订了以下广告目标：

第一，在品牌形象方面，尽最大可能扭转某些下降的趋势，而且令"关注环保健康""有变化、有新鲜感""对人、生活充满热情"等与现代消费者生活有关联的喜爱度达到10个百分点的增长。

第二，将立邦漆"下次最有可能购买率"的指标提高5%～10%，并相比多乐土漆高5%～10%。

第三，保持高端产品销售额健康的成长势头并使增长率达20%。

8.1.3 目标市场和产品定位

目标市场策略的研讨和决策包括对市场进行细分、对细分市场进行评估和选择、确定产品的目标市场策略、分析目标市场、具体详细描述目标消费者群体的特征、确定各细分市场的问题和机会。

产品定位策略的研讨和决策是指根据确定的目标市场，决定产品定位和广告的定位策略，包括分析原有产品定位的优势和不足、分析竞争对手的定位策略、确定本产品的定位策略。

广告诉求策略的研讨和决策还是根据目标市场的策略来决定的，包括广告的诉求对象、广告的诉求重点和广告的诉求方法。

在进行了市场调研和广告目标的确定后，需要实施具体的广告策划工作，根据以上知识，广告策划小组决定要分析立邦漆的目标对象是怎样的，以便开展后续的工作。

正如开篇案例中，立邦漆的目标受众是中国新一代的消费者。思维市场研究公司（Synovate Censydiam）消费心理分类调查显示，立邦漆的目标受众是中国新一代的消费者，他们是一群 30 岁出头的都市男女，有的已经结婚；他们乐观向上，思路开阔，敢于尝试，更具有个性表达力；他们的生活繁忙而充实，绝不囿于小小的固定圈子；都市生活的压力对他们来说反而是一种积极的动力，令他们去热情迎接生活带来的一切；他们充满着独特的创新和冲劲，时刻想要表达自我。因此，中国新一代的消费者成为立邦漆的目标对象。

8.1.4 广告创意表现

广告创意表现简称广告表现，是传递广告创意策略的形式整合，即通过各种传播符号，形象地表述广告信息以达到影响消费者购买行为的目的，广告创意表现的最终形式是广告作品。广告创意表现在整个广告活动中具有重要意义：广告创意表现是广告活动的中心，决定了广告作用的发挥程度，广告活动的管理水平就由广告创意表现综合地体现出来。

下面这则平面广告是 2011 年戛纳广告节平面广告金奖获奖产品，是由德国汉堡的 Grabarz & Partner 广告公司设计的。这组平面广告通过将正常的视角变为从后背俯视这一常人难以达到的视线死角，并据此发现了潜在危机的方式，直观而形象地展示了大众汽车车辆后视系统帮助车主提前发现危险的功能，可见广告创意表现是广告策划的重点（见图 8-3）。

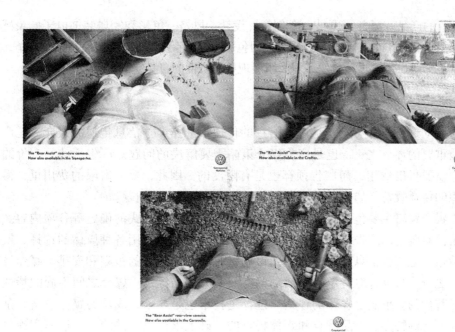

图 8-3　大众汽车

图片来源：2011 年戛纳广告节平面类广告金奖作品赏析

　　如何有效地将广告创意表现出来？首先是广告主题的确立，即明确所要表达的重点和中心思想。广告主题由产品信息和消费者心理构成，信息个性是广告主题的基础与依据，消费者是广告主题的角色和组成，消费心理是广告主题的灵魂与生命。只有将二者合二为一的主题才能打动消费者，因此需在此基础上进行广告创意，并将创意表现出来。

　　广告创意是个极其复杂的创造性思维活动过程，其作用是要把广告主题生动形象地表现出来，其确定也是广告表现的重要环节。广告表现是由决策进入实施阶段，即广告的设计制作。广告表现直接关系到广告作品的优劣。创意既是"创异"，也是"创益"。广告创意既要创新，又要能够创造良好的效益。广告的水准必须立足市场，必须在经受市场的考验后才会得到进步和提高。任何一个广告公司的脚本、提案，都可能是一个好的创意，但好的创意并不一定构成好的广告，因为好的广告重在时效。也就是说，广告创意活动带来的效果必须达到广告目标提出的要求。因此，必须将广告的产品或服务和广告目标结合起来通盘考虑，通过一定的方法，适应广告对象的要求，从而提炼出广告主题，构思出广告创意。

　　再次回到立邦公司的广告策划中，现在来说，中国新一代的消费者的父辈们追求温饱的时代已经过去。对新一代的消费者来说，家的意义已经远远不只是一个遮风挡雨的栖身之所，而是表达自我、发挥创造力的个人空间。新一代的消费者梦想能够在这个自由的天地中随意驰骋，时刻挥洒个性和创意。因此，新一代的消费者渴求获得更多的灵感和启发，希望能够迸发出更多独特的想法。只有这样，新一代的消费者才能感受到生活的那种热情和活力。一个创意的点子来源于此，墙面涂料脱离传统的樊篱，赋予其一个全新的形象——灵感之源。立邦漆带来的远远超过涂料的意义，它不仅提供能解决各种墙面问题的产品和服务，更是一个创意、设计、风格、色彩和家居装饰电子的灵感来源。这个创意的精华也在于通过"活起来的色彩"，挑起了人们对创造的想象和热情，唤醒人们对色彩的强烈情感，启发人们大胆展现更具个性的自我空间。

8.1.5　广告媒介选择

广告活动最基本的功能就是广告信息的传递，选择广告信息传递的媒介，是广告运作中最重要的环节之一，也是广告媒介策略需要解决的问题。广告活动是有价的传播活动，需要付出费用，而广告预算也是有限度的。因此，要在有限的费用里，得到比较理想的传播效益，如何运用好广告媒介，是一个关键的问题。

广告媒介策略主要包括媒体的选择、广告发布日程和方式的确定等各项内容。媒介策略是针对既定的广告目标，在一定的预算约束条件下利用各种媒体的选择、组合和发布策略，把广告信息有效地传达到市场目标受众而进行的策划和安排。媒介没有好与不好之分，只有针对特定广告活动的有效和无效的区别。媒介之间不同的特性是不能相互替代的。事实上媒体的评估与选择是技术也是艺术，成功的媒体策略就是在分析目标顾客的特点、产品特点和媒体特点的基础上求得三者的统一，进而实现目标顾客的针对性、表达力的适宜性和广告开支的经济性。

在立邦漆广告策划方案中，现在基本的广告已经成型，接着就需要进行发布，根据以上的信息，策划小组确定了接下来立邦漆的广告媒体策略。

鉴于目标消费群生活的高度灵活性，沟通接触点的多样化是一个必然趋势。通过视觉、听觉乃至触觉上的感受，为消费者营造了一个全方位的品牌体验世界。消费者可以通过身边可接触到的媒体，来感觉立邦品牌，甚至与品牌产生互动，得到属于自己的个性化产品。

在众多媒体中，电视广告作为主流媒体，因能将受众接触面最大化，依然是主要的传播渠道。在电视媒体策略中，采取 15 秒前奏广告和 60 秒主题广告相结合的形式。15 秒前奏广告带来强烈的视觉冲击力和悬疑感，预言一场充满激情的色彩风暴即将席卷而来。其引起的观看欲望将 60 秒主题广告的媒体效果推向更高点。

在其他线下媒体方面，针对消费者的生活形态涵盖了方方面面的接触点和传播方式，如户外（公交车、站牌、大型户外看板）、家居生活杂志和网站、店内"色彩DNA"色彩营销工具、新闻发布和公关话题、立邦"灵感之作"年历、立邦品牌塑造广告运动制作花絮片等。

8.1.6　广告实施计划

以下的广告策划是在上述各主要内容基础上，为广告活动的顺利实施而制定的具体措施和手段。一项周密的广告计划，对广告实施的每一步骤、每一层次和每一项宣传，都规定了具体的实施办法。其内容主要包括：广告应在什么时间、什么地点发布出去，发布的频率如何；广告推出应采取什么样的方式；广告活动如何与企业整体促销策略相配合；等等。

其中，较为重要的是广告时间的选择和广告区域的选择，这二者都与媒介发布、具体实施有着密切关系，可以说是媒介策略的具体化。

策略就是达成某种目的所采取的方法和手段，广告策略是为了达成企业营销目的而采用的广告方法和手段。广告策略绝不可以凭空杜撰，一定要先消化广告主的营销目的、营销策略，因为广告是营销的手段之一，广告策略是营销策略的延伸。广告策略的把握主要是对广告目标策略、广告定位策略、广告表现策略、广告预算策略、广告媒体策略和广告创意方法和技巧的把握。

正如立邦漆广告中，广告的实施包括在广告制作上精雕细琢，制作出了精彩的广告；在广告传播上，运用沟通接触点多样化、全方位、立体化、多层次的方式，采用户外、影视、平面等形式力图为消费者营造一个全方位的品牌体验世界。

经过以上对目标市场、产品定位、广告诉求、广告表现、广告媒体、促销策略组合等策略研讨和决策的确定，就可以策划出广告创意，制订出具体的广告计划，来实现广告目标。其广告策划计划主要包括广告目标、广告对象、广告范围、广告媒介、广告表现、广告与其他营销活动的配合。

至此，广告策划决策基本确定，但是对于完整的广告策划来说，内容还包括广告预算的编制、广告效果测评和完成广告策划书的工作（由于广告预算和广告效果涉及的内容和方法较多，我们在下一节中继续向大家介绍）。

8.2　广告策划书的撰写

8.2.1　广告策划书的定义、作用和形式

8.2.1.1　广告策划书的定义

广告策划书是广告公司或独立策划人对广告主委托的广告标的进行广告创意，并以文字、图形、图片等书面形式或以影片、电视片、幻灯片等多媒体形式进行表达的文件或材料。

8.2.1.2　广告策划书的作用

企业通过阅读广告策划书，可了解广告策划的内容，复审策划工作的结果，并作为评判广告策划工作成绩和选择广告策划合作者的主要依据。

8.2.1.3　广告策划书的形式

广告策划书有两种形式，一种是表格式的广告策划书，另一种是以书面语言叙述的广告策划书。

表格式的广告策划书上列有广告主现在的销售量或者销售金额、广告目标、广告诉求重点、广告时限、广告诉求对象、广告地区、广告内容、广告表现战略、广告媒体战略、其他促销策略等栏目。其中，广告目标一栏又分为知名度、理解度、喜爱度、购买愿意度等小栏目。一般不把具体销售量或销售额作为广告目标。因为销售量或销售额只是广告结果测定的一个参考数值，还会受商品（劳务）的包装、价格、质量、

服务等因素的影响。这种广告策划书比较简单，使用面不是很广。

书面语言叙述的广告策划书运用比较广泛，这种把广告策划意见撰写成书面形式的广告计划，又称广告计划书。人们通常所说的广告计划书和广告策划书实际是一回事，没有什么大的差别。[①]

8.2.2 广告策划书的内容

广告策划书的内容主要包括三大块：环境分析描述、整合营销传播策略描述、广告执行。每个部分又细分成了不同的内容，要针对各自特定范围来详细的进行讲述。

8.2.2.1 环境分析描述

环境分析描述包括以下内容（见表8-3）。

表8-3　　　　　　　　　　　　环境描述分析

市场成长率	对市场规模、市场动向发展变化做出近期和中长期预测；对季节因素引起的市场波动做出指数说明。
市场构成	以产品种类、价格、使用者、品牌为内容进行各区域市场的消费量构成分析及预测。
消费者分析	对购买者心理、社会理念、购买习惯及决定因素进行分析描述，进行消费者对同类产品品牌忠诚偏好分析。
竞争品牌分析	从优势、劣势两方面对竞争产品的品种、价格、品质、服务、渠道等做出分析。

资料来源：作者通过相关文献资料整理所得

8.2.2.2 整合营销传播策略描述

整合营销传播策略描述如下（见表8-4）：

表8-4　　　　　　　　　　　　整合营销传播策略

提出战略课题	从现状分析中寻找出问题点和机会点，提出企业要解决的战略课题，包括市场、竞争状况、购买者、商品特性、传播等项目内容。
产品地位	对产品的市场范围、差别化的关键点、技术水准、功能等，从竞争范围和特性差别两方面提出论述。
市场广告目标定位	对市场目标对象和传播目标受众的设定要与产品定位相关联。要提出确定目标受众的理由，描述出使用的场所。
广告传播主题卖点	从产品的客观属性、功能、价格，消费者精神、心理需求感觉等方面论述向消费者传播的主题和卖点，设定最主要的传播概念。
广告传播目标确定	从认知目标、品牌偏好和购买行为目标等方面论述广告传播对认知、态度转变、行动阶段的目标值。企业状况不同对三阶段目标要求也不一样，要注意策划方案中提出的主要目标是否正确。
传播整合	结合广告策略、促销策略、公关策略等各传播策略的要点论述如何组合运用。

资料来源：作者通过相关文献资料整理所得

---

① 资料来源：360百科"广告策划书"（http://baike.so.com/doc/5570715.html）。① 资料来源：360百科"广告策划书"（http://baike.so.com/doc/5570715.html）。

8.2.2.3 广告执行

广告的执行细分为了 11 点内容，每个点都详细讲解了在广告执行中需要考虑的各种因素（见表 8-5）。

表 8-5 广告执行中需要考虑的因素

表现方面以及诉求内容	根据前期确定的各策略大方向，进行广告表现的方向及其理性或感性的诉求点论述。审核其是否与前期的策略方向关联吻合。
创意策略	围绕表现方向开发的多套创意方案论述，审核中注意其创意方案在媒介中如何相互运用和组合。
创意表现方式基调	创意方案对表现形式、主题、视听觉等基调进行说明。此部分属感性内容，需要依赖讲解、演示等形式进行。如有形象代表则应审视其是否具有权威性、亲和性、信赖、传播性等并与企业形象个性吻合。
创意表现作品草案	完整的策划书中应包含创意表现作品的草案、效果稿。电视广告创意则应有脚本文案及画稿，审议时不应注意表现形式而应注意内容的准确。
媒介策略组合	媒介选择和组合运用及竞争说明。明确传播目标主次对象，在月度、季节上如何分配投放预算，要细化的频次、段位、时间等，如何组合排期。
媒介选择	从成本效益和企业产品适宜性两方面审议电视、报纸、广播等媒体的选择是否恰当，是否从收视率、阅读率及偏好度等指标向企业予以论述说明。
媒介发布时机及周期	此内容为很复杂的专业问题。应结合其是否根据企业产品的上市时机、购买周期、广告作品风格、竞争态势等综合因素来考虑广告发布的分配密度、发布间隔、时间长短等。
效果预测评估	本部分内容许多广告公司从自身考虑，常不会主动提及或粗略带过。应从产品知名度、广告认知度、产品偏好度、购买欲望、销售量等指标对广告活动实施前的情况做出分析。提出在一定阶段内的效果达成的目标预测，广告活动实施后进行对照评估。在策划书中对其效果指标、评估时间、方法等应予以充分说明。
促销策略	企业对短期实际销售成果重视，则可要求策划书中包含销售促进活动与促销广告的策划内容。
公关等其他传媒配合	完成的策划方案中，还应包含公关、活动、新闻、直效营销、展览、展示等传播活动配合方案内容。评估的重点应为主题统一性、内容可行性、执行落实性等。
费用预算分配	策划书的最后应对整体策划活动所要支出的费用，按项目与月份进行预算分配。企业审议时应注重其合理性并与企业实际资金支付状况相吻合。

资料来源：作者通过相关文献资料整理所得

8.2.3 广告策划书的评审要求

广告策划书的评审要求是非常严格的，必须严格依据评审细则进行检查，以解决问题为核心认真详细的审核每一个细节，将评审要求归结为以下 8 点（见图 8-4）：

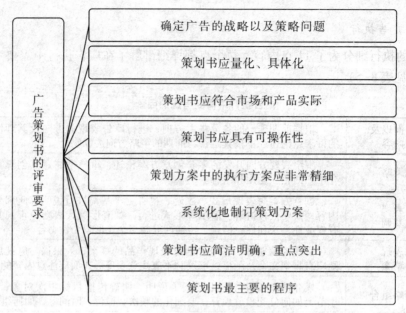

图 8-4　广告策划书的评审要求

资料来源：作者通过相关文献资料整理所得

8.2.3.1　确定广告的战略以及策略问题

在评审广告策划书时，首先要看其是否明确地找到了企业广告的战略及策略上的问题点，有无解决对策。要审核的内容主要如下：

第一，是否有明确的产品定位。对产品概念、目标受众等问题，是否准确巧妙地设定并抓住广告策划书撰写方法，触及问题实质。

第二，策划书中广告诉求主题和表现方法是否清晰简洁。

第三，策划实施策略是否体现成本低、效果好的最佳方案。

8.2.3.2　策划书应量化、具体化

第一，目标设定明确。策划书中涉及的营销目标（如销售额、市场占有率、购买率等）和传播目标（如知名度、认知度、理解度等）都应明确地设定出来。

第二，工作指标量化。策划书中的各工作指标标准要具体化和量化，必要时用数字来表达。例如，广告活动中目标受众人数、覆盖地区数量、广告活动的目标购买率、增长率等都须有量化的数据指标。

第三，实施中的有效监控。广告策划中不仅要体现实施成果，更要体现确保成果实现的管理监督、控制手段措施及广告实施后的成果评审检验方法。

8.2.3.3　策划书应符合市场和产品实际

策划书评审要审视策划者对市场产品和消费者的实际掌握情况。由于消费者的价值观对消费行为影响较大，因此尤其应审核策划者对其购买动机和生活形态进行研究的程度。

8.2.3.4 策划书应具有可操作性

在审视策划方案时，除了对策划方案本身审核外，还要注意其在客观实施环境中的可行性。是否可操作是广告策划得以有效执行的先决条件之一，若制作出来的广告在实际环境中无法操作，那么广告策划等一系列活动则全部白费，浪费了资源。

8.2.3.5 策划方案中的执行方案应非常精细

策划者在策划方案的大构想思路上往往倾注了较多的心血，也常有较好的点子和大胆的创意产生，但执行方案往往不够细致。优秀的构想必须通过精细的执行才能充分发挥功效。因此，"做"跟"说"同样重要，如果执行方案太粗糙即可判定整个策划方案不合格。

8.2.3.6 系统化地制订策划方案

策划方案中要以消费者为中心，利用各种传播手段系统地向消费者传达核心一致的信息，进行整合营销传播是现代营销的新要求。在评审时应审核策划的内容是否与营销结合紧密，综合性营销策划是否融入了广告策划。

8.2.3.7 策划书应简洁明确，重点突出

策划书中应围绕课题中的重要内容、重点问题和重要的策略进行论证及阐述。企业评价一个广告策划书的好坏，不能仅以内容多少、装帧精美与否作为标准，还需看其实质内容如何。

8.2.3.8 策划书最主要的程序

策划书最主要的程序大致可以概括为三部分，如图 8-5 所示：

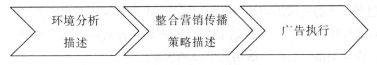

图 8-5 策划书主要程序

资料来源：作者通过相关文献资料整理所得

8.2.4 广告策划书的完整写作格式

广告策划虽然说是一项极具创造性的工作，该工作的本身就是需要思维上极大的发散，跳跃性思维使得广告内容更加新颖独特、吸引眼球。但是在广告策划书的写作上，并不是毫无规定胡乱编写的，而是按照某种规范化形式进行的，即广告策划书的撰写是具有一定的写作模式的，当然个案也需要一定的技巧。

以下是广告策划书的一般写作模式，是按照广告策划的一般规律所确定的。在一项具体的广告策划书中，需要根据不同的客户和所要展示的产品的特殊性进行有针对性的调整，以不同的写作模式去适应特定的客户群。当然在进行广告策划的同时，也不必完全按照该模式做到面面俱到，可以根据实际情况，选择相关的环节逐条开始分析，尽量详细、清楚地表明产品的特性，展现广告的魅力。

8.2.4.1 封面①

封面是读者阅读广告策划书时第一眼所注意到的元素，一个板式讲究、要素完备的封面往往能给读者带来良好的第一印象。具体来说，封面要提供以下信息：广告策划书全称（可直接反应策划书的主要内容）、广告主名称（最好使用客户的标准名称）、策划书提交者（机构）名称、广告策划书项目编号、广告策划书提交日期。

8.2.4.2 广告策划小组介绍

广告策划小组介绍一般放在封面之后或封底之前，主要包括广告策划小组的人员、职责、业绩及其所属部门介绍等，这些内容一方面可以显示广告公司专业、负责的态度，另一方面有可能会影响到合作双方下一步开展合作。

8.2.4.3 目录

目录通常放在封面或策划小组之后，列举了广告策划书各个部分的标题，有时候也会把各部分之间的联系用图表的形式表示出来，是策划书的简要提纲。

8.2.4.4 执行摘要

执行摘要是广告策划书内容要点的简明概括，其主要目的是通过对广告策划基本要点的概述，使广告主决策层能快速阅读和了解。因此，在执行摘要部分，应简要说明广告活动的时限、任务和目标，并指出策划中的最关键之处，比如广告目标、广告基本策略、广告运作周期、广告预算等。广告主决策层或执行人员如需对某一部分进行详细了解，可以具体审阅该部分细节。执行摘要内容不宜过长，以数百字为最佳。

8.2.4.5 正文

广告策划书设计的领域的多样性决定了其针对不同客户需求所要进行的调节，根据一般的策划书写作规律，广告策划书的正文通常分为四部分：市场分析部分、广告策略部分、广告计划部分、广告活动效果预测和监控部分。

第一部分：市场分析。广告策划在很大程度上受到地域等各种环境因素的影响，为了把握这个广告策划的正确方向，有必要在制定广告策略前进行相关的市场分析。该部分涵盖了与广告沟通有关的所有调查与分析，包括与产品相关的营销环境分析、反映人们消费观念与行为的消费者分析、产品分析以及主要竞争对手分析四部分。因此，该部分的关键之处在于"分析"，通过对上述四方面的分析，为后续的广告策略提供依据。

第二部分：广告策略。经过第一部分的市场分析，企业和产品的竞争优势、竞争劣势、机会和威胁均已明确。这一部分将在前述分析的基础上，进一步挖掘问题所在，并提出相应的解决策略。因此，广告策略部分可以说是广告策划书的精髓所在。具体来说，广告策略部分主要包括广告目标的设定、目标受众的确定、产品定位、广告诉求策略、广告表现策略、广告媒介策略及其他活动策略等。

---

① 田卉，齐力稳. 广告策划 [M]. 北京：中国广播电视出版社，2007：256-259.

　　第三部分：广告计划。这一部分是广告策略的具体操作方案，规定了广告运作时间、地点和内容，并制定出详细的媒体计划以及合理的广告预算。

　　第四部分：广告活动的效果预测和监控。效果评估是广告策划实施前后进行监控和评价的结果，广告策划人员可以通过问卷调查、座谈会等方式进行广告效果的反馈与测定来随时修正广告策划方案。有时在广告策划书的策略制定或创意制作中已经实行了监控，因此这一部分内容也常常被省略。总之，广告策划书的正文各部分主要内容如图8-6所示：

图8-6　正文部分的分类

资料来源：作者通过相关文献资料整理所得

8.2.4.6　附录

　　为了避免广告策划书内容过于臃肿庞大而不利于把握整体，有时会将为广告策划而查阅的相关资料和应用型文本编入附录，包括市场调查问卷、市场调查访谈提纲、市场调查报告。

参考案例

奇力特效洗衣粉广告策划书范本

　　目录（略）

　　前言

　　奇力日化有限公司（以下简称公司）是一个新兴企业，组建于2001年，公司固定资产120万元，投资总额430万元，目前拥有员工1 200多人，其中中专以上学历占员工总数的3/4，研究生学历24人，员工整体素质比较高。公司在组建以来主要生产日化产品，主要有奇力系列洗发用品、系列厨房和卫生间清洁用品，在市场也有了一定的份额。目前公司还在发展阶段，时刻都注视着市场动态，由公司企业策划部提出，市场开发部研制开发的奇力特效洗衣粉准备投放市场，这为公司占领中国日化市场增加了机会。

目前洗衣粉市场产品几乎趋于同质化，公司产品有的功效，竞争对手的产品也会有，但是几个巨头品牌还是牢牢地占据着大部分市场份额。公司迫于导入压力，委托本广告公司进行广告代理，加大广告宣传。据公司目前形势，确定了本次广告的目标，为使本产品顺利导入市场并占有一定份额而进行广告宣传。

本次广告策划的大概内容包括对洗衣粉市场进行总的分析、对本产品和竞争对手产品特性进行分析，找出市场空隙，确定目标消费者，进而进行广告诉求。

一、市场分析

（一）洗衣粉中国市场品牌发展历程

洗衣粉行业是中国本土品牌最早面对国际品牌竞争的行业之一，也是竞争最激烈的行业之一。到目前为止，品牌格局的演变大致经历了以下四个阶段：

1. 第一阶段（1983 年以前）："白猫"独秀

计划经济体制下，厂家只负责生产，销售则由国家统一实行配给。"白猫"洗衣粉成了这一阶段国家在洗衣粉配给中的主要产品，从而也奠定了"白猫"在消费者心目中的重要地位。

2. 第二阶段（1984—1993 年）："活力 28"开创新纪元

20 世纪 80 年代初期，"活力 28"超浓缩无泡洗衣粉的问世，开创了中国洗衣粉历史的新纪元。同时，"活力 28"也敢为天下先，在当时企业广告意识不强的情况下，在中央电视台不间歇地播放"活力 28"的广告。一时间"活力 28，沙市日化"的广告语和"一比四，一比四"的广告歌走进千家万户。"活力 28"从此天下扬名，一跃成为国内洗衣粉行业的"大哥大"。同时，海鸥牌洗衣粉、熊猫牌洗衣粉、桂林牌洗衣粉、天津牌洗衣粉等地方品牌开始雄踞一方。

3. 第三阶段（1994—1997 年）：外资"四大家族"主导

这一时期，外资洗衣粉品牌开始在中国控股合资或直接设厂生产。凭借丰富的促销手段、高密度的广告宣传、不断的技术革新，它们在市场上取得节节胜利，在强大的外来攻势下，许多国内洗衣粉品牌要么选择了与外国洗衣粉品牌合资，要么无奈地退出市场。市场基本由联合利华、汉高、宝洁、花王四大外资集团主导。

4. 第四阶段（1997 年至今）：本土品牌成功阻击"四大家族"

由于成本过高，外资洗衣粉一直未在中国市场有好的盈利表现，因此广告、促销力度渐渐减弱，再加上国内一段时间内的消费低迷，消费者也渐渐转向购买价格低廉的国内品牌洗衣粉。一些国内品牌借此机会，凭借价格和广告优势，确立了自己的地位，如奇强洗衣粉、立白洗衣粉等，而雕牌纳爱斯洗衣粉更是在中低端市场独霸天下。

（二）2002—2003 年年度品牌竞争格局

1. 总体竞争格局

洗衣粉是中国快速消费品市场充分竞争的领域。洗衣粉行业品牌众多、产品林立。有以量取胜的雕牌、立白，有跨国巨头宝洁、联合利华、花王等，也有盘踞一隅的地方性品牌，整个行业充满了变化与变革的契机。

2. 市场竞争深度分析

（1）市场渗透率分析。进入 21 世纪后，雕牌在洗衣粉市场上演了一出从北到南，由西向东横扫天下的好戏。洗衣粉作为家庭日常必需品，其市场渗透率近乎 100%，市场容量已经基本饱和。尽管人们的洗衣频次似乎有所增加，但趋势依然不明显。因此，任何品牌的增长都以蚕食其他品牌的地盘为代价。全国洗衣粉市场竞争中，只有两个品牌在增长：雕牌一枝独秀，大幅上升；立白避其锋芒，小幅上涨，其他品牌均呈败退之势。

截至 2003 年，洗衣粉市场大盘已定：华北区雕牌急剧增长，奥妙勉强坚守第二阵营，"活力 28" 则一落千丈，与其他品牌共同据守第三阵营。华东区奥妙一直雄霸第一，白猫第二，但 2003 年，雕牌一举攻下华东市场，坐上华东区头把交椅。华南区品牌竞争尤酣，立白、汰渍、雕牌均全力攀升，甚至 2002 年已呈颓势的奥妙也在奋力上扬。尽管雕牌依然表现出最强劲的上升幅度，但鹿死谁手，犹言过早。华西区市场于 2002 年被雕牌攻下，奥妙和汰渍在第二阵营竞争，但似乎汰渍率先开始有所动作。东北区雕牌一马当先，其他品牌一泻千里、溃不成军，而汰渍凭借微弱地反抗获得成功。

（2）品牌忠诚度分析。雕牌较高的品牌忠诚度为其所向无敌奠定了坚实的基础，或者说雕牌之所以能在全国范围内所向披靡，得益于其较高的品牌忠诚度。

（三）主要品牌竞争手段分析

1. 雕牌

雕牌的成功，除在区域市场的运筹帷幄、各个击破外，其对于自身的品牌定位及对核心消费人群的诉求，是其制胜的另一法宝。

作为家庭必需品的洗衣粉，价格不能不是一项考虑的因素。尤其是洗衣频次越高、洗衣粉消费越多的家庭，对价格越敏感。雕牌采取了走中低端路线、瞄准家庭主妇的方法，不仅瞄准了最核心、最多的消费人群，而且为自己开辟了一块广阔的天地。

此外，从雕牌消费者的心理定位看，雕牌依然瞄准比较传统、保守、具有奉献精神的那部分家庭主妇的心理；相反，奥妙的消费者则倾向于追求自我、具有冒险精神、职业女性的态度，可是职业女性注定不会成为洗衣粉市场的消费主力。

2. 奥妙

1999 年，经过多年摸索后的联合利华向宝洁发起总攻，1999 年 11 月，联合利华将两款新推出的奥妙洗衣粉——奥妙全效和奥妙全自动洗衣粉全面降价，降幅分别达 40% 和 30%，400 克奥妙洗衣粉的价格从近 6 元一下降到 3.5 元，这个价格当时仅相当于宝洁产品价格的一半左右。由于奥妙精心营造的高档形象已深入人心，老百姓突然能够买得起以前买不起的高档洗衣粉了，市场由此打开，奥妙也得以超越宝洁的汰渍。

3. 汰渍

作为宝洁旗下的主打品牌，在进入中国市场之初，凭借丰厚的财力及准确的产品诉求，在短时间内成为市场的领导品牌，虽然这已由于营销力度减弱而出现市场份额下降的情况，但在消费者心目中还是有较强地位的。

4. 立白

1994 年，进入洗衣粉行业的立白在一开始就选择了"农村包围城市"的策略，即在每个县找经销商、和每个经销商探讨立白的销售与经营，共同努力下，立白站稳了根基。

二、产品分析

（一）奇力洗衣粉

1. 规格

500 克、600 克、700 克。

2. 特性

（1）超强去污配方，能快速去除顽固污渍，防止污垢回渗；

（2）含有除菌配方，杀菌有特效；

（3）低泡配方，漂洗容易，更节水；

（4）不含漂白剂和其他腐蚀剂，对皮肤没有刺激。

3. 香型

国际香料。

（二）雕牌洗衣粉

1. 家庭装

（1）规格：300 克、400 克、500 克。

（2）特性：起始于可再生的天然植物原料，能有效保护纺织物，使衣物洗后蓬松，清香怡人，适合洗家人贴身衣物及棉麻等高档纺织物。

2. 洗护二合一装

（1）规格：400 克、500 克。

（2）特性：洗护二合一的雕牌天然皂粉以天然油脂为原料，独特的绿色无磷安全配方清香无刺激，是人性化、生态化的环保产品。

3. 高效加酶装

（1）规格：400 克、800 克、1 200 克、2 000 克。

（2）特性：高效加酶是新研制的无磷的高性能全新配方结构使无磷洗衣粉的性能大为提高，无须费力搓洗就能瓦解衣领、袖口的污渍。

（三）立白洗衣粉

1. 立白除菌低泡洗衣粉

（1）规格：500 克。

（2）特性：超强去污配方，特含污垢双向分离因子，能快速去除顽固污渍，防止污垢回渗，让衣物明亮如新；高效除菌，预防细菌侵蚀，呵护家人的健康；低泡易过水，节水、省时、省力，适合机洗，手洗效果更佳。

2. 立白除菌超浓缩洗衣粉

（1）规格：400 克、700 克。

（2）特性：含保肤除菌成分，可有效去掉衣物上常见的大肠杆菌和金黄色葡萄球菌，防止细菌滋生的霉味；采用高效表面活性剂，不刺激皮肤，能保持衣物鲜艳亮泽。

（四）汰渍净白洗衣粉

汰渍净白洗衣粉能有效去掉衣领、衣袖污渍等多种污垢，让衣服整洁透亮，并有淡淡的怡人清香味，含有去污净白因子和国际香型。

特性：迅速溶解，冷水中都能迅速溶解，释放洁净动力；超强去渍，只需片刻浸泡就能有效去除一般污渍，无须费力搓洗，也能去除衣领、衣袖污垢等日常顽固污垢；亮白出众，最易发黄变旧的白色衣物经多次洗涤后仍能保持透亮洁白，无须费力搓洗，手洗洗完后双手也不易感到刺激，不伤手；持久清香，不仅洗衣时感受清爽香味，衣物晒干后仍有怡人的清香，干净也能闻得到。

（五）奥妙洗衣粉

采用高效配方，富含高效表面活性剂、多功能清洁剂和高效生物活性酶，清洁力超强。含污垢双向分离因子，配合蛋白酶，能快速去除顽固污渍，防止污垢回渗，让衣物亮白如新。只需一勺，轻松洗净，功效更强，用量更省。

三、消费者分析

家庭大量的衣服是由家庭主妇来洗，这指的是一些"年轻家庭"（孩子在 18 岁以下的家庭），这些家庭平时的洗衣粉也是由家庭主妇购买，因此家庭主妇是一个很大的目标消费群体。但是对于那些孩子成年了、生活上能自立了，对于这样的家庭来说，洗衣服的工作则不一定是家庭主妇的事了。一些青年在外地上学，衣服是自己洗的；一些在外地打工的青年也是自己洗衣服的；还有一些没有离家但是已经有了工作的青年也自己洗衣服。他们自己洗衣服必然会对一种或几种品牌的洗衣粉情有独钟。因此，这部分消费群体也是十分庞大的，而且这部分青年已经在生活上自立了，他们也一直向往能有自己的生活，不喜欢父母来干涉他们的生活。

四、销售策略分析

雕牌、汰渍、奥妙、立白等产品销售都是针对家庭的，目标消费者是家庭主妇。

五、广告分析

（一）诉求对象

雕牌、汰渍、奥妙、立白等产品的广告的诉求对象都是家庭主妇，而且广告诉求是针对产品功效上的，说服家庭主妇为家人着想的。

（二）媒介选择

雕牌、汰渍、奥妙、立白等产品的媒介大都选择电视。

六、营销战略策划

(一) 营销决策

从市场分析中可以看出雕牌、汰渍、奥妙、立白这四大品牌在市场上是占有相当一部分份额的，一些其他的小品牌平分了剩下的一部分市场份额，由此确定营销目标为抢占市场份额。从产品分析中可以清晰地看出奇力洗衣粉在特性上远不如其他产品，要想在产品特性上取胜是难上加难了。退一步说，如奇力洗衣粉在功能上不亚于其他产品，也就是说其他产品有的性能奇力洗衣粉都具有，就算这样，再强调奇力洗衣粉性能无论如何也是无法突显出来的，是不能使消费者注意到的。奇力洗衣粉在性能上还不如其他产品，这种策略显然是更行不通了。也就是说，产品在实体上定位是不行的了，那么我们就在观念上进行产品定位，另外从上面分析得知雕牌、汰渍、奥妙、立白等这些产品把目标消费者定在家庭主妇上，针对的是家庭消费。在消费者分析中可以看到还有一个庞大的市场尚未有洗衣粉企业注意，这是一个巨大的消费群体，需求量是很巨大的。前面提到奇力洗衣粉要进行观念上的定位，我们何不倡导青年人要自立、要有自己的生活，这也恰恰迎合了青年人的心理，他们想自立，不想父母干涉他们的生活，以此为诉求点进行诉求应该是有力度的。

(二) 目标市场

单身青年（包括在外地上学的青年学生群体、在外地打工的青年群体和在家有固定工作的青年群体）

(三) 定位策略

青年人用的洗衣粉——"我自立，我用奇力"。

(四) 定价策略

由于这部青年人有一部分是学生，还有一部分是刚刚工作的，经济上都不宽裕，因此采取低定价策略。

(五) 分销渠道

全国各大超市、商场以及各高校校内超市。

七、广告策略

(一) 广告表现策略

广告主题："我自立，我用奇力"。

诉求对象：单身青年。

广告口号："我自立，我用奇力"。

广告类别：平面广告。

系列一为打工篇，系列二为学生篇，系三为长大篇。

标题1：在他乡有奇力帮我。

标题 2：离家的日子，没有奇力我真不知怎么办。

标题 3：我长大了。

（二）广告媒介策略

1. 印刷媒体

（1）报纸。专业类，如《生活报》《中国青年报》《就业报》；综合类，如省报、地区报。

（2）杂志。专业《大学生周报》《金融经济报》；综合类，如《读者》《意林》《青年文摘》。

2 电子媒体

（1）电视，如中央五台、中央六台、湖南卫视、浙江卫视。

（2）网络，如微博、社区论坛、搜索引擎。

（三）广告预算

报纸 100 000 元；杂志 150 000 元；电视 250 000 元；其他 20 000 元。

八、公共营销策略

（一）目的

提高企业知名度，树立企业形象。

（二）对象

高校学生。

（三）对象分析

在各高校平时搞些文体活动，如文艺晚会、演讲比赛以及各种球类比赛。

（四）活动策划

在高校协办文艺晚会和在高校协办篮球比赛"奇力杯"。

九、整体广告预算

调研费用：20 000 元。

媒介费用：520 000 元。

制作费用：50 000 元。

广告管理协调：20 000 元。

其他：20 000 元。

总计：630 000 元。

十、广告效果评估

（一）事前

对广告作品进行评估，采用"实验法"。

（二）事中

广告播放期间，对受众进行调查，并统计媒体实际覆盖率和受众对广告播出的反映。

（三）事后

对这次广告总效果进行综合评估。

附录
市场调查问卷（略）。
市场调查问卷报告（略）。
市场调查访谈提纲（略）。

本章小结

广告策划书是根据广告策划的结果来撰写的，其内容应该能提供广告主最明显、最直接的广告运作策略。广告策划书的内容涉及市场调查与分析、确立广告目标、目标市场、产品定位、广告创意表现、广告媒介选择、广告预算、广告实施计划、广告效果评估等方面，因此在进行策划的过程中，应该全方位考虑广告策划活动的内容。经过一系列调查研究后，开始进行广告策划书的撰写。广告策划书的撰写模式，分为六大部分：封面、广告策划小组、目录、执行摘要、正文、附录。其中，正文是广告策划书的灵魂，还进一步分为市场分析、广告策略、广告计划、广告效果评估与总结等一般规律下的行文模式。当然，根据不同产品和客户的需求，广告策划书应该进行适当的调整和变化，来适应不同顾客群体的需求，达到广告活动的效果。

思考题

1. 广告策划的流程主要有哪些？
2. 现如今，很多平面广告极富创意，请以香水广告为例分析其创意所在，并且简要说明达到了怎样的效果？
3. 广告策划书的模块分为几大类？
4. 请为一个你感兴趣的产品写一份广告策划书。

参考文献

[1] 案例来源：肖开宁，中国艾菲奖获奖案例集 [M]. 北京：中国经济出版社，

2010：2-14.

　　［2］唐先平，左太元，李昱舰. 广告策划 ［M］. 重庆：重庆大学出版社，2008：8.

　　［3］百度百科. 广告创意表现 ［EB/OL］. http：//baike.so.com/doc/5407353. html.

　　［4］360 百科广告策划书 ［EB/OL］. http://baike.so.com/doc/5570715. html.

　　［5］田卉，齐力稳. 广告策划 ［M］. 北京：中国广播电视出版社，2007：256-259.

9 广告预算编制

开篇案例

央视"标王"

2005 年 9 月 26 日，被誉为行业风向标的 2006 年央视黄金资源广告招标开锣。300 多个标的物历经 14 个小时追逐，央视广告招标金额最终达到 58.69 亿元，实际中标企业比 2005 年增加 1/3。各大企业不惜砸锣重金争夺央视"标王"的位置。可是今天，为什么这些曾经的标王们在市场上都不再坚挺了呢（见表 9-1）？

表 9-1   央视"标王"历年价位表（可能与央视统计有偏差）

年份	中标价（亿元）	"标王"
1995	0.31	孔府宴酒
1996	0.67	秦池酒
1997	3.2	秦池酒
1998	2.1	爱多影碟机
1999	1.59	步步高
2000	1.26	步步高
2001	0.22	娃哈哈
2002	0.20	娃哈哈
2003	1.08	熊猫手机
2004	3.1	蒙牛
2005	3.8	宝洁
2006	3.94	宝洁
2007	4.2	宝洁
2008	3.78	伊利
2009	3.05	纳爱斯
2010	2.029	蒙牛
2011	2.305	蒙牛
2012	4.43	茅台

资料来源：http://news.sohu.com/20121120/n358130446.shtml

1998 年，爱多公司在胡志标的带领下以 2.1 亿元的价格竞得当年"标王"，带动整个中国的影碟机行业高速成长。一年后，步步高公司以总共 2.85 亿元的投入连续两年拿下"标王"桂冠。但由于核心技术环节的缺失和市场竞争的加剧，完全依靠制造环节的利润被迅速拉回了原点。而随着爱多公司和步步高公司的风光不再，曾经的"标王"胡志标和段永平也因经济犯罪而入狱。

可惜，胡志标和段永平的"标王下场"并没有使熊猫移动公司的老板马志平汲取教训。2003 年，马志平以 1.1 亿元的价格成为当年的"标王"，试图通过在央视的黄金时段播出广告来助力熊猫移动手机的辉煌。可惜，直到熊猫移动手机退出手机行业，央视"标王"的称号除了给人们留下一些口号式的回忆之外，并没有为熊猫移动公司提供更多的帮助。

曾经有一位知名广告公司的负责人这样评价央视"标王"事件："从某种意义上讲，这更像是一场昂贵的赌博。"每年天价的广告费用，如此多的资金都砸在广告宣传上，这样大的投资会收到与之对等的广告效果吗？会带来丰厚的利润额吗？其实，很多的央视"标王"对这些问题都欠考虑，对自身企业做广告的目的、广告经费的预算、广告的效果都未形成清晰的认识。因此，我们才会看到曾经的"标王"们从激烈的市场竞争中纷纷退出，留下的除了这样一个教训，什么也没有。

本章提要

在激烈的市场竞争中，企业要想获得更多的市场份额和利润，必然要投入资金做广告。投入多少资金、怎样分配资金、要达到什么效果、如何防止资金的不足或浪费等问题都是广告策划预算编制需要考虑的内容。广告主事先制订一个能够表明某段时间内打算进行的各项广告活动的经费开支的方案的过程就是广告预算的过程。正确编制广告预算是广告策划的重要内容之一，是企业广告活动得以顺利进行的保证。本章通过对广告预算与广告目的的关系的介绍、广告预算的影响因素的详细分析以及广告预算编制方法的介绍，让读者了解广告预算的本质，从而对广告预算编制有更加清晰的认识，进而学会如何进行正确的广告预算编制，以便在实际运用中利用所学知识做出合理而科学的预算，顺利完成广告策划方案。

9.1 广告预算与广告目的的关系

广告预算是广告主和广告企业对广告活动所需总费用的计划和估算。广告预算规定了在特定的广告阶段，为完成特定营销目标而从事广告活动所需要的经费总额以及使用要求，包括广告主投入到广告活动中的资金费用的适应计划与控制计划。广告预算以货币形式说明广告计划，具有计划工具和控制工具的双重功能。广告预算能够提供控制广告活动的手段，保证有计划地使用经费，使广告活动更有效率，并且可以增强广告业务人员的责任感，同时也可为评估效果提供经济指标。一句话，广告预算就是要用最小的投入获得最大的产出。可见，广告经费是广告策划和广告活动的基础，广告预算的重要性也就不言而喻了。

广告预算是实现广告目的的重要保障。一般而言，广告经费的多少决定着广告活动的规模和广告目的的大小，制定广告预算跟确定广告目的之间有非常密切的关系。广告目的确定广告策划者想做什么，而广告预算则限定了策划者只能做什么。因此，在广告策划的实际过程中，要始终把广告目的与广告预算联系在一起，同时考虑、同时处理。

广告目的的确定，一般是从知名度创牌效果、宣传说服保牌的传播效果及促进销售和竞争效果这三者中视情况来选择其一加以考虑，因而广告预算与广告目的之间的关系可以概括如下：

9.1.1　以促进销售和加强竞争来表示时所受广告预算的制约

在产品直接销售给最后的消费者，中间不经过其他配销环节而只通过媒体联系消费者的情况下，广告是唯一的营销方式。因此，相应的广告效果评估就以销售单位或销售金额来确定和衡量其广告目的实现程度。广告目的的实现有一个金额指标，而为了达到这个目的需要做广告，所支出的广告经费也有一个金额指标。广告目的实现时的销售金额中包含成本回收和利润，因此，在广告策划中要处理好广告投入和企业销售利润的关系。广告投入与销售利润的关系如图 9-1 所示。设定销售利润为 Y，广告费用投入为 X，那么，Y>X 是一条基本原则。在这个原则下，对企业来说理想的趋势是 X 趋于极小，Y 趋于极大，即要用最少的广告投入去获得最大可能的利润。

广告目的很明确，也很单纯，那就是要带来利润。但是什么时候做广告、做什么形式的广告、做什么规模的广告等，直接关系到广告费用开支的时机和数额，而时机和数额是否恰当又直接关系到广告的成效，即利润能否实现及利润的多少。那么如何选定恰当时机和确定恰当的广告开支数额呢？这又得根据产品的生命周期及市场上的竞争情况来统筹考虑。想要确保广告活动高效进行，必须要处理好这一系列的连锁式问题，而且是在广告策划阶段就要有预见性地处理好，为财务部门提供理由充分可信的广告预算方案。

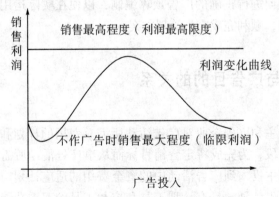

图 9-1　广告投入与销售利润的关系

资料来源：作者根据相关文献资料整理所得

当广告费投入处于坐标原点时，即不做广告、不花广告费时，其他营销活动也能实现利润，但利润低，处于临限线。当广告费投入列入预算，广告活动开始时，广告费的投入实际上加大了成本，不能即时发生效果获得利润（即广告开支投入抵消或挤占了临限利润），因而刚开始有一个利润低谷，稍后开始回升，超过临限利润（见图9-1）。

当广告费进一步增大，并达到一定量时，广告投资效果明显地带动销售量开始增长，当广告费投入持续增大，企业销售量随之增长，与广告费用投入呈正相关状态，销售额大幅度增加，利润也上升到接近最高限度。但到达一定程度，当广告费继续增加时，广告投资效果却不再那么明显，销售额可以稳定一段时间，而利润却开始下降。这是因为现有市场容量有个限度，销售额也因此受到限制，不可能无限增长，而只能处于相对稳定状态。但因广告的开支增加导致成本加大、挤占利润，因此利润趋势呈现稳中有降。当广告费再继续增加时，销售额反而下降，利润也随之大幅度下降，直至降到临限利润以下。除了市场容量限制销售额和利润增长外，广告费的再增加导致成本不断加大，挤占利润更多；产品可能在市场上出现饱和状态，引发滞销；可能因为同类产品的竞争而导致产品市场缩小；为了参与竞争而实行降价措施或另辟销售渠道；等等。这时候，显然不宜继续增加广告费，而应考虑产品更新换代，或者另外开辟新的市场，或者采取其他措施强化产品的市场垄断性优势地位。

9.1.2 以宣传说服保牌的传播效果来表示时所受广告预算的制约

在许多情况下，产品不是与顾客直接见面，如大多数工业产品都不是顾客直接到工厂去购买，而是通过推销员等营销渠道的中间环节将产品卖给顾客。因此，以最终销售额和利润等纯经济指标来衡量广告目的的实现与否是不科学的。企业即使在销售额处于最低状态时，也不可忽视广告的品牌营销力量。此时，需要用广告对消费者的行为所产生的宣传说服保牌的传播效果来反映广告目的实现与否。

消费者的行为活动有多种类型，但就广告对消费者所起的作用来说，一般分为两种表现：一种是直接购买，另一种是虽不直接购买，但对产品产生了兴趣，如有意识地询问情况、索要资料等。广告策划如能激发消费者的购买行为或兴趣意向，则该广告策划的效果较好。

广告效果取决于诸多方面的因素，比如创意水平、发布时机等。但是，当假定其他各方面因素都能促成良好效果时，广告预算便成为重要的决定因素。

第一，广告预算的规模与广告目的是否适应直接决定广告目的的能否达成。广告预算的很多情况是预算规模过小，广告缺乏充分的资金支持，在发布的数量或区域及媒体利用率等方面处处受限。产生此种情况的原因是策划者或管理者急功近利，重视直接销售而轻视间接销售。用广告去影响消费者以使其在行为活动方面发生变化，消费者或者购买，或者只是产生了兴趣。这是对产品的间接销售，需要对消费者和潜在消费者的行为活动变化过程耐心等待。第二，消费者对一种产品有认识和选择的过程，广告对消费者和潜在消费者起作用也有一个时间过程。通过消费者对广告多次视听（包括一个地点一种媒体多次视听、一个地点多种媒体同类宣传视听、多个地点一种媒体及多个地点多种媒体的视听等几种情形），逐步加深印象，逐步形成一种认识，最后才做出某种决定。这种决定是迟缓的，却是十分冷静的，冷静地购买比那种盲目冲动地即兴购买更有意义、更有价值。冷静的购买意味着一种成熟的决定，意味着今后重复购买行为的连续发生。认识到这一点，就不会产生重视直接销售而轻视间接销售的偏向，就不会将广告预算当作一种额外负担而任意压缩削减。

广告策划人员需要用广告的宣传说服保牌的传播效果来说服管理者和财务部门，使其达成预算问题上的共识，以求获得必要的、充分的资金支持，保证广告目的的实现。但是，广告预算策划要牢记"用最小的投入获得最大的产出"这一原则，预算经费要恰到好处，避免浪费，要力争把钱用在"刀刃"上。因此，要强调的不是广告预算本身的规模大小，而是广告预算规模一定要与广告目的相适应。

9.1.3 以知名度创牌传播效果来表示时所受广告预算的制约

知名度创牌传播效果主要是指广告在消费者以至社会公众心理上发生的效果，即认知、知名、理解、喜爱、偏好、信服和忠诚这一心理活动进展过程。如果广告发生了上述传播效果，随之而来的将是消费者的购买行动和潜在消费者的态度改变，以及企业知名度的提高、形象的确立、品牌记忆的加固等。因此，当广告产生了策划者预期的某种效果时，可以认为是广告目的已经实现，或者说能否达到广告目标，取决于广告策划能否获得相应的预期传播效果。基于这种认识，可以通过广告预算对传播效果的影响而看到广告预算对广告目的的制约关系。

这里的关键之处是如何看待广告的迟延效果。广告效果并不是都会即时发生的，有些情况下在某些方面、某些地方对某些人会产生"立竿见影"的效果，但多数情况是广告的效果要经过一段时间才会显露出来，而且这种效果不止是一次性发生，而是长期保留延续下去，这就是"迟延效果"。

迟延效果涉及广告投资的回收问题。广告经费支出像其他投资支出一样，都要求有助于企业营销，要产生效益，尤其是首先要求回收成本。管理部门和财务部门审查广告预算时，决定是否批进预算，也无疑首先要考虑其成本回收问题。但是，按制度规定，当年的广告年度预算要记在当年的账上，从财务来看，当年开支了一大笔广告费用，但当年既得不到销售利润，又不能回收成本，明显造成资金积压及利润下降，这成为当年的困难问题，而广告效果的发生要等到第二年或第三年。为了减少当年的困难问题，管理者和财务部门的想法与广告策划人员的想法可能会很不一致，所计划的预算方案也可能有分歧。传播效果体现于企业知名度等方面是无形的，不能以销售数额来折算衡量，这更加重了管理者的忧虑。如果广告策划人员有充足的理由说服管理者，则预算方案可能被采纳，如果不能做到这一点，则预算方案可能被修改。这种复杂情形是由广告的迟延效果所引起的。这种情形的实质在于广告预算在整个企业预算中只是一个组成部分，必须服从整个预算的年度记账制度，对将来能否发生效益及发生多大效益根本不考虑；而广告目的实现则必须依靠当年的广告预算获得资金支持。因此，广告预算对广告目的具有强力的制约作用。为了保证广告目的能顺利实现，策划者必须尽一切可能制订一个合理的能被管理者和财务部门理解和接受的预算方案。

9.1.4　广告预算分配对广告目的的影响

广告预算分配是否合理，也是广告目的能否达到的决定性因素之一。广告预算总体规模与广告目的是相适应的，即由计划的广告费总额预算确定，如果广告预算内部的每一笔开支不恰当、不合理，也难以产生广告预算策划所期望的效果。广告预算分配上的任何一种失误都会影响分配的合理性，而任何一种不合理的分配都是浪费资金，最终自然不可能求得广告的最佳效果，广告目的的实现就会大受影响。

9.2　广告预算的影响因素

广告预算对于实现广告目的具有决定性意义，策划人员对广告预算及广告预算分配所进行的策划必须合理、明确、容易被接受、便于执行。明确广告预算的影响因素，为策划出科学性的广告预算提供必要且必需的基础。影响广告预算的因素很多，本书主要从以下几个因素进行阐述：

9.2.1　企业的经营状况

编制企业广告预算要考虑企业的经营状况，根据人力、财力和物力等企业自身资源量力而行，策划出一个企业可以承受的广告费用投入总额或限度。广告预算要与企业承受能力相适应，这是广告预算策划必须坚持的一条基本原则。超越企业承受能力的广告预算，要么不能被管理部门或财务部门所接受，即使被接受，在实施过程中也不能被完全执行。

企业的状况和实力是决定广告预算的基本依据和前提。企业的实力和状况直接影响广告预算的高低。企业规模大、实力强，企业的营销目标和广告目标就相对较大，广告预算相应也会比较大；反之，企业规模小、实力弱，广告预算自然较小。总之，不顾企业自身的经营状况，随意编制广告预算是不可行的。

9.2.2　企业的营销目标和广告目标

如前所述，企业的营销目标和广告目标受企业预算制约，但企业预算也必须根据企业的营销目标和广告目标的变化来确定不同的预算计划。一般情况下，企业的营销情况比较稳定时，企业的营销目标和广告目标以及相应的广告策略也会比较稳定，因此企业在实际确定广告预算时，采用比较简单的方法，即每年度只确定一个比例或提出一个绝对数即可。在企业处于市场稳定时期时，这样做似乎合情合理，但是一旦企业遇到重大挑战时，整个营销目标和广告目标必须修订，甚至重新制定，这时广告预算也必须根据新的营销目标和广告目标来制定，不能沿用稳定时期的习惯做法。

9.2.3　企业外部环境变化

企业的外部环境变化（市场形势的变化、竞争对手的变化、其他社会影响因素的变化等）对企业广告预算有明显制约作用，单就广告效果而言，广告效果的发生过程及效果强弱也跟外部环境有密切关系，而企业对外部环境只能积极适应，不可能根本改变。因此，制定广告预算必须充分考虑外部环境因素的影响程度。当外部环境因素的影响力达到一定强度并足以迫使企业调整计划时，广告费用投入也必然会受到影响，在广告预算策划时必须预先对这种可能性有充分估计，使预算保持一定的弹性，使预算具有应变能力。

企业生产或销售的产品和服务具有不同的特性，如用户的范围不同、价格有高低，使用时间有长短（耐用品和易耗品）等。不同类型的产品，其广告预算额不同，分配方法也不同。对用户面广的产品或服务来说，广告传播范围也要相应较大，才能有效地覆盖用户面，而广告传播范围较大，则要求广告的媒体种类多样化、发布频次增加等。当然，广告费用投入预算就相应增大，而且顾客购买时都要经过慎重的考虑后才选择产品或服务，顾客思考的过程中也需要多投入广告费用，来促使其产生购买行为。耐用品的使用寿命较长，顾客重复购买的可能性较小，因此也应加大广告预算，加强宣传，以求促使顾客重复购买并让潜在消费者发生购买行动。反过来，用户面比较窄、价格低廉、容易损耗的商品，其广告预算则可少一些。

9.3　广告预算编制的方法

广告能促进销售量增加，但是做广告要支付一定的费用。由于广告的促销效果很难计算，因此无法直接定量计算出合理的广告费用。通常本着扩大销售、提高经济效益、节约费用开支的原则，在制定广告费用预算的时候，不仅仅要分析预算的影响因素，还应该全面考虑，按照一定的程序进行操作，采用正确、科学的方法，以保证广告预算编制的科学性。

具体来说，广告预算编制的方法有以下几种：

9.3.1　比率法

比率法通常是将企业在一段时期里的销售额或者利润作为基础依据，从中抽取一定比例的金额作为广告活动过程中的支出费用。比率法的优点和缺点都很明确：该方法操作简单，使得计算变得简单；该方法计算比较机械，在实际应用中很容易忽略市场环境的变化以及营销市场的不断变更，使得广告预算看起来死板、没有适应能力。一般情况下，比率法有销售额百分比法、净收入百分比法和毛利百分比法三种类型。

第一，销售额百分比法。销售百分比法是比率法中最常见的一种，也是采用的最多的类型。其计算方式也很简单，即将某一年度预计销售额的百分之几用来作为制作广告过程中实际投入的总费用。因此，对于销售额比较稳定的公司，通常都比较适用于此种计算方法，也就是基于过去销售额和预计未来的销售预期来加以确定。

例如，某公司上一年销售额为 300 万元，其中广告费用占销售额的比重为 5%，根据这种情况，那么本年度广告预算计算如下：

本年度广告预算 = 300×5% = 15（万元）

该方法简单实用，将广告费用和销售额结合起来，因此很容易被厂商所接受。当然，这一方法明显的不足之处就表现在：销售额高的时候，广告预算就会增加；而销售额低的时候，广告预算就会减少。这一现象就违背了"广告产生销售"这一基本准则，因此在考虑该方法时，应多加考虑其影响因素。

第二，净收入百分比法。净收入是企业销售的纯利润，净收入百分比法就是通过以净收入作为确定广告费用的基础，再取其中的固定比例作为广告费用。该方法也有较强的实用性，很多企业和厂商也会采用该方法确定广告预算。该方法比较突出的优点在于可以量入为出，从而尽可能地避免风险。

第三，毛利百分比法。毛利百分比法以企业或品牌的毛利百分比作为依据来计算广告费用占的比例。所谓的毛利，就是销售额减去产品成本的剩余值。该方法计算起来也很简单，和销售百分比不同之处在于所选的基数不同，其他计算方式基本相同。

9.3.2　目标达成法[①]

传统的广告预算方法也许都存在这样或那样的不足之处，20 世纪 60 年代目标管理理论盛行时，一种旨在更加科学有效地进行预算的方法被提了出来，即目标达成法。这种方法回避了上述预算方式的不足，把预算置于整个营销计划当中。在营销规划中，完成了市场分析和研究之后即设定营销目标，其中包括广告策划所要达到的目标就自然形成了广告所要完成的任务，而广告预算就是决定执行这些广告任务所需的资金成本。

目标达成法遵循的基本精神是"零基预算"，也就是预算的建立从零开始，不必去考虑上年的预算情况，要求每一项预算都要与其所完成的"任务"密切相关，是实现目标的必然要求。其预算程序如下：

第一，界定任务。以营销目标为基础，界定广告所要达成的目标及任务。这些任务必须是具体的个别的工作，相互之间要能区分开来。例如，广告目标是把潜在顾客的偏好提高到 20%，而任务则是在有线电视上持续 1 个月的广告播出，并在当地晚报上每周 2 次共 4 周刊登有关推荐广告。

第二，决定成本。按照执行广告任务的媒介支出和其他费用计算出广告成本金额。

第三，方案排序。实现目标的方案要加以评估和排序，按照其重要程度给予排序。所谓重要程度，是指方案对达成目标的贡献程度。

第四，决定预算。将各项方案的成本加以汇总，然后形成最后预算。汇总之后的预算如果超出了负担程度，则可以依照由轻到重的方向删除次要的方案，最后决定预算。

目标达成法的优点显而易见，配合并实现了营销规划程序的行进方向，具有严密的系统性和逻辑性；同时是针对具体任务分配经费，在预算上以零点为基点，可以有效避免以往事件的重演，并保障广告费用既不会浪费也不会不足。当然，目标达成法

[①]　卫军英. 现代广告策划［M］. 北京：首都经济贸易大学出版社，2004：330-331.

也存在缺点，没有对每个任务执行的最适合程度提出一个指导方针。因为在以目标作为前提的情况下，广告目标往往难以量化，无法提供准确的依据。另外，由于广告媒介传播中存在着多种偶然性因素，有时很难准确估算广告效果。

9.3.3 力所能及法

力所能及法是根据企业的财务能力来确定广告预算。该方法从企业收入中扣除必需的开支、利润后，剩余即作为广告费用，即是说在其他营销活动优先分配到经费之后，企业剩余了多少经费，就全部都投入广告制作中。这是最简单的确定广告费用的方法，但这种方法不能针对广告支出与销售变化的趋势，并且广告预算随着企业财务状况变化而起落，难作长期、全面地考虑和计划。

然而在许多小公司采用力所能及法的同时，很多大型企业也使用力所能及法制定预算，这里要指出那些根本不清楚广告活动对产品发展意义的公司，以及不以市场作为导向的企业。就像某些高科技公司在发展的过程中，只是注重产品的开发和创新，在产品的销售过程方面毫不关心，以至于再好的产品也没有得到很好的宣传，使得销量不佳，从而影响了销售额，并进一步影响到利润。

9.3.4 竞争对等法

竞争对等法是按照竞争对手企业的广告费用额来确定本企业广告费用预算，即企业在确定广告费用的投入时，是将本企业的广告费用与竞争对手持平或超前作为主要目标。以竞争对手的广告投入作为参照物，优点是有利于企业在短期内达到强有力的市场竞争地位，当然缺点也显而易见。首先，以竞争对手为参照对象，盲目性大，如果所参照的竞争对手广告费用开支不合理，就会导致本企业广告开支也不科学，同时容易导致攀比乃至浪费；其次，企业往往由于过于重视竞争对手的广告投入情况，而忽视了实际营销环境，从而丧失了市场机会。[①]

本章小结

广告预算是指在一定时期内，广告策划者为实现企业的战略目标而对广告主投入广告活动所需的经费总额以及其适用范围、分配方法等进行的预先估算和筹划。

广告策划预算编制是广告策划活动中非常重要的一环，广告经费的多少决定着广告活动的规模和广告目的的大小，制定广告预算跟确定广告目的之间有非常密切的直接关系。本章讲了这两者之间的关系：以广告目的以促进销售和竞争来表示时所受广告预算的制约、以宣传说服保牌的传播效果来表示时所受广告预算的制约、以知名度创牌传播效果来表示时所受广告预算的制约、广告预算分配对广告目的的影响。

本章还从企业的角度讲述了影响广告预算编制的因素，包括企业的经营状况、企

---

① 田卉，齐力稳. 广告策划 [M]. 北京：中国广播电视出版社，2011：228.

业的营销目标和广告目标、企业外部环境变化等不同因素对广告预算的影响，从而使学生在实践活动中学会有效地避免负面因素的影响。

思考题

1. 广告策划与广告目标之间有何种联系？
2. 影响广告预算编制的因素有很多，请以企业的角度详细分析广告策划预算的影响因素。
3. 请简要介绍比率法在计算广告预算中的应用。
4. 请分析一个广告的策划，并分析该策划适宜采用何种预算方法。
5. 在实际应用中，编制广告预算的方法多种多样，而不同方法得到的结果不尽相同，请问应怎样来解决这个问题呢？

参考文献

［1］蒋旭峰，杜俊飞. 广告策划与创意［M］. 北京：中国人民大学出版社，2006：336.

［2］卫军英. 现代广告策划［M］. 北京：首都经济贸易大学出版社，2004：330-331.

［3］田卉，齐力稳. 广告策划［M］. 北京：中国广播电视出版社，2011：228.

［4］道客巴巴网. http://www.doc88.com/p-99830874165.html.

10 广告效果评估

开篇案例

2013 年 4 月中国电视广告效果评估排行榜①

根据浩顿英菲 ADEvaluation 调研数据显示，2013 年 4 月总计广告数量为 282 条，参与广告评审的消费者达 5.6 万人次，整体与 3 月份相比增加了 37 条，但增幅不大，就创意数量而言，依旧处于一个平淡期。

食品类广告共计 55 条，在数量上成为月冠军，占比 19.5%，比 2013 年 3 月上升 0.72%；饮料类和日化类广告创意数量紧跟其后，同时有 52 条广告，占比 18.44%；2013 年 3 月数量之冠的饮料类，降低 1.12%；日化类广告快速上升，增加 4.15%；医药保健类广告以 44 条的数量保持了创意数量第 4 位，占比 15.6%，上升 2.54%；汽车交通类（27 条）和家用电器类（14 条）分别排名第 5 位和第 6 位。而排名相对靠后的是电脑数码（10 条）、家装家居（9 条）、服饰服装（7 条）、金融（5 条）、婴幼儿（5 条），零售服务业仅有 2 条新的广告创意，以往较为活跃的苏宁、国美、宜家都没有发布新的广告创意。

从广告创意效果来看，本月排名靠前的品类中并没有日化、饮料、食品这些专业户。相反，电脑数码类广告以 127.5 分的 API 均值整体表现出色；服饰服装类广告 API 均值为 114.7 分，排名第 2 位；家用电器类广告 API 均值为 114 分相比 2013 年 3 月排名下降一位，排名第 3 位；随后是金融（113.8 分）、饮料（103 分）、食品（102.9 分）；日化类下降幅度较高，从 2013 年 3 月的冠军位置降至第 9 位（见表 10-1）。

表 10-1　　　　　　　　　2013 年 4 月广告效果总排行

排名	广告名称	API 均值（分）
1	美之源果粒橙果汁篇	180
2	伊利牛奶厂参观 V2 篇	177
3	伊利谷粒多活力早晨篇	168
4	佳能相机蝙蝠侠篇	167

---

① http://www.cnadtop.com/news/nationalNews/2013/5/17/8700e75b-7a3d-4024-98d9-70f84c0cbad0.htm

表10-1(续)

排名	广告名称	API均值（分）
5	佳能EOS系列单反相机篇	166
6	苹果Ipad狂野灵光篇	165
7	兰蔻明星BB霜亮白体验	165
8	海尔无霜冰箱无霜保鲜盒	164
9	奥利奥冯小刚亲子篇	160
10	奥利奥夹心饼干亲子篇	160

资料来源：以上数据为浩顿英菲通过ADEvaluation消费者调研得到

从单支广告效果来看，"美汁源果粒橙果汁篇"广告API得分180分，摘得2013年4月电视广告效果排行榜榜首位置。伊利集团表现突出，两条广告创意指数都靠前，效果不俗。在2013年4月广告排行中（前10名），饮料类广告有3条，数码电脑类广告有3条，食品类广告有2条，日化类和家用电器类广告各1条。从品牌区域来看，欧美广告表现突出，有5条；国内品牌广告有3条；日韩品牌广告有2条。从广告属性来看，依然是产品类广告数量居多，共有8条。总体来看，2013年4月份的广告排行中，饮料类广告效果稳定，稳居前3名，数码电脑类相比2013年3月，成绩突出，连续3条广告创意效果挤进前10名。

第一，电脑数码类行业：创意数量虽少但效果不俗，佳能广告精且稳。2013年4月电脑数码类广告总计10条，占所有广告比例为3.5%，API均值达127.5分。成为当月的冠军行业。虽然新的广告创意数量并不多，但是10条广告中一半的广告API高出行业平均值。佳能公司对于广告的管理非常到位，使广告创意不仅效果好并且稳定在高水平之上，投放市场的2条新创意，效果指数分别为167分和166分，是电子数码品类中广告效果指数最高的两条广告（见图10-1）。

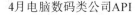

4月电脑数码类公司API

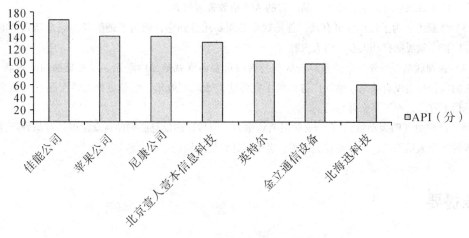

图10-1　2013年4月电脑数码类公司API

资料来源：以上数据为浩顿英菲通过ADEvaluation消费者调研得到

第二，日化类行业：API 排名大幅下滑，大陆品牌依然处于劣势。2013 年 4 月总共投放日化类广告 52 条，占所有广告比例为 18.44%，但 API 均值并没有因为广告数量的增加而有所提高。相反，自 2013 年 3 月夺冠以来，整体广告效果大幅度下滑至第 9 位。API 均值从 2013 年 3 月的 114 分，下降到了 97 分。欧美品牌依旧保持强势状态，排名前 10 名的广告中，欧美广告占 8 条，API 均值达到 105 分。国内品牌广告有16 条，API 均值只有 77 分，与欧美品牌的差距还是比较大的。

虽然 2013 年 4 月日化广告效果并不理想，但是"兰蔻明星 BB 霜亮白体验"广告以 API 均值 165 分的分数进入了前 10 名，作为欧莱雅旗下投放的广告，远高出自身平均值（118.6 分），创意出彩。

第三，饮料类：广告效果"贫富差距"很大。2013 年 4 月饮料类广告投放 52 条，API 均值为 103 分，由 2013 年 3 月的第 2 位下降至第 5 位。广告数量上以国内品牌广告居多（37 条），其次是欧美品牌（12 条）。从广告效果来看，可口可乐虽然只推出 1 条广告创意，就以 API 均值 180 分秒杀本月所有广告夺取冠军宝座。国内品牌也不甘示弱，伊利在饮料类中排名第 2 位和第 3 位。可见国内的品牌如果加强广告的管理，是可以在效果上与国际品牌比肩的，可惜很多行业的品牌还未意识到这一点。

注释：

[1] ADEvaluation：中国广告创意效果评估（ADEvaluation）是由浩顿英菲市场咨询有限公司开发的广告评测系统；由梅花网提供新电视广告创意，通过消费者调研，全面对中国电视广告创意效果进行评估；针对 11 类行业，2 000 个品牌，全年评估 5 000 条电视广告片；采用国际领先广告研究评估方法，从广告的注意力、品牌联系及说服力三方面对每一则广告综合测评，获得广告的创意效果指数（API）。

[2] API（Ameritest Performance Index）广告表现指标：该指标是综合了注意力、品牌联系和说服力三个因素，并联系了这些指标的分别市场平均表现，通过复杂公式计算而得，作为指标值。这里可以简单地理解为：API＝注意力×品牌联系×说服力。API 指数的平均值为 100 分。整体来说，如果广告的 API 指数高于 100 分，广告效果是高于平均水平的，如果低于 100 分，则效果欠佳。根据行业的不同，广告效果会有差别，比如食品广告的 API 指数普遍较高。

[3] 注意力：为了让广告更有效，首先观众必须要注意到它，而为了能够吸引观众高质量的注意力，广告必须要能打动人心、引人入胜。

[4] 品牌联系：另外一个关系广告成功与否的重要因素就是品牌联系。没有足够的品牌联系，再好看的广告片也没有效果。也许广告达到了宣传这类产品的效果，但是更糟的情况是它可能为竞争对手做了宣传，而不是企业自己。

[5] 说服力（购买动机）：广告必须具有说服力，所传达的信息必须使观众觉得是对品牌产品高关联度的、令人信服的，并促使他们购买，至少是让他们想做进一步了解。

本章提要

一个广告做出来之后效果到底怎样？如何评估一个广告的效果？广告效果的评估一直困扰着业界的研究人员。广告效果评估在广告策划活动中起到了承上启下的作用，是评估一个广告是否成功的重要标尺。

"我明知道我花在广告方面的钱有一半是浪费的，但是我从来无法知道浪费的一半是哪一半。"这是 20 世纪一位成功的企业家——瓦纳梅克曾经说过的名言。广告人士经常都会引用这句话，而研究者致力于去寻求究竟是"哪一半"被浪费掉了？又是"哪一半"在起着作用？研究人员每年都会投入大量的人力物力对该问题进行研究，其实他们想要寻求的答案就是制作出来的广告在何种程度上实现了预期的效果。

本章通过对广告效果的综述，广告效果的特点、分类、遵循的原则和分析程序的介绍，以及对广告策划与效果评估之间关系的解析，加深读者对广告效果测评的了解。此外，对广告心理效果评估也进行了介绍，希望读者多方面了解广告效果评估的内容。

10.1   广告效果测评概述

10.1.1   广告效果的概念与特点

广告效果是指开展的广告活动通过广告媒体传播后产生的影响或作用，或者说是媒体受众接触广告后产生的结果性反应。这种影响可以分为对媒体受众的心理影响、对广告受众消费观念的影响以及对产品销售的影响。广告作为促销的一种手段，必然可以用销售情况的好坏直接判断广告效果如何。在现实经济中广告与销售额之间的关系并非绝对正比关系，必须从多方面客观考虑，如广告传播后引起了多少人注意、广告受众是否对广告有兴趣和对做广告的商品有何种印象、广告能否激起受众想要商品的欲望等，只有全面周到地考虑各相关因素，才能精确地测定出广告的真正效果。

从以上对广告效果内涵的分析，我们不难看出广告效果是十分复杂的，这种复杂性决定了广告效果具有如下的特点（见图 10-2）：

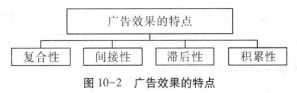

图 10-2   广告效果的特点

资料来源：作者通过相关文献资料整理所得

第一，复合性。复合性是指广告效果的产生是各种复杂因素集合的结果。广告活动的最终效果和最明显的效果就是促进产品的销售、市场环境的改善。然而产品销售额的增长、市场占有率的提升，绝不是单一地与广告活动形成函数关系，其影响因素应是复杂多样的。除了广告之外，影响因素还包括产品价格、开发策略、消费者购买力、竞争环境、公关活动、新闻宣传等多种影响因素。

第二，间接性。广告效果的间接性主要表现在两个方面：一方面，受广告宣传的受众在购买商品后的使用过程中，会对商品的质量和功能有一个全面的认识，如果商品质量上乘并且价格合理，消费者就会对该品牌商品产生信任感，形成重复购买行为；

另一方面，对某一品牌商品产生信任感的消费者会把该品牌推荐给亲朋好友，从而间接地扩大广告效果。

第三，时间的滞后性。广告对媒体受众的影响程度由经济、文化、风俗、习惯等多种因素综合决定。有的媒体受众可能反应快一些，有的则慢一些；有的广告效果可能是即时的，有的则可能是迟效的。实际上，广告是短暂的，在这短暂的时间里，有的消费者被激起购买欲望，很快就购买了广告宣传的商品；有的消费者则要等到时机成熟时才购买该商品。这就是广告效果时间上的滞后性。因此，评估广告宣传效果先要把握广告产生作用的周期，确定效果发生的时间间隔，区别广告的即时性和迟效性。只有这样，才能准确地预测某次广告活动的效果。

第四，效果的积累性。广告宣传活动往往是反复进行的。广告宣传中信息传输的偶然性，使其广告效果很难立竿见影，某一时点的广告效果都是该时点以前的多次广告宣传积累的结果。因此，广告主就需要进行多次的广告宣传，突出广告的诉求点，以鲜明的特色来打动消费者，使消费者产生购买欲望，最终达成交易行为。

10.1.2　广告效果的分类

根据不同的划分标准，可以将广告效果划分为不同的种类。

根据广告效果的性质可以将广告效果分为广告心理效果、广告销售效果和广告社会效果。广告心理效果是指广告在消费者心理上引起反应的程度及其对购买行为的影响。广告销售效果是指广告对促进商品或劳务销售及利润增加的影响。广告社会效果是指广告对社会道德、习俗以及语言文字等其他方面的影响。

根据广告活动的运行周期可以将广告效果分为短期效果与长期效果。短期效果与长期效果的时间间隔可根据广告宣传的时间长短以及具体要求确定。

根据广告产品所处的生命周期可以将广告效果分为引入期效果、成长期效果、成熟期效果、衰退期效果。

根据接触广告的心理变化过程可以将广告效果分为广告注意效果、广告兴趣效果、广告情绪效果、广告记忆效果、广告理解效果、广告动机效果和广告行为效果等。

10.1.3　测评广告效果的原则

测评广告效果是广告效果调研的重要组成部分，是通过调查所得的具体资料，运用科学的技术和方法，对广告活动的结果进行分析与评估。广告效果的测评虽然难度大，并且准确度也很难估计，但随着调研科学和测评技术的发展，只要选择和运用正确的调研方法和测评技术，广告效果测评就可以做到尽可能客观精确、真实有效。为了确保广告效果测评的科学、准确，应当遵循以下原则：

第一，针对性原则。针对性原则是指测评广告效果时必须有明确而具体的目标。例如，测评广告效果的内容是短期效果还是长期效果、是经济效果还是社会效果等。只有确定了具体的测评目标，才能选择相应的手段与方法，测评的结果也才准确、可信。

第二，综合性原则。影响广告效果的因素多种多样，既有可控性因素，也有不可控因素。可控性因素是指广告主能够改变的因素，如广告预算、媒体的选择、广告播放的时间、广告播放的频率等；不可控因素是指广告主无法控制的外部宏观因素，如国家有关法规的颁布、消费者的风俗习惯、目标市场的文化水平等。对于不同的控制因素，在测评广告效果时要充分预测控制因素对企业广告宣传活动的影响程度。在测评广告效果时，除了要对影响因素进行综合分析外，还要考虑媒体使用的并列性以及广告播放时间的交叉性。只有这样，才能取得客观的测评效果。

第三，可靠性原则。广告效果只有真实、可靠才有助于企业进行决策并提高经济效果。在测评广告效果的过程中，要求抽取的调查样本具有典型的代表意义；调查表的设计要合理，汇总分析的方法要科学、先进；考虑的影响因素要全面；测试要多次进行、反复验证。只有这样才有可能取得可靠的测试结果。

第四，经常性原则。由于广告效果具有时间上的滞后性、积累性及间接性等特征，就不能采取临时或依次测评的方式。本期的广告效果也许并不是本期广告宣传的结果，而是上期或者过去一段时间内企业广告促销活动的共同结果。因此，在测评广告效果时必须坚持经常性原则，做定期或不定期的测评。

例如，联邦快递为了推出其紧急快件服务项目，通过各种广告渠道反复重复"当它决定必须连夜递送时"这句广告词，一场反复的广告攻势加上这项独特的服务理念，使得联邦快递成为紧急快件投递业的绝对领袖（见图10-3）。

图10-3 联邦快递紧急快件服务项目广告
资料来源：百度图片

第五，经济性原则。进行广告效果的测评，所选取的样本数量、测评模式、地点、方法以及相关指标等，既要有利于测评工作的展开，也要从广告主的经济实力出发，考虑测评费用的额度，充分利用有限的资源为广告主谋求效益。因此，需要搞好广告效果测评的经济核算工作，用较少的成本投入取得较高的广告效果测评产出，以提高广告主的经济效益，增强广告主的经营实力。

10.1.4 测评广告效果的程序

测评广告效果的程度大体上可以划分为确定测评问题、收集有关资料、整理和分析资料、论证分析结果和撰写分析报告等过程（见图10-4）。

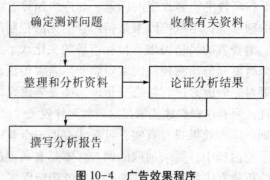

图 10-4　广告效果程序
资料来源：作者通过相关文献资料整理所得

第一，确定测评问题。根据广告效果的层次性特点，在广告效果测评时就应该事先决定研究的具体对象，同时确定从哪些方面对该问题进行剖析。这要求广告效果测评人员把广告宣传活动中存在的最关键和最迫切需要了解的问题定为测评重点，设立正式测评目标，选定测评课题。

第二，收集有关资料

这一阶段主要包括制订计划、组建调查研究组、收集资料和深入调查（见图 10-5）。

图 10-5　收集资料的过程
资料来源：作者通过相关文献资料整理所得

制订计划是基于广告主与测评研究人员双方的洽谈协商，广告公司应该委派课题负责人写出与实际情况相符的测评广告效果的工作计划。计划内容应包括课题进度步骤、调查范围与内容、人员组织等情况。

组建调查研究组应在确定广告效果测评课题并签订测评合同之后，测评研究部门根据广告主所提课题的要求和测评调查研究人员的构成情况综合考虑，由各类调查研究人员的优化组合群体来组建测评研究组。在组建课题组时，应选择好课题负责人，然后根据课题的要求进行分工，开始课题研究。

收集有关资料是在广告效果测评研究组成立之后，按照测评课题的要求收集相关资料。需收集的企业外部资料应包括：与企业广告促销活动有联系的政策、法规、计划及部分统计资料；企业所在地的经济状况、市场供求变化状况、主要媒体状况、目标市场上消费者的媒体习惯以及同行竞争企业的广告促销状况等。企业内部资料应包括：企业近年来的销售状况、利润状况、广告预算状况、广告媒体选择情况等。

第三，整理和分析资料。整理和分析资料，即对通过调查和其他方法收集的大量信息资料进行分类整理、综合分析和专题分析。资料归纳的基本方法有按时间序列分类、按问题分类、按专题分类、按因素分类等。在分类整理资料的基础上进行初步分析，挑选出可以用于广告效果测评的资料。

第四，论证分析结果。论证分析结果，即召开分析结果论证会。论证会应由广告测评研究组负责召开，邀请社会上有关专家、学者参加。同时，广告主有关负责人也应出席。双方运用科学方法，对广告效果的测评结果进行全方位的评议论证，保证测评结果的科学合理。

第五，撰写测评分析报告。广告策划者要对经过分析讨论并征得广告主同意的分析结果进行认真的文字加工并写成分析报告。企业测评广告效果分析报告的内容主要包括：绪言，阐明广告效果测评的背景、目的与意义；广告主概况；广告效果测评的调查内容、范围与基本方法；广告效果测评的实际步骤；广告效果测评的具体结果；改善广告促销的具体意见。

10.1.5 测评广告效果的作用

测评广告效果可以使广告主了解到广告活动的效果，帮助广告主更加充分地了解广告本身的用途。

第一，测评广告效果可以检验广告决策是否正确。在某一项广告活动结束之后，可以检验广告定位、广告策划、广告目标是否准确，广告媒体的运用是否恰当，广告发布时间与频率是否适宜，在投入大量的广告费用之后是否为企业带来了期望的经济效益等。通过这一测评，可以制定更加有效的广告策略，同时进一步指导未来的广告活动①。

第二，测评广告效果可以促进企业整体营销计划的实现。企业的整体营销作为一项大规模的行动，需要各有关部门和环节的协同配合才能付诸实践。广告作为一个重要的售销环节，必须有计划地配合其他营销环节的活动，促进整体营销计划的实现。测评广告效果能够通过每次广告活动效果的积累，使系列广告活动形成累加效果，让新的广告活动在前项广告所取得的效果的基础上进行，从而支持和促进整体营销活动。

第三，测评广告效果有利于广告公司积累经验，提高服务水平。广告公司为客户提供符合广告目标要求的创意与制作是其服务的基本内容。通过广告效果测评，广告公司可以了解消费者对广告作品的接受程度、广告形象是否富有艺术感染力以及鉴定广告主题是否突出、是否符合消费者心理需求等，从而总结经验、改进广告设计与制作、提高为客户服务的水平。同时，也为客户有目标地选择广告公司提供科学依据。

我们选取了两个不同的广告案例，分别从正面和反面两个方面来分析不同的广告制作会带来什么样的广告效果。

案例1：广告的正面效果。

20世纪60年代，德国的甲壳虫汽车在美国的市场上倍受冷落，这种车形似甲壳虫、马力小，曾被希特勒作为纳粹辉煌的象征，而美国人则习惯开大车。1959年，伯恩巴克接手为甲壳虫汽车进行广告策划，他充分运用广告的力量使美国人认识到了小型车的优点，拯救了甲壳虫汽车。我们下面就来欣赏一下甲壳虫汽车系列广告中"想

---

① 赵宁. 广告学［M］. 大连：东北财经大学出版社，1996：233.

想小的"柠檬""送葬车队"篇的创意。

第一,"想想小的(见图10-6)"。

我们的小车不再是个新奇事物了,不会再有一大群人试图挤进里边,不会再有加油工问汽油往哪里加,不会再有人感到其形状古怪了。

事实上,很多驾驶我们的"廉价小汽车"的人已经认识到它的许多优点并非笑话,如1加仑(1加仑约等于3.785升,下同)汽油可跑32英里(1英里约等于1.61千米,下同),可以节省一半汽油;用不着防冻装置;一副轮胎可跑4万英里。

也许一旦你习惯了甲壳虫汽车的节省,就不再认为小是缺点了。

尤其当你挤进狭小的停车场时,当你支付那笔少量的保险金时,当你支付修理账单时,或者当你用旧大众换新大众时,请想想小的好处。

图10-6 "想想小的"平面广告

第二,"柠檬"(见图10-7)。

仪器板上放置杂物处的镀层有些损伤,这是一定要更换的。你或许难以注意到,但是检查员克朗诺注意到了。

在我们设在沃尔夫斯堡的工厂中有3 389名工作人员,其唯一的任务就是在生产过程中的每一阶段都去检查甲壳虫汽车(每天生产3 000辆甲壳虫汽车,而检查员比生产的车还要多)。每辆车的避震器都要测验(绝不作抽查),每辆车的挡风玻璃也经过详细的检查。大众汽车经常会因肉眼看不出的表面擦痕而无法通过检验。

最后的检查实在了不起!大众汽车的检查员们把每辆车送上流水线一般的检查台,通过共189处检验点,再飞快地直开自动刹车台,在这一过程中,50辆汽车总有一辆汽车被卡下而"不予通过"。

对一切细节如此全神贯注的结果是大体讲大众汽车比其他汽车耐用而不大需要维

护（其结果也使大众车的折旧较其他车子少）。

图 10-7　"柠檬"平面广告

我们剔除了"柠檬"（不合格的车），而你们得到了"李子"（十全十美的车）。缺点的暴露，使人们看到了甲壳虫汽车平凡的外表下，闪光的品质——诚实。整篇广告的构图十分简洁干净，文字恳切率直，这一切都是为了使"诚实"二字以最大的冲击力传达到消费者心中。

第三，"豪华的送葬车队"（见图 10-8）。

迎面驶来的是一个豪华轿车送葬车队，每辆车的乘客都是以下遗嘱的受益人：

"我，麦克斯威尔·E. 斯耐弗利，趁自己尚健在清醒时，发布以下遗嘱：给我那花钱如流水的妻子留下 100 美元和一本日历。我的儿子罗德内和维克多，把我给的每一个 5 分硬币都花在了时髦车和放荡女人身上，我给他们留下 50 美元的 5 分硬币。我的生意合伙人朱尔斯的座右铭是'花！花！花！'我什么也'不给！不给！不给！'我的其他朋友和亲属从未理解 1 美元的价值，我就留给他们 1 美元。最后是我的侄子哈罗德，他常说：'省一分钱等于挣一分钱。'他还说：'叔叔，买一辆大众的甲壳虫汽车一定很划算。'我呀，把我所有的 1 000 亿美元的财产留给他。"

这便是伯恩巴克式荒诞幽默，这个幽默广告片在播出之后，引起了观众的广泛关注和好评。与伯恩巴克齐名的美国广告大师奥格威，过去一直对幽默广告持怀疑批评态度，但是在看过这一广告片之后，他也不由得对其巧妙构思赞叹不已。奥格威甚至公开表示："就是我活到 100 岁，我也写不出像大众汽车的那种策划运动，我非常羡慕它，我认为它给广告开辟了新的路径。"

实际上，伯恩巴克的甲壳虫汽车系列广告，妙手回春般地把"这只小虫"送上了美国进口汽车销售量排行榜的头把交椅，使甲壳虫汽车成为当时小型车的代名词。

图 10-8 "送葬车"平面广告

案例 2：广告的负面效果。

2004 年第九期的《国际广告》杂志发表了一篇题为《7+的创意，持续的激情》的文章，介绍了世界顶级广告公司——李奥贝纳全球广告评审会的评选标准、操作规则及创意管理。文章配发了一则由上海李奥贝纳广告有限公司广州分公司创意的立邦漆《龙篇》作品，画面上亭子的两根立柱各盘着一条龙。但是左立柱色彩黯淡，龙紧紧地攀附在柱子上；而右立柱色彩光鲜，龙却滑落下来……

作品的介绍说道："因为涂抹了立邦漆，龙就滑了下来。立邦漆的特点非常戏剧化地表现出来。"（见图 10-9）

图 10-9 立邦漆的"盘龙滑落"广告

据悉，李奥贝纳广告公司在全球 70 余个国家和地区拥有 200 个分支机构。每一个季度，世界各地的分支机构会遴选 1 200 件左右的创意作品送至美国芝加哥全球创意作品评审委员会（GPC，下同）评选。立邦漆《龙篇》就是参选作品之一。

GPC 对这则广告创意的评价是："这是一个非常棒的创意……这种表现方式在同类产品的广告创作中是一种突破。结合周围环境进行贴切的广告创意，在这一点上这幅作品是非常完美的例子。"GPC 给这则广告创意的等级评定为 8.3 分。

据记者了解，GPC 的评分标准分为 10 个等级，分别是：10 分——举世无双；9 分——广告界的新标准；8 分——同类广告的新高标准；7 分——优秀的执行；6 分——新鲜的点子；5 分——创新的策略；4 分——陈腔滥调；3 分——无竞争性；2 分——具破坏性；1 分——糟透了。

经 GPC 评审得到 8 分以上的作品通常能在国际广告奖中赢得大奖。

另外，每年年底李奥贝纳公司总部会把全年得到 7 分以上的作品制作成一张 DVD，分送给全球各地的分支机构。"每个李奥贝纳的员工都可以从中学习，从而被激发，并且从中改善客户作品的品质。"

但是，这则受到权威的 GPC"高度评价"的广告创意还来不及让创作人员过多地陶醉，就被公众尤其是网友的"口水"淹没了。

记者登陆了一些网站，看到关于这则广告创意的评价在不少论坛中都成了"热帖"。浏览这些帖子可以看到，多数网友认为这则广告创意戏弄了中华民族的图腾。广告所表现的产品立邦漆，其生产企业有日资背景，部分网友对此表示愤慨，认为这是继"丰田霸道"广告事件之后又一起利用广告"辱华"的事件。

著名策划人叶茂中接受记者采访时显得有些激动："我对此感到非常厌恶！也许你的创意的确有独到之处，拿到国外去也能得奖，但是这种靠戏弄中华民族象征来取悦评委的行为是中国广告人的耻辱。"

立邦漆《龙篇》广告创意事件被曝光之后，李奥贝纳公司以及《国际广告》杂志社分别发表声明，就此事带来的不良影响向公众表示道歉。同时记者也注意到，这两家单位都强调了一点，就是"《龙篇》不是广告"。

上海李奥贝纳广告公司北京分公司总经理助理李冬巍对记者说："在创意过程中我们曾经尝试过很多方式，也问过不少公司以外的人的意见，都认为创意与产品功能性相关性方面有相当高的吸引力，因而忽略了公众心理的差异，所以对于创意所产生的影响我们始料不及。对此我们深感抱歉。"

"《龙篇》的创意队伍全部都是中国人，所创意的广告从来没有在任何主流媒体上以任何形式发布过，将来也不会发布。这只是一则创意作品。"

《国际广告》杂志社发表的声明表示："我刊对于由作品《龙篇》引起一些读者的批评、质询、争议以及非本刊所期望的反应表示歉意。我刊决不会有意作出任何伤害读者情感的事。"

这则声明同时还强调，立邦漆《龙篇》是属于文章《7+的创意，持续的激情》所提及的作品，"不是本刊刊登的商业广告"。

对此，叶茂中认为，无论《龙篇》是不是一个正式发布的广告，但是既然已经刊登在《国际广告》杂志上，事实上也就已经产生了广泛传播的后果。[①]

从广告的角度来说，这则广告在没有获得中国广大受众称赞之前，由于特殊的原因，就注定了它的失败。

10.2　广告心理效果测评

10.2.1　广告心理效果测评的概念

广告心理效果是指通过广告作为刺激物，在广告发布后消费者对广告产生注意、兴趣、欲望、记忆与行动的程度。广告心理效果是广告的直接效果，也就是说如果没有广告心理效果，就不会产生出广告的销售效果和社会效果等。

广告心理效果的测评，即测评广告经过特定的媒体传播之后对消费者心理活动的影响程度。广告心理效果测评的主要对象是消费者，测评其对广告作品的心理效果、广告媒体的心理效果以及对广告促销的心理效果等。测评广告心理效果有助于改进产品设计，提高广告作品的心理作用；有助于择优选择广告媒体，增强广告媒体的传递能力；有利于针对广告受众，促使消费者相关行为迅速出现。

10.2.2　广告心理效果测评的指标

10.2.2.1　广告心理效果测评的心理学指标

广告既然旨在影响消费者的心理活动与购买行为，就必须与消费者的心理过程发生联系，主要表现在对广告内容的感知反应、记忆巩固、思维活动、情感体验和态度倾向等几个方面，对这几个方面进行测评的指标就叫做广告心理效果测评的心理学指标。[②]

第一，感知程度的测评指标。该指标主要用于测评广告的知名度，即消费者对广告主及其商品、商标、品牌等的认识程度。感知程度的测评，一般宜在广告发布的同时或广告发布后的不久进行，以求得测评的准确性。该指标可分为阅读率指标和视听率指标两类（见图10-10）。

第二，思维状态的测评指标。思维状态的测评，就是测评消费者对广告观念的理解程度与信任程度。通过对理解程度和信任度的测定，可以了解消费者能够回忆起的广告信息量和对商品、品牌、创意等内容的理解与联想能力，从而确认消费者对广告内容的信任程度。

第三，记忆效率的测评指标。该指标主要是指对广告的记忆度，即消费者对广告印象的深刻程度的测定，如观众是否能够记住广告内容中含商品品牌、特性、商标等内容。记忆效率指标可表现出消费者对广告的重点诉求保持或回忆的能力与水平，从

---

① 资料来源：新浪网. http://finance.sina.com.cn/b/20040929/08401055530.shtml.

② 赵宁. 广告学 [M]. 大连：东北财经大学出版社，1996：238.

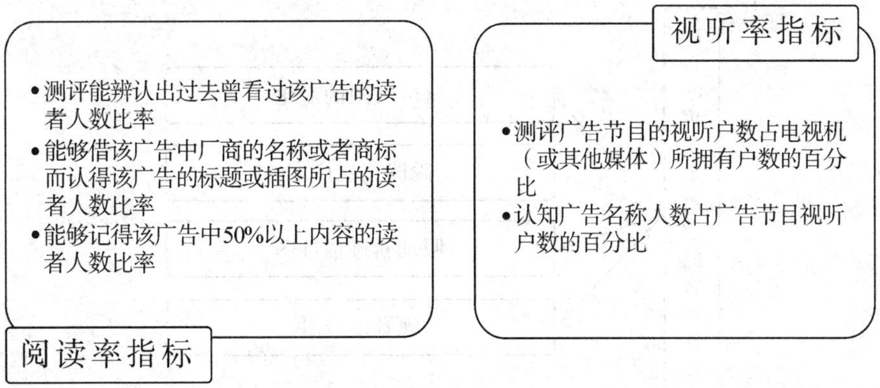

图 10-10　感知程度的测评指标

资料来源：作者根据相关文献资料整理所得

而反映出广告策划的水平及影响力。

第四，情感激发程度的测评指标。测评情感激发程度的主要指标是消费者对该广告的好感度，主要是指人们对广告所引起的兴趣如何、对广告的商品有无好感。好感的程度又包括消费者对广告商品的忠实度、偏爱度以及厂牌印象等。

下面我们通过相关案例来更加充分的理解该方面的信息。

"威力洗衣机，献给母亲的爱"。

电视画面里一位老大娘与几位农村姑娘在山村的小溪旁洗衣服，老大娘一边洗衣服，一边停下来捶打酸痛的腰背。这时画外音放出轻柔、清新而深情的女声："妈妈，我又梦见了您；妈妈，我送给您一件礼物！"紧接着，画面切换成老大娘见到洗衣机，欢喜地挪动了迈不开的双脚……

该案例即是利用心理学指标来达到情感上的交融，激发了观众的感情共鸣，从而使观众留下深刻影响。

10.2.2.2　广告心理效果测评的客观性指标

消费者在接触广告之后产生的心理效应，同时客观地引起人体一系列的生理变化。人们把运用各种精密仪器测定的这些生理变化，作为衡量广告心理效果的指标，并把这种指标称为广告心理效果的客观性指标（见图 10-11）。

第一，脑电波图的变化。人们在观看广告时大脑会发生自发地活动，这种活动通过脑电波图的变化而表现出来。当消费者完全被广告画面所吸引时，大脑中就会出现 $14\sim25$ 赫兹的低幅快波；而不感兴趣时大脑中会出现一种 $8\sim13$ 赫兹的高幅慢波。因此，通过脑电波图的变化，可以测评消费者接触广告以后产生的心理感应。

第二，瞬时记忆广度。这可以利用速示器以极为短暂的时间向消费者呈现一幅广告，在广告刚刚消失时有选择地要求消费者立即报告刚才所看的广告中某些对象的内容，从而得出消费者在观察广告时的瞬时记忆广度。如果消费者在瞬间所能看到的东西越多，意味着瞬时记忆广度越大，从而表明广告主题明确、创意新颖、策划成功。

第三，眼动轨迹描记图。研究表明，人们在观看广告时眼睛对广告画面处在一种

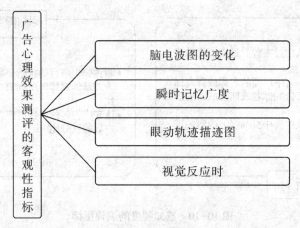

图 10-11　广告心理效果测评的客观性指标
资料来源：作者根据相关文献资料整理所得

不断扫描的运动中。如果把这种运动轨迹描记下来就形成了眼动轨迹图。通过观察眼动轨迹图，可以清楚地了解消费者在观看广告画面时对眼睛的注视次序和重点部位，从而为广告的设计制作提供科学依据。

第四，视觉反应时。视觉反应时是指消费者在观察或看清广告对象所需的时间，这也是一项广告效果测评的客观性指标。消费者对广告的视觉反应时间越短，说明广告越简洁明了，主题也更突出，效果反应更好。

10.2.3　广告心理效果测评的要求

广告心理效果的测评并不是按照个人的意愿，或者主观臆断来的，而是有一定的要求。在测评过程中严格要求测评人员、环境等各方面的因素，综合考量，才能达到最优的测评效果。主要的测评要求包括以下四个方面：

第一，参加测试的人员应有一定的代表性。

第二，要考虑测评时的环境因素，因为人们对广告信息的反应除受个体心理因素影响外，还受当时的社会环境因素的影响。

第三，不应有任何引导性、暗示性的启示，以免导致错误的结论。

第四，为了取得被测试者的积极合作，给予一定的物质奖励是必要的。

10.2.4　广告心理效果测评的方法

根据安排时间的不同，测评广告心理效果可以分为事前测评和事后测评。事前测评是在广告正式发布前，对广告效果进行预测；事后测评则是在广告正式发布后，对广告效果进行测评（见图 10-12）。

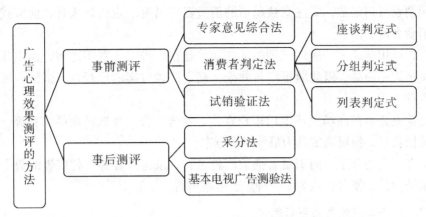

图 10-12 测定广告心理效果的方法

资料来源：作者根据相关文献资料整理所得

10.2.4.1 广告心理效果的事前测评

事前测评的基本构想是在广告正式发布之前，采用一定的方法，收集消费者对广告的反映，对广告作品和广告媒体组合的效果进行测评。根据测评的结果，及时调整广告促销策略，修正广告作品，突出广告的诉求点，提高广告的成功率。广告心理效果事前测评常用的具体方法主要有以下几种：

第一，专家意见综合法。所谓专家意见综合法，是指在广告作品及媒体组合计划完成之后，拿出几种选择的方案，请专家予以审评，然后综合专家的意见，作为预测广告效果的基础，并决定最后的广告方案。

运用此法要注意所邀请的专家应能代表不同的广告创意趋势，以确保所提供意见的全面性和权威性。一般说来，聘请的专家人数为 10~15 人为宜，少了不能全面反映问题，多了则耗费时间。

第二，消费者判定法。这种方法是指把供选择的广告展示给一组消费者，并请他们对这些广告进行评比、打分。虽然这种测评广告实际效果的方法还不够完善，但一则广告如果得分较高，也可说明该广告可能有效。运用消费者判定法，可视具体情况，采取不同的方式。

一是座谈判定式，即邀请消费者参加座谈讨论，请他们对几种广告方案进行评价，看他们对哪种方案最感兴趣，该方案的主要优点是什么；对哪一种方案不太满意或不感兴趣，主要问题是什么。最后把他们的意见综合、归类，作为修订或确定广告方案的参考依据。

二是分组判定式，即把几种方案两个一组分开，请消费者在每组中选取一个感兴趣的，然后将第一轮选出的广告方案再两个一组分开，请消费者再从中择优，依次下去，直到消费者选中一种最满意的广告为止。最后将每位消费者的选择结果综合起来。

三是列表判定式，即把广告方案中的各要素分条立项，列出表来，请消费者进行百分制评分，总分越高说明广告方案的可行性越大，然后将这些方案汇总，进行统计分析，作为广告方案是否可行的依据。

采用消费者判定法，要注意被邀请的消费者应具有一定的代表性，能够代表一定层次的消费者的心态。

第三，试销验证法。所谓试销验证法，就是在广告正式发布之前，运用几种广告方案来试销同一商品，以此验证广告效果，确定广告方案的可行性。试销验证法可采取以下两种方式：

一是让业务员在商场里或上门串户宣读、发送广告，并试销商品，看哪一种能导致最大的销售量，便可确定其为最佳广告方案。

二是在一定场合下，向消费者播放广告录音、录像，看哪一种广告能吸引消费者来购买试销商品，便可以认为哪一种广告方案可行。

10.2.4.2　广告心理效果的事后测评

事后测评可以全面、准确地对已做广告的宣传效果进行评价，衡量此次广告促销活动的业绩，以及评价企业广告策略的得失，积累经验，以指导以后的广告策划。具体测评方法如下：

第一，采分法。采分法具体做法是请消费者给已经刊播的广告稿打分，以此来测定其对各个广告原稿的印象程度。

第二，基本电视广告测验法。此方法是日本电通广告公司为评价和判断电视广告的优劣和进行电视广告测验的标准化作业而研究设计的。基本电视广告测验法的方法是集中 100 名测验对象在实验室观看电视广告影片，利用集体反映测定机，记录测试对象观看影片时所反映的心理活动变化，隔壁的电子计算机立即统计出结果，并输出过去的统计资料加以对比分析。

1998 年，娃哈哈、乐百氏以及其他众多的饮用水品牌大战已是硝烟四起。在娃哈哈和乐百氏面前，刚刚问世的农夫山泉显得势单力薄，并且农夫山泉只从千岛湖取水，运输成本高昂。

农夫山泉在这个时候凭借着"有点甜"的概念创意（"农夫山泉有点甜"）切入市场，并在短短几年内抵抗住了众多国内外品牌的冲击，稳居行业三甲。

实际上，"农夫山泉有点甜"并不要求水一定得有点甜，甜水是好水的代名词，然而这样的广告宣传方式使得产品与广告诉求具有了一致性，农夫山泉也因此建立起全国性的知名度（见图 10-13）。

图 10-13　农夫山泉广告

资料来源：百度图片

10.3 广告促销效果测评

10.3.1 广告促销效果测评的概念

广告促销效果测评是指测评在投入一定广告费及广告刊登或播放后,产品销售额与利润的变化状况。需要明确该概念中的"产品销售额与利润变化状况"所包含的两层含义:一是指一定时期的广告促销所导致的广告产品销售额以及利润额的绝对增加量,这是一种最直观的衡量标准;二是指一定时期的广告促销活动所引起的销售量变化,是广告投入与产出的比较,是一种更深入、更全面了解广告效果的指标,这种投入产出指标对提高企业经济效益有重大的意义。

虽然销售量的增减变化是各种销售手段综合作用的结果,以销售量的增减变化来衡量广告效果的大小是不准确、不客观的,但是广告的促销效果是广告活动效果最佳的体现,集中反映了企业在广告促销活动中的营销业绩,而且这种广告效果测定比较简易直观,深受广告主欢迎,广告销售效果测定运用较为普遍。

10.3.2 广告销售效果测评的方法

广告销售效果测评的方法也多种多样,测评时应该按照不同的实际情况进行选择,具体来说有以下几个方法(见图10-14):

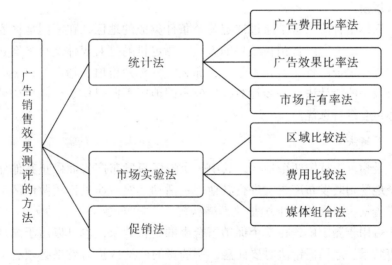

图 10-14 广告销售效果测评的方法

资料来源:作者根据相关文献资料整理所得

10.3.2.1 统计法

统计法是运用有关统计原理和运算方法,推算广告费与商品销售的比率,以测定广告的销售效果。在此列举以下三种该类方法:

第一，广告费用比率法。这是指一定时期内广告费用在商品销售额中所占的比率，表明广告费用支出与销售额之间的对比关系。其计算公式如下：

广告费用率=本期广告费用总额/本期广告后销售总额×100%

可见广告费比率越低，广告的销售效果越好；反之，表明广告销售效果越差。

第二，广告效果比率法。广告效果比率的计算效果如下：

广告销售效果比率=本期销售额增长率/本期广告费增加率×100%

第三，市场占有率法。市场占有率是指某品牌在一定时期、一定市场上的销售额占同类产品销售总额的比率。其计算公式如下：

市场占有率=某品牌产品销售额/同类产品销售总额×100%

市场扩大率=本期广告后的市场占有率/本期广告前的市场占有率×100%

10.3.2.2 市场实验法

这是一种通过有计划地进行实地广告试验来考察广告效果的方法，又称为现实销售效果测定法。实验法是在进行大规模广告运动前，通过不同试验手段测定和比较销售状况的变化，从而决定广告费投入规模大小、如何进行媒介选择的一种广告效果测定方法。[①]

第一，区域比较法。这是一种通过选择两个条件类似的地区，一个地区安排广告，另一个地区不安排广告，然后比较两个地区销售额的变化来检验广告销售效果的方法。

第二，费用比较法。这是通过对不同现场安排不同的广告投资，以测定不同现场的销售差异，从而确定销售效果与广告费用之间关系的一种方法。测定目的是确定广告费的投入规模。

第三，媒体组合法。这是通过选定几个条件类似的地区，在不同地区安排不同媒体组合的广告，以测定广告销售效果的方法。测定目的是对媒体组合方案选优，如果各地区不同媒体组合广告花费相差悬殊，那么在分析销售增长情况后，还必须借助测定广告销售效果的统计法进一步计算，比较不同地区不同媒体组合的广告效益，然后对广告媒体组合进行选优。

10.3.2.3 促销法

促销法是指首先选定两个地区，其中一个地区只发布广告而停止其他任何促销活动，另一个地区则既发布广告又进行其他促销活动，然后通过比较两地区销售量的变化来测定广告销售效果的一种方法。

促销法可用于测定广告在整个促销组合中的销售效果，也可以用于测定不同促销组合的销售效果。运用促销法时要注意，所选择的两地区销售效果必须有可比性而且市场条件相近。

10.3.3 广告销售效果测评的要求

对于广告销售效果的测评是有一定要求的，这与之前所说的测评广告心理效果的

---

① 马广海，杨善明. 广告学概论 [M]. 济南：山东大学出版社，1999：273.

要求不同。

10.3.3.1　综合、全面考虑，测评广告销售效果

一个企业的商品销售量增减情况是多方面因素综合作用的结果，如商品的质量、价格、货源供应情况、消费者购买力、市场竞争状况等都会直接或间接地影响到商品的销售量，而广告只是众多影响因素中的一种。因此，在测定广告销售效果时，必须从企业环境与市场环境整体考虑，全面分析广告的影响力，客观、合理地评价广告所产生的作用。

10.3.3.2　运用多样性的测评方法对广告销售效果的进行测评

企业的广告一般都采用了多种广告媒体组合形式，因此在广告期内广告的效果是多种媒体共同作用的结果。同时，广告的发布是有计划、持续并反复进行的，近期反映出来的销售效果可能是过去广告长期积累的结果。在测定广告销售效果时，应采取多种方式同时测定各种媒体广告的影响，并注意何种媒体的广告影响力最强，以便合理地使用广告预算。

10.3.3.3　测评广告销售效果的两面性

广告销售效果包括广告活动开展后促使商品销售增加或减缓销售下降速度两种结果。在多数情况下，广告对商品能起到促销作用，但在特殊情况下，广告仅减缓销售下降速度，这也是广告的积极作用。因此，在测评广告销售效果时，应依据市场的变化，明确此次广告销售效果是以测评商品增销为主，还是以广告是否减缓销售下降速度为主。

10.3.4　麦当劳奥运助威团活动案例①

麦当劳是全球最大的连锁快餐企业，是由麦当劳兄弟和雷·克洛克（Ray Kroc）在 20 世纪 50 年代的美国开创的，以出售汉堡为主的快餐连锁经营的快餐店。麦当劳在世界范围内推广，麦当劳餐厅遍布全世界六大洲百余个国家和地区。麦当劳已经成为全球餐饮业最有价值的品牌。在很多国家麦当劳代表着一种美国式的生活方式。

麦当劳与奥运会的渊源起源于 1976 年，从那时开始麦当劳成了奥运会长期的正式赞助商。作为"奥运会全球伙伴"及北京 2008 年奥运会"中国奥运会台标团正式合作伙伴"，麦当劳推出了最为全面的奥运会活动计划，包括组建麦当劳奥运冠军团队，在奥运第一线为来自全世界各地的运动员和观众提供世界一流的美味食品和优质服务。为庆祝与中国奥运代表团的合作，并激发全中国人民为中国运动员加油助威的热情，麦当劳特别启动了北京 2008 年奥运会麦当劳助威团招募选拔活动，让更多的年轻一代的消费者有机会通过麦当劳的平台亲临奥运现场，传播奥运精神，支持中国团队。

2008 年北京奥运会的历史意义在于其象征着中国在全球化舞台上的地位正在逐渐上升，凝聚了中国 13 亿人民的热切期望。这项国际盛典也成为各大国际品牌在中国展

---

① 贾丽军，肖开宁. 2008 中国爱妃奖获奖案例 [M]. 中国经济出版社，2010：104-113.

现自我的最佳平台，这场激烈的比拼必将影响其日后在中国所占有的市场席位。就人力与物力而论，这场马拉松式的比赛都是史无前例的。

麦当劳最大的挑战不是宣传本身，而是如何将奥运与麦当劳巧妙结合，使这个品牌深入人心。广告想表达的不仅仅是麦当劳身为奥运会官方指定赞助商，其真正的目标在于提供一个消费者能参与其中的互动平台。在 2007 年 12 月至 2008 年 5 月麦当劳广告活动推广期间所设定的目标如下：

目标一：通过此项广告运动的官网达成至少 1 000 万的用户单次访问量。

目标二：至少吸引 10 万注册成功（互动）用户。

目标三：为活动制造最大范围的媒体报道率。

2008 年北京奥运会为麦当劳提供了向中国消费者传达其核心价值及品牌理念的完美平台。该创意理念表现出其品牌勇于创新的理念，巧妙地将麦当劳品牌广为流传的广告标语"我就喜欢"与 2008 年北京奥运活动相结合而特别创造出了国民新口号——"我就喜欢中国赢"。

该活动的目标对象是急切参与奥运活动的民众，麦当劳努力造就其与全中国人民一起为奥运会加油助威的形象——"我就喜欢中国赢"（见图 10-15）。

图 10-15 "我就喜欢中国赢"

资料来源：作者根据相关文献资料整理所得

创意实施阶段如下：

第一阶段：运用病毒视频在线传播，叫响奥运助威口号。邀请每一位中国消费者参与奥运助威团。参与者可以上传自己的视频、音频或者照片等奥运助威表演秀，大声喊出奥运口号："我就喜欢中国赢！"

在麦当劳餐厅布置奥运助威站，加强公众参与度。消费者可以现场录制助威动作，所有作品公布在网络上，并由网民来为他们投票打分。组织新闻发布会，拓展公众的影响力。2007 年 12 月 5 日，麦当劳在北京召开新闻发布会，在体育与演艺明星的参与下，宣布活动正式启动。

第二阶段：网络真人秀集聚人气。将网民选票的人气前 10 名参赛者秘密集合到北京，进行一系列封闭式助威训练：唱歌、舞蹈、打击乐以及个人能力展示，每周一次将趣味娱乐性十足的网络真人秀拍摄内容在网站上与餐厅内播放，有趣的方式让消费者持续关注进展。

网络社区话题炒作。通过选手博客、论坛炒作等各种口碑营销的手段，为该活动在网络社区制造更多的话题和亮点。

拍摄制作助威音乐短片（MV），并广为传播。奥运百日倒数当天，在北京国家体育场"鸟巢"前，麦当劳奥运助威团领军1 200位群众齐跳长达5分钟的助威舞蹈，这个活动使麦当劳以及奥运会创造了一个新的世界吉尼斯纪录——世界规模最大的啦啦队助威舞，将活动推向了高潮（见图10-16、图10-17）。

图 10-16　麦当劳奥运助威广告
资料来源：百度图片

图 10-17　麦当劳助威舞蹈
资料来源：百度图片

与中国奥运赞助商相比，麦当劳的支出费用少了很多，只用到500万~1 000万元人民币。而效果证明，2007年12月至2008年5月，麦当劳奥运助威团的活动为麦当劳品牌创造了巨大的关注度、消费者参与度与新闻价值（见表10-2）。

表 10-2 麦当劳奥运助威活动目标与结果

目标	结果
通过此项广告运动的官网达成至少1 000万的用户单次访问量	奥运助威团的网站累计吸引2 700万的访问次数
至少吸引10万注册成功（互动）用户	超过120万的消费者参与奥运助威团全国招募活动；奥运助威团视频在网络上被播放次数超过1 300万次
为活动制造最大范围的媒体报道率	在谷歌和百度拥有超过200万条的讯息报道，并且没有任何费用投资于搜索引擎营销工具

资料来源：作者根据相关文献资料整理所得

10.4 广告社会效果测评

广告社会效果是指广告刊播以后对社会产生的影响，包括正面影响和负面影响，这种影响不同于广告的心理效果或经济效果，是意识形态领域的内容，涉及社会伦理道德、风俗习惯、宗教信仰等问题。这些内容很难用确定的量化指标对其进行衡量，只能依靠社会公众长期建立起来的价值观念来评判。

10.4.1 广告社会效果测评的原则

10.4.1.1 真实性原则

真实性原则，即广告宣传的内容必须客观真实地反映商品的功能与特性，实事求是地向媒体受众传输有关广告产品或企业信息。广告是社会文化的重要组成部分，随市场经济的发展，广告成为一种无时不在的文化艺术形式，这就要求广告内容必须客观真实地反映产品、服务、企业形象等各种信息，并且全面真实地介绍产品。只有诚实可信的广告信息，才能赢得消费者的好感。

2004年3月，上海林赛娇生物科技发展有限公司利用报纸发布虚假违法保健食品广告，宣传"肠清茶"保健食品。该广告超出了批准的保健功能范围，称具有能使消费者"毛孔变小、皮肤细腻，失眠得到改善"的功能。经食品药品监管局及工商部门调查认为，该广告违反了保健食品广告真实性原则，立即责令停止发布该违法广告并处罚款24 000元。

10.4.1.2 社会道德规范性原则

广告画面、语言、文字、人物形象要给人以精神的提高与满足，能对人的精神文明建设起促进作用，对人的思想道德、高尚情操及良好风俗等起潜移默化的影响作用。因此，广告策划者在测评某一广告的社会效果时，要以一定的社会规范为评判标准来衡量广告的正面社会效果。

现在很多公益广告或商业广告都以提升受众的社会道德标准为目标，使广告成为精神文明建设的又一重要工具（见图10-18、图10-19）。

图 10-18　动物保护公益广告

资料来源：百度图片

图 10-19　移动公司的商业广告

资料来源：百度图片

10.4.1.3　民族性原则

广告创作与表现必须继承民族文化，尊重民族感情，讲求民族风格。在创作和表现上力求风格明快、言简意赅，切忌朦胧晦涩，使用不易理解和不易接受的表现手法。

振兴民族工业的广告案例有很多，以下仅举 3 个例子。

案例一：20 多年前，双星企业就提出在市场商战中发扬民族精神，振兴民族工业，并由此确立了双星企业在市场经济中的航向。20 多年来，双星企业员工通过艰苦奋斗，使双星企业广告成为民族广告的一面旗帜，更让双星企业员工认识到名牌是企业的形象和代表，民族广告是一个国家实力的象征。这种爱国情怀感召着双星企业员工，也更激励着双星企业员工在壮大民族广告的道路上不断创新超越。

案例二：联想集团以振兴民族科技为己任，营造振兴民族品牌的浓厚氛围，并提出"希望制定有利于民族工业发展的行业采购政策，在性能价格比相同的前提下，优先购买国产商品"等策略。随后，联想集团凭借惊人的价格优势及民族品牌热浪的助推，使联想经济型电脑席卷全国，市场份额节节攀升。

案例三：长虹集团是由军工厂转型的国内最早从日本松下引进彩电生产线的企业，该企业的使命是"以产业报国、民族昌盛为己任"，高喊"用品牌筑起我们新的长城""长虹以民族昌盛为己任，献给你——长虹红太阳"等广告宣传口号，一时间营造了浓烈的爱国热情。

10.4.2　广告社会效果测评的要求

广告社会效果的测评同样要遵循以下三点要求：

第一，是否有利于树立正确的价值观念。

第二，是否有利于树立正确的消费观念。正确的消费观念是宏观经济健康发展的思想基础，也是确保正常经济秩序的基础。

第三，是否有利于培育良好的社会风气。

由奥美广告公司为台湾大众银行策划的广告系列"不平凡的平凡大众"就产生了很好的社会效果。其中，一则名为《母亲的勇气》的公益广告更是打动了无数观众。

这则广告取材自台湾一则真实的故事，讲述了一个母亲排除万难，远赴委内瑞拉探望怀孕女儿的感人故事：一位第一次出国的母亲，不懂英语，独自一人，飞行了3天，想为刚生产完的女儿炖鸡汤，可是她带来给女儿炖鸡汤用的中药材却被当作了违禁物品。当她被拘留在委内瑞拉的机场时，她向机场人员解释了所有。这时，每个人都被她震惊了。所有人都被这个母亲的勇气与无私的爱所感动。广告中不断闪现母亲手里抓着女儿与外孙照片的画面，同时切换的是母亲一路奋力奔跑赶飞机的场景。当故事结束，画面呈现出简简单单的八个字——"不平凡的平凡大众"。虽然作为广告，必然有艺术修饰，但是哪怕没有那些情节上的冲突、人物的修饰、煽情的背景音乐，它也足以打动人心。真实，是其创意来源，也是其动人之处。

这则广告的创意是成功的，因为在意料之中打动了许多人，很好地向外界传达了一位平凡母亲的不平凡。作为一个商业银行的广告，它向人们传达和颂扬的是坚韧的品质、勇往直前的勇气与无惧无畏的爱。这是一种品牌精神，是大众银行倡导和标榜的品牌力量。广告的社会效果当然也就不言而喻了（见图10-20）。

图10-20 大众银行"母亲的勇气"

资料来源：http://my.tv.sohu.com/us/1174235/6217019.shtml

本章小结

广告效果是指开展的广告活动通过广告媒体传播后产生的影响或作用，或者说媒体受众接触广告后产生的结果性反应。这种影响可以分为对媒体受众的心理影响、对广告受众消费观念的影响以及对产品销售的影响。广告作为促销的一种手段，必然可以用销售情况的好坏直接判断广告效果如何。

广告心理效果的测评，即测评广告经过特定的媒体传播之后对消费者心理活动的影响程度。广告心理效果测评的主要对象是消费者，测评其对广告作品的心理效果、对广告媒体的心理效果以及对广告促销的心理效果等。

测评广告促销效果是指测评在投入一定广告费及广告刊登或播放后的产品销售额与利润的变化状况。广告社会效果是指广告刊播以后对社会产生的影响，包括正面影响和负面影响，这种影响不同于广告的心理效果或经济效果，是意识形态领域的内容，涉及社会伦理道德、风俗习惯、宗教信仰等问题。

思考题

1. 简述广告测评的程序过程。
2. 试比较广告心理效果、广告促销效果、广告社会效果三者之间不同效果的测评。
3. 请举例说明广告心理效果测评对于企业的作用。
4. 现如今，很多企业不惜用天价邀请当红明星作为其产品的代言人，为产品做广告。请分析这样的广告方式会产生怎样的广告效果？

参考文献

[1] 赵宁. 广告学 [M]. 大连：东北财经大学出版社，1996：233.
[2] 新浪网. http：//finance. sina. com. cn/b/20040929/08401055530. shtml.
[3] 马广海，杨善明. 广告学概论 [M]. 济南：山东大学出版社，1999：273.

第三部分总结

广告策划的概念最早源于西方广告世界，概念提出距今不足 50 年。然而广告策划的活动却在一个世纪之前就展开了。经过几十年的发展，广告策划从最初的萌芽期，经过诞生期，然后在成长期不断孕育着新的发展方向，最终形成了现代广告业对于广告策划的一系列系统的研究。

广告策划就是广告人通过周密的市场调查和系统分析，对未来时期的整体广告活动进行系统筹划和谋略性安排，从而合理有效地控制广告活动的进程，以实现广告目标的活动。广告策划可以分为宏观和微观的广告策划，但是不论何种类型，都是在科学和客观的基础之上，结合市场、企业、竞争、产品、消费者和媒介状况进行的一系列创造性的活动。

　　本部分通过对广告策划的概念、特点以及作用等方面的学习，加深读者对广告策划的理解。紧接着对广告策划的内容进行了分析，包括广告策划的市场调查与分析、确定广告目标、目标市场和产品定位、广告创意表现、广告媒介选择、广告实施计划等一系列详细步骤的阐述。广告策划书的撰写过程部分也详细解释了如何进行广告撰写，在实际的应用中应根据实际情况进行分析，采取适合的方式方法撰写。

　　广告预算的编制过程中，考虑广告目的和预算之间的关系，以目的作为行动的最终追求。影响广告预算的因素会因不同的境况而不同，本部分从企业的角度分析广告预算的影响因素，包括了企业的经营状况、企业的营销目标和广告目标以及企业外部环境变化，从多方面分析了影响因素各自的特点。举例说明了用适用性很强的方法来编制广告预算。

　　广告效果是开展的广告活动通过广告媒体传播后产生的影响或作用，或者说媒体受众接触广告后产生的结果性反应。这种影响可以分为对媒体受众的心理影响、对广告受众消费观念的影响以及对产品销售的影响。广告效果有正面效果和负面效果。广告的心理效果测评、广告的促销效果测评、广告的社会效果测评分别从心理、促销、社会三个不同的角度分析了广告效果测评的结果。实际情况下，要针对不同的环境、不同的广告活动制定不同的广告策划，从而达到更高的广告效益，使得广告效果更加突出。

　　随着社会的不断进步，科技的进步使得文化创意产业日益兴盛起来，"策划"成了众多企业发展经常提及的词语，广告策划则成了企业产品如何赢得市场、取得更大的市场竞争力的有效途径之一。优秀的广告活动可以使得公司的形象、产品的知名度得到进一步的提升。广告策划活动是广告活动很重要的一环，优秀的广告策划能提升整个广告质量，是广告的灵魂所在。

第四部分 广告内容

绝对伏特加的绝对创意①

在科技发达的当下，每天打开电视，走在街上，登陆网站，翻开杂志报纸，总会有各种各样的广告映入眼帘，商家们争抢着黄金时段、有效位置，在几十秒甚至是消费者的一瞥中不断地传达商品信息。经典的广告脱颖而出抓住消费者的眼球，甚至会引起消费狂潮，一时风头无量。从视频到图片，从奢华的大片到网络上掀起热潮的各种"体"，在消费者津津乐道、销售数字步步上升的背后，广告扮演了重要的角色，而其创意可谓是点睛之笔。

在层出不穷的广告中，经典永远不会褪色，我们从广告内容一步步探寻这个用创意整合营销、用广告打造的传奇——绝对伏特加。

伏特加酒诞生于俄罗斯，属低度烈性酒，纯度极高。伏特加酒的出身注定了与俄罗斯之间天然的联系，在人们心目中这种联系根深蒂固。来自瑞典南部小镇奥胡斯（Ahus）的绝对伏特加成功地突破了这种联系。

1979 年，绝对伏特加诞生 100 年。这一年，绝对伏特加成功开拓美国市场。绝对伏特加进入美国市场之初遇到很大的困难正是缺乏"正统"身份，消费者不认同。绝对伏特加不具备与其他品牌相区隔的独特品质，强劲的俄罗斯对手在一旁虎视眈眈。绝对伏特加为打开美国市场绞尽脑汁时，事情出现转机。绝对伏特加的广告伙伴发现一个瑞典老式药瓶，其外观十分适合用作外包装。这种老式药瓶跟伏特加关系密切，伏特加诞生之初就是装在这种透明药瓶中。透明简洁的造型加上与瑞典历史的关联，这个瓶子被认定为伏特加全新形象的最佳选择。绝对伏特加改良了这个瓶子，一反在酒瓶上贴纸质标签的习惯，不用任何标签，直接把品牌信息刻在瓶身上，瓶身保持透明，酒质的纯净一眼就能看到。就这样，绝对伏特加找到了"绝对独特"的包装设计。初期的市场调研却否定了这个常识，人们普遍认为瓶子十分丑陋，特别是瓶颈太短。绝对伏特加的美国代理科瑞林（Carillon）公司总裁米歇尔·鲁（Michel Roux）却坚持己见，他认为这种产品与消费者印象中的伏特加差距很大，市场调研无法完整了解它。米歇尔主张放弃调查结果，强势集中投放广告打造品牌个性。米歇尔委托了 TWBA 广告公司开展长期广告运动。② TWBA 的广告运动给绝对伏特加带来成功，绝对伏特加的年增长率明显高于其他伏特加酒品牌。1996 年，绝对伏特加在美国市场上占有率排第一，广告语"绝对完美"在美国家喻户晓。作为世界顶级烈酒品牌，绝对伏特加成为个性、文化、品味的象征，引导时尚流行与时尚消费。

熟悉绝对伏特加的人同样熟悉其广告，广告是绝对伏特加为人们津津乐道的话题。1979 年，TWBA 广告公司的"绝对完美"广告启动了绝对伏特加长达 20 年的广告运动，绝对伏特加的广告集经典与百变于一身，成为艺术品，折服了无数广告人、艺术家、收藏爱好者。绝对伏特加广告分成瓶形广告、抽象广告、城市广告、口味广告、

① 陈培爱. 世界广告案例精解 ［M］. 厦门：厦门大学出版社，2008.
② 高杰. "绝对"的成功——瑞典绝对牌伏特加开拓美国市场案例 ［J］. 企业改革与管理，2001（2）.

季节广告、电影文学广告、艺术广告、时尚广告、话题广告和特制广告等十余个系列，发布过平面、网络、电影等多种形式的千余幅广告。瓶子时钟是广告创作的基础和源泉，也是其广告永远的主角。绝对伏特加的广告都是以经典广告台词 "Absolut（绝对）" 开头，加上一个相应的单词，如开山之作 "绝对完美（Absolut Perfection）" 等。独特的诉求准确地塑造了品牌的个性，传播了品牌核心价值。广告用想象、智慧及精致诠释绝对伏特加的核心价值纯净、简单、完美。

1999 年，绝对伏特加广告被《广告时代》评选为世纪十佳广告，其广告获奖无数，成为广告史中的经典，获奖的不仅是 20 世纪 80 年代以来绝对伏特加发布的数千幅广告作品，更是广告中贯穿的品牌核心价值和以 "不变的瓶子，百变的创意" 为主旋律的广告运动。虽然有主旋律，但绝对伏特加并不墨守成规，在不变的基础上千变万化，展示出品牌营销的创新精神和创造力。

第一，融入世界各地文化。绝对伏特加发源于瑞典小镇，走出国门，学习、理解、融合不同国家和地区的文化是其重要的营销理念。融入世界文化的开始首先是突破文化障蔽消费者心目中产品与产地之间的联系。绝对伏特加进入美国市场时就受到来自文化的强大阻力，无法获得消费者的认同。绝对伏特加坚持以独特的形象，用强劲的广告赋予了品牌个性，逐渐得到消费者的认可，彻底置换了伏特加酒原有的俄罗斯文化背景，成为美国最热销的伏特加酒（见图 1）。

美国市场的成功让绝对伏特加走向品牌的辉煌。1987 年，绝对伏特加在美国加利福尼亚州热销，为感谢消费者的厚爱，绝对伏特加请了 TWBA 广告公司制作了一座酒瓶状的泳池，标题为 "绝对洛杉矶"。从此一发不可收拾，一个接一个的城市主动找上门来要求为绝对伏特加设计广告，于是有了 "绝对西雅图" "绝对迈阿密"，产生了为绝对伏特加赢得诸多广告殊荣的 "绝对城市" 系列。1994 年，结合各地著名景观及文化风俗的欧洲城市系列正式推出，绝对伏特加融入城市环境之中成为和谐统一的美妙景观。"绝对布鲁塞尔" 中绝对伏特加酒瓶化身为撒尿拯救布鲁塞尔的小男孩，顽皮亲切；"绝对瑞士" 中，瓶子的形状嵌进手表的零件中，十分有趣，突出瑞士钟表王国的地位，巧妙地融入绝对伏特加的形象特征。

绝对伏特加进军中国市场，尝试融入古老的东方文化。"绝对背景" 中，绝对伏特加捕捉到的是外国人眼中的京剧，威风凛凛的京剧脸谱成为广告主角，细看才发现，脸谱的鼻子部分竟然是一个绝对伏特加瓶子。相似地，"绝对台北" 中瓶子成为舞狮场景中狮子伸出的舌头，浓墨重彩的东方神韵扑面而来。2005 年春节，绝对伏特加悄悄变声为绝对 "福" 特加，"Absolut New Year（绝对新年）" 广告中一直置于广告下方的标题被倒置在了广告顶端，喜庆的大红 "福" 字贴在瓶子上面。反转广告度标题时刻惊喜地看到，福 "倒了"，绝对伏特加 "到了"。创意准确地把握住中国人的趋吉心理，借传统佳节把绝对伏特加和 "福气" 一起送到中国人身边，让中国人欢笑着接受绝对伏特加的 "新年祝福、绝对分享"（见图 2）。

图 1　绝对伏特加融入世界文化的
代表作之一"绝对北京"（请欣赏视频 4）

图片来源：百度图片

图 2　为庆祝中国新年
而发布的绝对"福"特加广告

图片来源：新浪网

　　不管是在美国、欧洲还是在中国，绝对伏特加用广告淋漓极致地体现了其对世界各地不同区域文化的理解，展示不同文化的精髓，形成了风情万种的世界风光画卷，让消费者不出门即看尽世界风景。借机开拓了一个又一个的市场，成功地在 126 个国家和地区销售。

　　第二，做时尚流行文化的引导者。绝对伏特加的品牌个性是"时尚、耀眼、不同寻常、独具韵味"。在消费者眼中，绝对伏特加的形象一直很前卫。这些特质都使得绝对伏特加恰好符合时尚文化精神，使其品牌营销结合进口时尚文化，贴合时尚氛围，时时处处把握流行，表现出充满魅力的个性色彩和无限的创造性，创意大胆。

　　1988 年，绝对伏特加与时尚设计大师大卫·卡梅仑（David Cameron）合作，引发消费者的追逐，绝对伏特加开启了时尚之路。自此，绝对伏特加紧密与时尚圈合作，不断推出代表流行时尚文化的作品。2005 年，绝对伏特加发布"Metropolis（大都会）"系列广告，其时尚创作产生重大突破，又一次完美结合创意与时尚美学，描绘出都市中个性张扬的年轻人，他们在表达自我的同时也诠释了绝对伏特加的时尚精神。

　　第三，广泛结合艺术形式。艺术是文化重要的组成部分，艺术给予人们的体验比一般的生活体验更强烈、更深刻，艺术使人欢乐、振奋、悲伤、忧郁。广告传达信息的功能主要是通过艺术形式所表现出来的，因此广告本身也是一门艺术。绝对伏特加和艺术的关系非常密切，绝对伏特加擅长以各种形式与艺术共舞，绝对伏特加的历史折射着艺术的发展，两者的相互融合出神入化。

　　绝对伏特加的艺术之路始于 1985 年，波普艺术大师沃霍尔主动联系绝对伏特加表达了他对绝对伏特加的钟爱，并表示愿为绝对伏特加完美的瓶子创作，绝对伏特加欣然答应，黑色绝对伏特加酒瓶和"Absolut Vodka（绝对伏特加）"字样的油画就这样诞生了。沃霍尔表达了他对瓶子生动有趣的想象，成为第一个为绝对伏特加的瓶子作画的人。沃霍尔的油画作为广告投放在媒体上，广告发布后不久，绝对伏特加的销售骤然激增。绝对伏特加看到了艺术价值与酒文化价值的互动效应，决定打造自己的艺术形象。就这样，绝对伏特加开始以崭新的引人注目的形象出现在世人面前，即"绝对艺术"。

继沃霍尔之后，不断地有艺术家将艺术才华注入绝对伏特加中，包括涂鸦艺术家基斯·哈灵、时装大师范思哲等顶尖人物，各种艺术形式的艺术家也加入其中，包括雕塑家、琉璃艺术家、摄影师、室内设计师、建筑师和珠宝设计师等。绝对伏特加广纳人才，包容不同的艺术形式。1997 年的"Absolut Expressions（绝对表达）"系列，由 14 位非洲裔美洲艺术家共同完成，他们的作品受传统的非洲艺术、抽象主义和早期的美洲民间文化的影响，通过帆布、雕塑甚至棉被等载体来表现。"绝对表达"引起广泛关注，好评如潮，人们对绝对伏特加的大手笔叹为观止。

至今为止，已有 500 余位艺术家与绝对伏特加结缘，更多艺术家在等候着为绝对伏特加创作。绝对伏特加自身的无限创意激发了艺术家的灵感，促使他们创作出独具个性的艺术作品。这些艺术作品经常出现在绝对伏特加的广告中，原作被博物馆收藏并展览，共同组成绝对伏特加的当代艺术宝库，成为一笔丰厚的品牌资产。

第四，深入渗透人类生活形态与生活方式。绝对伏特加的审美主张十分独特，对美的捕捉深入生活每一个角落。绝对伏特加热衷表现生活中各种各样的瓶子。在餐桌上，看似随意的两个餐叉平行摆放，两者的边角组成绝对伏特加的瓶子；在平安夜下雪的街道上行走着捧着圣诞礼物回家的女郎，手中的礼物堆砌出瓶子的形状；黑暗中伸出男人的手掌，手心清晰地掌纹勾勒出绝对伏特加的瓶子；绝对伏特加瓶子的瓶盖被换掉，接上杀虫剂的喷嘴，瓶子成为奇效的杀虫英雄；人们疯狂地追随着偶像的豪华汽车，汽车成为瓶颈，后面跟着长长的人群就是瓶身。绝对伏特加通过广告，将想象力、好奇心、观察力、幽默感、创作力传递给观众，让人会心一笑。

为了亲近消费者，广告赋予了绝对伏特加的瓶子感情，惟妙惟肖地描摹各种情感。在"绝对美丽"中，瓶子的表面贴满黄瓜片，像女性做面膜；在"绝对快乐时光"中，两个瓶子相亲相爱面对面亲吻；在"绝对瑜伽"中，聪明的瓶子轻巧倒立练起印度功夫；在"绝对派对"中，瓶身裹上艳丽的披肩成为派对女皇。绝对伏特加的瓶子简直就是神话故事中可以 72 变的精灵，让人不得不爱。

在绝对伏特加追求的品牌美学战略中，品牌名称和瓶形设计成为极具艺术想象力的传播策略和战略核心，广告中渗透的文化和生活形态则是常变常新的战术应用。

在了解了绝对伏特加用广告与创意打造的经典传奇后，我们不禁会思考，广告创意到底是什么？是怎么形成的？如何表达创意？这一部分，我们将从广告创意与广告表现手法一步步解读广告。

附：伏特加经典城市系列——从绝对伏特加看世界（见图 3）。

图 3 　绝对伏特加绝对城市系列广告

图片来源：www.absolutad.com

11 广告创意

本章提要

广告创意是广告活动中最引人注目的环节，用来指导广告创意活动的基本思想和要求。本章就广告创意的原则、广告创意的基本步骤与方法以及广告创意的基本思路等问题展开分析。

11.1 广告创意的原则

现代广告创意是科学理念指导下的创造性活动，既要突破常规，追求新颖独特，又要建立在市场商品或服务、消费者要求基础之上，因此创意应该有明确的指导原则。广告创意的原则就是用来指导广告创意活动的基本思想和要求，在进行广告创意活动时，应遵循以下原则，才有利于整个创意活动朝着正确、健康的方向前进，达到预期的目标。

11.1.1 目标性原则

广告创意的目标原则是指广告创意必须与广告目标和营销目标相吻合。广告创意的活动必须服从和围绕广告目标和营销目标展开。广告大师大卫·奥格威说："我们的目的是销售，否则便不是广告。"任何广告创意如果背离了这一原则，不论艺术上有多么出色，都只能算是一个失败的广告。因此，广告创意必须首先考虑广告创意要达到什么目的、起到什么效果。

宝洁公司曾经推出的一款洗发水的功能是黑发，其广告创意也是紧紧围绕着黑发的主题，画面上乌黑的头发仿佛随着旋律在舞动，似乎在向人们诉说洗发水的功效（见图 11-1）。

图 11-1 宝洁润妍洗发水广告（请欣赏视频 11-1）
图片来源：百度图片

11.1.2 关联性原则

关联性原则是指广告创意必须与商品或服务、广告主题、广告目标、企业竞争者有关联。关联性是广告的根本要求，广告与商品没有关联性，就失去了广告存在的意义。广告最终是要宣传商品，是商品营销策略的组成部分。与广告主题关联性强的创意才能顺利地引导消费者去认同广告意象，自然而然地在产品与广告之间产生联想。缺乏关联性的创意，不但难以表现出产品特征，而且往往使人不知所云。

例如，美孚石油公司曾多年使用"红天马"作为象征以标明其服务站，而不是用"美孚"这个简单的词，因为广告创意人员认为汽车驾驶员看到"红天马"时会感到快乐，使人联想到敏捷、力量与迅速，而"美孚"这个词则相对枯燥。事实证明美孚公司对"红天马"的期望过高，实验结果表明美孚公司加油站的招牌坚持使用其认为会令驾驶员产生快乐的意象，可是这种联想与辨识"美孚"加油站毫无关联，因而失去了相当部分的销售机会。

11.1.3 原创性原则

原创性原则是指广告创意中不能因循守旧、墨守成规，而要勇于、善于标新立异、独辟蹊径。原创性是广告创意本质属性的体现，是创意水准的直接标志，更是广告取得成功的重要因素。原创性的广告创意具有最大强度的心理突破效果，与众不同的新奇感引人注目，并且其鲜明的魅力会触发人们强烈的兴趣，能够在受众脑海中留下深刻的印象，长久地被记忆，这一系列心理过程符合广告传达的心理阶梯的目标。

图 11-2 所示图片是意大利麦肯·埃里克森广告公司制作的一组主题为"清凉"的平面广告，对应的五个广告语分别是为清凉而倾倒、突然间的清爽、随时随地的休闲、船上的清凉和随你的本性而去。这组广告使可口可乐的瓶子在其中有出神入化的表演，可口可乐的瓶子与环境融为一体，原创性极强（见图 11-2）。

图 11-2　可口可乐的广告

图片来源：百度图片

11.1.4　震撼性原则

　　震撼性原则就是广告要具有强烈的视觉冲击力和心理的影响力，深入到人性深处，冲击消费者的心灵，使消费者留下深刻的印象。震撼性原则是使广告信息发挥影响作用的前提和保证。

　　广告的震撼性来自于广告主题的思想深度和广告表现的形式力度。广告主题要反映生活的哲理和智慧，对人们关心和感兴趣的生活现象表达出独特的态度，引起人的思考，触动人的情感，使人在震惊、反思、回味中记住并重视产品的信息。具备力度的广告表现形式要简洁而不简单，新颖而不平淡，醒目而不含混，能够牵动人的视线，撞击人的心灵，令人久久不能忘怀。① 现在，广告采用的形式越来越多，以各种不同的方式使得受众的感官产生刺激，刺激受众内在的情感及情绪，从而使得受众在多个层次上得到体验的享受，并由此激励受众去区分不同的公司与产品、引发购买动机和提升广告产品的形象与价值。

　　2001 年的 5 月 10 日，宝马汽车北美分部委托 Fallon 广告公司推出"The Hire"系列广告，好莱坞知名导演大卫·芬奇（David Fincher）担任制片人（请欣赏视频 11-2），并邀请了包括李安、吴宇森、王家卫以及托尼·斯科特（Tony Scott）等多位东西方知名导演指导，拍摄了每部约 6~10 分钟不等的共 8 部网络广告短片。每部广告电影平均 8 分钟左右由 8 位导演拍出的 8 个不同的风格系列，导演的风格迥异，每一段都给人耳目一新的感觉，用电影的手法体现宝马汽车的强大性能，犹如大片的广告极具震撼效果。

　　图 11-3 所示是一幅宣传禁烟的公益广告图片，人手里夹着的香烟和手与香烟形成手枪状的影子，暗示着吸烟等于慢性自杀。这样的警示足以让人心有余悸。

---

　　① 姚力，王丽. 广告创意与案例分析［M］. 北京：高等教育出版社，2004：38.

图 11-3　禁烟广告

图片来源：百度图片

广告的震撼性不一定来自于视觉上的震撼，有些文字一样可以达到撼动心灵的效果。例如，长城葡萄酒《3 毫米的旅程——一颗好葡萄要走 10 年》的文案：3 毫米，瓶壁外面到里面的距离，一颗葡萄到一瓶好酒之间的距离。不是每颗葡萄都有资格踏上这 3 毫米的旅程。它必是葡萄园中的贵族；占据区区几平方千米的沙砾土地；坡地的方位像为它精心计量过，刚好能迎上远道而来的季风。它小时候，没遇到一场霜冻和冷雨；旺盛的青春期，碰上了十几年最好的太阳；临近成熟，没有雨水冲淡它酝酿已久的糖分；甚至山雀也从未打它的主意。摘了 35 年葡萄的老工人，耐心地等到糖分和酸度完全平衡的一刻，才把它摘下；酒庄里最德高望重的酿酒师，每个环节都要亲手控制，小心翼翼。而现在，一切光环都被隔绝在外。黑暗潮湿的地窖里，葡萄要完成最后 3 毫米的推进。天堂并非遥不可及，再走 10 年而已。这个广告虽然没有强烈的视觉冲击力，但是它却能冲击消费者的心灵，让人在脑海中呈现出关于葡萄到葡萄酒的唯美画面，诗意的文字带人体验了一次葡萄之旅，给人留下深刻的印象。

又如，达克宁的一则电视广告创意以斩草除根的画面，结合广告语"杀菌治脚步气，请用达克宁"，强烈的广告表现完成了整体诉求。这个广告给消费者留下了深刻的印象，广告所传达消息和产品十分贴切，符合关联性、原创性和震撼性的广告创作原则，是一则非常有效的药品广告（请欣赏视频 11-3）。

11.1.5　简洁性原则

广告艺术不仅受到信息的制约，还要受到时间的制约。广告信息的传达要求简约而又内涵丰富，广告创意必须简洁明了、切中主题才能令人印象深刻、过目不忘。无论是利用语言文字还是画面、图像来表现，都要尽量做到意在言外、含而不露，在准确地把广告的诉求宗旨传递的同时，又能让受众感到意味深长。广告大师伯恩巴克认为："在创意的表现上光是求新求变、与众不同并不够。杰出的广告既不是夸大，也不是虚饰，而是要竭尽你的智慧使广告信息单纯化、清晰化、戏剧化，使它在消费者脑海里留下深而难以磨灭的记忆。"世界广告的经典之作几乎都是创意独特、简单明了。例如，1996年在戛纳国际广告节上获奖的沃尔沃汽车的"安全别针"广告，这则广告没有广告词，只是一副形状像沃尔沃车的安全别针的图像。这则广告是要告诉人们，别针的钢很坚韧，不易变形，即使针尖跳出扣槽之外，也很难用外力碰撞使之变形。别针针尖出槽尚且如此，何况使用别针时针尖是绝不会出槽的。这就使受众将别针自然而然地与沃尔沃汽车的结构精良合格、安全牢固联系在一起（见图11-4）。

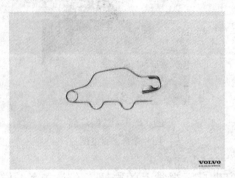

图11-4　沃尔沃汽车别针广告

图片来源：百度图片

又如，李奥·贝纳为"绿巨人"公司所做的富有传奇性的罐装豌豆广告——"月光下的收成"。在这则广告中，李奥·贝纳抛弃了"新鲜罐装"之类的陈词滥调，抛弃了"在蔬菜王国的大颗绿宝石"之类的虚夸之词，抛弃了"豌豆在大地，善意充满人间"之类的炫耀卖弄，而以充满浪漫气氛的标题——"月光下的收成"和简洁而自然的文案——"无论日间或夜晚，绿巨人豌豆都在转瞬间选妥，风味绝佳，从产地到装罐不超过3小时"。以如此自然而简洁的方式，向消费者传递可信和温馨的信息，兼具新闻价值和浪漫情调。

11.1.6　合规性原则

合规原则指广告创意必须符合广告规则和广告的社会责任。随着广告产业的发展，广告的商业目标和社会伦理的冲突时有发生，因此广告创意的内容必须受广告法规和社会伦理道德以及各个国家、地区风俗习惯的约束，保证广告文化的健康发展。广告必须体现对人们和社会负责任的态度，不能做与竞争对手相互诋毁的广告，不能违反某民族风俗、宗教信仰的广告，不能做法律明令禁止的广告。广告创作人员只有了解了这一要求，才能创作出高水平且符合规范要求的广告。

例如，索尼录音机的一则广告，其目标市场是泰国市场，广告主题是索尼录音机的音质好，悦耳动听。画面上索尼音响播放着动听的音乐，佛祖释迦牟尼闭目欣赏。当音乐进入高潮时，释迦牟尼浑身的肌肉都随着音乐节拍在抖动，也许是音乐的感召力太过强大了吧，最后释迦牟尼居然睁开了他的慧眼。这个广告的创意很新、很大胆。从广告创意来说，应该说是很成功的。但由于其目标市场泰国是佛教之邦，佛教徒无法容忍对佛祖的亵渎，泰国人在看了索尼录音机广告后，纷纷上街抗议，泰国政府向日本使领馆发出照会，此事上升到外交层面，弄得索尼公司狼狈收场。

又如，曾经在我国国内闹得沸沸扬扬的丰田"霸道"广告、立邦漆"盘龙滑落"广告、耐克"恐惧斗室"等广告就属于无视中国社会民族文化的广告。一汽丰田销售公司的两则刊登在 2003 年第 12 期《汽车之友》、由盛世长城广告公司制作的广告中，一辆"霸道"汽车停在两只石狮子之前，一只石狮子抬起右爪做敬礼状，另一只石狮子向下俯首，背景为高楼大厦，配图广告语为"霸道，你不得不尊敬"。丰田"陆地巡洋舰"汽车在雪山高原上以钢索拖拉一辆绿色国产大卡车，拍摄地址在可可西里。这两则广告引起中国广大网民的极度愤慨，由于石狮在我国有着极其重要的象征意义，代表权利和尊严，丰田广告用石狮向霸道车敬礼、作揖，极不严肃。由于石狮子的模样效仿卢沟桥上的狮子，有网友将石狮联想到"卢沟桥事变"，并认为，"霸道，你不得不尊敬"的广告语太过霸气，有商业征服之嫌，损伤了中华民族的感情（见图11-5）。而对于被拖拽的绿色国产东风卡车又和军车非常像，两个广告的画面都会让人产生相应的联想，严重伤害了中国人的感情。

图 11-5　丰田"霸道"汽车的杂志彩页广告

图片来源：百度图片

11.2　广告创意的步骤与基本方法

11.2.1　广告创意的步骤

有人说创意工作的魅力就在于你完全不知道你会创作出什么，甚至你不知道下一步你的思维将有什么突破、你的思想将带着你去向何方。因此，很多创意人在创意工作岗位上一待就是几年、几十年，他们并不觉得日夜的思考、联想、关联、创作是一件痛苦的事情，他们自觉可以在绝望中看到希望，可以在汪洋中搜寻宝剑。相反，很多人初入这个行业，很快又退出，觉得是一种煎熬，是在一片沙漠中寻找盛开的鲜花。其实，创意工作尽管无规律可循，也不应该通过模仿束缚思维的模式，但创意的产生却有一定的规律。

从王国维的"三境界"看创意产生过程，国学大师王国维曾经用几句古诗词形象地提出治学的"三境界"说：昨夜西风凋碧树。独上高楼，望尽天涯路。此第一境也。

衣带渐宽终不悔，为伊消得人憔悴。此第二境也。众里寻他千百度，蓦然回首，那人却在，灯火阑珊处。此第三境也。

如果将这三境界说应用在广告创意上，则大概是这样的三阶段：第一，广泛地收集相关资料。第二，进行资料的分析整理，进行艰苦的创意思考。第三，"踏破铁鞋无觅处，得来全不费工夫。"在最艰难的时候，也是意想不到的时候，灵光一现，出现了好点子。

天联（Batten，Barton，Durstine and Osbom）广告公司的创意步骤分为三个阶段：

第一，搜寻事实阶段，找出问题（瓶颈）所在。

第二，准备阶段，收集并分析相关的资料。

第三，产生创意阶段。一是创意收集，想出尽可能多的相关点子；二是创意发展，选择、修改、增加、综合，产生合适的创意点子。

在搜寻事实阶段，应当对广告目标进行细致的讨论。广告目标为创意活动指出方向，同时也是一种制约。对于相关资料应进行吸收和消化。在产生创意阶段首先应强调"量"的因素，不要有任何的约束。比如一个人可以坐在桌前，将脑袋中想到的任何有关或无关紧要的杂乱的思绪记下来，一下子就想到的好主意是极少的，通常好主意都是从张废纸堆中产生的。

詹姆斯·韦伯·杨（James Webb Young）是智威汤逊广告公司资深创意人，在长达 61 年的职业生涯之后，他总结了广告创意的原则与基本步骤，解开了广告创意的神秘面纱。他认为创意是旧元素的新组合，而创意新组合物的能力可借由提升洞悉关联性的功力而加强，在生产创意的过程中，我们心智的运作就如同生产福特汽车的过程一般。[①] 据此，他提出的创意必须经过的以下五个阶段：

第一，收集资料阶段。广告创意的工作首先是从收集资料开始的。创意不是凭空想象，必须为每一个创意收集其需要的依据和内容。只有在周密调查、充分掌握讯息的基础上，才能产生独特、新颖、优秀的广告创意。在这一阶段，广告创作人员必须结合广告主的要求，进行相关资料的收集，主要是了解有关市场、商品、消费者、竞争对手等方面的信息。信息资料掌握得越多，对创意构思越有利。

第二，分析阶段。在这一阶段，广告创意者要对收集到的各种资料进行综合，认真分析和研究，用各种思维方式进行探寻，找出商品本身最吸引消费者的地方，发现能够打动消费者的关键点，即广告的主要诉求点。

把商品能够打动消费者的关键点列举出来，主要有几个方面[②]：一是广告商品与同类商品所具有的共同属性有哪些，如产品的设计思想，生产工艺的水平，产品自身（适用性、耐久性、造型、使用难易程度）等方面有哪些相同之处。二是与竞争商品相比较，广告商品的特殊属性是什么，优点、特点在什么地方，从不同角度对商品的特性进行列举分析。三是商品的生命周期正处于哪个阶段。

---

① 詹姆斯·韦伯·杨. 广告传奇与创意妙招 [M]. 林以德，等，译. 呼和浩特：内蒙古人民出版社，1998：125.

② 倪宁. 广告学教程 [M]. 北京：中国人民大学出版社，2004：195.

列举后，从中找到商品性能与消费者的需求和所能获取利益之间的关系，结合目标消费者的具体情况，找出广告的诉求点。

第三，酝酿阶段。在对有关资料进行调查和分析之后，就开始为提出新的创意做准备。广告创意应该是独特的、新奇的，能让人有耳目一新的感觉，这要求创作人员必须要有独特的创造性。这一阶段，灵感与潜意识起到重要的作用。詹姆斯·韦伯·杨对灵感的出现做过这样的描绘："突然间会出现创意。它会在你最没期望它出现的时机出现，当你刮胡子的时候，或淋浴时，或者最常出现于清晨半醒半睡的状态中。也许它会在夜半时刻把你唤醒。"

第四，开发阶段。在这一阶段，广告创作人员要在撰写广告文案或设计作品之前，先在大脑中构思出广告的大致模样。在这个阶段，可能会提出很多个新的创意，这些创意往往具有不同的特点，应把每一个新的创意记录下来。

第五，验证评价阶段。这是广告创意的最后一个阶段，詹姆斯·韦伯·杨认为："此阶段可名之为寒冷清晨过后的曙光。"在这个阶段，利用科学对比的方法，将前面提出的许多个新的创意逐个进行研究，检验构想的合理性和严密性，决定最好的和最适合的一个。要注意从几个方面加以考虑：提出的创意与广告目标是否吻合；是否符合诉求对象及将要选用的媒体特点；与竞争商品的广告相比是否具有独特性。

11.2.2 广告创意的基本方法

11.2.2.1 头脑风暴法

广告创意的头脑风暴法又称集体思考法、脑力激荡法、智力激励法，是广告创意思考方法中常用的方法之一，这种通过集思广益进行创意的方法，是在1938年由美国BBDO广告公司副经理奥斯本提出来的。这种方法的特点如下：

第一，集体创作。在召开会议之前1~2天发出会议通知，告知开会的地址、时间和问题要点等，促使与会者能够有所准备。具体参加人员包括多个广告营业人员、创作人员，人数在10~15人。

第二，激发性思维。在"动脑会议"上，每一个参加人员利用别人的创意激发自己的灵感，产生联想，进行知识组合。与会成员之间相互交流，相互激发，以产生好的创意。

第三，自由联想。与会成员发挥充分的联想，自由阐述自己的观点。点子越多越好，越离奇越好，不加限制，畅所欲言。

第四，禁止批评。在会议上，会议参加者彼此之间不能相互指责、攻击、批评，以保证会议思维展示和联想展开的正常进行。如果有某些分歧或意见，可以放到会后再商榷。

第五，创意量多多益善。在会议上，每一个人都畅所欲言，对任何看法都允许自由地发表，以求创意量的不断增多，从最后创意的产生来看，会议上创意的量越多越好。

第六，不介意创意的质量。在会议上，有时不可能立即产生具有可行性的创意思想，但是要允许看似近于荒谬的奇想的存在，因为这样也许会对其他人有所启发，从而产生有可行性的最佳创意。在创作会上，对创意的质量不加限制。因为在会上不是最终决定创意，在当时即使是不可能实施的创意，也许会启发别人的思维，从而产生优秀的创意。由会议记录加以整理，然后选出创意的基础。

11.2.2.2 检核表法

为了有效地把握创意的目标和方向，促进创造性思维，"头脑风暴法"的创始人奥斯本于1964年提出了检核表法，该方法是将要解决的问题列举出来后放在一个表格中，然后逐条审核，从多角度引发创造的设想。检核表法的主要内容如下：

第一，改变：改变产品原有色彩、形状、声音、气味等，能否有新的效果。

第二，延伸：现有产品功能能否派生出其他用途。

第三，扩大：能否将产品扩大后添加些什么，增加功能提高使用效率。

第四，缩小：能否将产品缩小或减少些什么，能否微型化。

第五，颠倒：能否将产品正反、上下、里外、目标与手段颠倒。

第六，替代：有没有别的东西替代这件东西。

第七，组合：将原有的元素进行巧妙地结合、重组或配置以获得具有统一整体功能的新成果。

11.2.2.3 金字塔法

金字塔法是指思考时的思路从一个大的范围面逐渐缩小到一个较小的范围面，而每次缩小都采用一定的目的加以限制，删除多余的部分，等于让问题上了一个台阶。经过一级级台阶，其构成的结构就像一座金字塔。例如，要为某产品做广告，在没有对市场进行调查，也没有听到客户的具体要求之前，就先用自由联想法从该产品出发，此时应记下自己的联想而不加评价。这样做的目的是在头脑中没有任何条条框框的情况下，利用自己已有的知识经验，并可启动发散思维，进行大范围的资料搜索。

接下来就是把自己想成是一个要买产品的消费者，作为一个消费者会考虑到什么因素。在此之后大量收集有关商品、市场、消费者及同类产品的广告资料，在营销策略的指导下，找到广告要"说什么"。

假如确立了产品的定位点，可进入下一层塔中，再从这一定位出发，发挥想象力与创造力。确定广告"用什么说"，即广告用什么媒体发布，因为不同的媒体有不同的心理效果和表现手法。

再下来确定"什么时候说"，广告登载的时间不同，要求表现的手法也有所不同。产品生命周期不同，其诉求主题、表现方法也不相同，这是第三层塔。

第四层塔在第三层塔的基础上发挥创造性，限制"对谁说"。这时要把广告对象描述成具体实在的个体，一则广告不可能面对所有的消费者，而是面对特定的消费者。

第五层塔的目的最为重要，就是找出"为什么说"。创造思维不仅要产生奇妙的想法，更重要的是找到想法之间的内在联系。

11.2.2.4 强制关联法

强制关联法是指在考虑解决某一个问题时，一边翻阅资料性的目录，一边强迫性地把眼前出现的信息和正在思考的主题联系起来，试图从中得到构想。

强制关联法的主要步骤如下：

第一，把解决问题所能想到的方法都列成一张表，并且进行记忆。

第二，翻阅资料性目录和相关作品，将要解决的问题和信息进行强制联想，并进行相关记录。

第三，综合所产生的联想。

第四，强制性对部分构想进行新的组合。

第五，产生解决问题的新奇构想。

强制关联法的注意事项如下：

第一，根据需要解决的问题准备适当的目录。

第二，适当的目录通常具有三个特色：范围广泛，主题不偏颇；有丰富的图片（彩色更好）、照片或插图；在翻阅到的页面上有使主题实现联想的信息。例如，时装杂志、旅游杂志、风俗杂志、生活杂志等。平时留意收集的报刊资料亦可。

11.2.2.5 联想法

联想法就是由甲事物想到乙事物的心理过程。具体地说，就是借助想象把相似的、相连的、相对的、相关的或者某一点上有相通之处的事物，选取其沟通点加以联结，就是联想法。联想是广告创意中的黏合剂，把两个看起来是毫不相干的事物联系在一起，从而产生新的构想。

国外曾有一则消化饼干的广告，创意者把自行车和饼干的形象结合在一起，将车轮用饼干代替，让人联想到该消化饼干就像运动一样有助于消化。图 11-6 是高露洁牙膏的一则广告，通过几种不同的颜色与高露洁牙膏组成一个调色板，让人联想到人们在吃饭时牙齿会沾染很多颜色，但有了高露洁牙膏，最终调色板也就是牙齿也会变白。

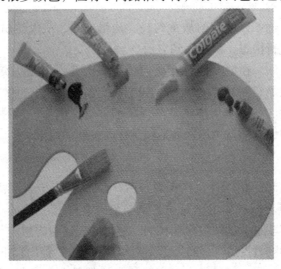

图 11-6 高露洁广告图片

图片来源：百度图片

11.2.2.6 逆向思考法

在现实生活中，人们尽管通过学习获得了许多技能，但同时也在很大程度上限制了自己的思维模式。例如，在进行决策的时候，人们通常列出了"树形图"，企图从主干出发，通过对各个枝干（也就是解决问题的各种方法）以及其可能产生结果的深入探讨，来挖掘决策的线索，并且对各种方法进行效果评估，从而做出客观的决策。我们可以换个角度、换个思考的方式，我们可以先预测决策所需要达成的效果，然后返回来思考如何达到。通常情况下，采用这样的方式，决策将更有效率，并且更能达到预期的效果。

就好比下跳棋，许多人看着自己区域内的棋子，想着如和才能够从此岸跳向彼岸，如何才能够进入对方的区域，他们善于正向思考问题。但如果这样，先看看对方的区域，哪些格子可能被"占领"，实现以对方的区域为起点，反向摸索，直至自己的区域，通常能够在好到适合完成这一"使命"的棋子。这样一来，下棋更精准，更有方向性和计划性。

将以上的方法运用到创意中来，通过改变对事物的看法和逆向思维，可以发现意想不到的构想，这就是逆向思考法的要点。

在诸多的逆向思考法中，有以下七类可供参考：

第一，逆向蜂拥而作法。考虑某一构想的过程中，如果努力朝着与目的相反的方向思考，反而会茅塞顿开。

第二，更上一层楼法。构想的要点是认为目前理所当然的方法未必最好，进一步对其他方面进行仔细的探索。

第三，顺势反击法。对于在理论上被认为是正确的事，要敢于反过来思考一下，这是另外一种形式的逆向法。

第四，形式逆向法。在考虑构想时，应该设法在形式上颠倒过来考虑一下，这样就容易得到良好的启示。

第五，调头法。例如，钢笔的从重到轻、从粗到细、从天然材料到人造材料等都调过头来，自由地进行构想，由此得到启示。

第六，现场确认法。在触及问题实质但经过多次努力仍无法突破时，如果再退一步对问题再认识，就能意外地想出好主意。也就是说，要勇于逃脱"死胡同"。

第七，翻里作面法。这是指推翻某一现象的评价。例如，反过来对被认为是最大的不足之处思考一番，这样就可以轻易地找到优秀发明的线索。

11.2.2.7 类比法

比较相似事物之间的相同性，在创意过程中以强迫参与者脱离传统观点的方式，让参与者从新的观点看问题。也就是说，从与创意客体相类似的事物中，找出共性，并且强迫将两者进行联系，试图发现颗粒的、逻辑的表达与构想。

美国麻省理工学院教授威廉·J.戈登（W. J. Gordon）提出以下四种类比的方法：

第一，狂想类比（Fantasy Analogy）。狂想类比鼓励参与者尽情思索并产生多种不同的想法，甚至可以牵强附会和构想不寻常或狂想的观念，比如弹簧和橙汁。在这种方法下，创意工作者可以将能够想到的任何事物和事件与所要创意的广告发生联系，企图找到它们之间比较符合逻辑的内涵，加以创意表达。更多时候，这种联想是"纵向"的，也就是联想过程中出现的事物并非同一个类别，仅仅是每一个联想环节中的两个事物具有一些直接的或者间接的关系。

第二，直接类比（Direct Analogy）。直接类比是将两种不同事物，彼此加以"譬喻"或"类推"，并要求参与创意者找出与实际生活情境类似的问题情境，或直接比较相类似的事物。直接类比法更简单地比较两事物或概念，并将原本的情境或事物转换到另一情境或事物，从而产生新观念。可利用动物、植物、非生物等加以"譬喻"。

第三，拟人类比。拟人类比是将事物"拟人化"或"人格化"。例如，计算机的"视像接收器"是仿真人的眼睛功能，在时间中所强调的是以同理心代入情境（Empayhetic Involvement）。拟人化的表现更容易吸引受众的眼球，因为这种表现形式使得产品更加生动、形象、富有人情味，容易拉近和消费者之间的距离。

第四，符号类推（Symbolic Analogy）。符号类推是运用符号象征化的类推。符号表现是抽象的，正是这种抽象使得符号类推作品经常具备哲学韵味，发人深思，也营造了一种淡淡的幽默气氛。这种表现形式使得看得懂作品的受众在欣赏时心里暗暗叫好，感慨创意人员的巧妙构思，深化其对品牌的友好程度，但也可能导致一部分受众认为作品不知所云。毕竟采用这种创作方法，往往建立在创作人员比较深厚的创作功底、广博的见识、丰富的联想、精炼的表达基础上，必然对受众的个人素质也有一定程度的要求。因此，运用与否要视具体作品和具体产品而定。

图 11-7 和图 11-8 分别用牛奶和面条两种健康食品来说明该纸产品是绿色环保的。

图 11-7　牛奶广告

图片来源：百度图片

图 11-8　面条广告

图片来源：百度图片

11.2.2.8　心智图法（Mind Mapping）

心智图法（Mind Mapping）是一种刺激思维、帮助整合思想与讯息的思考方法，也可说是一种观念图像化的思考策略。此法主要采用图式的概念，以线条、图形、符号、颜色、文字、数字等各样方式，将意念和讯息快速地以上述各种方式摘录下来，成为一幅心智图（Mind Map）。结构上，该方法具备开放性与系统性的特点，让使用者能自由地激发扩散性思维，发挥联想力，又能有层次地将各类想法组织起来，以刺激大脑做出各方面的反应，从而得以发挥全脑思考的多元化功能。

心智图法的步骤如下：

第一，定出一个主题，如"为什么不吸烟"。

第二，在白纸上绘一个圆形或其他图形，把主题写在中心，可以利用彩色将主题凸显。

第三，在中心点引出支线，把任何有关主题的观点或资料写上。

第四，如想到一些观点是与之前已有的支线论点类似，便在原有的支线上再分出小支线。

第五，不同或不能归类的论点，则可给其另引一条支线。

第六，参与者可以随便引支线，想到什么就记在图上。

第七，用简短的文字或符号记录每一支线或分支线上得分。

第八，整理资料，在不同的论点支线旁边用方格将其归类。

心智图法的注意事项如下：

第一，可用不同颜色、图案、符号、数字、字形大小表示分类。

第二，尽量将各种意念写下来，不用急于对意念进行评价。

第三，尽量发挥各自的创意来制作心智图

11.2.2.9 属性列举法（Attribute Listing Technique）

属性列举法也称为特征列举法，是由曾在美国布拉斯加（Nebraska）大学担任新闻学教授的劳克福德（Robert Crawford）于 1954 年所提倡的一种著名的创意思维策略。此法强调参与者在创造的过程中观察和分析事物或问题的特性或属性，然后针对每项特性提出改良或改变的构想。

属性列举法的步骤如下：

第一，分条列出事物的主要想法、装置、产品、系统或问题的重要部分的属性。

第二，改变或修改所有的属性列举法，不管多么不实际，只要是能对目标的想法、装置、产品、系统或问题的重要部分提出可能的改进方案即可。

下面以"椅子的改进"为例。首先，把可以看做椅子属性的东西分别列出"名词""形容词"及"动词"三类属性，并以脑力激荡的形式——列举出来。如果列举的属性已达到一定的数量，可从下列两个方面进行整理：内容重复者归为一类、相互矛盾的构想统一为其中的一种。将列出的事项按名词属性、形容词属性及动词属性进行整理，并考虑有没有遗漏的，如有新的要素，必须补充上去。按各个类别，利用项目中列举的性质，或者把它们改变成其他的性质，以便寻求是否有更好的有关椅子的构想。如果针对各种属性进行考虑后，更进一步去构想，就可以设计出实用的新型椅子了。

11.2.2.10 曼陀罗法

曼陀罗法是一种有助于扩散性思维的思考策略，利用一幅像九宫格图的图画（见图 11-9），将主题写在中央，把由主题所引发的各种想法或联想写在其余的 8 个圈内。

图 11-9　曼陀罗九宫格图
图片来源：百度百科

曼陀罗法的优点是由事物的核心出发，向 8 个方向去思考，发挥 8 种不同的创见。该方法可继续加以发挥并扩散其思考范围。

11.3　广告创意的基本思路

在我们谈具体的广告创意思路之前，必须再次介绍奥斯本（Alex Osborn）的检核表（Check List）法。20 世纪 50 年代，奥斯本列出了一些能够刺激新想法产生的问题，这个对照表最初的意图是用来改进和发展产品，但它对广告创意的产生也同样适用。

奥斯本的检核表的内容包括：是否有其他用途；能否应用其他构想；能否修改原物特性；能否增加什么；能否减少什么；能否以其他东西代替；能否替换；能否以相反的作用或方向进行分析；能否重新组合。

鲍伯·艾伯乐（Bob Eberle）于 1971 年参考了奥斯本的检核表，提出了一种名为"奔驰法"（SCAMPERR）的检核表法。表 11-1 简要列举了"奔驰法"的检核表法的概要与内容。

表 11-1　　　　　　　　　　　　　　SCAMPERR 检核法

S	替代/Substitute	何物可被"取代"？
C	合并/Combine	可与何物合并而成为一体？
A	调适/Adapt	原物可否有需要调整的地方？
M	修改/Modify Magnify	可否改变原物的某些特质如意义、颜色、声音、形式等？
P	其他用途/Put to other uses	可有其他非传统的用途？
E	消除/Eliminate	可否将原物变小？浓缩？或者省略某些部分？使其变得更充实精致？
R	重排/Re-arrange 颠倒/Reverse	重组或重新安排原物的排序，或把相对的位置对调？

表格来源：作者根据相关资料整理所得

11.3.1 替换

将广告中的要素 A 替换成 B，产生一种新鲜感，给人耳目一新的感觉，又表达了产品或品牌的心里。具体的替换方式如下：

第一，替换某样东西、某个地点、时间、程序、人物、主意等。例如，用耳机线勾勒的人物投篮形象，说明索尼随身听在使用者运动时仍然可以使用自如，突显其性能（见图 11-10）。又如，法兰克福植物园的广告中叶脉地图别出心裁地标明了最近的地铁（U）和公交站（H）。这样的替代让人感觉耳目一新（见图 11-11）。

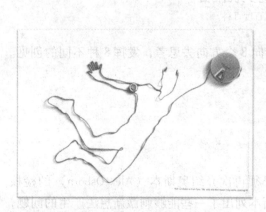

图 11-10 新的索尼随身听，唯一
在运动时不会停止工作的随身听
图片来源：百度图片

图 11-11 法兰克福植物园的广告
图片来源：百度图片

第二，替代产品的成分、材料、作用、关系、主题、包装、信息等。这种替换可以用作产品的功能性诉求。使用一个具体事物来替代广告产品的成分，表明成分所能产生的效果和影响。例如，用牛奶构成的人物形象，传达激情（见图 11-12）。

图 11-12 智利 Promolac 牛奶激情系列
图片来源：百度图片

图 11-13 和图 11-14 是"Skopje 爵士乐节"的招贴画，用火柴棒和电灯组成的爵士号，符号简单但恰到好处地代表了爵士乐演奏中必不可少的元素。图 11-15 展示的是"宝路"糖，"随时随地令你口气清新"。

图 11-13 Oliver Belopeta,
Skopje Jazz Festival
图片来源：百度图片

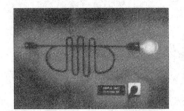

图 11-14 Oliver Belopeta, Skopje
Jazz Festival
图片来源：百度图片

图 11-15 宝路糖广告
图片来源：百度图片

第三，创意者变换不同人物的视角来代替自己的视角。按照性别划分男性、女性；按照年龄划分幼儿、青年、中年、老年；按照职业划分教师、律师、艺术家、心理学家、记者、警察等；按照其他标准划分动物、机器人、外星人等。这种替换方法主要用于针对性强、有特定目标群体的产品。例如，高跟鞋多为女性穿着、刮胡刀多为男性所用、幼儿食品是孩子的最爱、高档香水为白领必备、按摩椅多为老人所准备等。俗话说：要当好演员，先要体验生活。对于创意工作者亦是如此，必须了解产品出售对象的需求、心理特征、喜好等，才能创作出打动目标群体的好广告。创意工作者将自己的角色进行替换，有利于觉察特定群体的特定心理，从这个角度进行思考，创意能够直接与目标消费群的心里产生共鸣，针对性强，效果良好。

图 11-16 所示的是女士高跟鞋广告。穿上高跟鞋后的女子，可以居高临下。此作品为女性主义视角的作品，可以打动一些注重女性地位的消费者，但是也可能引起男性的不满。创意工作者在遇到类似问题时，还是应该三思而后行。

图 11-16 Riccardo Cartillone 女士高跟鞋广告
图片来源：百度图片

第四，变换事物的不同情绪，如快乐、愤怒、恐惧、沮丧。大多数情况下，创意工作者会让一个本来十分沮丧的事物形象，通过使用产品的对比，使之转变为一个快乐的事物形象。另外，也可能让一个愉悦的人物或者动物形象转变为一个恐惧的形象，来凸显产品的奇特。

图 11-17 所示的是一则韩国酱料广告的产品。热汤中的蔬菜都有开心的表情，可见蔬菜都喜爱广告中的佐料。这样的作品常让人会心一笑，这样的表现给画面增添了不少情趣。

图 11-17　韩国酱料广告
图片来源：百度图片

是什么能让香蕉和苹果如此绝望？原来是果汁饮料的出现使得人们不再挚爱新鲜水果，可见果汁饮料的魅力。创意人员把原来没有生命力的香蕉放到了绳子上，勾勒出了几缕死亡的气息，氛围营造把握得很好，主题明确而不失诙谐幽默。广告语："听到她'咕嘟、咕嘟'的声音，我的心都碎了。"（见图 11-18）

图 11-18　果汁饮料广告
图片来源：百度图片

第五，改变事物的规则和秩序。此方法让受众从无序中感受到满足，通过画面强化这种与原有规则不同的矛盾，从而加深消费者对品牌和产品的印象。

例如，日本"三多利"酒的广告，宣传其采用可循环使用的包装（见图 11-19）。

图 11-19　"三多利"酒广告

图片来源：百度图片

11.3.2　改编

改编实际上是替换的一种延续。改编就是对原本已经存在的事物、形象进行局部修改，使之成为一个崭新的视觉形象。改编具有以下几个特点：

第一，改编通常是把所要宣传的产品或者品牌，附加或者嵌入原有的图像中，借助原有图像所表达和传递的为消费者所熟悉的信息，直接构成所宣传产品或者品牌的属性，营造一个消费者已经熟悉的画面，容易在短的时间内为消费者所认知和熟悉。

第二，改编和替换的主要区别是替换是用其他事物来替代所要表现的产品，而改编则重在用所要表现的产品来替换其他事物，让人们用崭新的眼光来看待所要表现的产品。

第三，由于所选择的原有图像、原有事物通常是消费者充分认可的，因此新的作品也容易在短的时间内为消费者所认可和接受，容易形成品牌联想。

第四，值得一提的是，改编后的作品仍然能够让人们辨认出其原型。也正是基于这个特点，改编相当于打乱了人们的既定思维。人们在潜意识里经过了两个过程，以达成对作品的认同，首先是打破对原有事物、原有图像的印象，其次是接受改编后的形象。在这个过程中，人们强化了对于原来作品的认可，而又容易将眼前的作品和原先的事物和作品相关联，以达成某种程度的认可，由此广告效果自然不言而喻。

人们对任何一个要宣传的产品和品牌，改编的思路可以从以下几个方面考虑：

第一，过去有相似的事物吗？

第二，有没有相似的事物能被部分替换？

第三，产品和品牌在以下情境中会怎样：科学的、宗教的、艺术的、政治的、西部的、战争中的、监狱里的、电视里的、海洋里的、剧院里的、舞蹈中的、心理世界的、法庭上的……

第四，从大自然中找出与品牌和产品相似和相关的事物，如季节、动物、植物、气候、沙漠、海洋、山峰、雷雨、河流……

图 11-20 展示的是喜力啤酒的"国际"系列广告。像纽约篇，自由女神披上了带有"喜力"标签的袍子，高举火炬，"寻找一种真正的世界级啤酒"。

（纽约篇）　　　　　　　　　（中国篇）

（希腊篇）　　　　　　　　　（罗马篇）

（美国大峡谷篇）　　　　　　（英格兰篇）

图 11-20　喜力啤酒国际系列

图片来源：百度图片

11.3.3　拼接组合

拼接组合是将各不相同但又互相关联的各种要素组成一个完整的画面整体。进行拼接组合不是将任何相互没有关联的，或者任意元素放入画面中，而是有选择地进行。各个元素都能很好地为主题服务，共同形成一种不可抗拒的趋向，同时元素之间可以比较好地进行画面意义上的排列组合，形成一个有机整体，这样的作品才称的上好的作品。

进行拼接组合时可以进行以下思考：

第一，每一个要表达的信息是否可以用一个简单的图画或者一句简短的文字表达出来，如果可以，进行丰富的基本元素创作的凝练。

第二，将创作的元素罗列出来，试着将这些元素整合在一起。

第三，将想法与他人的想法进行整合，如果可以产生更好效果的话，不妨进行整合。

第四，将产品的功用、产品的外形、产品的目标对象、产品的诉求表达进行组合。

图 11-21 所示的是一则反吸烟广告。可卡因和海洛因组合成烟的形状。文字说明："死于吸烟的人比死于使用海洛因+可卡因的人更多。"该广告表明了创意人员如何将两种事物结合成第三种事物。

图 11-21　反吸烟广告
图片来源：http://www.gjart.cn/

图 11-22 中鱼罐头直接成了一条鱼的一段，说明其产品的新鲜程度。该广告表明了创意者根据不同事物的结合表现了产品本身的质量。

图 11-22　Gourmet 鱼罐头广告
图片来源：http://www.gjart.cn/

11.3.4　放大或增加

一则"网通"广告展现了一幅城市的新景观：汽车的座位变得宽大舒适，秋千变得宽大得足够容纳更多的小孩玩耍，在人们的视觉里大桥的桥面、桥墩都变得很宽，汽车川流不息，整个城市似乎呈现在宽广的世界里。

放大的手法，从视觉上看是引发人们的关注，从对产品构成的影响上看能让人们觉得广告所要表现的事物安全、方便、舒适、自在，由于视觉上空间感的保障，使得人们觉得有了活动的空间，无论是具体意象上的，还是心理上的。

增加的手法经常用于多功能设备、器械或者生活用品等的产品广告，当然这种手法并不被局限在特定的范围内使用。增加使得画面丰富，构成了若干个视觉中心，供人们挖掘广告信息的内涵。但也必须强调，应该避免画面表现过于繁杂，反而无法突出主体，最终无法给人留下深刻的印象（见图11-23）。

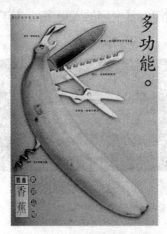

图11-23　青果社广告

图片来源：http://www.gjart.cn/

在广告中采用放大或增加的思路，可以从以下几个方面出发：

第一，把事物进行放大，增大相对比例和占用的画面面积，引起人们的注意。

第二，通过其他手段，如色彩、光影，强化事物的形象，尽管比例不变，但让人感觉事物被最大化地强调。

第三，通过加大频率、速度来强化画面主体。

11.3.5　减法与省略

德国建筑设计大师米斯·凡德洛曾经说过这样一句话："Less is more（少便是多）。"

2003年，英国广告公司（Wieden & Kenndy）创作的本田雅阁"齿轮"篇，轰动全球。整个影片从一颗小齿轮开始，当它滚动之后便开始了一连串的碰撞，汽车的每一个零件都完美地演绎了一个机械形态的多米诺骨牌秀，最后形成一部完整的汽车，象征科技机械带给人类生活上的进步。该广告不但获得了许多国际广告奖项，在网络上更是被网友不停传阅。这个广告除了其杰出的创意外，更跳出了一般汽车广告流行的表现形式，给人耳目一新的感受。其结果是本田雅阁在销售量上有所突破，网站点击率也直线上升。

减法与省略的思路主要有以下几种：

第一，把对象变小，或减除其中的一部分，使得画面简洁流畅。

第二，将一个主体进行拆分，表现一种"支离破碎"的美。

第三，使画面结构简单化或更紧凑。

尽管从形式上看，以上做法都从一定程度上"舍弃"了画面的一些成分，甚至可能去除一个常规状态下的主题的重要局部，但前提必须是不妨碍人们接受正确的信息传递。

从传播效果上分析，采用这种方式，其实也是通过构成受众视觉上的不和谐和缺陷，进而引起他们的关注。当消费者看到一则好似不完整的广告信息时，并且在他们清楚地知道广告是什么品牌和什么产品时，他们会下意识地去寻找"缺失"的部分。无疑，这种下意识地搜寻会强化品牌在消费者意识里的记忆，从而达到广告效果。

从广告心理上来讲，大多数人喜欢去繁就简。很多人认为，人生的过程就是一个做减法的过程。人们的心智逐渐走向成熟，便能从看似繁杂的生活中，提炼出精华，从复杂的表现中看出事态的本质，人生与情感在百般历练中得以净化。因此，针对中年人和老年人的产品广告，采用这种手法可能不失有效性，可以描绘目标群体的心境状态。

图 11-24 中主人公即使在雪地里光脚行走，也不愿弄脏鞋子。足以彰显"BOCAGE"鞋子的魅力。

图 11-24　BOCAGE 鞋子广告

图片来源：中搜图片

11.3.6　制造幽默

幽默在广告中运用颇多。在国际性广告大赛中，我们经常看到获奖的幽默广告。幽默用得好，往往能让人在忍俊不禁中记住品牌或产品。制造一个幽默并不容易，无论采用什么方式来表现，一则广告的最终目标都是打动消费者，促进销售。因此，在制造幽默的时候，切勿忘记了广告目的。有一些幽默广告虽然受到大家的喜爱，却对销售没有什么帮助。要在宣传产品时制造幽默，必须明白以下问题：

第一，幽默和笑话是有差别的。听过一次笑话，第二次就不觉得那么有趣了，几次之后更是索然无味。幽默则不同，它是非常细微的，使人能反复品味。

第二，幽默最好能与人们的经历相联系。

第三，幽默一定要与广告的产品相联系，幽默用来增添产品的趣味。

第四，理解受众的幽默感。

第五，避免以取笑别人为代价的幽默，尤其避免取笑少数民族、有色人种、残疾人和老年人等。

第六，不要认为消费者是愚蠢的。

图 11-25 所示的广告表现出幽默地因为杀虫剂十分有效，青蛙不得不为了糊口而出来找工作。

图 11-25　杀虫剂广告

图片来源：中搜广告

图 11-26 表现了新飞空调让室内温度如此舒适，制冷如此到位，难怪连画中人都忍不住穿件衣服。

图 11-26　新飞空调广告

图片来源：蚂蚁图库

图 11-27 所示的咖啡如此吸引人，以至于真空容器里的圣诞老人都忍不住香味的诱惑跑出来看个究竟。

图 11-27 哥伦比亚咖啡广告
图片来源：百度图片

11.3.7 解构与重构

旧元素，新组合，打破原有的编排格局，创造新语境和新意义。广告里的解构和重构是常用的创意来源，通过对常见符号的重新组合，对原有顺序和因果的颠倒，在语义的解构和重构之间达到创意境界里的"柳暗花明又一村"的目的。

图 11-28 中是五个番茄排成的五颗星，暗示该番茄酱的品质是五星级的。

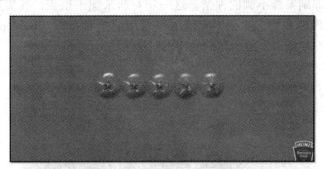

图 11-28 Heinz 番茄酱广告
图片来源：百度图片

进行解构与重构时，可从以下几个方面进行思考：
第一，尝试事物的各种编排方式。
第二，尝试改变事物的材料和表现形式。
第三，改变原来事物的排列顺序。
第四，改变事物原有的节奏、进度。
第五，颠倒事物的因和果。
图 11-29 所示的勺柄和杯子组合成了时钟图案，杯中是诱人的咖啡，表明了在 12 个小时中，人们都可以享受咖啡。广告语：可以让你时刻享受的乐趣，那就是雀巢咖啡。

图 11-29　雀巢咖啡广告

图片来源：百度图片

11.3.8　痴人说梦

以不存在的人或事为素材展开想象，编制故事化情节，往往具有出人意料的神奇功效。

图 11-30 中的好莱坞明星詹姆斯·迪恩悠然自得地坐在豪华跑车内，微眯的眼神依稀可见当年的那副桀骜不驯的神情。这一切看起来似乎很美，其实这位明星早已不在人世。广告主告诉我们，如果当年他的座驾用的是邓禄普（Dunlop）牌轮胎的话，那么那场致命的车祸就不会成为我们的伤心回忆了。

图 11-30　邓禄普轮胎广告

图片来源：百度图片

11.3.9　产品的新用途

在广告表现中可以强调产品的新用途、特性，或提倡一种新观念。

新用途的思考包括以下几个方面：

第一，产品有多少种不同的用途？例如，新型手机多结合了拍照、音乐播放、调频收音机、存储器、上网等功能。又如，某品牌服装厂商在广告中宣称其西裤具有"防皱防污防盗"功能。

第二，有什么新的用途？例如，旺仔果冻的新吃法——摇着吃，植脂末（伴侣）与果冻的结合出现新奇的吃法，让大人小孩都很有兴趣，也延长了这两种产品的生命周期。又如，伊莱克斯的三门电冰箱，中、下两层可独立启用，以避免不必要的浪费。

第三，哪些是最反传统、奇异、非常规的用途？例如，在《广告公司为体育报》（Sport Only）设计的广告上，一个玩滑板的人手握一份报纸（非《体育报》）朝蟑螂猛力击打。文案简洁明了："别的报纸还是有点用处的。"意为只有《体育报》是拿来阅读的。又如，2007年4月，凭着怪异的造型和没边儿的跑调，17岁的印度裔小伙山贾尔杀入美国最著名的选秀节目"美国偶像"该赛季8强。山贾尔所具有的颠覆性形象，已经成了一个醒目的美国现象。

第四，这些用途中哪个是最有可能的，哪个是最蠢的，哪个是最能吸引人的？

第五，尝试想象若干年后人们使用该产品的情形。例如，"日清"杯面最新的动画广告主题是"自由"，讲述了3000年时人类移居其他星球，一切都很美好，却唯独永远失去了回到地球的自由，而主人公与宿命抗争，寻回自由的故事。

11.3.10 颠倒

颠倒是将人们习以为常的东西翻转过来看，并且加以表现，从而揭示出主题。颠倒打破了人们的惯性思维，引发人们的关注和思考；颠倒改变了事物的内在秩序，让人们从新的秩序中去反思旧的秩序；颠倒有时候改变了受众的角色，让他们得以站在新的高度，以全新的视角来审视自己的生活。

颠倒可以从以下几个方面进行思考：

第一，将肯定的改为否定，否定的改为肯定。

第二，将对象上下、左右颠倒。

第三，将关系、目标、功能、规则等颠倒。

第四，先把所要达到的结果视觉化，然后回放镜头到产品。故事情节描写时，进行"倒叙"的表现，从结果到成因，从后往前展现画面信息。例如，曾经有一则李维斯牛仔裤广告将一对男女脱衣的过程进行倒放，给人一种新鲜有趣的不同感受。

第五，角色互调。如果你是男性，假设你是女性（反之亦然）；如果你是学生，假设你是老师；如果你是职员，假设你是老板……那么，你会怎么看同一个问题，是否有不同的价值观和洞见呢？

例如，英国的沙奇公司曾经做过一则平面广告，广告中的男人挺着个大肚子，标题是"如果是你怀孕的话，你会不会更小心？"广告揭示男人关爱女人的主题。

图11-31是巴西的公益广告，斧头砍掉了自己的斧柄，正应了中国一句古语："搬起石头砸自己的脚。"试想，人类对森林的破坏不也正是如此吗？

图 11-31　巴西的公益广告

图片来源：百度图片

11.3.11　互动与游戏

如果广告能让受众参与其中，有所互动，则会给受众很深的印象。有时广告以一种游戏的心态表现产品的特性，也能博得消费者一笑。

图 11-32 所示的某去头皮屑的洗发水广告说：在你看右边的广告之前先在左边的黑纸上挠挠你的头，然后再决定是否要看广告。

图 11-32　洗发水广告

图片来源：百度图片

11.3.12　挑衅

每个社会都有其禁忌，社会依靠一般人遵守的道德准则维系。然而有时人们偏偏又喜欢一些有点调皮、有点叛逆的人物，因为这些人敢做其他人敢想却不敢做的事情，秩序状态下的人们似乎感觉自己的情感也得到了某种程度的宣泄。在广告中，对于固有道德标准的挑衅必须把握好分寸，否则可能触犯众怒。

　　图 11-33 所示的是"生力"牌清啤酒的系列广告。从广告可以清楚地知道"生力"牌清啤酒的诉求对象是年轻人。广告将该啤酒直接塑造成一个爱恶作剧、爱捣蛋，还有点"色"的"坏"小子。

图 11-33　"生力"牌清啤酒系列广告

图片来源：http://wuxizazhi.cnki.net/

11.4　中国广告的创意问题

11.4.1　广告创意的内容及表现手法雷同

　　一些广告创意的内容及表现手法雷同和接近，尤其是同类广告，究其原因，一方面是由于很多广告创作人员的思维趋同、创造力贫乏；另一方面是由于广告创作人员在广告主和媒介的双重压力之下而造成的。广告界在表现手法上的雷同，造成了受众了解了广告的套路，司空见惯，对广告麻木或厌烦，对信息的记忆容易产生混淆。[1]

中央电视台五套节目曾经充斥着各种品牌运动鞋的广告，这些广告几乎无一例外地请来了大大小小的明星，广告中这些明星或跳或跑，然后就是鞋子的特写。画面、情节严重雷同，一个接着一个的广告没有区分度，让观众应接不暇，对于哪个明星代言什么牌子以及自己看到哪些牌子的鞋，观众根本就不太清楚。高露洁和佳洁士在牙膏市场上一直是竞争对手，两者的广告一直也是比着在做，广告创意也存在雷同，两个品牌的广告一个采用贝壳，一个采用鸡蛋壳，都是一面涂牙膏，一面没有涂，放在酸性液体里浸泡，然后在两面各轻敲一下，涂牙膏的一面受到很好的保护，没有涂的一面则遭到侵蚀而一敲就破。到底是哪个品牌采用贝壳，哪个品牌采用鸡蛋壳，消费者往往就分不清。

11.4.2 创意内容夸大其词

很多广告的创意给人脱离实际之感，广告中夸大产品的功效。商业广告创意的最终目的是为了销售，广告创作中，广告创意自然而然要与产品特点相结合，让消费者认识到该产品与其他同类产品相比较下的优势所在，从而决定购买。因此，必须要求广告的内容是真实、健康、清晰、明白，以任何弄虚作假的形式来蒙蔽或者欺骗消费者都是不允许的。但是在现实生活中，为了追求商业利润，经营者在广告中对其商品或服务进行不实宣传，在广告中夸大产品的功效、成分，用误导消费者的语言来进行产品介绍，广告中充斥着各种虚假的信息。

例如，洗发水的广告中宣传头屑从有到无且永不再生、干枯的头发变得柔顺飘逸；又如，洗衣粉、洗衣皂的广告中告诉人们污渍再多的衣物用了该产品后都能洁白如新；等等。这些在广告常见的镜头都充斥着虚假和夸大的成分。由于虚假夸大的成分过多，许多企业以及代言的名人已经被消费者告上法庭。

相比之下，有些电视购物的广告则更虚假，如电视购物中的"好视力智能变焦复原镜"广告，宣传"好视力智能变焦，近视永不加深，去年300度今年200度，眼镜能减度数，1整天轻松不疲劳"，但消费者使用后毫无效果。而"69元抢数码照相机"购物短片广告存在夸大、夸张宣传，未标明商品销售企业名称，无产品名称、无生产厂厂名和厂址，虚构抢购等情形。除此之外，有些电视购物广告中主持人的主持格调庸俗低下、语言夸张做作。

11.4.3 广告创意过度依赖名人效应

一些企业花巨资请明星，以为利用明星代言就能有良好的广告效果，让消费者迅速关注到本企业的产品，给本企业带来丰厚的利润。但往往事与愿违，大制作或明星广告并不一定能够给企业带来高利润的回报。有的广告中明星的年龄、气质与产品形象不符，易造成消费者对广告和产品的双重质疑。有的广告中明星的风头盖过了产品，让人只记住明星而注意不到产品。还有的广告甚至因为广告的创意存在问题，反而在

---

① 雷鸣. 现代广告学［M］. 广州：广东高等教育出版社，2007：141.

消费者心目中留下了负面影响。例如，2006年明星蒋××为某化妆品代言的广告，由于该广告有"妈妈，长大了我要娶你做老婆"的台词在互联网上批评如潮。广告的创意本是为了说明使用该化妆品会保持年轻美丽，但厂家和广告创意方都没想到，这句话导致了人们对该广告的反感和对蒋××的讨伐，以至于最后该广告被停播。

11.4.4　广告创意低俗

许多企业做广告的目的仅仅是为了提高企业、产品的知名度，根本不在乎产品的美誉度。有的企业甚至为了"出名"、被消费者记住，即使记住的是骂名也无所谓，为了短期利润和利益不惜损害产品形象。在这种要求之下广告创意低俗不堪，令消费者无法忍受。

例如，太极急支糖浆的广告，一只豹子凶恶地追逐一个女孩，女孩手里拿着急支糖浆一边跑一边大叫："为什么追我？"豹子张嘴说："我要急支糖浆。"这则广告的创意令很多观众费解，很多消费者都表示不知道这个广告是什么意思。又如，脑白金的"今年过节不收礼，收礼只收脑白金"和黄金搭档的"送爷爷、送奶奶、送爸爸、送妈妈、送小弟、送小妹、送阿姨、送老师……"以及"慢咽舒柠"的一系列广告也都曾让很多受众崩溃。

在我国广告业蓬勃发展的今天，只有正视我国广告创意存在的问题，才能认清我们的广告与国外优秀作品之间的差距，创作出有中国特色的广告作品，创作出构思巧妙且质量上乘的经典广告。

本章小结

通过创意原则、方法与基本思路，本章对广告创意进行了解读。现代广告创意是科学理念指导下的创造性活动，既要突破常规，追求新颖独特，又要建立在市场商品或服务、消费者要求基础之上，因此创意应该有明确的指导原则。广告创意原则就是用来指导广告创意活动的基本思想和要求，在进行广告创意活动时，应遵循目标性、关联性、原创性、震撼性、简洁性以及合规性等原则。

广告创意本质上是一种创造性思维活动。创意者的思维习惯和方式直接影响着广告创意的形成和发展水平，因此广告创意者必须对创造性思维、广告创意的思维方法、广告创意技法进行深入的研究。广告创造性思维包括逻辑思维、形象思维和灵感思维三种类型。广告中采用的创造性思维的基本方法有发散和聚合的思维方法、顺向和逆向的思维方法、垂直和水平的思维方法。广告创意的技法有头脑风暴法、检核表法、金字塔法、联想法等。同时也介绍了广告创意的基本思路，然而这12种方法并不能概括所有的创意方式，掌握这些基本思路能在进行广告创作时开拓思路，寻找一种更新颖、合适的方式来拉近消费者与产品之间的距离。

思考题

1. 广告创意应遵循哪些原则?
2. 广告创意的基本思路有哪些?
3. 什么叫头脑风暴法?

参考文献

[1] 陈培爱. 世界广告案例精解 [M]. 厦门: 厦门大学出版社, 2008.

[2] 高杰. "绝对"的成功——瑞典绝对牌伏特加开拓美国市场案例 [J]. 企业改革与管理, 2001 (2).

[3] 姚力, 王丽. 广告创意与案例分析 [M]. 北京: 高等教育出版社, 2004.

[4] 詹姆斯·韦伯·杨. 广告传奇与创意妙招 [M]. 林以德, 等, 译. 呼和浩特: 内蒙古人民出版社, 1998.

[5] 倪宁. 广告学教程 [M]. 北京: 中国人民大学出版社, 2004.

12 广告表现手法

本章提要

上一章我们介绍了广告创意的相关内容，那么如何将创意表现出来呢？本章介绍
9 种广告的表现手法，从多个角度解读广告如何传达信息并吸引消费者。

12.1 无文案广告

谁也无法否认，目前劲吹"读图"之风，从几米图画书的流行，到各种漫画书的
畅销，从以图为主的《新周刊》，到报纸的大幅彩色图片新闻，再到信息爆炸的网络
⋯⋯于是有人说，读图时代来了！

无独有偶，在广告表现上，我们看到无文案广告也在大行其道。

传统的广告形式一般由图片、标题、正文、标语、企业标识组成。与传统的广告
形式相比，无文案广告是指那些画面占绝对比重，文字简约到只剩下标识或只有一句
广告语的广告。

无文案广告常以焦点简洁突出的画面本身来吸引受众的目光，常运用对比、隐喻、
幽默、双关的手法，让受众对画面进行解读，从而获得广告主想要传递的信息。无文
案广告的缺点也是明显的。如果一个受众不熟悉这个广告主或其产品，有可能无法正
确解读画面，其结果就是导致对广告主意图的无法理解，甚至产生误解，并且无法产
生共鸣。

其实，无文案广告并不是什么新鲜事物。从广告形式来看，平面广告的表现主要
有以图为主、图文相得益彰、以文字为主（长文案）三种。中国宋朝最古老的"刘家
针铺"广告就是以那只门前的白兔为主角的。中华人民共和国成立前旧上海的平面广
告也多以图形为主，并且多以当时的美女形象为主。后来，随着"说服"技巧在传播
与在营销中的运用，文字在广告中得到重视。在广告公司，有专门的撰文人员与美工
合作，产生最终的广告作品。有一些杰出的广告创意人，如大卫·奥格威以及当今著
名的广告创意人尼尔·弗兰奇（Neil Franky）都是长文案高手。由此可见，当前的无文
案广告只是一种形式上的回归。

如图 12-1 所示，薯条顶端蘸上的番茄酱极像一根火柴棒，用火柴的易燃来传达炸
薯条给人的热辣滋味。

图 12-2 是企鹅图书的广告。空白的纸面只有 26 个英文字母，意指无论多么感人的书或深奥的书，都是由这 26 个字母构成的。

图 12-1　薯条广告
图片来源：百度图片

图 12-2　企鹅图书广告
图片来源：百度图片

图 12-3 是大众汽车的《婚礼》篇广告。镜头前，公交车身上的保罗车的低价格抢了本应作为主角的一对新人的风头。

图 12-3　大众汽车的《婚礼》篇广告
图片来源：百度图片

12.2　图文结合

"书画同源"，不管是汉字还是英文字母，都可以通过对字符进行拆解、解构或元素替换而传播相应的广告信息。因此，有时候不妨玩玩文字游戏，利用图文的紧密结合，使广告形象更贴切、生动。

图 12-4 是三洋滚筒洗衣机的广告，其便是利用汉字和成语宣传自己。

图 12-5 是奔驰汽车公司企业形象广告。该公司参与了艾滋病治疗研究。车灯组合成了英文单词"Soon（快了）"。

图 12-4　三洋洗衣机广告
图片来源：百度图片

图 12-5　奔驰汽车公司形象广告
图片来源：百度图片

12.3　对比

对比是广告传统的表现手法之一，最常见的就是"使用前……使用后……"的对照表现，突出显示了产品的功能。

谈到对比广告，值得一提的是宝洁公司的广告，对比是其使用得最多的广告形式，然而却令人百看不厌，确信不疑。

图 12-6 是 Gold 健身房的广告。狭窄的入口和宽阔的出口形成鲜明对比，读者可以想象到该健身房的神奇功效。

图 12-6　Gold 健身房广告
图片来源：百度图片

12.4　重复与堆砌

重复是广告中运用得最多的表现手法之一。重复的效果就是使得广告主的产品或品牌名称得到多次曝光，强化目标受众的记忆。

2003 年美国百威啤酒的"What's up"电视广告通过几个朋友之间互相在电话中不断地重复这句话而风靡一时，以至于成了纽约地区最时髦的问候语。

图 12-7 是杀虫剂广告。该广告利用昆虫的复眼，把消费者带到昆虫的世界，显现

昆虫临死前最后一眼所看到的都是杀虫剂罐子的影像。

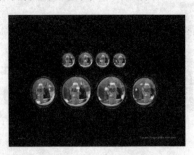

图 12-7　杀虫剂广告
图片来源：百度图片

12.5　夸张

　　在广告表现中，可以借助想象对广告作品中宣传的对象的品质或特性的某个方面进行相当明显的过分夸张，以加深或扩大受众对这些特征的认识。文学家高尔基指出："夸张是创作的基本原则。"通过这种手法能更鲜明地强调或揭示事物的实质，加强作品的艺术效果。

　　夸张是在一般中求新奇变化，通过虚构把对象的特点和个性中美的方面进行夸大，赋予人们一种新奇与变化的情趣。

　　按其表现的特征，夸张可以分为形态夸张和神情夸张两种类型。前者为表象性的处理品，后者则为含蓄性的情态处理品。通过夸张手法的运用，为广告的艺术美注入了浓郁的感情色彩，使产品的特征鲜明、突出、动人。

　　图 12-8 中将火车撞翻的汽车，人和车都完好无损，夸张地表现了该车的优良与安全性能。

　　图 12-9 中大街上的建筑物都贴上了"易碎"的标识，因为 POLO 汽车来了，夸张地显示了 POLO 汽车的坚韧和速度。

图 12-8　汽车广告
图片来源：百度广告

图 12-9　POLO 汽车广告
图片来源：百度广告

图 12-10 中夸张地表现了因为诺基亚 3310 手机太便宜了，所以争破了头。

图 12-10   诺基亚手机广告
图片来源：百度图片

图 12-11 中使用金霸王电池后的电动玩具车冲劲无穷、速度无穷、力量无穷。

图 12-11   金霸王电池广告
图片来源：百度图片

12.6   隐喻与类比

隐喻是广告创意中常见的手法之一，含蓄的比喻常常隐晦曲折，婉而成章。隐喻借助事物的某一与广告意旨有一定契合相似关系的特征，引譬连类，使人获得生动活泼的形象感。

类比则是将产品的某个特征和人们熟知的某个事物进行比较，"取象近而意旨远"，使人产生联想，突出强化产品特性，加深了消费者对其的印象。

图 12-12 中从瓶中倒出的辣酱，让人自然地联想到辣得吐舌头的嘴巴。

图 12-13 中浮杆的尖端露出水面，下面应当是条大鱼吧？仔细一看，却是约翰·维斯特吞拿鱼罐头的瓶盖。

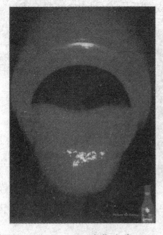

图 12-12　辣酱广告
图片来源：百度图片

图 12-13　约翰·维斯特吞拿鱼罐头广告
图片来源：百度图片

图 12-14 是渔夫之宝润喉糖的外包装折叠成的蝎子、鲨鱼、犀牛，用来比喻该润喉糖的效果之强烈。

图 12-14　渔夫之宝润喉糖广告
图片来源：百度图片

图 12-15 是 1996 年戛纳广告节获奖作品，一枚被巧妙折成车型的安全别针，用来比喻沃尔沃汽车的安全系数极高，画面简洁，诉求明确。

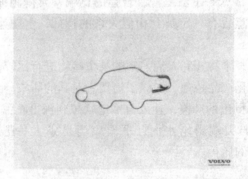

图 12-15　沃尔沃汽车广告
图片来源：百度图片

图 12-16 中倒置的牙膏瓶口恰好填补了原本缺失的牙齿，喻义佳洁士牙膏让牙齿完好无损。

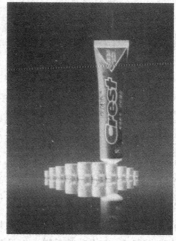

图 12-16 佳洁士牙膏广告

图片来源：百度图片

12.7 标志符号

　　标志或符号往往既简洁直接，又形象生动，广告中常利用人们熟悉的标志或符号，对其再加工，或改变其旧有形式，赋予其新意义。图 12-17 所示的广告中的标志符号看似简单，却内涵丰富，准确传达了广告的诉求点。其中倒置的问号勾勒出一个孕妇的形象，是一个专门为孕妇提供资讯的机构的广告。

图 12-17 Madalena Teixeira 广告

图片来源：百度图片

12.8　讲故事

　　大多数人都爱听故事，可以通过精心设计，把广告讯息巧妙地融入故事情节里。这个情节经过开始到中间再到结尾，就像微型电影一样，把观众吸引到故事中，然后又领向戏剧化的结尾，让观众看完故事后，也对广告讯息留下深刻的印象。使用这种表现方式的好处就在于自然而然地引领观众的思维和情感，不做作，观众很容易接受广告信息，将自己的情感融入情节中。无论产品广告还是品牌广告都可以采用这种方式，与消费者进行情感上的交流。营销界人士呼吁"不卖产品，卖情感"。尽管这是一个讲求经济效益的时代，但人们并没有因此而忽视了情感的诉求。相反，在这样的时代背景下，当消费者对于琳琅满目的商品感到厌倦和烦腻的时候，故事广告容易使消费者产生情感上的共鸣。好的故事由于精妙的情节性，观众往往更容易记忆，并且引发联想。

　　图 12-18 表现的是 Smart 汽车小到让人觉得好奇，以至于要凑过去看个究竟。图12-19 表现的是电影里常见的警匪对峙场景，好像马上就要爆发一场枪战，警察们舍弃了警车，以 POLO 车作为掩护，可见 POLO 车坚不可摧。

图 12-18　Smart 汽车广告
图片来源：百度图片

图 12-19　POLO 汽车广告
图片来源：百度图片

12.9　媒介的创意运用

　　一直以来，广告人都试图寻找新的广告媒介来更有效地传载广告信息，巧妙地将我们周围环境和广告元素相搭配，不断发掘更新的媒介形式并加以利用，往往会有意想不到的效果。现今，媒介的创意还主要集中在户外广告和产品包装上。应该说，随着互联网时代的来临，人们早已不仅仅将自己的注意力集中在传统媒体中，人们热烈地期待着新鲜事物的诞生，顺应消费者的这种心理特征，如果能创意性地使用媒体，往往能比较好地取得消费者的认同。

　　从传统的四大媒体发展至今，许多新生媒体被媒体工作者创造性地制造出来，或者对传统媒体加以衍生，从而使得广告信息以别开生面的方式展现在消费者面前。例如，楼宇广告、电影院广告、门票广告、交通工具广告，甚至有"活体广告"（厂商安排特定的人员背着液晶屏幕在人群中穿梭，或者穿着某种广告服装来往于热闹地带）。可以说，在未来，如果能够对一些常规的，甚至是人们常规思维下的废弃物进行利用的话，广告效果定是无可厚非。

创意性地使用媒体，创意者可以从以下几个方面进行思考：

第一，尝试使用交通工具。因为交通工具在人们的视野里出现频繁，并且其移动的性质不容易使人厌烦。当然交通工具也可能很难在受众的心里留下强烈的印象，因为其稍纵即逝（见图 12-20）。

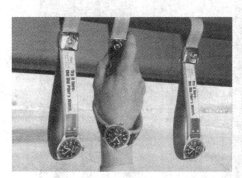

图 12-20　尝试使用交通工具的广告

图片来源：百度图片

图 12-21 所示的户外广告"别跳"是求职网站 Careerbuilder.com 的广告。初看含义为劝阻那些生活无着落、走投无路的人，其实目标受众非常广泛。户外车体广告如图 12-22 所示。

图 12-21　求职网站广告

图片来源：百度图片

图 12-22　户外车体广告

图片来源：百度图片

　　第二，尝试使用产品包装。因为产品包装随着产品进入消费者生活之中，在消费者身边逗留时间长，对消费者构成视觉上的强迫性（见图 12-23 和图 12-24）。

图 12-23　杯子广告

图片来源：百度图片

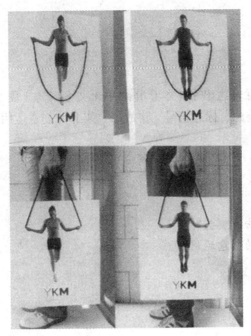

图 12-24　纸袋广告

图片来源：百度图片

　　第三，尝试使用大众娱乐设施。随着城市里基础设施的不断完善，城市设计得更加人性化，城市里涌现出了大量的大众娱乐设施。事实上，大众娱乐设施在人们的生活中产生了巨大的影像。创意工作者可以尝试对其加以利用，至少对于大众娱乐设施的消费者能产生巨大的广告效应。

　　第四，尝试使用城市基础设施，通常包括下水道、排气道、电缆、电线杆等。这些设施可谓是一个城市维持生存的"衣食父母"，尽管形象不佳，却是一个城市中不可缺少的。

　　图 12-25 所示公益广告上螃蟹身上的下水道口的天衣无缝的配合，使整个广告图案既栩栩如生，又耐人寻味。

图 12-25　Auckland Regional Council（奥克兰地区委员会）公益广告

图片来源：百度图片

本章小结

如何将广告的创意表达出来，本章介绍了无文案广告、图文结合、对比、重复与堆砌、夸张、隐喻与类比、标志符号、讲故事、媒介的创意运用 9 种表现手法。

思考题

1. 广告的表现手法有哪些？
2. 如何做到媒介的创意运用？

第四部分总结

现代广告创意是科学理念指导下的创造性活动，既要突破常规，追求新颖独特，又要建立在市场商品或服务、消费者要求的基础之上，因此创意应该有明确的指导原则。广告创意原则就是用来指导广告创意活动的基本思想和要求，在进行广告创意活动时，应遵循目标性、关联性、原创性、震撼性、简洁性以及合规性等原则。

广告创意本质上是一种创造性思维活动。创意者的思维习惯和方式直接影响着广告创意的形成和发展水平，因此广告创意者必须对创造性思维、广告创意思维方法、广告创意技法进行深入的研究。广告创造性思维包括逻辑思维、形象思维和灵感思维三种类型。广告中采用的创造性思维的基本方法有发散和聚合的思维方法、顺向和逆向的思维方法、垂直和水平的思维方法。广告创意的技法主要有头脑风暴法、检核表法、金字塔法、联想法等。广告创意的表现手法主要有无文案广告、图文结合、对比、重复与堆砌、夸张、隐喻与类比、标志符号、讲故事、媒介的创意运用等。

近年来我国的广告业发展迅速，制作方面令人称赞，但是与国外的广告业相比仍有很大差距。我国广告创意尚处于萌芽发展阶段，与国外广告相比，广告创意存在一些问题。未来的广告业需要迎接挑战，融入新的想法与内容，创作出属于中国的经典。

第五部分
广告的执行

你在乎越来越放肆的移动广告吗？[①]

　　智能手机带来的移动互联网热潮在 2012 年持续喷发，无论是先卡位成功的游戏开发者、工具开发者，还是后知后觉的社交网络、传统行业，都在爆炸式增长的移动终端地衬托下快速迭代着自己新的产品。随着智能手机的普及，广告公司的行为也越来越放肆，利用手机追踪你的足迹，利用你的位置数据实现精准投放广告的目的。那么对于广告商的位置追踪行为，作为消费者的我们到底在不在乎呢？

　　2013 年 9 月，谷歌为安卓（Android，下同）操作系统推出了一款名为"我的足迹"的应用，它可以记录用户的行走路线、速度、路程和海拔。这些捕获的数据可以上传到谷歌地球（Google Earth），并在一个详细的地图上显示出来。在记录进行过程中，用户可以实时查看数据以及给路线添加注释。

　　同期，谷歌还在移动版谷歌地图（Google Maps）上重新启用了基于位置的广告系统。用户可以保存或分享广告信息，还能"点击呼叫"和"获取位置详情"。这些广告当然与谷歌地图搜索关联。因此，如果用户打开地图，搜索"咖啡"，广告就会显示附近的咖啡馆，当然这些咖啡馆是付费的广告主。

　　谷歌还透露，Android 4.3 可以扫描无线网络，甚至在无线网络功能关闭的情况下也可以做到，这样做的目的是为了保护电池续航能力，因为它可以在不使用消耗电池的全球定位系统（GPS）芯片情况下运行位置功能。这项功能可以在无线网络设置的"高级"选项菜单中关闭。而近期公布的"Moto X"手机是谷歌收购摩托罗拉后由后者开发的第一部手机。"Moto X"整个芯片设计方案可以让手机在最低耗电量的情况下保持位置追踪运行，甚至是深度睡眠模式。

　　在全天候追踪用户位置方面，主流手机制造商和移动操作系统厂商似乎达成了共识，这是兵家必争之地。

　　苹果手机的 IOS 7 系统也推出了一项功能来追踪用户的地理位置，如果打开定位服务"Location Services"下的"Frequent Locations"功能，用户常去场所的相关交通信息就会集中整合。苹果公司称这是"根据用户历史定位的使用情况来提示用户感兴趣的位置"。"Frequent Locations"将用户多次访问的位置的信息存储起来，而且该位置可以和"Traffic"设置中的位置进行匹配，提供用户常访问的位置的通勤信息。当然这项功能可以在定位服务设置中关闭。

　　基于位置的社交网络也不甘落后。"签到"的鼻祖"Foursquare"也宣布打算要把用户的位置数据卖给一家广告公司，广告公司也可以直接向"Foursquare"用户投放广告。这些广告将会显示在手机、平板电脑以及桌面电脑，甚至视频广告上。

　　国内新浪微博也做了很多尝试，如经常可以看到朋友在新浪微博分享其地理位置信息，以及有多少人对这个地理位置表达了喜欢。这些都是在收集用户的地理位置信息，数据积累到一定程度，就可以很清晰地对用户特征定性，为广告精准投放打基础。

---

　　① 罗川. 你在乎越来越放肆的移动广告吗？［EB/OL］.http://www.tmtpost.com/498813.html

广告商也在绞尽脑汁来创新奇葩的案例。英国 Renew 广告公司试图打着环保的旗号，开发了一款名为"Renew Orb"的智能垃圾桶，其追踪系统可以利用智能手机捕捉路人的行为数据。通过判定路人的智能手机与垃圾桶的距离、路过垃圾桶的路人的速度、行走的方向和手机的品牌等信息来分析路人特征。"Renew Orb"还配备了大屏幕广告系统，经过的路人可以看汉堡王的广告，更神奇的是根据经过的路人不同，大屏幕上播放的广告也会做出相应的变化，也就是所谓的广告精准投放。

2013 年 9 月前后，美国一项调查研究表明，61%的受访智能手机用户表示允许移动应用访问其"当前位置"。作为普通消费者的我们都不想自己的地理位置信息落入骗子的手中，但是如果一个广告精确地向我们提供了想要买的物品和服务，我们还会反感吗？

通过解读上文的案例，我们知道，新兴广告媒体的出现虽然丰富且便利了我们的生活，但也在一定程度上曝光了我们的私人信息。对于这种现象，不同的人持有不同的看法，那么从广告媒体以及广告法律的角度来看，我们如何解析此类的热点问题呢？基于对广告基础理论知识有了一定了解的情况下，本书第五部分主要介绍广告的主要媒体形式、主要媒体的制作方法以及相关的广告法律上的问题。通过对第五部分的学习，我们希望读者可以从更加专业的视角来解读不同的广告媒体，以及分析不同的广告媒体在不同类型的广告上应用的价值及其背后的法律意义。

13　广告制作

开篇案例

15 秒的遗憾[①]

诺基亚 3510（见图 13-1）曾发布一个主题为"友趣乐不停"的 15 秒电视广告：一群年轻人在迪厅中欢乐劲舞，舞跳正酣。突然，迪厅停电了，一切音乐和灯光都戛然而止。此时，正在劲舞的年轻人拿出诺基亚 3510，在该手机的和弦铃声、节奏闪灯及荧光彩壳的交错中，欢愉又尽情释放。

遗憾的是，一个短短 15 秒的电视广告，无法让受众深刻地了解到诺基亚 3510 手机的多种功能，尤其是无法让受众对该手机的多种时尚功能有任何感性认识。选择其他传统媒体，如报纸、杂志、广播、户外等，也无法充分做到。

图 13-1　诺基亚 3510 手机
资料来源：百度图片

思考：

1. 请指出诺基亚 3510 手机的电视广告失败的主要制作上的原因是什么？

2. 设想你是诺基亚 3510 手机的广告制作负责人，那么你会选择何种媒体来制作广告，并且会如何制作？

---

① 何静. 15 秒的遗憾 [EB/OL]. http：//www. a. com. cn/.

本章提要

广告制作是一则广告整个创作过程的最后一道工序，广告制作的完成也就意味着整个广告作品的完工。广告作品制作的好坏和制作水平的高低直接影响着广告面世后的传播效果，因而任何一家广告公司都不会轻视广告制作这最后一步工作。广告制作首先是广告创意的实际体现过程，任何一则优秀的广告创意都必须由制作人员经过一系列工序的制作后才能变成现实的作品。不同的广告媒体作品，因其在编辑方法、内容特点、表现形式、对象范围等方面存在差异，制作方式和制作环节也大不一样。本章将简单介绍平面媒体、电子媒体以及其他媒体的广告制作程序，以期读者对于广告制作有一个大致的了解，从而在今后的工作中能够更好地进行广告创意及设计的制作。

13.1 平面印刷广告制作

平面广告主要指以印刷方式表现的广告，如报纸、杂志、招贴、传单和其他印刷广告。对广告设计制作人员来说，各类平面广告作品是在经过严格的设计制作程序后，才最终完成的。平面广告在构成要素、表现手法等方面有很多共性，随后我们将简单说明并介绍报纸和杂志广告的制作。

13.1.1 基本要求

13.1.1.1 简洁明快、通俗易懂

因为广告是一种快速集中的信息传递，所以广告设计首先要做到产品或品牌诉求简洁明快、通俗易懂，要在极短的时间内给人以强烈的冲击与震撼，而不要去设计那些看不完也看不懂的广告，那样只会浪费受众的时间，极少有受众会被那样的广告吸引。

13.1.1.2 突出主题、新颖独特

当今的商品经济社会早已成为广告的汪洋大海，如果设计出的平面广告作品未能做到突出主题、新颖独特，将因难以引起消费者的注意而被淹没在广告的汪洋大海中。因此，必须用新颖独特的设计来突出广告主题，吸引消费者的注意。例如，第七届中国广告节获金奖的平面公益广告"帮助山区失学儿童"，别出心裁地用一卷行李和一只书包来突出失学儿童背不起书包只得去背沉重的行李外出打工的主题，这一新颖独特的设计紧紧抓住了人们的同情心理，其宣传效果也就非常理想。

13.1.1.3 讲究和谐统一，设计构图要有均衡感

广告设计时应强调各要素间的配合与协调，尤其对于各种平面广告更是如此。和

谐统一的具体意思是要求广告构成的各部分既有各自变化又在总体设计布局上求得统一。广告设计的各部分如果没有变化，会给人一种单调乏味的感觉，觉得这样的作品不耐看；总体设计布局不讲究完整统一则又令人觉得该作品杂乱无章、冗繁难懂。因此，广告设计必须努力做到各部分在变化的同时求得整体的统一，在整体统一的同时讲求变化，这样才能设计出诉求准确、赏心悦目的广告作品。

13.1.2 主要程序

广告制作的成功离不开一套标准而缜密的制作流程，平面广告也不例外。具体而言，主要有以下三个程序（见图13-2）。

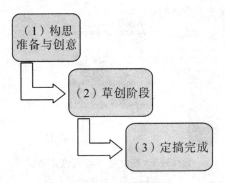

图13-2 广告制作程序
资料来源：作者根据本部分内容所得

第一步：构思准备与创意。这是设计的准备阶段，要做的主要工作是了解相关资料，进行作品构思与创意。在这个阶段要初步确定广告的表现形式以及诉求重点，领会广告文案的重点和核心部分，并形成初步的广告创意表现。

第二步：草创阶段。进入实际设计过程后，平面广告设计人员应设计出广告草图，并将草图交由广告策划人员和广告客户审查，在听取各方面的意见后，对草图不断进行修改，直至通过。在这一阶段应该不厌其烦、精益求精。

第三步：定稿完成。当设计出的草图方案一经审定后，即开始正式设计、绘制、拍摄照片与剪辑组合，直到完成整个作品。这最后一步工作尤其需要细心，决不可因草稿已经通过了审定而草率行事，出现不应有的毛病，要保证最终定稿后成功地刻版印刷。倘若在制作阶段出现了疏忽，那么前期的所有努力和成果都可能功亏一篑。

13.1.3 报纸

报纸是最先出现的大众传播媒体，也是广告传播应用最早、历史最长的载体。报纸综合运用文字、图片等印刷符号，定期、连续地向公众传递新闻、时事评论等信息，同时传播知识，提供娱乐及生活服务。在传播媒体高度发达的今天，报纸仍然不失为提供广告信息服务的优良工具。报纸媒体精心设计报纸广告，对于更加有效地发挥报纸的传播功能，是十分重要的。

13.1.3.1 报纸广告的表现形式

报纸广告主要运用文字、图像、色彩以及空白等版面语言表现广告内容。

根据版面语言的不同组合，构成不同类型的报纸广告，主要有以下几种类型：

第一，纯文字型。这种类型的报纸广告的内容全用文字表现，没有任何图片，适用于表现信息内容比较抽象、庄重、严谨、时效性较强的广告，制作简单，发布方便。

第二，图文并茂型。这种类型的报纸广告由多种视觉要素构成，既有文字，又有图片。图片能直观展现商品的形状、特征等，而文字则能对商品做进一步的说明或解释，既刺激消费者的感官，又有助于加深消费者对广告对象的理解（见图13-3）。

图13-3 图文并茂型报纸广告

资料来源：百度图片

图13-3所示广告属于图文并茂的报纸广告，用形象化的图片和解释性的文字相结合的方式向读者清晰地呈现出"旅游专栏"的广告信息，使读者能够快速捕捉该专栏的具体信息，并且不会造成视觉疲劳的效果。

根据色彩表现不同，报纸广告又可分为以下几种类型：

第一，黑白广告。在相当长的一段时间内，黑白广告是我国报纸广告的常见形式。这种类型的报纸广告一般以纯文字为主，也有图文结合的，色调为黑灰色。随着我国印刷技术的进步，我国报纸大都已实现彩色印刷，广告彩色化已普及。但在没有图片的情况下，还是以黑白广告为多，偶尔采用黑白广告，也会得到较好的效果。

第二，套色或彩色广告。不同的颜色会对读者产生不同的心理震荡。报纸采用彩色、套色等方法来刊登广告，效果会更好。调查显示，比起黑白广告来，彩色广告的注目率高10%~20%，回忆率高5%~10%。因此，报纸采用彩色广告，能得到比较理想的传播效果。

第三，空白广告。这种类型的报纸广告利用大面积的版面空白，通过虚实的强烈对比，突出广告主题。此处无字胜有字，反而使广告内容更突出、更醒目，产生更好的视觉效果。但这种手法只能根据广告主题表现的要求偶尔采用，适用于版面较大的广告，或者系列报纸广告，为制造悬念而运用（见图13-4）。

图13-4所示的平面报纸广告中，我们不难发现该版页留有较多的空白部分，从对比的角度上看，通过黑、白色的对比以及字体存在部分和空白部分的对比，不仅能够使广告起到醒目、让人眼前一亮的效果，而且直达广告主题，清晰明确地传达出该房

图 13-4　空白型报纸广告

资料来源：百度图片

产广告的诉求点。

13.1.3.2　如何提高报纸广告的注目率

注目率指接触报纸广告的人数与阅读报纸的人数的比率，是评价报刊广告阅读效果的一项重要指标。注目率越高，说明广告的传播效果越好。设计制作报纸广告，要为提高报纸广告的注目率服务。因此，在广告设计制作过程中，除了充分利用各种视觉要素外，还要讲求设计技巧。设计技巧主要可以从以下几方面着手：

第一，版面大小的安排。报纸广告的版面大致可分为全版广告、半版广告、半版以内广告，如 1/4 通栏、小广告等。小广告多是分类广告栏中的广告。广告版面空间的大小，对广告注目率有直接的影响。一般情况下，版面越大，注目率就会越高。在国外，报纸广告大型化已成为一种发展趋势。整版广告的运用率已越来越高，或两连版广告也经常出现。但版面越大，所付出的购买费用也越高，一方面有广告客户的财务状况问题，另一方面也有成本效益的问题。在某些情况下，版面与表现手法等有机地结合起来，即使版面较小的广告，也可能得到较高的注目率。

第二，版面位置的选择。报纸广告的版面位置包含两个方面：一是版序，即广告安排在哪一版；二是广告位于某一版面的空间位置。

一般来说，报纸的正版（第一版或要闻版）更引人注目，其他各版可因版面安排的内容而各有侧重。按照一般的翻阅习惯，在横排版的报纸，右边版要优于左边版。但随着报纸版面的增多，读者往往对某些版面形成定读性，因而广告的目标消费者与形成定读性的读者联系越发紧密，注目率就可能越高。根据这样的规律，选择与目标消费者一致的某一版可能会获得较高的注目率，但实际上可能会因广告价格和有关规定等问题，而放弃选择。更多是考虑如何选择广告的目标消费者与读者接近的版序。

　　另外，在同一版面上，读者视线扫描的顺序，一般先是上半版，然后是下半版。在上半版，读者视线先注意的是左上区，然后是右下区。因此，在同一版面上的广告，读者的注目率通常是左半版优于右半版，上半版优于下半版。如果按版面的四个区间来划分，注目率依次是左上版区、右上版区、右下版区、左下版区，请结合报纸广告版式图来加以理解（见图13-5）。

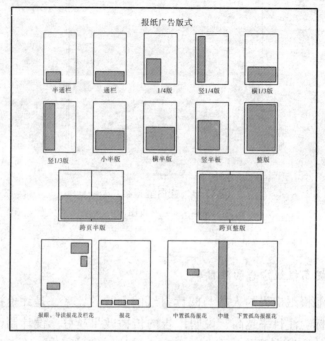

图13-5　报纸广告版式图

资料来源：百度图片

　　由此可以看出，同一版面的不同位置，读者的注目率是不一样的。因此，要尽可能地依从读者的阅读顺序，在适当的版面位置安排刊载广告。

　　第三，注意研究读者的阅读方式。读者有时会出现跳读，把整版或半版的报纸广告跳跃过去，从而影响注目率。这需要对读者的阅读方式和习惯进行研究，善于抓住广告内容和表现形式与报纸版面的联系，"强迫"读者阅读。如把半版及半版以下的广告安排在与其内容相近的版面上，或把整版广告安排在相邻的版面等。使广告的形状、编排方式发生变化，不一定是一律化的四方形，也可六边形、圆形、三角形，适当予以横排、竖排、横竖结合等。

　　第四，充分运用各种表现方式。为了提高广告的注目率，更要注意巧妙地运用各种表现方式，如图画、色彩、文字、装饰等，并予以有机的组合和布局，加大刺激，吸引读者的视线。

13.1.3.3　报纸广告的制作程序

　　报纸广告的设计制作一般有如下几个过程（见图13-6）：

图 13-6　报纸广告的制作程序

资料来源：作者由本部分内容整理而成

第一，确定构思。在创作会议中统一创作方针，分析所选定的报纸媒体的读者层构成，选择适合的广告对象，按投其所好的创作指导思想确定创作技法和风格。

第二，绘制草图。在统一的创作思想指导下，广告创作人员充分考虑与其他媒体广告的衔接和风格的统一，将构思表现为黑白墨稿草图和语言文字设计方案，即成为报纸广告小样。

第三，确定终稿。创作人员将报纸广告小样送交广告创作会议讨论。创作人员根据会议的意见进行修改，直至最后通过。经广告客户的认可，即可按照小样制版。

第四，制版处理。制版工作通常由报社印刷厂进行，一些有能力的广告公司也可以自行制版。制版是将广告小样制在能供印刷的版材上，成为有油墨的印刷部分和没有油墨的空白部分的印刷版面。制版的方法有多种，之前普遍采用的是照相制版和电镀制版。随着科学技术的发展，当今国内的报纸都已采用激光照排技术来排版制版。激光照排系统是由微机终端机、主机、照排监控机、校样机、激光照排机及其相关软件组成一个完整的排版制版系统。最后经由激光照排机在照相底版上形成文字，用底片来制版印刷。

第五，最终印刷。广告创作人员了解印刷的工艺，才能做好印刷的准备工作，对印刷效果提出切实可行的要求。

印刷方法可分为凸版印刷、平版印刷、凹版印刷和孔版印刷四大类。凸版印刷的优点是印刷油墨充足、色彩鲜艳、字体和画面清晰，油墨表现力约为80%；缺点是不适用于大版面印刷物，色彩印刷费用昂贵。平版印刷的优点是套色装版准确，印刷效果色泽柔和协调，可大量印刷；缺点是由于水胶的影响颜色不够鲜艳，油墨表现力仅达到70%。凸版印刷和平版印刷适合于报纸、杂志、招贴广告、邮寄广告物等大数量的印刷品。凹版印刷的优点是油墨的表现力强，约达到90%，色彩丰富，版面经久耐用，印刷数量庞大，不仅可以在纸张上印刷，还可印于其他材料上，由于凹版印刷的线条精美，不易假冒，所以被用于钱币、邮票等有价证券印刷；凹版印刷的缺点是价格高，广告行业较少采用这种方法印制广告。孔版印刷的优点是油墨表现力充足，并可在多种材料和曲面上印刷，如玻璃瓶、塑料瓶、金属板、纸张上均可印刷；孔版印刷的缺点是印刷速度慢、彩色印刷难度较大、不宜大量印刷。

13.1.4　杂志

杂志广告的设计制作与报纸广告有许多相同之处，但杂志因其具有的独特传播特点，在表现形式和稿件安排上与报纸有一定的差异。

13.1.4.1　杂志与其他广告媒体的异同点——以杂志和报纸、电视及互联网媒体的比较为例

第一，杂志和报纸的异同点。杂志和报纸在信息表现力、资料储存性及受众理解

性等方面都存在相似的地方；二者的不同点又体现在时效性、针对性、出版周期、重复阅读率等方面（见表13-1）。

表 13-1 　　　　　　　　　　　　　**杂志和报纸的异同点**

	相同点	不同点
杂志	表现力强；储存性强；理解能力受限。	时效性长；针对性强；出版周期长；印刷精美；重复阅读率和传阅率高。
报纸		时效性短；针对性弱；出版周期短；印刷单调；重复阅读率和传阅率较低。

资料来源：作者由本章相关理论知识整理而成

第二，杂志和电视的异同点。杂志和电视在画面感和受众分众化方面有相似之处；二者在存储性、制作成本、传播效果等方面存在差异（见表13-2）。

表 13-2 　　　　　　　　　　　　　**杂志和电视的异同点**

	相同点	不同点
杂志	画面感强；分众化明显。	储存性强；成本一般；传播效果一般；覆盖面较窄；制作相对简单。
电视		储存性弱；成本昂贵；传播效果好；覆盖面广；制作复杂。

资料来源：作者由本章相关理论知识整理而成

第三，杂志和互联网媒体的异同点。杂志和互联网媒体在个性化、分众化及选择性方面存在相似的地方；二者在时空局限性、制作成本、传播方式及范围等方面具有差异（见表13-3）。

表 13-3 　　　　　　　　　　　　**杂志和互联网媒体的异同点**

	相同点	不同点
杂志	富于个性化；选择性强；分众化明显。	时空局限性强；成本相对较高；单向传播；图文并茂；传播范围有限。
互联网媒体		时空局限性弱；成本相对较低；双向互动；多媒体、超文本；传播范围广泛。

资料来源：作者由本章相关理论知识整理而成

13.1.4.2 杂志广告制作要求

杂志门类繁多，总发行量大，读者对象稳定且有很强的针对性，适用于对不同类别的目标消费者进行广告信息传播。随着印刷技术的发展和人类思维的进步，以往单纯的平面设计模式不断被打破，新的设计形式不断出现，这都体现着杂志广告的广阔前景。杂志广告的传播优势近年来被逐步认识，杂志广告的收入，呈逐年上升之势。因此，对设计制作好杂志广告也提出了更高的要求。

第一，形式的开发利用。杂志的开发相对于报纸要小得多，就杂志本身的版面形式来说，不如报纸。但杂志的空间却可以伸展，使得杂志广告的表现形式多样化。例如，全页（版）广告是经常采用的最基本的形式；跨页广告是一则广告印在同一平面的两个页面上，比全页广告的面积扩大了一倍；折页广告分为一折、双折、三折等形式，以扩大杂志的页面；插页广告是插在杂志中，可以分开、独立的广告。特殊形式的广告，如立体广告，把广告的形状做成立体的；有声广告能够发出声音；香味广告能散发与商品有关的香味；等等。

第二，版画的选择安排。和报纸广告相近，杂志广告的版面选择也分版序和版位两种情况。版序主要有封面、封底（这两版在杂志的所有版面中注目率最高）；封二、封三、扉页（这三版的注目率次之）；正中内页、底扉（注目率再次之）；一般内页（注目率最低）。版位是指广告在版面的位置。在上下版中，上比下的位置好；在左右版中，右比左的位置要好。

第三，广告与正文的互动。要引起读者的注意，利用杂志正文内容和广告信息的关联，形成互动，是一种有效的设计思路。例如，在一个全页或二连版上，一部分介绍酒的知识，另一部分刊载一种酒的广告。

第四，视觉要素的整合。杂志广告的印制一般要比报纸广告更精美。为了增强表现力，杂志广告应多以图片为主，文字部分要间接，注意图文的有机组合，色彩的运用也非常重要。例如，奥美广告公司制作的啤酒广告，该广告通过对融化了的手机、女包、盘子、裙子等物体的描绘以及展现人物对凉爽的啤酒的渴求状态来使受众受到视觉上的冲击，以此来衬托出该啤酒的效用价值，既富有美感，又使主题一目了然，深得受众的喜爱（见图13-7）。

图13-7　奥美啤酒广告

资料来源：百度图片

13.1.4.3　杂志广告的制作程序

杂志广告大多数是商品的照片广告，具体制作过程如下：第一，把照片扫描到微机的Photoshop软件里，如果是使用数码相机拍摄的产品照片，那就可以直接将照片存储到电脑桌面。第二，对照片进行仔细修正，同时为了能进一步更好地突出品牌特色的创意点，则需要再把这一修正过的商品照片和杂志同一页上的其他内容进行组合，输出分色软件，再用软件制版。第三，进行印刷。

除了报纸和杂志以外，还有大量的平面印刷广告，如海报、DM广告、夹报广告等。它们的设计制作的要求和方法与报纸或杂志广告几乎是一致的，在此不再另行介绍。

13.2　电子媒体广告制作

运用电子手段传送广告信息的媒体有很多，其中电视和广播是主要的。了解设计与制作电视及广播广告的要求和方法，也就能够对设计与制作一般电子广告的规律有所认识和把握。因此，这里重点介绍电视及广播广告的设计与制作。

13.2.1　电视广告

电视广告由于具有视、听双重信息传递效果，因此自从20世纪60年代以后一直是最具吸引力、传播效果最好的一种广告形式。

13.2.1.1　制作要求①

第一，特别突出"内容视频化"的独特优势。有广告专家称，一则电视广告是否成功，只要盖上文字让人仅看画面，看是否可以说出广告制作者的意图和诉求点就可以做出判断。

第二，创意应出奇制胜，具有震撼力，综合运用创作技法强化品牌宣传。其一，由于电视的传播速度快、广泛的覆盖率加上良好的创意承载能力，使其成为众多广告的竞技场；其二，观众接触电视广告的态度是被动的，广告常常被忽略或跳过不看；其三，电视属于时间性媒体，声音和画面稍纵即逝，不能传递较多较复杂的信息。因此，电视广告的传播干扰度较高，这便要求广告制作方拥有独特的创意和新意以及强大的技术支撑。②

第三，电视广告应把握快节奏。电视时段价格昂贵，广告片一般以秒计费，有5秒、15秒、30秒、40秒和1分钟计时。这就要求电视广告要有较快的节奏，能在数秒内传达既定的信息量。

南方黑芝麻糊"怀旧篇"广告是由南国影业广告有限公司创作的著名电视广告。广告运用怀旧手法，着力将诉求意图视觉化，描述了古老时代一个小男孩购买南方黑芝麻糊的情景，表现传统食品的美味诱惑力，强化了消费者对产品的感受、忠诚和信赖（见图13-8，请欣赏视频13-1）。

① 李元宝. 广告学教程［M］. 3版. 北京：人民邮电出版社，2010：116-117.
② 马瑞，汪燕霞，王锋. 广告媒体概论［M］. 北京：中国轻工业出版社，2007：24-25.

图 13-8　南方黑芝麻糊电视广告

资料来源：作者由优酷视频中截图而得

13.2.1.2　制作过程

因播出时间的限制，电视广告一般制作得都很短小，但从其制作程序来讲，和电影、电视剧一样要经过如下工序方可完成（见图 13-9）。

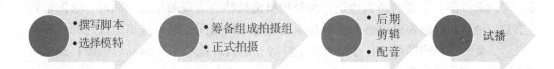

图 13-9　电视广告制作过程

资料来源：作者根据本节相关内容整理而成

第一，撰写脚本。影视广告拍摄制作的第一步就是先要把经过审定送来的创意效果图撰写成分镜头脚本。在撰写时要注意以下原则：一是一定要尊重创意人员的创意成果，不要轻易在脚本文稿中改动原创意图。因为每一条创意，尤其是被企业主和广告公司决策后共同认可的创意，都是浸透了创意人员全部心血的成功之作，其中的品牌诉求、画面表现、语言、音响提示等体现出了广告主的设想意图和商品诉求意图，因此在写脚本时应尽量按照效果图来撰写。二是由于国内的电视广告一般以 30 秒的片子为主，因此在写分镜头脚本时应控制在 14 个镜头以内（极个别的特殊产品除外），因为当每个镜头的长度不足 2 秒时，画面很难充分表现出应有的诉求意义。从通常的经验来看，一条 30 秒的电视广告其画面以 8~15 个最好。

第二，选择模特。写好分镜头脚本后，就要根据广告宣传的品牌特点来选择表演模特。模特既可以聘请专业演员，也可以选用非专业人员。近些年来，国内的广告主们纷纷效仿国外影视广告的做法，青睐于高价邀请各类明星做广告模特，请明星为品牌做宣传。由于明星的知名度高，会使一部分消费者，尤其是这些明星的"粉丝"们购买该商品。但同时也应看到，这样做会有两个不容忽视的负面效应：一是尽管该明星的"粉丝"们会蜂拥而至购买该产品，但会有相当一部分原本拿不定主意是否买该商品的消费者会因为对这一明星的不喜欢而做出不买这一产品的决定；二是明星亮相的价码往往太高，少则也得几十万元，高则往往是上百万元甚至上千万元，因而请明星的结果必将大大增加广告制作成本，制作成本的加大无疑会降低媒介播出的时限，这样则可能会有不少消费者错过或减少收看机会，使品牌宣传的渗透面降低。因此，在聘请明星做广告时应持谨慎态度。

第三，筹备组成拍摄组。在影视广告正式拍摄前，广告公司应先聘请一位导演，由导演选定摄影师、照明师、录音师、美工、布景、化妆师等和模特一起组成拍摄组。拍摄组成立后，导演要对成员进行分工，并提前"说戏"，使大家尽早进入角色。同时，导演还应在正式拍摄前进行几次试拍，以便拍摄组所有成员都能尽快找到感觉。

第四，正式拍摄。当所有准备工作完成后，影视广告即可进入正式拍摄程序。目前各广告公司采用较为普遍的是用数码电子摄像设备来拍摄。这类电子摄像机的主要类型有两种，即广播影视用摄像机和特殊用途摄像机，拍摄影视广告主要用广播影视用摄像机。除了拍摄设备的选用外，最为重要的一项工作就是具体的拍摄过程了。在整个拍摄过程中，导演一方面要不断提示模特的表演逼真到位，另一方应同时协调好摄像、录音、照明等部门的人员各司其职。此外，摄影师应充分调动起各种拍摄技巧与拍摄手段，如长镜头、变焦距镜头、广角与超广角镜头，推、拉、移、摇等拍摄手段；应讲求变幻、丰富的画面感觉，力争拍摄出最佳的表现效果来。同时，摄影师还应有意识地运用静感表现动感的摄影技术，巧用结构空间、时间修饰的技巧和特技摄影技巧。此外，摄影师还应有意识地运用特写、定格等技巧来突出品牌形象，最大可能地吸引消费者的注意。

第五，后期剪辑。"剪辑"一词源自于法语，意思是拼接、连接。剪辑主要是对已经拍摄好全部镜头的胶片进行拼接。剪辑一般分为广告片画面剪辑和声音剪辑两个部分。画面剪辑的主要任务是去掉多余部分，使画面连贯地排列起来，形象地表现出品牌独具的特点。声音与画面的合成要做到浑然一体、天然合成。声音剪辑工作应和画面剪辑同时进行。在剪辑时要精确确定广告片的长度，国内播放的广告片一般以30秒、15秒、10秒、5秒四种规格为主，只有少数广告片为20秒或60秒；国外的广告片则有150秒和更长的。在剪辑时要严格把握秒数，不可长也不要短。

第六，配音。配音主要是指为画面表现配上相应的旁白、独白、对话、解说词、歌词、画外背景音乐等一系列音响效果。配音对广告播放效果有着直接影响，配音技巧运用得当可明显增强广告作品的艺术感染力，打动消费者的心理。因此，应该力求选用有独具特色音质的播音员来为广告配音。此外，好的广告音乐也可调动起消费者的欣赏激情，促使他们去喜爱广告宣传的商品。因此，在配制广告音乐时应力求使音乐在广告片中起到烘托的作用。

第七，试播。广告制作完毕后，应组织广告主和广告公司有关人士进行试播检验，必要时还可请一些普通群众来观看并提出意见。如果该广告片经多方人士试看，一致认为已达到了预期创意目的时，方可被制成母带拷贝。此后可用该母带拷贝复制出子拷贝，到了这时，一条电视广告作品才算正式完工。

当前，由于信息技术的飞速发展，运用数码摄像技术来拍摄影视广告能将前期拍摄与后期制作以及播出合为一体，后期制作与播出可在计算机中一次完成，同时也省去了胶片多次使用后的磨损现象，制作与播出十分方便。

13.2.1.3 电视广告拍摄实例——以奥瑞特健身器电视广告制作为例①

第一，撰写脚本。奥瑞特健身器是由一个原来以生产自行车配件为主的生产厂家生产的。该厂家转制后开始进军竞争激烈的健身器产业。按照要求，该厂家要拍摄一条以产品促销为主的 30 秒胶片影视广告，将在覆盖全国范围的媒体上长期播放。

导演将影视广告创意故事板送至广告主并很快讨论通过，共分外景 4 处，内景（摄影棚内）1 处，有 30 多个镜头需要实拍。由于拍摄周期只能在一个月内完成，而当时正值严冬，北方冬季气温低且湖面结冰，使用健身器的演员均要求身着简短的运动装，加上大部分拍摄需要在野外完成。因此，导演决定南下广州实地选景拍摄。

第二，选择模特。由于该广告是以宣传健身器为目的的，因此选择了形象气质佳、身体素质好、受过一定的专业训练且富有活力的青年人 74 人，其中男性 60 人，女性 14 人。

第三，筹备组成拍摄组。由于拍摄工作涉及外景拍摄和摄影棚内景拍摄，因此拍摄组要分别安排外景和内景的拍摄工作（见表 13-4 和表 13-5）。

表 13-4　　　　　　　　　　　　　　外景拍摄工作安排表

	工作内容	说明
人员	攀岩运动员（2 人） 健力宝健美运动员（30 人） 皮划艇运动员（15 人） 体校自行车运动员（30 人） 摄制组人员（18 人） 向导（1 人）	早 7 点在采石场拍攀岩 中午在鼎湖拍皮划艇 下午在公园拍跑步 翌日上午在虎门拍公路自行车 晚上在摄影棚内拍摄
设备	外景用面包车 2 辆 发电车 1 台 外景灯光 4 套 运送演员大客车 1 辆 运自行车货车 1 辆 摄影机全套设备、监视器 升降机、移动轨、烟饼	流程控管、物品、计划清单
后勤	急救包 3 个 雨具、服装、保险绳、道具、行李、咖啡壶、咖啡、咖啡杯、甜麦圈、喊话器、对讲机、餐巾纸	外景地就餐 安全、急救、外联 时间节点安排

资料来源：作者由本案例相关知识整理而成

---

① 聂鑫. 影视广告学［M］. 5 版. 北京：中国广播电视出版社，2011：239-243.

表 13-5   内景拍摄工作安排表

	工作内容	说明
人员	演员（10人） 灯光师（3人） 化妆师（2人） 美术师（2人） 道具师（2人） 摄制组（10人）	前期准备以及现场控制
设备	道具、健身器材、反光液、塑料薄膜、灯具、光线控制装置、升降车、移动轨、干冰机、大型蓝色背景	流程控管、物品、计划清单
后勤	食品、餐巾纸、医护用品	后勤保障

资料来源：作者由本案例相关知识整理而成

第四，正式拍摄。外景地拍摄共分为4处，即大石攀岩、鼎湖划皮划艇、虎门高速公路骑自行车、公园大草坪跑步。

大石攀岩这一场景的镜头具有一定的挑战性。首先是对出演攀岩者的挑战和适应性问题。该项演员不是替身，其本人就是攀岩爱好者，对其外形、表演和动作都要符合角色的要求。其次是摄影师的机位与安全问题。要想得到与攀岩者平视和仰视的镜头，就得把摄影师也放在山岩的半空中进行拍摄。最后是时间上的挑战。通过事先的考察，拍摄的最佳时间段在早上日出后1小时内。这时的光线照射角度低，气温低，光线呈金黄色状态，照在本身就偏黄色的岩石上真可谓金"壁"辉煌，再加上对拍摄部分的岩石喷水以后，岩石的色彩更为饱和并闪闪发光。倘若在短时间内不能完成拍摄，其结果将是平淡无奇，若事后再补拍，几乎没有可能性或损失太大。

鼎湖皮划艇的拍摄分解为多个镜头，并且场面调度大。既有俯拍的大场景，也有近景，还有在夕阳下波光粼粼的剪影以及对皮划艇运动员的特写等。

公园大草坪跑步的镜头拍摄相对来说较为顺利，但由于要求参加跑步的演员人数众多，而同样是气温低，实际到达人数太少，而在一大片草坪上就不适合"停机再拍"，好在是在城市内拍摄，调动人员相对容易些。召集了一些临时演员再加上剧组所有后勤人员，跑步大军队伍终于又壮大起来了。但天色已晚，已达不到胶片曝光的最佳密度，最终还是大功率发电车派上用场，来了个"夜景昼拍"。

虎门高速公路骑自行车的镜头可谓是有惊无险。冬季的南方虽然温暖，但天有不测风云，正式拍摄的当天气温骤降到零下5度。原来约定的骑自行车的专业运动员实际上只来了不到一半。这时候又在荒郊野外，临时去联系骑车演员已无可能，"停机再拍"随即被导演提出。所谓停机再拍，即在同一个场景、镜头和机位，用同一组骑车人一次又一次地从不同的方向运动拍摄，在后期制作中把他们拼接在一个画面中，这样人数就大大增加了。之后由于气温的原因，剧组的发电车发动不了，在大家心急如焚之际，天空又乌云密布，马上就要下雨了。备用的电瓶只够两盏灯使用，原来设计的是10盏灯并排设在骑车运动员经过的马路两旁。情急之下，只有让灯光师摘下灯具，举在手上与骑车演员同步奔跑，做匀速运动，镜头在欢呼声中终于完成了。

摄影棚内拍摄往往就是按部就班地进行，除了要忍耐灯光下的高温，其他注意力主要集中在拍摄的技术层面上。

美术师早已设计并搭好了场景和背景；道具师将相关的道具和产品（健身器材）安放好位置，并喷上反光液，再盖上塑料薄膜以防止粘上灰尘；化妆间里，化妆师已为每位演员化好妆；灯光师分别在每一个场景架设相应的灯具和光线控制装置；升降车、移动轨、干冰机、大型蓝色背景也一应俱全。随着导演一声声的"预备、开始、停"，一个个镜头逐一完成，浩浩荡荡的前期拍摄任务终于画上圆满的句号。

第五，后期剪辑。从影片整体风格和剪辑节奏方面看，由于这部广告片的内容是运动器材，创意思想是体现生命力，影片整体风格应该是一种积极向上、饱含激情并富有相当的视觉冲击力，影片的剪辑节奏当然应更适合于一种较快的节奏感。具体技巧主要是以硬切画面为主，每一个镜头所花的时间都很短，大多数没有超过 1 秒半，有些镜头甚至只有几帧画面。为了防止快切画面有可能造成视觉上"跳"的不适感，当中插入了一些闪白和光效动态。此外，字幕、三维动画的出现形式、速度和动态也随之进行了相应的配合。

第六，配音。在音乐创作工作室里，导演将该影视广告的基本思路和有关要求向音乐师讲解后，音乐师根据这些要求先要反复观看影片，并提出自己的想法和意见与导演进行探讨和沟通，然后进行定位性作曲，还要在数码音响（MIDI）上进行演示和修改。

配音演员在反复观看影片的画面和聆听音乐的节奏后，体会广告的思想并找到了发音的感觉，录下配音后，还需要在音乐室里对声音进行微调、修整。经过音乐工作室的调试成型后，配音工作就做好了。

第七，试播。经过音乐工作室的调试成型，加上录好的广告配音以及相应的动效声，随着影片音画对位同步放映画面和声音的同时出现，一条完整的广告就可以大功告成了。在试播阶段主要检查声音、画面、画质等各细节的处理和衔接情况，必要的时候应当做一些适应性的修改。

13.2.2 广播广告

广播广告主要靠语言、音乐和音响来传播广告信息，因为这一媒体的接收特点是依靠听觉，所以在制作广播广告时的主要工序应该放在如何获得最佳声音效果上来。广播广告的录制相对于电视广告要简单一些，但首先仍然要写出广播广告的脚本，在得到有关方面认可后，方可进入广告制作阶段。

13.2.2.1 准备过程

在准备过程阶段，主要应进行的工作有广播文稿的构思、创意与文案写作，导演的聘请，播音员、音响师的选定，音乐背景素材的准备等。在创意写作广播广告文案时，要依据品牌特性、消费者对品牌的喜爱度等撰写出集中、明确，又能抓住消费者心理的文案。写作的同时还放考虑根据文案的创意选用何种音乐表现形式，配以什么音乐和音响效果等。此外，在撰写广播广告文案时，还应掌握以下原则：

第一，对话语言尽量简短。

第二，解说语言中尽量避免使用程度副词，以免给消费者造成一种夸大、不真实的感觉。

第三，注意解说语言的押韵，尽量增强语言的节奏感，多给听众带去一些听觉上的审美感受。

13.2.2.2　实地录制

广播广告的制作是在演播室内完成的。一般在录制的前一天，演播室要做好各种器材准备，同时提前将广告脚本送交各位演员。在实地录音时，要进行以下几项工作：

第一，对台词。广告演员在广告导演的指导下，阅读脚本、对台词。

第二，进行预排。把演员的演播同音乐、音响等放在一起预排，看配合效果如何，从中发现在脚本写作过程中还没有意识到的问题，进一步修订完善。

第三，正式录音。经过几次排练后，就可以开始正式录音。正式录音时，先要在磁带开头录上表示广告内容与播出时间的声音。在此之前磁带至少要留出 15 秒的空白，广告结束之后再留出 15 秒左右的空白，最后对录音进行编辑。

13.2.2.3　试听阶段

广播广告制作完成后，要送交广告主和广告公司有关人员审听、试听，必要时还应邀请部分消费者前来审听、试听，充分听取各方面意见并进行修改后，方可进行正式播出。

13.3　其他媒体广告制作

前面介绍的是以大众传媒为载体的广告媒体的制作，但除了传统的四大广告媒体之外，现代社会已出现越来越多的新媒体，如户外媒体、手机、电脑、电梯等。在此简单介绍一些户外媒体广告的制作。

13.3.1　灯箱广告

灯箱广告是户外广告的一种主要广告形式。灯箱广告是把广告制作成灯箱固定在店铺门面外和马路上显眼之处，起到品牌宣传作用。目前我们国内的灯箱广告主要有喷绘和写真两种（见图 13-10）。

图 13-10　灯箱广告的组图

资料来源：百度图片

13.3.1.1　制作程序

灯箱广告的制作程序是先将所要做广告的商品在电脑中进行设计，设计好后放大成要实际制作的标准尺寸，随后喷绘或写真在专用的防雨布上，贴在灯箱有机透明塑料外壳的内壁上，再置以一定瓦数的照明灯管，把外壳制成形状各异的灯箱，固定在户外的某一固定位置即可，如我们常见的公交站牌、门头等位置。

13.3.1.2　电脑喷绘

电脑喷绘是一种在电脑控制下进行的绘画，是一种新型电脑图画制作方法。其组成部分主要有彩色扫描仪、主机系统、彩色绘制机三大部分。电脑喷绘的工作流程大致为：图像及文字扫描输入→主机（进行编辑、处理）→专业分色处理/彩色绘制机→喷绘输出。

电脑喷绘适用的材质多种多样，如可在各种纸张、板材、玻璃、瓷砖、墙壁、布匹、百叶窗等多种材质上进行喷绘。电脑喷绘出的广告作品具有色彩鲜艳、不易褪色、复制逼真、生产效率高、应用范围广、广告效果好等各种优点，因此电脑喷绘被广泛应用在广告牌、灯箱、展厅布置、影剧院等各种广告宣传品的制作。

随着计算机技术的革新，会有新的软件不断应用到广告设计中来，还会有新的设计方法被开发出来，广告创制人员应随时了解科技成果的最新动态，保持先进的设计制作水平。

由于灯箱广告表现出的品牌形象逼真诱人，所以近年来已普遍为广告主所采用，成为户外广告的主要形式。

13.3.2　霓虹灯广告

霓虹灯广告尽管已有 90 多年的历史，但真正被人们用来视作品牌表现的广告媒介物则是 20 世纪 30 年代以后的事情。由于霓虹灯能在漆黑的夜晚用独具的闪烁、变幻、色彩鲜艳的灯光诉求引起消费者很大的注意力，因此在很短的时间里就已发展成了户外广告的一种主要形式（见图 13-11）。

图 13-11　霓虹灯广告组图

资料来源：作者根据百度图片整理而成

霓虹灯广告的制作成本较灯箱广告要高得多，在一般情况下由于制作经费的原因只能占据很小的空间，所以霓虹灯广告表现的广告文字与图案要尽量简化，要力争用品牌或信息的某一代表点来表现出整个诉求意图。

霓虹灯广告由于一般都安装在户外，因为风吹日晒和人为的因素，很容易发生破损现象，所以近年来有关科研机构经过努力，已研制出有机高透明度防损玻璃灯管来制作霓虹灯灯管，这一科研成果的研制成功是霓虹灯广告的一个重要技术革命。现在这一新技术成果已开始被用到了霓虹灯灯管的制作中。

另外，近些年国外又研制出一种名叫"新视界自控切换镜面幻箱"的新型户外广告媒介。这种新型灯箱后面装有集成电路自控切换装置。这种新型灯箱先把客户所要做广告的商品、信息照片由创意人员设计成效果图输入到自控切换装置里，接通电源后，镜面上就会顺序出现清晰逼真、效果极佳的一副副广告照片效果图画面，并依次排列在镜面上的相应位置上。等镜面上的图片排满后，镜面会自动切换成下一组图片，全部图片都在镜面上显示后，便自动开始新一轮的切换。灯箱的镜面尺寸可大可小，随客户要求来制作。由于这种新型灯箱广告的商品诉求信息能不断在灯箱上变幻，因此很受消费者的喜爱，企业对此也表示出了浓厚兴趣。这一新型灯箱广告已传入我国，并在各大城市的公共场所吸引了广大消费者的注意。

13.3.3　车身广告

车身广告主要指在公交汽车、地铁列车以及其他交通车辆车身上所制作的广告。车身广告分为两种：一种是车体外部广告。这种广告的制作要先由有关创作人员画好品牌效果图，按车身尺寸进行放大，随后把放大样勾廓在车身上，再对轮廓图进行细致的美术绘制。绘制时要依照亮艳、夺目的原则来调配颜色，绘制完毕后再喷上一层防护清漆即可。而现在更多的是利用写真将广告画面贴在车身上，这样可以节省很多的时间去绘制。另一种是车厢悬挂式广告。车厢悬挂式广告的制作相对简单，绝大多数这类广告都是把各种商品的招贴画贴在车厢里旅客视觉容易接触的地方而已。只有少数商品广告是把图形和文字放在一起绘制好后再悬挂在车厢里（见 13-12）。

图 13-12　公交车车身广告

资料来源：百度图片

13.4 网络广告制作

网络广告的制作一般要经过主题创意、构思、文案写作、图形选择、编排五个阶段。网络广告的制作是一个过程性的活动，其每一阶段均有各自的作用和功能而不可或缺。网络广告作为一种艺术创作，其构思、文案写作和图形都有着自身特殊的规律和技巧。

13.4.1 来源

网络作为新兴的第四媒体，它的广告空间来源既有和传统媒体相同的成分，也有其独特的地方。

13.4.1.1 网页上的内容

在传统媒体上，无论电视、报纸还是广播，广告空间唯一的来源就是内容。买报纸的时候，广告也免费奉送给了你，人们在欣赏内容的时候，总不免无意中对广告投向关注的一瞥；看电视剧的时候，会时不时地被广告打断，你必须耐着性子把广告看完，才能接着看下面的情节。可以说传统媒体都是广告与内容的捆绑，用户想要看内容，也就必然要看广告。在这一点上，网络媒体和传统媒体一样，网页上的内容成为网络广告空间最主要的来源。

13.4.1.2 网页上的应用

网页上除了内容，网络应用同样能吸引到大量的用户。网页上的应用相当广泛，除了最常用的网页、邮件外，聊天室、论坛、虚拟域名、免费空间等都可以视为网页上的应用。这些免费的应用吸引了大量的用户，有用户就可以做广告。

13.4.1.3 在线软件

相信使用过OICQ（一款在线即时聊天工具软件，腾讯QQ的前身，下同）的用户一定会发现在聊天的终端窗口会出现一条广告条，而且它会自动轮换播放（见图13-13）。

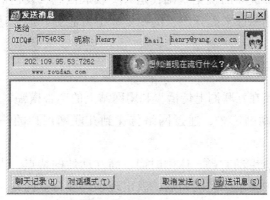

图 13-13 OICQ 终端广告

资料来源：百度图片

OICQ 的注册用户数已经超过中国网民的总数，实际使用人数大约在网民总数的80%左右（考虑到有部分用户注册了多个号码），可以说 OICQ 是中国网民除了 IE Explorer 软件之外最常用的网络软件。这样一个拥有大量用户数的软件，理所当然地成为一个极好的广告媒体。而且它是基于互联网的应用软件，因此 OICQ 广告具有普通网络广告所具备的一切优点。

除了 OICQ 以外，一切与网络相关的软件都能成为广告的载体，比如下载工具Flashget、网络蚂蚁等，他们在未进行注册时，都有一条网幅广告（Banner）在软件界面的顶端显示。软件与广告的结合，甚至被视为将来软件发行的一个重要渠道。软件作者通过加入广告网络来获得收入，而用户通过看广告省下了购买软件的费用。

随着在线软件广告的发展，人们越来越意识到了它的优越性。一般来说，人们对软件的忠诚度要比对网页的忠诚度要高。举个例子，一个 OICQ 用户每天看的网页不同，但他必然会打开 OICQ 进行聊天，这对于他来说是唯一的选择。从某种意义上说，在线软件广告有着比网页广告更好的前景。

13.4.1.4　免费 ISP

ISP（互联网接入供应商，下同）也开始加入网络广告的行列，其提供给用户完全免费的互联网接入服务，唯一的要求就是要用户看广告。在用户提出使用申请的同时，免费 ISP 会收集用户的详细信息，以便将来广告能进行精确定向。用户注册完成后，就会得到免费的账号和相应的软件，用户上网时，无论是页面浏览还是收发邮件，都会有一个广告窗口悬停在页面上方。这种免费 ISP 经营方式在国内还没有开展，而在国外是相当普遍的。

13.4.1.5　回报广告受众

顾名思义，此种广告方式就是以现金或奖品来回报浏览广告的用户，一般分为付费广告网和直复营销网站两类。

13.4.1.6　图形（像）处理

图像作为人类感知世界的视觉基础，是人类获取信息、表达信息和传递信息的重要手段。在广告中运用图像来提升广告的视觉冲击力能更好地表达出所传达的主题与中心思想。

13.4.1.7　动画制作

网络广告动画就是在互联网上传播，利用网站上的广告横幅、多媒体视窗的方法，在互联网刊登或发布动画广告，通过网络传递到互联网用户的一种高科技广告运作方式。

网络广告动画具有生动有趣、休闲时尚、高互动性的特点，当部分人群登录互联网后，因某种需求集中登录一些网站后，就出现了许多行业网站，在这些专业网站投放广告，就非常有针对性。符合受众心理要求的新型网络动画广告，必将成为网络广告领域最值得开采的"金矿"。

13.4.2　类型

最初的网络广告就是网页本身。当许多商业网站出现后，广告就成了商业网站主要的获利方法。

13.4.2.1　网幅广告

网幅广告（Banner）是以 GIF、JPG 等格式建立的图像文件，定位在网页中，大多用来表现广告内容，同时还可使用 Java 等语言使其产生交互性，用 Shockwave 等插件工具增强表现力。网幅广告是最早的网络广告形式。目前，绝大多数站点应用的网幅广告的尺寸反映了客户和用户的双方需求和技术特征（见表 13-6）。

表 13-6　　　　　　　　　　　　　网幅广告尺寸表

尺寸（像素）	类型
468×60	全尺寸网幅广告
392×72	全尺寸带导航条网幅广告
234×60	半尺寸网幅广告
155×155	方形按钮
150×90	按钮#1
150×60	按钮#2
88×31	小按钮
150×240	垂直网幅广告

资料来源：MBA 智库百科

我们可以把网幅广告分为三类：静态网幅广告、动态网幅广告和交互式网幅广告。

静态网幅广告就是在网页上显示一幅固定的图片，它也是早年网络广告常用的一种方式。它的优点就是制作简单，并且被所有的网站所接受。它的缺点也显而易见，在众多采用新技术制作的网幅广告面前，它就显得有些呆板和枯燥。事实也证明，静态网幅广告的点击率比动态网幅广告和交互式网幅广告低。

动态网幅广告拥有会运动的元素，或移动或闪烁，通常采用 GIF89 的格式，其原理就是把一连串图像连贯起来形成动画。动态网幅广告可以传递给浏览者更多的信息，也可以通过动画的运用加深浏览者的印象。动态网幅广告的点击率普遍要比静态的高，是目前最主要的网络广告形式。

当动态网幅广告不能满足要求时，一种更能吸引浏览者的交互式广告产生了。交互式广告的形式多种多样，如游戏、插播式、回答问题、下拉菜单、填写表格等，这类广告需要更加直接的交互，比单纯的点击包含更多的内容。交互式广告分为超文本标记语言网幅广告（Html Banners，下同）和富媒体（Rich Media）网幅广告两种。

Html Banners 允许浏览者在广告中填入数据或通过下拉菜单和选择框进行选择。根据我们的经验，Html Banners 比动态网幅广告的点击率要高得多，它可以让浏览者选择要浏览的页面，提交问题，甚至玩游戏。这种广告的尺寸小、兼容性好，连接速率低的用户和使用低版本浏览器的用户也能看到（见图 13-14）。

图 13-14　阿里巴巴在雅虎中国上投放的 Html Banners
资料来源：百度图片

图 13-14 所示广告是阿里巴巴在雅虎中国上投放的 Html Banners，通过选择页面的不同目录，用户就可以直接链接到阿里巴巴相关页面。实际上，这个网幅广告已经成为一个小型的搜索引擎入口。

13.4.2.2　文本链接广告

文本链接广告是一种对浏览者干扰最少，却最有效果的网络广告形式。整个网络广告界都在寻找新的宽带广告形式，有时候最小带宽、最简单的广告形式效果却最好（见图 13-15）。

图 13-15　新浪网首页的文本链接广告
资料来源：百度图片

图 13-15 所示新浪网首页用笔勾出来的地方就是文本链接广告。我们可以看到，文本链接广告位的安排非常灵活，可以出现在页面的任何位置，可以竖排也可以横排，每一行就是一个广告，点击每一行都可以进入相应的广告页面。

13.4.2.3　电子邮件广告

调查表明，电子邮件是网民最经常使用的因特网工具之一。

电子邮件广告具有针对性强（除非肆意滥发）、费用低廉的特点，并且广告内容不受限制。特别是其针对性强的特点，可以针对具体某一个人发送特定的广告，这是其他网上广告方式很难做到的。

　　电子邮件广告一般采用文本格式或超文本标记语言（Html，下同）格式。通常采用的是文本格式，就是把一段广告性的文字放置在新闻邮件或经许可的电子邮件中间，也可以设置一个统一资源定位符（URL），链接到广告主公司主页或提供产品或服务的特定页面。Html 格式的电子邮件广告可以插入图片，和网页上的网幅广告没有什么区别，但是因为许多电子邮件的系统是不兼容的，Html 格式的电子邮件广告并不是每个人都能完整地看到的，因此把邮件广告做得越简单越好，文本格式的电子邮件广告兼容性最好（见图 13-16）。

图 13-16　某网站的新闻邮件（Html 格式）
资料来源：百度图片

　　当提到电子邮件广告的时候，人们往往容易联想到垃圾邮件（Spam）。垃圾邮件就是相同的信息，在互联网中被复制了无数遍，并且一直试图强加给那些不乐意接受它们的人群。大部分垃圾邮件是商业广告，关乎一些可疑的产品、"迅速发财"诀窍，或准合法性质的服务。发送垃圾邮件会引起收件者的不满，是一种极其危险的市场策略。电子邮件广告在直复营销方面的应用最为广泛。

13.4.2.4　企业网站的广告思想

　　对于大多数企业来说，进入网络广告领域的第一步就是建立自己的企业网站。这些网站的建立仅仅是因为这些企业认为有一个网站是一件很酷的事情，使企业看起来比较新潮，企业也怕因为没有网站而在竞争中处于劣势。这种网站的雏形就是企业宣传用"小册子"的在线版。

　　但是，广告主慢慢会发现，简单的"小册子"并不能把产品描述清楚，这样的网站无法体现网络的优越性。广告主开始把所有的关于产品的信息搬到网上来，让潜在的消费者通过网络知道尽可能多的信息。与此同时，广告主业开始注意网站的趣味性与知识性，这样可以吸引到更多的浏览者。当然也不能本末倒置，企业网站还是要以产品为中心。

最重要的一点，企业网站必须要有把作为潜在消费者的浏览者变为最终消费者的能力。举例来说，在凯迪拉克公司的网站（www.cadillac.com），每一个浏览者都可以定制自己所要购买的汽车。在网上的陈列室里，顾客可以选择自己中意的汽车型号，屏幕上就会显示出该汽车的图片。接下来，顾客可以选择他其要的附件，从车身颜色到内部装潢都可以。顾客每选择一次，屏幕上的图片就会做出相应的改变。当顾客把整辆车拼装完成后，网页上会显示最终的价格，并可以让顾客选择最近的供货商，便于顾客交易。这一切都在顾客的家中完成，随意舒适、方便快捷，这一切都是互联网带来的。

虽然我们讨论的是企业网站的广告思想，但是还是有必要提一下企业网站的功能，比如客户服务。拿联邦快递公司的网站（www.fedex.com）来说，它为顾客提供了完善的货物跟踪检索服务，这样的服务可以看作一种用来建立品牌忠诚的极好工具，在顾客心目中建立了完美的服务形象。

13.4.2.5 赞助

赞助式广告的形式多种多样，在传统的网幅广告之外，给予广告主更多的选择。赞助式广告的定义至今仍未有明确划分，双击国际互联网广告有限公司亚洲（Double Click Asia）中国台湾区行销总监伍臻祥则提出，凡是所有非旗帜形式的网络广告，都可算作赞助式广告。这种概念下的赞助式广告其实可分为广告置放点的媒体企划创意以及广告内容与频道信息的结合形式。

浏览者对于每天浏览的网站往往比较信任，因此在这些网站的信息中夹杂广告主的信息比单纯的广告更有作用。广告不一定能吸引广大受众的注意，位于网页最上方的大块版位也不见得是最好的选择，广告内容若能与广告置放点四周的网页资讯紧密结合，效果可能比选择网页上下方的版位更好。此外，广告尺寸大小也并非是决定广告效果的标准，尺寸小但下载速度快的广告形态也会受到商业服务或金融业客户的青睐；工具栏形态的广告有如网页中的分隔线，巧妙地安排在网页内容里，虽然空间有限只适于进行简单的图像和文字的表达，对预算有限的广告主而言也不失为一种选择。

13.4.2.6 广告与内容的结合

广告与内容的结合可以说是赞助式广告的一种，从表面上看起来它们更像网页上的内容而非广告。在传统的印刷媒体上，这类广告都会有明显的标示，指出这是广告，而在网页上通常没有清楚的界限。

这种广告以网页内容的形式出现，因此它们的点击率往往会比普通的广告高。然而广告主在做这种广告的时候需要非常小心，如果让浏览者有上当受骗的感觉，就会对品牌造成负面的影响。与内容结合式广告最引人争议之处在于商业利益与媒体内容混淆不清。国外常见的浏览整合广告的方式是将广告主的网站链接或者图像整合在网站首页的功能表中，虽然降低受众对广告的抗拒，但是可能引发受众对网站产生排斥与不信任。值得注意的是，广告主可能为了广告的诉求而提供偏颇的讯息，受众通常也难以分辨其中的真假，这对网络媒体的资讯内容也可能造成冲突。

13.4.2.7　插播式广告

插播式广告的英文名称为"Interstitial"，不同的机构对此的定义可能有一定的差别。在中国互联网络信息中心（CNNIC）关于网站流量术语的解释中，将"Interstitial"定义为"空隙页面"，即一个在访问者和网站间内容正常递送之中插入的页面。空隙页面被递送给访问者，但实际上并没有被访问者明确请求过。好耶广告网（www.allyes.com）在"网络广告术语库"中对"Interstitial"的解释为"弹出式广告"，即访客在请求登录网页时强制插入一个广告页面或弹出广告窗口。全球网路经济资讯网（http://www.itbase.com.tw）对"Interstitial"定义为"插入式广告"，即在等待网页下载的空当期间出现，以另开一个浏览视窗的形式的网络广告。不过，在我国台湾的一些专业文章中，也常用"插播式广告"这一概念。有时也常将"Interstitial/ Pop-up"统称为"插播式广告"。虽然一些网站或机构对弹出式广告和插播式广告的理解有一定的差别，但基本上也可以将两者理解为同一类型，或者说，弹出式广告是插播式广告中的一个类别。

弹出式广告和插播式广告有点类似电视广告，都是打断正常节目的播放，强迫观看。插播式广告有各种尺寸，有全屏的也有小窗口的，而且互动的程度也不同，从静态的到全部动态的都有。浏览者可以通过关闭窗口不看广告（电视广告是无法做到的），但是弹出式广告和插播式广告的出现没有任何征兆。

广告主很喜欢这种广告形式，因为弹出式广告和插播式广告肯定会被浏览者看到。只要网络带宽足够，广告主完全可以使用全屏动画的插播式广告。这样屏幕上就没有什么能与广告主的信息"竞争"了。

插播式广告的缺点就是可能引起浏览者的反感。互联网是一个免费的信息交换媒介，因此在最初的时候网络上是没有广告的。有一小部分人认为互联网的商业化和网络广告都是无法容忍的。我们倒不是担心这部分人（除非他们是目标受众），我们担心的是大多数的普通网民，他们有自己的浏览习惯，他们选择自己要看的网站，点击他们想点的东西。当网站或广告主强迫他们浏览广告时，往往会使他们反感。为避免这种情况的发生，许多网站都使用了弹出窗口式广告，而且只有 1/8 屏幕的大小，这样可以不影响正常的浏览。

下面是使用插播式广告的几条规则，可以避免引起浏览者的反感：

第一条：选择已经使用插播式广告的网站。把插播式广告投放在以前使用过插播式广告的站点，可以得到最好的回报，因为浏览者已对此形成习惯。

第二条：使用小于全屏的插播式广告。小尺寸的插播式广告比全屏的插播式广告更容易被浏览者接受，通常只有 1/4 屏幕那么大。

第三条：当浏览者的屏幕处于空闲状态，如在浏览者下载软件的过程中出现广告，这样可以避免引起它们的反感，因为这不会打断浏览者的浏览，反而能给浏览者在无聊的等待过程中带来一点消遣。

13.4.2.8　富媒体网幅广告

富媒体网幅广告（Rich Media Banner）又称"Extensive Creative Banner"，一般指

使用浏览器插件或其他脚本语言、Java 语言等编写的具有复杂视觉效果和交互功能的网幅广告。这些效果的使用是否有效一方面取决于站点的服务器设置，另一方面取决于访问者的浏览器是否能顺利查看。

一般来说，富媒体网幅广告要占据比一般 GIF 网幅广告更多的空间和网络传输字节，但由于能表现更多、更精彩的广告内容，往往被一些广告主采用。国际性的大型站点也越来越多地接受这种形式的网幅广告。

常见的富媒体网幅广告使用如下技术：

第一，使用 Java 语言开发的 Applet，表现复杂的交互性和特殊视觉效果，无需插件，下载速度快；缺点是制作技术复杂。

Freestyle Interactive 公司为 Sun 公司制作的一个 Java 网幅广告，其设计了一个 9 个洞的迷你高尔夫游戏（见图 13-17），游戏目标就是以最少的杆数把球打进洞，使它成为".com"的那个"."，契合 Sun 公司的标语 "We put the dot in dot com"。9 个洞的地貌各不相同，有草地、沙滩、火山……，而且配合不同的地貌画面会出现不同的效果，球的滚动路线、反弹力完全符合力学模型，非常真实。游戏控制起来也极其简单，鼠标点击就能完成，但这并不减弱其趣味性，要完成游戏还是要花一番功夫的，而且游戏还配有积分表，这样就可以和朋友一较高低了。这一切都体现在了一个网幅广告中，相信每一个玩过该游戏的人都会为它的神奇效果而啧啧称奇。在制作上，该广告使用了 Java 技术，数据放在服务器端，采用实时的传输方法，每打一洞传一幅画面，这样可以减少数据一次性传输所需的等候时间，更容易抓住玩家。

图 13-17　Java 网幅广告

资料来源：百度图片

Java 网幅广告也可以让浏览者在网幅广告内完成下订单等工作。在 Java 网幅广告的制作方面，目前比较流行的是 "IBM Hot Media" 软件，该软件支持交互式的多轨动画、全景、旋转、缩放和滚动图像，图像间个别的定时和变换效果（如溶解、擦除、滑动和缩放），内建声画同步的流式视频，能够放大或缩小以及旋转的立体图像等，功能及其强大（见图 13-18）。

图 13-18　摩托罗拉 Java 网幅广告

资料来源：百度图片

第二，使用 Macromedia Shockwave/Flash 插件编写的能用较少的文件字节表现动态的矢量图形和渐变效果，这一技术正在被越来越广泛地应用；缺点是浏览器需要安装插件。

Flash 文件的尺寸极小，使其成为低带宽条件下最好的动画载体（见图 13-19）。

图 13-19　春水银行 Flash 广告

资料来源：百度图片

除了 Flash，Macromedia 公司的另一个产品 Shockwave 在网络广告方面也应用极广。Shockwave 的功能比 Flash 更强大，互动性更强。图 13-20 为用 Shockwave 制作的一个广告，形式上是一个棒球游戏，有着极高的互动性。

图 13-20　棒球游戏广告

资料来源：百度图片

第三，JavaScript 编写的网幅广告主要提供交互性功能，可以把标准的 Windows 控件插入到网幅广告中，我们经常看到的含有下拉式列表框的动态网幅广告、浮动图标等都属于这个范畴。

易趣网的 JavaScript 网幅广告（见图 13-21）采用了 Mouse Over 的控件。当用户看到这个网络广告，鼠标移动到网幅广告上面时，JavaScript 会自动打开下拉框，出现一个页面更大、内容更为丰富的广告页面。用户可以选择自己感兴趣的方面，直接点击进入相应的页面。这样，一个网幅广告表述了更多内容，而且实现了更多的功能。网幅广告页面的设计别具匠心，实际上浓缩了易趣网首页的精华内容，成为一个"迷你"的易趣网站。

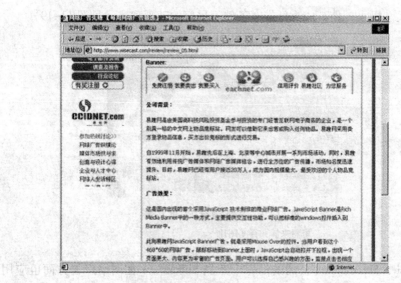

图 13-21　易趣网的 JavaScript 网幅广告

资料来源：百度图片

第四，V-Banner。V-Banner 是将 3～5 秒的视频剪辑内容集成到传统的网幅广告中，以增强广告的视觉冲击力，几乎所有的浏览器用户都可以顺利查看而无须担心是否已经安装了必要的插件。

富媒体广告涵盖了相当广的网络广告类型，除了上面提到的几类外，还有使用 InterUV、Enliven、ActiveAds、Onflow、VRML 等技术的广告，只是这些技术在国内还没有实际的应用，就不在这里详细地介绍了。

13.4.2.9　微博广告

微博，即微博客（MicroBlog）的简称，是一个基于用户关系信息分享、传播以及获取的平台，用户可以通过网页（Web）、无线应用协议（WAP）等各种客户端组建个人社区，以 140 字左右的文字更新信息，并实现即时分享。最早也是最著名的微博是美国推特（Twitter）。2009 年 8 月中国门户网站新浪网推出"新浪微博"内测版，成为门户网站中第一家提供微博服务的网站，微博正式进入中文上网主流人群视野。2013年上半年，新浪微博注册用户达到 5.36 亿个，2015 年第三季度腾讯微博注册用户达到5.07 亿个，微博成为中国网民上网的主要活动之一。

微博广告的特征如图 13-22 所示：

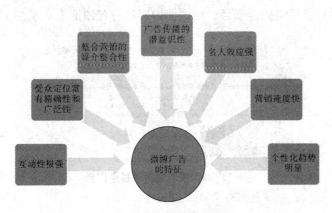

图 13-22　微博广告的特征

资料来源：作者根据本节相关内容整理而成

下面以微博广告形式——新浪微博为例阐述微 博广告的相关内容。①

第一，新浪微博个人电脑客户（PC）端广告形式。

微博登录页面广告位于登录页面左侧（见图 13-23）。

图 13-23　微博登录页面广告

资料来源：新浪微博网站

微博顶部广告出现在新鲜事下方，微博内容栏上方（见图 13-24）。

图 13-24　微博顶部广告

资料来源：新浪微博网站

---

① 文静. 新浪微博广告形式全攻略［EB/OL］. http://www.adquan.com/post-8-13831.html

快讯置顶栏目条锁定固定账号，对微博内容进行置顶推送（见图 13-25）。

图 13-25　快讯置顶栏目条广告

资料来源：新浪微博网站

底部广告位于微博最底端（见图 13-26）。

图 13-26　底部广告

资料来源：新浪微博网站

右侧活动广告位于微博右上方（见图 13-27）。

图 13-27　右侧活动广告

资料来源：新浪微博网站

右侧话题广告位于活动广告下方（见图 13-28）。

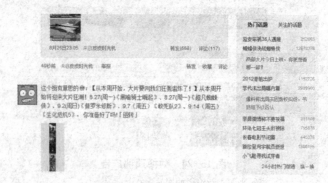

图 13-28　右侧话题广告

资料来源：新浪微博网站

例如，点击上图中的话题"小飞鞋寻找试穿者"，便会切到活动页面（见图 13-29）。

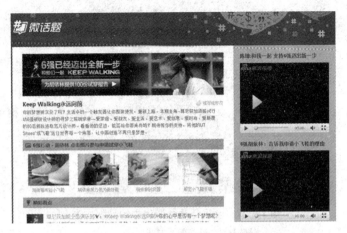

图 13-29　话题"小飞鞋寻找试穿者"广告

资料来源：新浪微博网站

微博名称后面的图标（Icon）广告，如 361°奥运期间的全民记者团彩色五边形图标（见图 13-30）。

图 13-30　微博名称后面的 361°图标广告

资料来源：新浪微博网站

模板广告，即商业性模板，如韩庚演唱会模板（见图 13-31）。

图 13-31　韩庚演唱会模板广告

资料来源：新浪微博网站

应用程序游戏植入广告。例如，全民运动会游戏中的品牌（见图 13-32）。

图 13-32　全民运动会游戏中的品牌广告

资料来源：新浪微博网站

又如，苏宁易购植入广告（见图 13-33）。

图 13-33　苏宁易购植入广告

资料来源：新浪微博网站

第二，新浪微博移动终端广告形式。

客户端开屏广告，即启动应用时出现广告（见图 13-34）。

图 13-34　客户端开屏广告

资料来源：新浪微博网站

顶部条框广告（见图13-35）。

图13-35　顶部条框广告

资料来源：新浪微博网站

关键词广告，如转发微博并且微博内容中含有"奥运"或含有品牌名称的关键词，便会出现相关品牌的漂浮广告（见图13-36）。

图13-36　奥运关键词广告

资料来源：新浪微博网站

13.5 其他广告形式

除了我们在上面列出的网络广告主要形式外，其实还有其他许多新的广告形式，它们是网络广告主要形式的有效补充，正得到越来越多人的关注。

13.5.1 屏保

屏保能在计算机空闲时以全屏的方式播放动画，并且能配上声音，可以说屏保是计算机上最好的广告载体。许多知名品牌都制作了自己的屏保程序放在网上供用户下载，并且用户也会使用电子邮件来传递屏保程序。好的屏保可以得到相当广的流传，制作公司可以用很小的投入换来极佳的宣传效果（见图13-37）。

图13-37 手机屏保广告

资料来源：百度图片

13.5.2 书签和工具栏

浏览器的收藏夹和工具栏现在也成了广告的载体。某些软件会在用户安装的同时，在用户的浏览器工具栏上生成广告的按钮（见图13-38）。

图 13-38　书签和工具栏广告

资料来源：百度图片

13.5.3　指针

在网页上的每一样东西都有可能成为广告的载体，甚至鼠标指针也能成为品牌宣传的工具。Comet Systems（www.cometsystems.com）公司开了指针广告之先河，通过使用其软件，用户可以指定任何图片成为鼠标的指针，用户浏览的网页也可指定特定的图片成为指针的形状。例如，一家网上花店可以把鼠标设定成一朵花，当用户点击其要订购的花卉时，鼠标指针又变成"打×折"的字样。当然，要使用这种可变化的鼠标，用户一定要下载并安装 Comet Systems 软件，虽然这是一个极其简单的过程，但也会成为用户使用它的一个障碍，除非今后的 Internet Explorer 或 Netscape 内置这种功能，否则用户的数量将会非常有限。

13.5.4　其他形式

网络广告正向无线领域进军，已经有公司研发出了可以用在 Palm Pilots 和 Windows CE 下的广告软件，随着无线上网用户的增加，无线广告的前景颇被看好。

13.6　广告材料

广告材料可分为广告板材、广告灯箱、广告贴纸、广告配件、喷绘耗材、写真耗材、反光耗材、展示器材、光电产品、机器配件、广告五金件、广告工具、广告油漆、广告粘剂等多个种类。广告材料的种类极多，为了更好地使广告效果提高，对这些广告材料的要求也是非常的严格，只有质量好的广告材料才能让广告成功率加大。

13.6.1　广告材料的应用

广告材料广泛应用于广告牌、车身广告、壁画、标志、棚架遮布、充气广告牌、橱窗展示图画、横幅及招贴、舞台背景、流动式图形展示，婚纱摄影、海报招贴、户内展板广告、工程与园林效果图、广告展示图、商业与民用室内装潢、商业文件封面、数码影集、图表、横额、挂幅、背胶商标、艺术写真、仿古油画、橱窗广告等众多领域。

13.6.2 纸张的尺寸

印刷纸张的尺寸规格分为平版纸和卷筒纸两种。平版纸张的幅面尺寸有：800 毫米×1 530 毫米，850 毫米×1 168 毫米、787 毫米×1 092 毫米。纸张幅面允许的偏差为±3 毫米。符合上述尺寸规格的纸张均为全张纸或全开纸。其中，880×1 530 是 A 系列的国际标准尺寸。卷筒纸的长度一般 6 000 米为一卷，宽度尺寸有 1 575 毫米、1 562 毫米、1 092 毫米、880 毫米、850 毫米、1 092 毫米、787 毫米等。卷筒纸宽度允许的偏差为±3毫米。

13.6.3 纸张的重量

纸张的重量用定量和令重来表示。

定量是单位面积纸张的重量，单位为克/平方米，即每平方米的克重。常用的纸张定量有 50 克/平方米、60 克/平方米、70 克/平方米、80 克/平方米、100 克/平方米、150 克/平方米等。定量愈大，纸张愈厚。定量在 250 克/平方米，以下的为纸张，超过250 克/平方米则为纸板。

令重是每令纸张的总重量，单位是千克。1 令纸为 500 张，每张的大小为标准规定的尺寸，即全张纸或全开纸。

根据纸张的定量和幅面尺寸，可以用下面的公式计算令重。

令重（千克）＝纸张的幅面（平方米）×500×定量（克/平方米）÷1 000

13.6.4 主要的广告纸张

纸质类广告属于印刷类广告，主要包括印刷品广告和印刷绘制广告。印刷品广告有报纸广告、杂志广告、图书广告、招贴广告、传单广告、产品目录、地图广告、组织介绍等。印刷绘制广告有墙壁广告、路牌广告、工具广告、包装广告、挂历广告、工艺品广告等。

13.6.4.1 铜版纸

铜版纸又称为涂料纸，是在原纸上涂布一层白色浆料，经过压光而制成的。铜版纸张表面光滑、白度较高、纸质纤维分布均匀、厚薄一致、伸缩性小、有较好的弹性和较强的抗水性能以及抗张性能，对油墨的吸收性与接收状态良好。铜版纸主要用于印刷画册、封面、明信片、精美的产品样本以及彩色商标等。铜版纸印刷时压力不宜过大，要选用胶印树脂型油墨以及亮光油墨。铜版纸要防止背面粘脏，可采用加防脏课剂、喷粉等方法。铜版纸有单、双面两类。

13.6.4.2 胶版纸

胶版纸主要供平版（胶印）印刷机或其他印刷机印刷较高级彩色印刷品时使用，如彩色画报、画册、宣传画、彩印商标及一些高级书籍封面、插图等。

胶版纸按纸浆料的配比分为特号、1 号、2 号和 3 号，有单面和双面之分，还有超级压光与普通压光两个等级。

胶版纸伸缩性小、对油墨的吸收性均匀、平滑度好、质地紧密不透明、白度好、抗水性能强，应选用结膜型胶印油墨和质量较好的铅印油墨。油墨的黏度也不宜过高，否则会出现脱粉、拉毛现象。还要防止背面粘脏，一般采用防脏剂、喷粉或夹衬纸。

13.6.4.3　压纹纸

压纹纸是专门生产的一种封面装饰用纸。纸的表面有一种不十分明显的花纹。压纹纸的颜色分灰、绿、米黄和粉红等色，一般用来印刷单色封面。压纹纸纸质较脆，装订时书脊容易断裂。印刷时压纹纸纸张弯曲度较大，进纸困难，影响印刷效率。

13.6.4.4　凸版纸

凸版纸是采用凸版印刷书籍、杂志时的主要用纸，适用于重要著作、科技图书、学术刊物和大中专教材等正文用纸。凸版纸按纸张用料成分配比的不同，可分为1号、2号、3号和4号四个级别。纸张的号数代表纸质的好坏程度，号数越大纸质越差。

凸版纸主要供凸版印刷使用。这种纸的特性与新闻纸相似，但又不完全相同。凸版纸的纤维组织比较均匀，同时纤维间的空隙又被一定量的填料与胶料所填充，并且还经过漂白处理，这就形成了这种纸张对印刷具有较好的适应性。凸版纸的吸墨性虽不如新闻纸好，但具有吸墨均匀的特点；凸版纸的抗水性能与纸张的白度均好于新闻纸。

凸版纸具有质地均匀、不起毛、略有弹性、不透明以及稍有抗水性能和有一定的机械强度等特性。

13.6.4.5　新闻纸

新闻纸也叫白报纸，是报刊及书籍的主要用纸。新闻纸适用于报纸、期刊、课本、连环画等正文用纸。新闻纸的特点有：纸质松轻、有较好的弹性；吸墨性能好，保证了油墨能较好地固着在纸面上；纸张经过压光后两面平滑、不起毛，从而使两面印迹比较清晰且饱满；有一定的机械强度；不透明性能好；适合高速轮转机印刷。

这种纸是以机械木浆（或其他化学浆）为原料生产的，含有大量的木质素和其他杂质，不宜长期存放。新闻纸保存时间过长，纸张会发黄变脆，抗水性能差，不宜书写。新闻纸必须使用印报油墨或书籍油墨，油墨黏度不要过高，平版印刷时必须严格控制版面水分。

13.6.4.6　书面纸

书面纸也叫书皮纸，是印刷书籍封面用的纸张。书面纸造纸时加了颜料，有灰、蓝、米黄等颜色。

13.6.4.7　轻型纸

轻型纸，即轻型胶版纸，是一种更人性化的纸种，是纸品中的一枝新秀。轻型纸质优量轻、价格低廉、不含荧光增白剂、高机械浆含量、环保舒适。采用的原色调可以保护读者尤其是老人和儿童的眼睛，使他们在阅读时视力不受伤害，便于读者携带和阅读，具有天然特性。轻型纸的质感和松厚度好，不透明度高，印刷适应性和印刷后原稿还原性好，质感好、量轻且厚。用轻型纸印制的图书比用普通纸印制的图书重量约减轻四分之一到三分之一，方便了读者，也节约了运输和邮购费用。

13.6.4.8 铸涂纸

铸涂纸又名玻璃粉纸，是一种表面特别光滑的高级涂布印刷纸。铸涂纸是在原纸上经过二次或一次厚涂布量（单面20~39克）的涂布，在涂料处于潮湿状态时，涂布面紧贴在高度抛光的镀铬烘缸上加热烘干，速度约100米或低一些即可得到，光泽度为85左右，不须进行压光。将涂布纸用花纹辊进行压花处理，可以制成布纸或鸡皮纸。铸涂纸主要印刷封面、插页和高级纸盒，布纹纸和鸡皮纸则多用于印刷挂历和名片等。

13.6.4.9 其他主要材质的特点和使用情况——以PVC、喷绘及喷墨类打印介质为例

PVC（聚氯乙烯，下同）材质的特性和性能如表13-9所示：

表13-9　　　　　　　　　　　PVC发泡板材的特性和性能

PVC发泡板材的特性和性能	具有隔音、吸音、隔热、保温等性能
	具有阻燃性，能自熄不致引起火灾，可以安全使用
	有防潮、防霉、不吸水的性能，而且防震效果好
	色泽可长久不变，不易老化
	质地轻，储运、施工方便
	可适用于热成型、加热弯曲及折叠加工
	表面光滑，亦可印刷
	可像木材一样进行钻、锯、钉、刨、粘等加工
	可根据一般焊接程序焊接，亦可与其他PVC材料粘接

资料来源：作者根据相关内容整理而成

PVC发泡材质在广告制作上主要应用在网板印刷、电脑刻字、广告标牌、展板、标志用板、灯箱制作等方面。

喷绘一般是指户外广告画面输出，输出的画面很大，如高速公路旁众多的广告牌画面就是喷绘机输出的结果。喷绘机使用的介质一般都是广告布（俗称灯箱布），墨水使用油性墨水，喷绘公司为保证画面的持久性，一般画面色彩比显示器上的颜色要深一点。喷绘实际输出的图像分辨率一般只需要30~45 DPI（按照印刷要求对比），画面实际尺寸比较大的面积有上百平方米（见表13-10）。

表13-10　　　　　　　　　　　主要的户外喷画材料

材料名称	说明
户外外光灯布	我们看见的户外大型喷绘属于灯光从外面射向喷布
户外内光灯布	我们看见的在户外招牌上的喷绘属于灯光在灯箱中照射向外喷布
车身贴	用于贴在车身上的喷绘，此类喷绘黏性好、抗阳光
户外绢布	用于比较浪漫和格调高雅的展示场合，也可用于户外

表13-10(续)

材料名称	说明
网格布	网状喷绘材质，用于客人的特殊表现手法来体现格调的一种材质
晶彩格	分为背胶晶彩格和布基晶彩格，应用于灯箱广告、大型广告、灯旗柱等，不需安置灯源，只需外界车辆经过时的灯光足矣，属于户外喷绘写真耗材
喷绘级反光膜	灯箱广告、大型广告等，不需要安装灯源，只需要车辆的灯光就可以产生反光

资料来源：作者根据相关内容整理而成

喷墨类打印介质主要用于婚纱摄影、海报招贴、户内展板广告、工程与园林效果图、广告演示图、商业与民用室内装潢、商业文件封面、数码影集、贺卡、图表、照片质量的宣传册等。

本章小结

对广告设计制作人员来说，各类平面广告作品是在经过严格的设计制作程序后，才最终完成的。平面广告在一些构成要素、表现手法等方面有很多共性，如平面广告制作的基本要求包括简洁明快、通俗易懂，突出主题、新颖独特，讲究和谐统一，设计构图要有均衡感等。而平面广告制作的主要程序则包括以下三个阶段：构思准备与创意、草创阶段、定稿完成。根据报纸和杂志媒体具体的特点，其制作要求也有所不同。对于电子媒体来说，由于广播只要求声效，因此和电视媒体的视听相结合要求不同，各自的制作程序及要求也不相同，相对来说电视广告制作更为复杂一些。除了传统的四大广告媒体之外，现代社会已出现越来越多的新媒体，如户外媒体、手机、电脑、电梯等，其各自广告的制作要求也相差很大。

思考题

1. 如何有效且有创意地制作出优秀的电视广告？

2. 传统广告媒体和新型广告媒体在制作上有什么主要的区别？

3. 怎样将广告思想和广告制作完美结合起来，从而呈现出一份精彩的广告作品？

4. 假设你现在要为一本定位于高端时尚的时装杂志确定纸张材质，你会如何选材和搭配，并给出理由。

参考文献

[1] 李元宝. 广告学教程 [M]. 3版. 北京：人民邮电出版社，2010：116-117.

［2］马瑞，汪燕霞，王锋. 广告媒体概论［M］. 北京：中国轻工业出版社，2007：24-25.

［3］聂鑫. 影视广告学［M］. 5版. 北京：中国广播电视出版社，2011：239-243.

［4］网幅广告［EB/OL］. http://wiki.mbalib.com/wiki/%E7%BD%91%E5%B9%85%E5%B9%BF%E5%91%8A.

［5］微博［EB/OL］. http://baike.baidu.com/subview/1567099/11036874.htm.

［6］文静. 新浪微博广告形式全攻略［EB/OL］. http://www.adquan.com/post-8-13831.html.

［7］广告材料［EB/OL］. http://baike.baidu.com/link? url=WA9vfZcU4iV5zIy1rRpohH-4WhSa60-GKu4aMYmt6gTZ3SjZam0W6i0AzC7Tf8UK.

14　广告媒体

开篇案例

加多宝成名战

2012 年，一场凉茶之争在中国传得纷纷扬扬，其中的主角加多宝公司出产的红罐凉茶王老吉更是被迫改名为加多宝（见图 14-1），加多宝由此被推上了风口浪尖。然而加多宝并没有因此放弃，而是通过多种广告媒体的传播巩固了自身的地位，甚至超过了王老吉。

图 14-1　"凉茶之争"

图片来源：昵图网

第一，电视媒体的传播。2012 年，加多宝斥 6 000 万元巨资加盟《中国好声音》。《中国好声音》的成功，不仅让浙江卫视迅速在众多卫视中脱颖而出，也让加多宝的名字传播得更广。冠名《中国好声音》只是加多宝品牌传播策略中的一个很小的部分，如果稍加留意，我们会发现加多宝几乎冠名了国内所有卫视的知名综艺节目。除了电视节目冠名之外，加多宝的电视广告可以说是铺天盖地（见图 4-2）。

第二，各餐饮店、超市等销售终端平面广告的张贴和各种宣传品的摆放。几乎每一个有加多宝凉茶销售的地方，都有加多宝凉茶的广告。这种终端覆盖的能力是其他快消品品牌无法超越的。此外，加多宝在报纸广告、车身广告、市中心路牌广告等方面也有不凡的手笔（见图 14-3）。

图 14-2 加多宝冠名《中国好声音》

图片来源：昵图网

图 14-3 加多宝伦敦运动会广告

图片来源：昵图网

第三，网络平台的运用。加多宝注重通过 QQ、微博等社会化媒体获取消费者支持，打造一个立体传播策略。"对不起！是我们太笨了，用了 17 年时间才把中国的凉茶做成唯一可以比肩可口可乐的品牌……"这是 2013 年，因不服"广告语"被禁用，加多宝凉茶在官方微博发布"对不起体"系列微博。哭泣的宝宝、自嘲的话语，将加多宝的种种"委屈"道了出来。"对不起体"迅速走红网络。

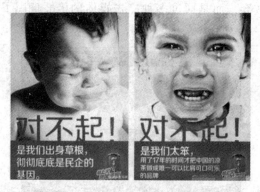

图 14-4 加多宝微博广告

图片来源：百度图片

加多宝沿袭了与营销策划王老吉品牌时一贯的定位思想，对加多宝凉茶进行了精准、明确的定位，即正宗凉茶领导者——加多宝。加多宝大张旗鼓地宣传加多宝是正宗凉茶，直接挑战王老吉的正宗凉茶定位。冠名《中国好声音》，加多宝向外界宣传是看中该节目的正宗概念。为了有效阻截原来的王老吉品牌，加多宝用了"全国销量领先的红罐凉茶，改名加多宝，还是原来的味道，还是原来的配方"的广告语，并且使用与原来的王老吉广告相似的场景画面。加多宝试图通过电视媒体让原来的王老吉消费者相信王老吉凉茶已经改名加多宝凉茶了，加多宝凉茶就是正宗凉茶的代表。通过此种策略，加多宝试图留住原来为王老吉品牌辛辛苦苦积累下的老顾客。

广告学中有一个"终端巩固提高原则"，讲的是品牌广告不仅要在大的媒体平台曝光，也要在销售终端不断地出现，以加深消费者的心理印象。加多宝深谙这一道理，因此在一些餐饮后、商场超市等销售终端可以看到加多宝铺天盖地的凉茶广告。"对不起体"系列微博看似道歉、实则叫屈的感情攻势确实赢得了社会公众的诸多同情，在网络上引起了广泛的关注，使得加多宝又大大红了一把。

简单概括，加多宝先有一个明确的市场定位，然后通过多种广告媒体的整合传播，将加多宝凉茶品牌传播出去。加多宝运用得是最简单的营销道理，正因为其强大的执行力，保障了营销策略的落地生根。

本章提要

广告信息并不能直接到达消费者，必须通过一定的中介物。我们一般是通过翻看报纸杂志、收看电视、收听广播等来获得广告信息的。作为广告信息的载体和传播渠道，广告媒体对于广告的作用，决定了广告信息所能到达的顾客群及其传播效果。广告传播离不开广告媒介，正如过河离不开船和桥一样。媒体之于传播，正如郭庆光所说：媒体就是传播的核心概念之一，作为信息传递、交流的工具和手段，媒体在人类传播中起着极为重要的作用。没有语言和文字的中介，人类传播就不能摆脱原始的动物状态；没有机械印刷和电子传输等大量复制信息的科技手段的出现，就不可能有今天的信息社会。

因此，要想学好广告学，就必须对广告媒体的相关知识有一定程度的了解。本章将从广告媒体的相关概念、不同广告媒体的特点和趋势、广告媒体策略三个方面来对广告媒体这部分知识进行讲解

14.1　广告媒体概述

媒介（Media）是媒体（Medium）的复数形式，指使两者之间发生某种联系的物质或非物质的中介，包括所有看得见或看不见的传播中间物。媒体指交流、传播信息的工具，其范畴要小得多，只是人们通过眼睛可以看得见的传播物。也就是说，媒体是媒介的组成部分。

自从人类社会出现广告起，广告与媒体就密不可分地联系在一起，任何广告都必须依赖于一定的媒体存在，并通过媒体进行传播。人类广告业发展的历史实际上也就是广告媒体的发展历史。可以说，没有广告媒体，广告的目的也就无法实现。

14.1.1　广告媒体的概念体系

14.1.1.1　广告媒体的概念

广告媒体指传播广告信息的中介物，是运载广告信息以达到广告目标的一种物质技术手段。或者说，凡是能看到广告作品，并实现广告主与广告对象之间联系的可视物体，均可称为广告媒体，广告媒体是信息的一种载体。

14.1.1.2　相关概念

视听率指媒体或某一媒体的特定节目在特定时间内特定对象占收视（听）总量的百分比。以户为单位统计的称户视听率，以人为单位统计的称人视听率。作为统计广播电视节目拥有观众、听众人数多少的指标，视听率（对于报纸或杂志也可具体称为阅读率）是广告商投资广告的主要依据，也是分析判断广播电视节目播出效果、改进节目的重要依据（见表14-1）。

表14-1　　　　　视听率（针对某一特定群体，表中标注为虚拟数据）

	男性总人数（百万人）	男性（18~29岁）总人数（百万人）
某地区人口	200.0	50.0
A杂志读者	60.0	20.0
A杂志视听率	30%	40%

表格来源：作者参考相关资料整理所得

开机率是指在一天中的某一特定时间内，拥有电视机的家庭中收看节目的户数占总户数的比例。开机率的高低，因季节、时段、地理区域和目标市场的不同而不同。开机率是从整体的角度去了解家庭与个人或对象阶层的总和收视情况，主要意义在于对不同市场、不同时期收视状况的了解。

节目视听占有率是指收看某一特定节目开机率的百分数，说明了某一节目或电台在总收视或收听中占多少百分比。以上3者关系可表示为：

视听率＝开机率 × 节目视听占有率

到达率是指传播活动所传达的信息接受人群占所有传播对象的百分比，属于非重复性计算数值，即在特定期间内暴露一次或以上的人口或家庭占总数的比例。到达率适用于一切类别的媒体，就广播、电视而言，到达率通常以一周表示；就报纸杂志等而言，到达率通常以某一特定发行期经过全部读者阅读的寿命期间作为计算标准。例如，报纸或杂志到达率以期数作为期间，对于日报，7期为一周，7期到达率即为周到达率；对于周报，1期为一周，1期到达率即为周到达率。

毛评点简称GRP，又称总视听率，即印象百分比之和，印象就是受众接触媒介的机会。例如，某电视节目的收视率是15%，而播放频次是4次，那么毛评点就是60%，即有60%的受众接触了广告。毛评点是测量媒体策划中总强度和总压力的方法，只提供说明送达的总视听率，而没有反映出重复暴露于个别广告媒体下的视听率。一般而言，毛评点越高，覆盖面越广，所要求投入的资金就越多。

公式表示为：

毛评点＝节目视听率×广告插播次数

千人成本简称CPM，是将一种媒体或媒体排期表送达1 000人或家庭的成本计算单位，是衡量广告投入成本的实际效用的方法。千人成本将收视率与广告成本联系起来，即广告每到达1 000人次需要多少钱。可运用千人成本来选择媒体，决定最佳媒体排期。

公式表示为：

千人成本＝（广告费用/到达人数）×1 000

其中，广告费用/到达人数通常以一个百分比的形式表示，在估算这个百分比时通常要考虑其广告投入是全国性的还是地方性的，通常这两者有较大的差别。

有效暴露频次又叫有效到达率，是指在一段时间内，某一广告暴露于目标受众的平均次数。受众接触广告次数的多少，与其对广告产品产生的反应有直接关系。广告次数过多，不仅浪费，还会引起消费者的厌烦情绪；广告次数过少，广告就没有效果。国外广告界一般认为到达 6 次为最佳，超过 8 次可能使人厌倦。

14.1.2　广告媒体的特点

广告媒体伴随着广告信息进入人们的生活领域，并在很大程度上影响着人们的消费心理和消费行为，其影响力度已深入人心。为了更好地了解其产生的主要影响，我们有必要了解一下广告媒体作为特殊的媒体类别的基本特性。同时，广告媒体不同于新闻媒体，尽管常依附于大众媒体本身，但是由于其特定的宣传内容，广告媒体表现出了独有的特性。了解这些特性，有助于灵活运用广告媒体的各项优势。

广告媒体的特性指媒体的物质属性和功能属性，不同的广告媒体有不同的特性，但总体而言具有以下共同特性（见表 14-2）：

表 14-2　　　　　　　　　　　　广告媒体的共同特性

1. 传达性：广告媒体要适时、准确地传送广告信息，根据广告计划来安排广告发布时间，如实传导广告内容。传达性是广告媒体的最基本特性。	2. 时间性：不同媒体传播信息的传播效果长短、传播速度快慢各不相同，如电子媒体就比印刷媒体传播广告信息的速度快。因此，广告主在制定广告计划时要依据产品的特点及市场营销策略要求，选择不同媒体传播。	3. 空间性：不同媒体具有占据不同空间的特性，如报纸与杂志的空间性体现在其版面的大小与位置的安排上，而可视性媒体的空间性则表现在其放置的具体地点与场所上。不同空间的差异性选择直接导致传播效果的不同。	4. 适应性：广告主可以根据信息发布的范围、受众多少、地区远近、对象阶层、时间长短以及速度快慢等不同要求，选择具有不同适应性的广告媒体，以提高信息传播效果。

表格来源：作者根据相关资料整理所得

以上 4 点是广告媒体的共同特性，由于不同广告媒体又具有各自不同的属性，因此本章在后面几节对不同媒体的特点进行了详细阐述，便于读者了解如何选择最优的广告媒体组合。

14.1.3　广告媒体的功能

广告媒体总是生存在与之相适应的社会环境中，成为整个社会系统的有机组成部分。因此，在接受社会运行机制约束的同时，广告媒体对社会系统的各个方面也产生了很大的影响。营销专家们更是发自内心地相信广告能给整个社会带来益处。广告推动了新产品与新技术的开发与推广，加速了市场对此的接受度；广告扩大了就业，为消费者和商家提供了更多的选择；广告通过刺激批量生产，降低了物价，刺激了生产厂家之间的健康竞争，使所有的买方从中受益。

14.1.3.1 正面功能

第一，经济功能。

其一，沟通市场关系。众所周知，生产者的产品与消费者的购买与消费在时间和空间上都存在着距离。通过广告，企业可以向消费者传递有关产品的基本信息，也可以将新产品的开发、产品的升级改进等有利于企业营销的各种信息及时地传达给消费者。有了如此便捷快速的信息传递媒介，企业的营销手段和产品的销售都可以及时畅达地进行。

当然，广告媒体并不只局限于对产品的简单介绍。在对产品基本信息进行介绍的同时，其实已经灌输了一种需求欲的潜意识。广告媒体刺激需求的心理过程是"爱德玛法则"，即注意—兴趣—欲求—记忆—行动。新产品初进入市场时，多数就是运用广告来刺激初级需求的。

其二，塑造品牌形象。"沟通从心开始""Just Do It"等广告界经典宣传语已经充分说明品牌形象在推动企业发展中的重要作用（见图14-5和图14-6），而这一品牌的塑造重任很大程度上担负在广告媒体肩上，特别在新产品刚上市时，都需要响亮的广告语来吸引公众的注意，以增强他们对产品的了解，从而形成对该产品的初期印象。

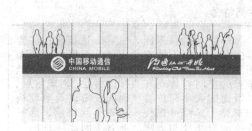

图 14-5　移动广告语

图片来源：昵图网

图 14-6　耐克广告语

图片来源：百度图片

新产品在占有一定市场份额后，要继续保持和有所发展比前期更有难度。此时的市场上会立刻涌现出许多同类同质产品，在这种情况下，通过广告媒体发布广告是企业宣传产品特色、树立品牌形象的最佳选择。

第二，消费者功能。

消费者通过广告媒体了解到产品的基本信息，并根据这些广告信息适当地调整个人的某些消费行为。因此，广告媒体对于消费者而言主要有两个方面的功能：一是认知功能，消费者通过广告媒体可以了解到更多的产品信息；另一个是引导功能，消费者通过对产品基本信息的了解，就可以有选择地关注和购买某些产品，从而引导自己的消费行为。

其一，认知功能。认知功能指的是广告以传递信息的形式向市场进行诉求认知，主要通过语言、文字、图像、色彩、质感等来解释信息的特征。前美国总统罗斯福对广告媒体的认知功能给予过很高的肯定，他说："若不是有广告来传播高水平的知识，过去的半个世纪各阶层人民现代文明的普遍提高是不可能的。"可见广告媒体的认知功能对于普及基本生活常识有着多么重要的辅助作用。认知功能的直接作用在于帮助消费者辨认、识别产品的差异。反过来，正是产品的差异性又决定了广告宣传必须个性——重点凸显出产品的独特性和优点，以增强顾客的购买欲望。

由于随处都会接触到广告媒体，消费者心理早已有了对广告媒体的审美倾向。因此，广告媒体需要通过掌握人们的心理活动来激发人们的感情，使之对广告宣传的产品产生购买意识。尤其在面向市场时，广告媒体必须掌握一定时期目标市场主要购买对象的需求特点，通过广告的语言、文字、画面产生视觉导向，引起消费者的共鸣。

其二，引导功能。随着信息技术的飞速发展，如今的广告媒体早已随处可见，成了消费者获得产品信息的主要来源。这些广告媒体提供的信息包括了产品的性能、特点、用途、使用方法等，实际上这些广告信息早已在无形当中让消费者提高了对该产品的认知程度。通过这种认知，消费者其实早已将这些认可的产品信息逐渐衍变成自己的购买同类型产品的重要参考依据。

广告宣传是长期、有序进行的，正是通过这种反复的品牌和产品介绍，无形中再一次提高了消费者对该品牌的认知程度，从而产生一种认牌消费的心理，最终影响购买行为。同时，在广告中不断呈现的产品功能等，也对激发消费者购买欲颇有效果。因此，广告媒体在发布信息时，必须尽可能提供充分的产品基本信息以满足消费者在后期购买中的信息需要，从而更好地引导消费者有针对性的消费。另外，广告媒体还可以通过创造流行时尚等特殊主题来吸引消费者前来消费。例如，费列罗巧克力每年都会利用圣诞节、情人节等特殊主题的广告来吸引顾客（见图14-7）。

图14-7　费列罗巧克力广告

图片来源：百度图片

第三，社会文化塑造功能。

现如今，随处可见的广告已经成了人们生活中不可或缺的一部分。

其一，美化协调外部环境。路边的招牌广告、灯柱广告、公交车身广告等一系列的广告形式使得广告无处不在，它们以独特的形式交相辉映。这一件件形象逼真、栩栩如生的广告本身就是一件令人赏心悦目的艺术品，既美化了城市的市容环境，又提升了城市形象。因此，生活中出现了很多专门提升城市形象的广告，而且越来越受到人们的认可和喜爱。

对于政府性宣传来说，广告媒体有着无可替代的优势。在西方政治生活中，广告媒体对于政府公开竞选更起着举足轻重的作用。在美国每次进行的总统竞选中，候选人每每要投入巨额资金到广告媒体上为自己做宣传。如今广告媒体的发达程度已经成了一个城市乃至一个国家发展水平的重要标志。

其二，培养高尚的心理环境。广告媒体总是通过传递某种产品信息，让人们不断地改变着对产品的看法和观念。正如著名报学史专家戈公振提出的精辟看法："广告为商品发展之史乘，亦即文化进步之记录。人类生活，因科学之发明趋于繁密美满，而广告既有促进认证与指导人生之功能。"从这个意义上说，广告媒体直接引导着消费潮流，从而在不断地改变着人们的生活、思维和行为方式。

众所周知的可口可乐广告已经成为美国文化的一种象征，其代表的是美国文化的精华，喝一瓶可口可乐就等于把这些美国精神灌入体内，其中所蕴含的消费方式和思维方式均带有美国色彩。可见，广告媒体对于塑造整个消费心理环境和生活方式的影响是巨大的（见图14-8）。

图 14-8 可口可乐经典海报

图片来源：百度图片

优秀的广告媒体传达的就是弘扬高尚的人格、情操、道德、品质，特别是一些公益广告，直接反映出全社会的优秀美德，提倡新型的价值标准。公益广告能够直接地鼓舞人们朝着健康、积极的生活方式去不断追求进步，这在一定程度上有助于形成良好的社会道德风尚，营造出一种更加文明、优越的精神态势（见图14-9和图14-10）。

图 14-9 上海市静安区公益广告

图片来源：百度图片

图 14-10 爱护环境公益广告

图片来源：昵图网

14.1.3.2 负面效应

由于受到社会各界复杂因素的制约，作为广告载体的广告媒体必然有不足之处。广告媒体每次推出的新观念总是带着尝试的态度打开市场，这必然也会随之产生积极和消极的双面影响。

从广告媒体的广告内容来看，《中华人民共和国广告法》第四条明确规定："广告不得含有虚假或者引人误解的内容，不得欺骗、误导消费者。"然而，为了获得更大的经济利益，某些广告主不顾损害消费者的利益，对于制作的广告内容，故意发布虚假广告、传播不正确的广告信息，误导消费者购买。

从广告媒体的选择运作策略来看，一方面，在选择广告刊播时，某些广告主通常考虑的是自身利益，较少甚至没有考虑到受众的心理感受和实际利益关系；另一方面，在混用媒体中，某些广告并没有注意到与其他非广告内容的协调，许多消费者可能会因此产生反感心理，导致广告效力的不必要降低。

从广告媒体的文化观念来看，某些广告创意以陈腐的封建思想观念为切入点，宣传的是与现代社会美好品德格格不入的腐朽观念。这些低格调的广告严重污染了广告媒体的清洁环境，给社会文化抹上了污点，形成了不良的社会风气。

从广告媒体的广告效果来看，琳琅满目的广告信息堆积在消费者面前本身就是对消费欲的挑战，人们对于如此纷繁的商品种类已是不知如何购买。在这个时候，广告媒体为了提升自身的吸引力，对信息的夸张程度以及广告制作中的刺激性更是大加渲染，很容易导致消费者过度膨胀的消费理念。

在现代社会中，广告媒体已成为社会生活的有机组成部分，在相当程度上影响着人们的消费观念和消费行为。因此，广告媒体的负面效应更是其本身的问题，只有建立一种健康的、负责任的广告媒体观，让广告媒体做到社会效益与经济效益的优化组合，才能真正有利于社会的和谐发展。

14.1.4 广告媒体的分类

广告媒体的分类的意义在于对各种媒体的特点有一个概括性的初步了解，这也是选择媒体运用的重要依据之一。广告媒体按照不同的分类标准可以进行不同的分类，下面介绍几种常见的分类方法（见表14-3）。

表 14-3 广告媒体的分类

序号	角度	类别
1	媒体的物质属性	印刷品媒体，如报纸、杂志、书籍、传单等 电波媒体，如电视、广播、手机、网络等 邮政媒体，如销售信、说明书、商品目录等 销售现场媒体，如店内广告、货架陈列、门面等 其他，如气球、建筑物等

表14-3(续)

序号	角度	类别
2	广告的影响范围	国际性广告媒体,包括一切国际发行的出版物、国际交通工具、出口商品的包装物等 全国性广告媒体,包括全国性电视台、广播、杂志报纸等 地方性广告媒性,包括地方性电视台广播、杂志等
3	接受者的感觉角度	视觉广告媒体,如报纸、杂志、海报、橱窗、交通工具等 听觉广告媒体,如广播、电话、叫卖等各种形式的口头宣传媒体 视听觉广告媒体,即兼有视觉和听觉效果的媒体,如电视、录像等
4	媒体与广告主的关系	他有媒体,又称租用媒体,即由广告主以外的其他部门经营的媒体,广告主使用时要付费用,即如报纸、杂志、电视、广播电台等广告媒体 自营媒体,又称自用媒体,即广告主自己设立的广告媒体,如招牌、霓虹灯、橱窗、传单等广告媒体
5	信息的有效期限	长期广告媒体,即媒体本身使用时间较长,不会轻易更换或被淘汰,这类媒体一般具有使消费者主动或被动保留或收藏的特性,如印刷广告中的杂志、书籍、说明书等 短期广告媒体,即使用或传播时间较短的媒体,如报纸、橱窗、海报等 瞬间广告媒体,即信息在上面转瞬即逝的媒体,如电视、广播等媒体

表格来源:作者根据相关资料整理所得

14.2　常规媒体特色及趋势（主流广告媒体）

14.2.1　平面媒体

传统的四大广告媒体包括了报纸、杂志、广播、电视,若将这四种传统广告媒体按消费者所能感受到的广告视觉冲击来划分,又可将其分为平面媒体和电波媒体两类,下面具体介绍这两类常规媒体。

14.2.1.1　报纸

报纸是以刊载新闻和新闻评论为主的定期的、用印刷符号传递信息的连续出版物,一般以散页形式出现。从发行范围来看,报纸有全国性、区域性、地方性之分;从内容来看,报纸有综合性、专业性之分;从出版周期来看,报纸有日报、周报、月报之分。

第一,报纸广告的利与弊。报纸可以为广告主提供许多有利的东西,其中最重要的一点就是时效性,即报纸广告可以很快就发布出来,有时当天即可办到。此外,报纸还有地域明确、市场广阔、收费合理等诸多优点。但报纸缺乏针对性,制作质量较差,而且内容庞杂。另外,读者还批评说报纸对重要事件和问题缺乏深度和后续报道[①]（见表14-4）。

---

① Ronald Redfern. What Readers from Newspapers [J]. Advertising Age, 1995 (1): 25.

表 14-4   **报纸广告的利与弊**

利	弊
大众媒介：报纸是一种大众媒介，可以渗透到社会的各个细分群体，绝大多数消费者都会看报纸。 　　**地方性媒介**：报纸还是一种到达范围广的地方性媒介，覆盖某一特定地区，该地区的市场和人口具有相同的关注点和兴趣。 　　**内容广泛**：报纸涉及的内容特别广泛，几乎无所不包。 　　**地理针对性**：报纸利用地区版，可以专门针对某一街道或社区。 　　**时效性**：报纸主要报道当天的新闻，读者也可以在当天看到报纸。 　　**可信度**：研究调查表明，报纸在可信度方面排第一，远超过排名第二的电视。 　　**创意的灵活性**：报纸广告的规格大小和形状可以按广告主的要求和目的进行变化，或占据主导位置，或增加重复次数。广告主可以采用黑白、彩色、周日杂志或定做插页的形式。 　　**兴趣的可选择性**：无论哪天，报纸广告都会引起一少部分潜在读者的主动注意，他们对广告主打算告知的讯息、销售的产品比较感兴趣。 　　**主动媒介**：报纸是一种主动媒介，读者会翻阅版面，剪下并保存优惠券，在空白处写写画画或将内容归类。 　　**长久记录**：与电视和广播广告稍纵即逝的特性相反，报纸保存的时间比较长久。 　　**价格合理**。	**缺乏针对性**：对特定的社会经济群体缺乏针对性，大多数报纸的读者面广泛有复杂，各种人都有，这就有可能与广告主的目标受众不相符。 　　**寿命短**：除非读者将广告或优惠券剪下保存，否则报纸广告就再无缘与读者见面。 　　**还原质量较差**：新闻纸一般较粗糙，制作出来的图像不如光滑的杂志纸那么引人注目，而且很多报纸无法印制彩色版。 　　**庞杂**：每一条广告都必须与同处一个版面的文字内容和其他广告一起争夺读者的注意力。 　　**缺乏控制**：除非广告主支付指定版位的高价，否则广告主无法控制广告的位置。 　　**重复**：有人读的报纸不止一份，广告主发布在这份报纸上的广告，读者有可能已在另一份报纸上看到过。

表格来源：威廉·阿伦斯，迈克尔·维戈尔德，克里斯蒂安·阿伦斯. 当代广告学［M］. 11 版. 丁俊杰，等，译. 北京：人民邮电出版社，2010.

　　第二，报纸的分类。报纸可按规格、受众类型或投递频率来分类（见表 14-5）。

表 14-5   **报纸的分类**

序号	角度	类型
1	规格	**日报**：分早报和晚报，每周至少出版 5 次（周一至周五）。在美国的 1 456 种日报中，晚报有 653 种、早报有 813 种（两者合计超过 1 456 种，因为其中 10 种报纸自认为既是早报，又是晚报，即所谓的"全天报"）。①早报的地域覆盖面一般较广，读者男性居多，晚报的读者女性居多。 　　**周报**：侧重于当地新闻和地方性广告，其读者对象一般是小城镇或郊区和农村地区的居民，是目前发展最快的一类报纸。周报的千人成本一般高于日报，但寿命长于日报，每一份的读者人数也更多。

---

① U.S. Census Bureau. Statistical Abstract of the United States ［EB/OL］www.census.gov, 2006.

表14-5（续）

序号	角度	类型
2	受众类型	标准型报纸：长约55.88厘米，宽约33.02厘米，分为6栏。 小报型报纸：一般长约35.56厘米，宽约27.94厘米。全国性小报，如《环球时报》，常采用耸人听闻的新闻报道争夺零售市场。另有一些小报，如《人民日报》《南方周末》，则偏重于严肃的新闻和特写。 过去，报纸有近400种不同的广告规格，但1984年，报界出台了标准广告单位体系，对报纸的栏目宽度、版面大小以及广告规格做出了规定
3	投递频率	有些日报和周报的服务对象是一些兴趣独特的受众，广告主绝不会对此视而不见。这类报纸刊登的广告一般都会迎合这些特殊受众的口味，这些保证可能会有一些特殊的广告规定。 有些报纸的服务对象是某一族裔市场。美国有200多种日报和周报是为非裔美国人社会服务的，还有一些针对外语人群。除英语外，美国现在的报纸还采用43种外语印刷。 专业报纸还为工商界和金融界读者服务。其他还有针对各种互助会、宗教团体、工会、专业组织或兴趣爱好者团体的报纸。

表格来源：作者根据相关资料整理所得

第三，报纸广告的分类。报纸广告主要分为图片广告、公告、分类广告和夹页广告（见表14-6）。

表14-6　　　　　　　　　　　　报纸广告的分类

序号	类别	释义
1	图片广告	由文案、插图或照片、标题、优惠券以及其他视觉元素组成。图片广告有各种大小的规格，除社论版、讣告版、分类广告栏及主要栏目的首页外，图片广告可以刊登在任何栏目内。图片广告的一种常见变体是阅读告示，看上去如同报纸上的一篇社论文章，其刊登费用有时高于普通图片广告。为了防止读者误将这类广告当做社论文章，在这类广告顶端要标明广告字样（见图14-11）。
2	公告	只需要支付很少的费用，报纸就会刊登合法的有关业务更改、人事关系变动、政府报告、团体或公民个人启示类广告。这类广告通常采用预定的固定格式。
3	分类广告	为社区市场宣传各种形式的商品、服务以及机会，从房地产信息到新车销售乃至就业信息和商业信息。一般说来，报纸的收益取决于分类广告栏是否充足、健康。 分类广告一般刊登在副标题下按种类或需求分栏刊登，通常按其所占的行数和刊登次数收取费用，有些报纸可以接受分类图片广告，这种广告刊登在报纸的分类广告栏中，但字体或图片更大、空白更多，有图片或边界，有时还会印成彩色（见图14-12）。
4	夹页广告	同杂志一样，报纸也可以附带广告主的广告夹页。广告主预先印好夹页，将其送到报社，由报社加插在特定版中。夹页的大小既可以采用报纸标准板面的大小，也可以是两张明信片的大小；夹页时形式有目录、说明书、回执和齿孔优惠券。 一些大型都市日报还允许广告主指定广告夹页的发行地区。例如，有的零售商只是希望到达自己经销覆盖区内的顾客，他们便可以只在该地区版上加插广告页。零售店铺、汽车经销商和大型全国性广告主发现以这种方式传播自己的广告讯息要比邮寄或逐户投递的费用更低廉。

资料来源：作者根据相关资料整理所得

图 14-11　某房地产销售广告

图片来源：昵图网

图 14-12　某报纸刊登的分类广告

图片来源：昵图网

14.2.1.2　杂志

杂志也是一种以印刷符号传递信息的出版物，属于视觉平面媒体的一种。广告主在创意组合中运用杂志是出于多种考虑的，首先且最重要的是杂志可以让他们用高质量的表现力到达特定的目标受众（见表 14-7）。

表 14-7　　　　　　　　　　美国十大杂志广告主（2005 年）

排名	广告主	杂志广告费（百万美元）
1	宝洁	789.4
2	奥驰亚集团	506.2
3	通用集团	475.0
4	强生	378.0
5	欧莱雅	337.9
6	福特汽车	323.8
7	时代华纳	308.3
8	戴姆勒·克莱斯勒	297.9
9	葛兰素史克	238.9
10	丰田汽车	234.6

表格来源：作者根据相关资料整理所得

第一，杂志广告的利与弊。杂志广告的利与弊如表 14-8 所示：

表 14-8   杂志广告的利与弊

利	弊
灵活性：读者与广告方面的灵活性。杂志涉及的潜在读者无所不包，在地域上既可以覆盖全国又可以只发行到某一地区，篇幅、厚薄、手法和编辑格调尽可花样百出。 色彩：色彩使读者得到视觉享受，尤其是那些华丽精美的杂志，彩色还原效果最好。色彩有助于突出形象、显现包装。简而言之，色彩有助于销售（见图 11-13）。 权威性与可行性：可增强商业讯息。广播电视和报纸能提供大量信息，但缺乏读者需要的知识或意义深度，杂志则三者兼具。 声望：在一些高档杂志和精品杂志中，如《时代周刊》《财富》《时尚》上发布产品广告，相应地也会显示出产品的档次和品质。 受众针对性：杂志的受众针对性更准确，鲜明而独特的文章内容自然对有相同口味的读者具有号召力。例如，在《高尔夫大师》（Golf Digest）上发布针对高尔夫爱好者的广告。 成本效益：由于无效发行量已经降至最低，因此利用杂志做广告的效益比较好。如果广告主在两个或更多的出版网络上发布广告，就可以降低成本。 读者忠诚：读者对杂志的忠诚有时表现得近乎狂热。 耐久性：杂志可以让读者细品味广告，可以刊登较为复杂的教育性或销售性讯息，为传递企业的整体个性提供机会。 销售力：杂志的销售力早已被证实。 大批的二手读者：订阅人读完杂志后再转给非订阅人看。 销售支援：广告主可以获得再版的机会和销售宣传材料，使其广告成本降低。	不及时：杂志不如广播和报纸那么及时、迅速。 地域覆盖有限：杂志不具备广播媒介那样的全国到达率。 无法以低成本到达大批读者：杂志到达大批读者的成本较高。 无法实现高频次：多数杂志是一个月或一周出版一次，广告主只有按排期大量增加小范围受众杂志才能实现预期到达率。 较长的预备期：插页广告的预备期较长。 激烈的广告竞争：发行量最大的杂志，一般文章占48%的篇幅，广告占52%的篇幅。 千人成本较高：例如，全美消费者杂志的黑白版千人成本平均为5~12美元，有些针对性非常强的贸易刊物高达50美元以上。 发行量下降：尤其单册的销售量下降，此风已波及整个杂志业。

表格来源：作者根据相关资料整理所得

图 14-13　瑞丽杂志封面
图片来源：百度图片

第二，杂志的分类。在专业领域，所有杂志都被归类于"书籍"，一般按杂志的内容、地理分布和规格来进行划分（见表14-9）。

表 14-9　　　　　　　　　　　　　　　杂志的分类以美国为例

序号	角度	类别
1	内容	消费者杂志：销售对象是那些为个人消费而购买产品的消费者，人们购买消费者杂志的目的是为了娱乐或寻求信息，或二者兼有。《时代》《魅力》《好当家》等杂志便属于此类。 农业刊物：针对农场主及其家庭和生产，或经销农业产品、农业设备与服务的企业，如《农场杂志》《成功农牧业》《现代农场主》等。 行业杂志：迄今为止最大的一类杂志，针对工商业界读者，包括针对批发商、零售商及其他分销商的贸易刊物，如《现代商贸》；针对制造业和服务行业工商人士的商业杂志和工业杂志，如《电子设计》和《美国银行家》；面向律师、医生、建筑师和其他专业人士的专业期刊，如《眼科学档案》；等等。
2	地理分布	地方性杂志：在美国的主要大城市都有自己的地方城市杂志，如 *New York*、*Chicago* 等，其读者多为对当地工商业、艺术和时尚感兴趣的高层次专业人士。 地区性杂志：针对某一特定地区，如《南方生活》。全国性杂志有时也为特定地区发行特殊市场版，像《时代》《新闻周刊》和《女性时光》等都允许广告主购买某一主要市场。 全国性杂志：TNS 媒体情报公司是一家收集广告支出数据的公司，它认为全国性报纸应具备两个特征：每周至少发行 5 天；全国范围都可以得到其印刷版。 美国发行量最大的杂志是《AAPP 杂志》，读者为美国退休人员协会的 2 260 万会员。①
3	规格	大型，如《访谈》《唱片》，整版广告大致规格为 4 栏×170 行。 阔型，如《时代》《新闻周刊》，整版广告大致规格为 3 栏×140 行。 标准型，如《国家地理》，整版广告大致规格为 2 栏×119 行。 小型或袖珍型，如《读者文摘》，整版广告大致规格为 2 栏×119 行。

表格来源：作者根据相关资料整理所得

第三，杂志广告的形式。杂志可以为广告创作提供许多种创意形式，包括出血、封面、插页、大折页和特殊尺寸（如小单元与岛型半版等）。广告主在对杂志进行广告版面的选择之前，首先需要对这些形式进行了解（见表14-10）。

表 14-10　　　　　　　　　　　　　　　杂志广告的形式

序号	类别	释义
1	出血	想要广告创意表现的灵活性更强、印刷版面更大，可以选择出血版。出血就是指广告版面上的黑色或彩色背景一直扩展至版面的边缘。绝大多数杂志都可以做出血版，不过收费要高 10%～15%。

---

① The Hot List Adweek 25th Anniversary ［N］. Brandweek, 2005-03-14.

表14-10(续)

序号	类别	释义
2	封面	很多企业希望买到抢手的版面,尤其是当企业计划在某一杂志上连续刊登广告时。很少有杂志愿意出售封一让别人刊登广告,他们可以分别出售封二、封三和封底,这种广告位置的售价也相当高。
3	小单元和岛型半版	利用杂志版面而花费又较少的一种做法是利用版面的特殊位置或跨页形式,包括小单元和岛型半版两种。小单元是指安排在版面中央、四周以文字内容的大型广告(占版面60%)。与此类似的岛型半版则周围的文字内容更多,岛型半版的收费有时超过常规半版,但由于这种安排占据了版面的主要位置,因此广告主觉得额外的花费物有所值。
4	插页和大折页	不购买杂志标准广告版面可以选择插页和大折页两种形式。插页是指广告主先用优质纸质印刷广告,以增加讯息的分量和效果,然后把广告成品送交给杂志社,杂志社收取特殊的价格,将广告插入杂志内。大折页也是插页的一种,但其版面大于正常的版面,为保持与其他页面的大小一致,要将多余出来的部分向钉口方向折叠。当读者打开杂志时,折叠的版面会像一扇门一样自动打开,广告就会呈现在读者面前。

表格来源:作者根据相关资料整理所得

14.2.2 电波媒体

14.2.2.1 广播

广播是利用电波传播声音的工具,它诉诸人们的听觉,通过语言和音响传达各种信息,唤起人们的联想。

第一,广播广告的利弊。广告主喜欢广播的到达率、频次、针对性和高效益,虽然广播有上述优点,但其也有自身的局限(见表14-11)。

表 14-11　　　　　　　　　　　　　　广播广告的利弊

利	弊
传播速度快,广告制作简单。利用电波传送的广播媒体,不需要经过复杂的制作过程,临时改动也很方便,它能配合营销活动及时传递信息,根据目标市场、广告对象和产品特点的变化情况及时调整广告内容,灵活性强。 收听方便、费用低廉,无线电广播不但接收设备简单,而且通常不受时间、空间、气候等因素的影响和限制。 易发挥听觉效果。广播媒体能充分利用语言及音乐的特点来吸引听众,带有现场感的音响及富有吸引力的美妙音乐,使人如临其境,获得特有的美感。	信息稍纵即逝,无法查存。广播媒体由于受节目时间的限制,往往转瞬即逝难以保存。听众一般是在毫无心理准备的情况下接收广播广告的信息,难以形成记忆;即使听众想接受某一广告信息,也不易找到播出的频道或时间。 有声无形。广播广告靠声音来传送广告信息,使广告对象只有听觉印象,而无视觉印象,对商品的印象没有直观感受,从而影响宣传效果。 听众分散。由于现代城市中大众传媒较多,广播的传播能力便相对较弱且听众分散,广告的宣传效果不能尽如人意,这使广播广告的使用受到一定程度的影响。

表格来源:作者根据相关资料整理所得

第二，广播广告的类型。广告主可以根据自身的广告需求来选择购买不同类型的广播广告，因此在选择哪种形式的广播广告之前，首先需要了解广播广告的类型（见表 14-12）

表 14-12 广播广告的分类

序号	类型	释义
1	联播	广告主可以订购某一全国性广播网联播电台的时间，同时向全国市场传播自己的讯息。广播网只能为全国性广告主和区域性广告主提供简单的管理，电台的纯成本效益较低。广播网的缺点在于无法灵活选择联播电台、广播网名单上的电台数量有限以及订购广告时间所需的预备期较长。
2	独立电台	独立电台在市场选择、电台选择、播出时效选择以及文案选择上为全国性广告主提供了更大的灵活性，独立电台可以迅速播出广告（有些电台的预备时间甚至可以短至 20 分钟），并且广告主可以借助电台的地方特色快速赢得当地听众的认可。
3	地方电台	地方性广告主或广告公司购买的独立电台的广告时间，其购买程序与购买全国性点播时间一样。广播广告的播出既可以采用直播方式，也可采用录播方式。多数电台采用录播节目与直播新闻报道相结合的方式，同样几乎所有的广播广告都采用预录方式，以降低成本和保证播出质量。

表格来源：作者根据相关资料整理所得

第三，优秀的广播广告应具备的要素。优秀的广播广告应具备的要素如表 14-13 所示：

表 14-13 优秀广播广告的要求

序号	要求	内容
1	专一、集中	不要让消费者一次接受太多的信息。列出文案要点的次序，把广告想象成太阳系的模型。最重要的文案要点是太阳，其他文案要点都是重要性不同的行星，它们都围绕、支持中心思想。
2	研究产品和服务	很多客户密切注意自己的竞争对手，但很少把自己的特色和优势与事实性材料联系起来，有意义的统计可以为信息的实质性提供支持。
3	使用平实的对话语言	作一名清晰的传播者，不要强迫你的角色做出不自然的陈述。这不是公司高层会议——没有"职业经理的语言"，只有清晰平实和简单的语言。
4	制作延伸效果	制作延伸效果，即让消费者从广告中学用短语，可以成倍增加广告效果。一个巧妙的短语或手法可以让消费者向其他人询问他们是否有看过这则广告，人们甚至会要求电台重播广告。
5	产生即时的身体、情感和精神反应	在广播广告中，拨动心弦的笑声、消费者自身的精神活动都有助于加深记忆，留住信息。
6	建立和消费者的联系	向消费者讲述故事时，要把品牌和消费者的需求与欲望联系起来。不要假定消费者自己会得出正确的结论（见表 14-14）。

表格来源：作者根据相关资料整理所得

表 14-14   案例分享

The Retreat：30 秒   播音员：史蒂芬
狗叫、嘘声的音响效果。 女声：这是凯利和他的宠物史努比。凯利想要带史努比偷偷进入他的新公寓，因为这里不允许养宠物。可惜的是凯利没有搬到 The Retreat 中来，在这儿有专门的小屋来养室内宠物。同时，私有的后院可以使凯利不用担心史努比没有地方做它想做的事。你的房子，你的规则。 男声：访问 Retreat.com，了解更多信息。可以通过 Retreat 公司和房屋贷款公司办理手续。

表格来源：美国南方广播公司及 Vioce Unders.com.

14.2.2.2 电视

电视是一种兼有视听功能的现代化广告媒体，具有很强的表现力和感染力，产生的效果也远远超过了其他广告媒体。虽然电视媒体的发展较晚，但已成功成为当今非常重要的广告信息传播媒体之一。

第一，电视广告的利弊。电视如今已经成了人们生活中必不可少的一种休闲娱乐工具，电视广告也发展起来。如今的电视广告是发展最好的一种广告形式。作为一种经由电视传播的广告形式，电视广告有着许多的优点与不足（见表 14-15）。

表 14-15   电视广告的利弊

利	弊
传播面宽，影响面广。电视媒体的覆盖面相当大，甚至全球都可同时收到同一电视信号。因此，电视媒体可不受时空制约，迅速传递，使得广告信息影响面广、诉求力强。 视听结合，声形兼备。电视媒体将视觉形象和听觉形象集于一身，可综合性、立体化的传播广告信息，使其具有愉悦性和艺术感，电视观众可能会因受到强烈的刺激作用而产生购买行为。 表现手段灵活多样。电视媒体视听结合的特性可以突出展现的商品个性，如产品外观、内部结构、使用方法、生产程序等。因此，电视广告可将广告意图予以最大限度诠释以获得最佳广告宣传效果。 具有一定的强迫性。电视广告一般是在精彩节目中间插入的，观众为了收看电视节目不得不接受一定数量广告信息，即使观众不看屏幕，也能听得到广告声音。因此，电视媒体又具有强迫观众收看这一特性。	时间较短，信息难以保存。由于广告播出时间较短，难以使观众在首次收看时就留下清晰的印象；广告内容也受播出时间的限制而不能充分展示产品的各方面特性，且不便观众事后查找，影响了广告的记忆效果。 制作及播出费用较高。电视广告的制作要求很高，需要投入大笔资金，而电视广告播出的费用也比一般媒体要更高得多，尤其是黄金时间的广告播出费用更是一般企业难以承受的。 对象不易确定，选择性较差。电视媒体具有宽广的覆盖范围和广泛的传播对象，因此对于专业性强、目标市场集中的商品无法选择特定的广告对象，其效果也难以测定。

表格来源：作者根据相关资料整理所得

第二，电视广告的类型。电视广告类型极多，但是都以宣传商品、服务、组织、概念等为主，从家用清洁剂、服务，甚至到政治活动都可以用电视广告表现。要想最大限度地发挥广告宣传的价值，广告主在选择不同类型的电视广告之前，首先需要对不同的电视广告类型进行了解（见表 14-16）。

表 14-16　　　　　　　　　　　　电视媒体广告的分类

序号	类型	释义
1	特约播映广告	这是指电视台为广告客户提供的特定广告播出时间，客户通过订购这类广告时间，把自己的产品广告在指定的电视节目的前、后或节目中间播出的一种广告宣传方式。
2	普通广告	这是指电视台在每天的播出时间里划定的几个时间段，供客户播放广告的一种广告宣传方式。
3	公益广告	这是一种免费的广告，主要是由电视台根据各个时期的中心任务，制作播出一些具有宣扬社会公德、树立良好的社会风尚的广告片。
4	经济信息	这是电视广告的一种宣传方式，是电视台专门为工商企业设置的广告时间段，专为客户宣传产品的推广、产品监定、产品质量咨询、产品联展联销活动，以及企业和其他单位的开业等方面的宣传服务的。
5	直销广告	这是电视台为客户专门设置的广告时间段。利用这个时间段专门为某一个厂家或企业，向广大观众介绍自己生产或销售的产品和商品。
6	文字广告	这是在电视屏幕上打出文字并配上声音的一种最简单的广告播放方式。

表格来源：作者根据相关资料整理所得

在了解了电视广告的不同类型后，广告主需要根据自身产品的销售特点和目标消费群的收视取向，对发布的媒体单位、时段、持续时间、频率、发布方式等进行有针对性地选择。对于较大数量的发布业务，为对发布单位进行有效监督，可以委托专门的广告监播单位进行监播。为了解电视广告的宣传效果，可委托专门的调查机构进行抽样调查。

14.3　自制媒体特色及趋势（非主流广告媒体）

14.3.1　店铺广告

在零售店店内或店门口布置的广告称为店铺广告，又可称为售卖点广告。店铺广告是近二三十年才兴起、发展的一种新兴广告媒体形式，常见的店铺广告可按两种标准进行划分（见表 14-17）。

表 14-17 店铺广告的分类

序号	角度	类型	释义
1	表现形式	店堂招牌	这是最古老的广告形式之一，主要作用在于使消费者通过招牌上言简意赅的文字或画面了解店铺里的业务范围和经营品种。
		商品陈列架	这是店铺广告中的一种典型表现形式，作用在于利用某种与商品相适应或配套的陈列架吸引顾客注意，如化妆品专柜、鞋柜等（见图 14-14）。
		橱窗展示	这是在商店等营业交易场所内借助玻璃橱窗等媒介物质，运用各种艺术手段和现代科技展现商品物质与内容的一种广告形式（见图 14-15）。
		自动售货机	随着现代社会的不断发展与进步，自动售货机随处可见，昼夜服务，能为消费者提供极大便利，因此也是一种较好的广告媒体。
		墙体展示	一般而言，只要有陈列室之类展示场地的店铺，广告主都会展开墙体展示活动。
		声响展示	这种展示方式具有以图像和声音同时直观地介绍商品性能的显著优势，缺点是成本较高。
2	陈列方式	立式陈列店铺广告	这是广告印刷制成后裱在三脚架上，背面用铁丝或木架撑立于地面，陈列在店门口引人注目的一种广告。随着现代科学技术的进步，其表现形式也日趋多样化。
		挂式陈列店铺广告	这是广告印制成后，悬挂于零售店的门楣上或店堂内上空的一种媒体形式。
		柜式陈列店铺广告	这是专门陈列在柜台上或橱窗内的广告媒体。

表格来源：作者根据相关资料整理所得

图 14-14 商品陈列架展示
图片来源：百度图片

图 14-15 橱窗展示
图片来源：百度图片

14.3.2 户外广告

户外广告媒体也叫 OD（Out Door）广告，是指利用户外公共区域或建筑、交通工具等，设置、张贴各种广告。该类广告媒体的优点包括：第一，广告形象突出、主题鲜明，使人一目了然、易于记忆；第二，易于各阶层消费者接受，广告的影响面宽；

第三，具有长期时效性，当受众反复接触广告时，能强化其对该广告的印象，以刺激消费者的潜在意识来完成销售的目的（见图 14-16）。

图 14-16　1928 年上海可口可乐售卖亭

图片来源：百度图片

户外广告媒体一般会受到场等因素的限制，使其传播范围和广告效力都不如四大传统媒体。下面介绍几类常见的户外广告形式：

14.3.2.1　招贴

招贴又称海报，作为一种广告媒体，能通过告知行人确定的信息以引起人们相应的行为反映。招贴广告画面大、远视强的特点可以让行人注意并在短时间内感知信息，受到鼓动进而有所反映。同时，由于招贴的价格相对低廉，故深受许多广告主喜爱，在我国的各大城市地下通道的墙面与廊柱上尤其多见（见图 14-17）。

14.3.2.2　路牌

路牌是城市中常见的一种广告媒体，由于画面大而醒目，能轻易地抓住人们的视线，并且又有不怕风吹雨淋、保存时间长等特点，能给过往行人留下深刻的印象。但路牌媒体也存在一定的缺陷，比如说不能将商品特性详细说明，只能对广告内容中最重要的部分予以突出，并且行人视线往往一闪而过，具有阅读停留时间短、受众对象不明确等缺点。

目前，路牌广告呈现出自动化、大型化发展趋势，许多城市中出现的三面翻转广告牌，不仅增加了路牌广告的动感，而且增加了其涵盖的信息量（见图 14-18）。

图 14-17　某地铁站的招贴广告

图片来源：百度图片

图 14-18　路牌广告

图片来源：百度图片

14.3.2.3 霓虹灯

霓虹灯是由玻璃管制成，并在管内注入稀有气体后通过高压电流使其发光的一种广告媒体。运用霓虹灯不断变换的色彩，给人以视觉上的强烈刺激，使人在瞬间对产品或厂商产生深刻印象同时诱发其潜在需求。霓虹灯的缺点是只适用于夜间，耗能较多，成本也高。目前亚洲最大的霓虹灯广告为可口可乐位于上海南京东路的霓虹灯广告（见图14-19）。

图14-19 霓虹灯广告

图片来源：百度图片

14.3.2.4 充气广告

充气广告包括气模广告和气球广告。气模广告是用气体充入各种颜色的人物、动物或其他塑料形体，形体上标有简明的广告文字和商标等，设置在商店门前或飘浮在活动会场，以吸引人们注意。气球广告则是在大型气球下面悬吊巨幅布幔，其上书写或剪贴企业及产品的名称，气球高悬半空，惹人注目。2005年，可口可乐公司用38 700个易拉罐组成了"金鸡舞新春"（见图14-20）。

图14-20 创意广告

图片来源：百度图片

14.3.2.5 灯箱

灯箱也是城市中常见的广告媒体，一般以透明有机玻璃、铝合金材料等制成，悬挂在商店门口或闹市广场。灯箱表面有商品名称、商标图形、商店字号等，夜间通电后，灯箱表面的广告内容便被灯箱中央的灯管印出，形象明亮、光彩夺目，为商店、企业增色不少（见图14-21）。

14.3.2.6 大型电子屏幕

电子屏幕有多种用途，除了可以做广告外，还可作为机场、车站或码头的时间显示器以及大型体育比赛成绩显示器等。矗立在大都市街头的大型电子屏幕是现代新兴广告媒体中的一种，可昼夜连续播放广告图像和信息。大型电子屏幕由于屏幕巨大、色彩绚丽且动感十足，能够吸引行人注意力，其宣传效果良好。

14.3.2.7 交通广告

凡设在火车、电车、公共汽车、地铁、船舶等交通工具箱体内外及站台上的广告总称为交通广告。交通广告因其流动性大、接触人员多，人员阶层分布广而成为影响力较强的地区性广告媒体。其中，交通广告又可细分为车身广告、车厢广告和车站广告（见图14-22）。

图 14-21 灯箱广告
图片来源：百度图片

图 14-22 经典车身广告
图片来源：百度图片

户外广告种类繁多，除以上列举的这些外，还有粉刷外墙广告、风筝广告等不同形式。总之，户外广告具有较高的认识率和接收率，对户外行人起广告提醒作用，并且因为成本低、作用时间长，深受广告主喜爱。

14.3.3 商业广告信函

14.3.3.1 什么是DM广告

直接邮寄简称 DM（Direct Mail），是通过邮局传递商业函件的一种媒体形式，可邮寄销售函件、商品目录、说明书、宣传手册、明信片等内容。直接邮寄与其他媒体的最大区别在于它以明确的信件把信息送到指定消费者那里，并把受众视为个体对象，与其建立一对一关系，这种关系常是一种持续性的双向沟通关系，便于信息传播与反馈。同时，直接邮寄形式能使生产厂商直接掌握用户信息，不易受到中间商控制，因此在现实生活中越来越受到广告主的重视。

14.3.3.2 商业广告信函的特性

第一，选择性好。DM 的选择性体现在厂商可任意决定接收广告的受众，即可以自行选择广告对象和广告宣传区域，使所发放的广告目标性强、准确性高。同时，还可以决定广告的大小和形式，不像报纸、杂志那样广告会受到媒体宣传环境、信息安排、出版日期及版面设置等各种限制。

第二，曝光率低。由于直接邮寄的不公开性，使得竞争对手对本企业的广告策略不易得知，因此直接邮寄广告可以在较长一段时间内重复使用，不会像其他媒体那样看到商品广告的人数较多，并且所有的广告策略都暴露在竞争对手眼下。

第三，效果反馈快。一般来讲，通过大众媒体刊播的广告，其效果测定较为复杂，需要组织人员、设计问卷、抽样调查，然后进行分析评估等程序。直接邮寄在测定广告效果方面则较为容易，只需通过受众的回购单便可简单测定。

总之，直接邮寄是针对个人或具体单位进行的广告传播，因此更容易使受众产生亲切感，并可以深入家庭，以一对一形式吸引受众的注意力，受众也不会受到其他广告打扰。但是一对一的寄发也带来了直接邮寄的局限性，即传播面非常狭窄。

14.3.3.3 商业信函广告的新发展趋势

随着社会发展到信息时代，人们发现仅仅利用一种单一媒体已很难达到预期广告效果，于是到 20 世纪 50 年代，直接邮寄发展为包括电话行销、传真行销、印刷品直递和公众礼品等各种形式的综合性广告直销，即整合性直效行销（Integrated Direct Mailing，IDM）。整合性直效行销就是将各种单一的直接行销媒体组合起来，发挥其整体合力，其效力是以往运用单一媒介的整合性直效行销所无法企及的。

14.3.4 网络广告与体验广告

14.3.4.1 网络广告

随着现代通信技术和计算机网络技术的迅速发展，网络广告媒体也就成了媒体业的新星。网络媒体不仅具备先进的多媒体技术，而且拥有灵活的广告投放形式。以下是过去几种常见的网络表现形式（见表 14-18）。

表 14-18　　　　　　　　　　网络广告表现形式

序号	类型	释义
1	邮件列表广告	利用网站电子刊物服务中的电子邮件列表将广告加在每天读者所订阅的刊物中发放给相应的邮箱所属人。
2	赞助式广告	广告主可根据自己感兴趣的网站内容或网站节目进行赞助。
3	墙纸式广告	把广告主要表现的广告内容都体现在网页墙纸上，以供感兴趣的人进行下载。
4	插页式广告	广告主选择自己喜欢的网站或栏目，在该网站或栏目出现之前插入一个新窗口显示广告。
5	互动游戏式广告	在游戏页面开始或结束时候，广告都可能会随时出现，并可根据广告主的产品要求为之量身定做一个属于自己产品的互动游戏广告。

表格来源：作者根据相关资料整理所得

全球网络广告主要以横幅式广告形式来表现，将其定位在网页中，同时还可利用插件等工具来增强表现力。伴随电子商务与网络营销的日趋发展，网络广告以空前速度向前发展，如何迅速提高网络广告媒体的效用，并建立一种机制来促进这一行业部门的协作关系，已成为该领域研究的主要课题。

14.3.4.2　体验广告

体验广告是一种基于行为激励的新型广告形式。广告体验者在一定的物质或精神激励的刺激下，主动地、深入地、全面地去了解或试用某个需要做广告推广的产品。例如，在网站推广中，就可以让广告体验者去注册、去点击、去回答问题等。通过这样的深入体验，用户将会对该产品有一个深入而全面的了解，这些体验者中的一部分将成为该产品的实际客户，或成为该产品的口碑传颂者。体验广告主要包括以下几种类型（见表 14-19）。

表 14-19　　　　　　　　　　　　　　体验广告的类型

序号	类型	释义
1	感官体验广告 引发联想效应	感官体验广告就是通过视觉、听觉、触觉、味觉和嗅觉等强化建立消费者感官上的体验。一个完整的感官综合，就会产生骨牌效应。如果触动一种感官，就会引发下一个储存在脑中的印象，然后再下一个，整个记忆与情感的情景会展开。因此，我们在广告创意方面的思路可以更灵活，调动更多的感官力量，全方位地引起消费者的注意和兴趣。
2	情感体验广告 让人身临其境	通常我们可以利用的正面的、积极的情感，包括爱情、亲情和友情以及满足感、自豪感和责任感等，或是在诉求点上追求消费者的情感认同。但需要注意的是，情感体验广告不能仅仅把诉求点放在产品本身上，还要将对消费者的关怀与产品利益点完美结合，获得广大消费者的共鸣。
3	思维体验广告 引起心理共鸣	思维体验是指人们通过运用自己的智力，创造性地获得知识和解决某个问题的体验。通常可以在广告中故意设置讨论的话题，引发消费者积极的思考，使得消费者在思考中对产品或品牌有更深层次的了解或认可，从而接受产品或品牌的主张，或是激发兴趣，引起消费者的好奇心理。
4	行动体验广告 改变消费习惯	行动体验是消费者在某种经历之后而形成的体验，这种经历或与他们的身体有关，或与他们的生活方式有关，或与他们与人接触后获得的经历有关等。 行动体验广告诉求主要侧重于影响人们的身体体验、生活方式等，通过提高人们的生理体验，展示做事情的其他方法或生活方式，以丰富消费者的生活。
5	关系体验广告 整合体验情感	关系体验包括感官、情感、思考与行动等层面，但超越了"增加个人体验"的私人感受，把个人与其理想中的自我、他人和文化有机联系起来。消费者非常乐意在某种程度上建立与人际关系类似的品牌关系或品牌社群，成为产品的真正主人。关系体验广告诉求正是要激发广告受众对自我改进的个人渴望，或周围人对自己产生好感的欲望等。

表格来源：作者根据相关资料整理所得

14.3.5 媒体创新

除以上提及的各类广告媒体外，还有一些方式也被人们用来做广告，且颇具特色。①

14.3.5.1 人体广告

人体广告又称模特儿广告，是利用人体作为传播广告信息的一种媒体形式。目前，有很多商场和服装厂也相继利用人体来展示商品的形象和特性，极大地推动了商品最新款式的销售（见图14-23）。

图14-23　人体餐具广告

图片来源：百度图片

14.3.5.2　礼品广告

礼品广告是以某种产品的标签、包装等产品外观（包括其标签、袋、盒、瓶、箱、桶、杯、瓶盖，甚至造型本身），为其他类别的商品或服务做广告宣传的广告形式，通过该商品本身的市场流通渠道，使其附带的广告信息精确到达目标受众。

14.3.5.3　黄页广告

很多人认为黄页（the Yellow Pages）的用途仅仅是提供电话号码，但从广告的视角来看，当人们在黄页里查找信息时，它为广告商提供了一个接触目标受众的好机会。例如，在列出所有洗衣店的电话号码目录的页面内，如果有位主妇想要找一家能清洗她的印度毛毯的公司，那么在同等条件下，她很可能会注意到印在该页显著位置上的麦吉柯斯基洗衣店的广告。② 就收入而言，黄页广告现在是第四大广告媒体。对于广告主来说，黄页广告的优点在于其知名度和广泛的使用面，缺点是其本身太笨重。

---

① 汤哲生. 现代广告学概论 [M]. 扬州：扬州大学出版社，1997：148.

② 布鲁斯·G. 范登·伯格，海伦·卡茨. 广告原理——选择、挑战与变革 [M]. 邓炘炘，等，译. 世界知识出版社，2006：365.

14.3.5.4 移动电视广告

移动数字电视是一种新兴媒体，国际上称之为"第五媒体"，其出现引起社会极大关注，被誉为最具发展前景的传播媒体。移动数字电视是通过无线数字信号发射、地面数字设备接收的方式进行电视节目的播放和接收，是一种新型的、时尚的、可安装于汽车上的高科技电视产品。移动数字电视在传输电视信号上具有高画质、高音质、高性能等独特优势，其最大的特点是在处于移动状态、时速不超过 200 千米的交通工具上能稳定、清晰地接收电视节目信号。

14.3.5.5 发光二极管（LED）显示屏广告

作为一种广告媒介，电视的使用不再只限于家庭环境里，很多商家为了吸引大量的人群，都在公共场所播放电视，如机场、火车站、学校和超市等。

14.3.5.6 网络广告

例如，搜索引擎向一些商家提供赞助机会，赞助公司在支付了一定的费用后，当网民浏览网页时，赞助公司的名字或者其商标就会出现在页面上。网络广告是针对网络用户中特定人群的，并且用户可以通过开启或关闭窗口有选择地收看。

14.3.5.7 手机广告

手机广告是通过移动媒体传播的付费信息，旨在通过这些商业信息影响受传者的态度、意图和行为。移动广告实际上就是一种互动式的网络广告，由移动通信网络承载，具有网络媒体的一切特征，同时比互联网更具优势，因为移动性使用户能够随时随地接受信息。

14.3.5.8 楼宇广告

楼宇广告的优势包括主动收视率，低干扰、高品味的媒体环境，与传统媒体的互补性，直接锁定目标等。

14.3.5.9 交互式广告

交互式广告是于线上或者离线情况下，利用交互式媒体来推销或者影响消费者购买决策。交互式广告可利用媒体，如互联网、交互式电视、手机装置（WAP、SMS、APP）以及摊位平台式终端达成目的。

14.3.6 商业广告新形式

14.3.6.1 微博

微博，即微博客（MicroBlog）的简称，是一个基于用户关系信息分享、传播以及获取的平台，用户可以通过网页、无线应用协议（Web、WAP）等各种客户端组建个人社区，以 140 字左右的文字更新信息，并实现即时分享。最早也是最著名的微博是美国的维特（Twitter）。2009 年 8 月，中国最大的门户网站新浪网推出"新浪微博"内测版，成为门户网站中第一家提供微博服务的网站，微博正式进入中文上网主流人群视野。2010 年，国内微博迎来来春天，微博像雨后春笋般崛起——四大门户网站均开设微博（见图14-24）。据统计，当前我国的微博用户已经达到了1.95亿，微博开始慢慢地走进我们的生活。

图14-24　国内微博兴起
图片来源：百度图片

微博营销是指通过微博平台为商家、个人等创造价值而执行的一种营销方式。作为微博营销重要手段之一的微博广告，与其他的推广手段相比，微博广告具有很多特别的优势与相应的劣势（见表14-20）

表14-20　　　　　　　　　　　　　　　　微博营销的优劣

优势	劣势
微博的信息发布便捷，传播速度快。一条微博在触发微博引爆点后短时间内互动性转发就可以抵达微博世界的每一个角落，达到短时间内最多的目击人数。 　微博可以通过粉丝关注的形式进行病毒式传播，影响面广。 　微博互动性强，能与粉丝即时沟通。 　微博可以主动吸引粉丝，同时也可能被粉丝抛弃。 　微博的成本极其低廉。 　名人效应能够使事件的传播当量呈几何级放大。 　微博能使企业形象拟人化。 　拉近距离。例如，在微博上面，美国总统可以和平民点对点交谈，政府可以和民众一起探讨，明星可以和粉丝们互动，微博其实就是在拉近距离。	信息发布太快、太多。由于微博中新内容产生的速度太快，所以如果发布的信息"粉丝"没有及时关注到，那就很可能被埋没在海量的信息中。 　需要有足够的"粉丝"才能达到传播效果。人气是微博的基础，在没有任何知名度和人气的情况下去通过微博推广或者营销则比较难。 　传播力有限。由于一条微博文章最多只有100多个字，所以其信息仅限于在信息所在的平台进行传播，很难像博客文章那样被大量转载。同时，由于微博缺乏足够的趣味性和娱乐性，所以一条微博信息也很难像社会化网络中的转帖、分享那样被大量转帖，除非博主是极具影响力的名人或机构。

表格来源：作者根据相关资料整理所得

微博推广的具体方法有很多，将有目的性的方法归纳起来有以下11种（见表14-21）。只要在微博推广过程中灵活运用下述方法，微博推广的效果就会逐渐发挥出来，并形成越来越好的病毒式效应。

表 14-21   微博推广的方法

序号	方法
1	和其他推广方式一样，微博推广依然需要找准客户群和潜在客户，设置主题。
2	微博推广者应该经常使用搜索工具，对与自己营销的品牌、网站主题相关的话题进行关注、监控。
3	微博推广者应该保证日常的微博发布和对话，并逐渐形成稳定的规律。
4	微博推广者应该善于从"粉丝"处获得各种建议，并及时反馈。
5	微博推广者应该引导"粉丝"参与到产品活动甚至新产品开发中去，也应该让"粉丝"参与到网站建设中来。
6	微博推广者应该多向同类竞争者学习，分析别人的优点并进行模仿、提升。
7	微博语言要拟人化，具有情感
8	微博推广者发布的信息一定要透明、真实，包括产品优惠信息或危机信息。
9	微博推广者不能仅仅使用微博来推广广告，单纯发布产品或者发布网站最近更新的文章。
10	遭遇负面消息时，不可贸然回复或者发表声明，要先充分了解相关留言，明晰情况后再进行后续操作。
11	微博推广者不能同记录日常的流水账一样来使用微博，应该确保信息具有分享价值和娱乐性。

表格来源：作者根据相关资料整理所得

14.3.6.2 微信

微信是一款手机通信软件，支持通过手机网络发送语音短信、视频、图片和文字，可以单聊及群聊，还能根据地理位置找到附近的人，带给朋友们全新的移动沟通体验（见图 14-25）。

图 14-25 微信标志

图片来源：百度图片

2012 年 8 月，腾讯公司推出了微信公众平台，一石激起千层浪，无论是一些微博大号，还是一些企业纷纷入驻微信公众平台。他们利用自身的资源大力推广自己和公众账号，订阅数量快速增加，其中不乏几十万的订阅量的公众账号。我们不禁要问，什么是微信营销？为什么要做微信营销呢？

微信营销是网络经济时代企业对营销模式的创新，是伴随着微信的火热产生的一种网络营销方式。微信不存在距离的限制，用户注册微信后，可与周围同样注册的"朋友"形成一种联系，用户订阅自己所需的信息，商家通过提供用户需要的信息，推广自己的产品的点对点的营销方式（见表14-22）。

表14-22　　　　　　　　　　　微信营销的特点

序号	特点	释义
1	点对点精准营销	微信拥有庞大的用户群，借助移动终端、天然的社交和位置定位等优势，每个信息都是可以推送的，能够让每个个体都有机会接收到这个信息，继而帮助商家实现点对点精准化营销。
2	强关系的机遇	微信的点对点产品形态注定了其能够通过互动的形式将普通关系发展成强关系，从而产生更大的价值。通过互动的形式与用户建立联系，互动就是聊天，可以解答疑惑、讲故事甚至"卖萌"，用一切形式让企业与消费者形成朋友的关系。你不会相信陌生人，但会信任你的"朋友"。例如，星巴克"自然醒"模式：互动式推送微信（见图14-26）。
3	形式灵活多样	漂流瓶：用户可以发布语音或者文字然后投入"大海"中，如果有其他用户"捞"到则可以展开对话。招商银行的"爱心漂流瓶"用户互动活动就是个典型案例。 位置签名：商家可以利用"用户签名档"这个免费的广告为自己做宣传，附近的微信用户就能看到商家的信息。例如，一些商家就采用了微信签名档的营销方式。 二维码：用户可以通过扫描识别二维码身份来添加朋友、关注企业账号；企业则可以设定自己品牌的二维码，用折扣和优惠来吸引用户关注，开拓O2O（线上到线下）的营销模式。 开放平台：通过微信开放平台，应用开发者可以接入第三方应用，还可以将应用的标志放入微信附件栏，使用户可以方便地在会话中调用第三方应用进行内容选择与分享。例如，美丽说的用户可以将自己在美丽说中的内容分享到微信中，可以使一件美丽说的商品得到不断传播，进而实现口碑营销。 公众平台：在微信公众平台上，每个人都可以用一个QQ号码打造自己的微信公众账号，并在微信平台上实现和特定群体的文字、图片、语音的全方位沟通和互动。

表格来源：作者根据相关资料整理所得。

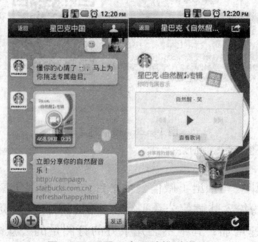

图14-26　星巴克互动推送微信

图片来源：百度图片

通过一对一的推送，星巴克可以与"粉丝"开展个性化的互动活动，提供更加直接的互动体验。当用户添加星巴克为好友后，用微信表情表达心情，星巴克就会根据用户发送的心情，用"自然醒"专辑中的音乐回应用户。

微信营销的优势如表 14-23 所示：

表 14-23   微信营销的优势

序号	优势	释义
1	定位功能	微信联系了定位与服务（LBS）功能，在微信的"查看附近的人"插件中，用户可以查找自己地理方位邻近的微信用户。除了显现邻近用户的名字等基本信息外，还会显现用户签名档的内容。商家也可以运用这个免费的广告位为自己做宣扬，乃至打广告。当你在某餐厅用餐的时候，突然传来朋友的微信，说附近某某商场在促销，或者附近有什么好活动正在进行，是不是感觉很好呢？但微信便利的定位系统会暴露了你的具体位置，很有可能使一些不法分子有机可乘。
2	高端用户	根据微信团队宣布的官方数据，在 5 000 万个用户中有活跃用户 2 000 万个，而 25~30 岁用户估计超 50%；用户主要分布在一线大城市，多为年轻人、白领阶层、高端商务人士、时尚的手机一族。这一强大的优势使很多企业的营销有了更好的方向，特别是针对白领的产品。
3	方便的信息推送	微信大众账号可以经过后台的用户分组和地域操控，完成精准推送。一般大众账号，可以群发文字、图片、语音三类内容。认证的账号则有更高的权限，不仅能推送单条图文信息，还能推送专题信息。
4	独特的语音优势	微信不仅支持文字、图片、表情符号的传达，还支持语音发送。每一个人都可以用一个 QQ 号码打造本人的一个微信的大众号，并在微信平台上完成和特定集体的文字、图片、语音的全方位交流、互动。 把微信当成一种营销方式的话，直接的语音信息的传达则要求传达者声音的甜美以及有特定知识的积累。
5	稳定的人际关系	有这样一种说法。微信 1 万个听众相当于新浪微博 100 万个"粉丝"。这种说法有点夸大，但仍然有一定代表性。在新浪微博中，"僵尸粉丝"和"无关粉丝"很多，而微信的用户却往往是真实的、私密的、有价值的。微信关注的是人，人与人之间的交流才是这个平台的价值所在。微信基于朋友圈的营销，能够使营销转化率更高。

表格来源：作者根据相关资料整理所得。

14.4　广告媒体计划

14.4.1　考评广告媒体实力——确定战略考虑的因素

14.4.1.1　覆盖域

要考虑媒体在哪一区域内传播产生的影响有多大，结合其覆盖面积衡量其费用，国际性宣传、全国性宣传、地方性宣传或是掠过性宣传均需对应不同的覆盖域。例如，电视媒体会通过以下三个层次的信号覆盖来研究一个电视台的市场覆盖区域：

第一，总调查区域，即电视台可以覆盖的最大区域。

第二，指定市场区域。AC尼尔森公司使用指定市场区域来识别那些本地电视广播台占有绝大多数观众的地方。

第三，大都会收视率区域。大都会收视率区域对应于一个电视广播台所服务的标准大城市区域。

地方性电视台也会为广告客户提供信号覆盖地图，以表示这个电视台的潜在受众到达的水平。近年来，信号覆盖区域已经不那么重要了，因为有线电视大大扩展了能看到某电视节目的区域。

14.4.1.2　收视率

为了达到广告目标，必须让一定数量的消费者接收到广告，这就需要考虑接收人数和接收频率，衡量其基本方式是收视率。收视率是以某种人口的百分比表示的，该百分比随着时段的不同而不同，一般而言黄金时段节目的收视率点在6~16之间，平均点数为低于9。如果一个节目的家庭收视率点为10，这表明特定区域的家庭会收看该节目。因此，收视率能够让广告客户依据市场潜力评级媒体的覆盖域。收视率的计算方法为：

收视率＝节目受众/全部收看节目的家庭。

14.4.1.3　连续性

广告必须重复才能产生影响。连续性要考虑两个问题：一是传递的间隔和次数；二是同一类产品不同的广告宣传形式的前后协调配合问题。重复性的增加，前后好的配合可以增加广告的威力。

14.4.1.4　权威性

购买更大的媒体空间，占用更长的媒体时间，花费昂贵的媒体材料等，均可增加广告的权威性。

14.4.2　明确广告目标

广告媒体的选择是建立在对广告目标深刻了解的基础上。广告目标指广告主想要达到的一定的预期目的，即做广告是介绍新产品、推销滞销产品、开拓市场，还是建立声誉等。广告目标的确定，对广告媒体的选择具有决定性意义，因此必须先考察广告目标。常见的广告目标主要有以下七种：

14.4.2.1　提高品牌回忆度

广告主的主要目标一直就是使消费者记住品牌的名称，通常把这种目标称为品牌回忆度。很显然，广告主不仅希望消费者记住自己的名称，还希望自己的品牌能在消费者心目中占据最重要的位置。由于品牌记忆的方便性可以提升这种回忆度，那么怎样提高回忆的方便性就成了广告主的首要目标。针对这种情况有两种解决方法：重复口号和歌谣式广告。

14.4.2.2　将重点特性与品牌名称联系起来

有时候，广告目标只是希望消费者记住品牌名称的某一特性。如果运用得当，这种广告就可以产生共振效果：特性帮助消费者回忆起品牌名称，而品牌名称又与某一个重要特性相联系。这类广告最接近罗瑟·瑞夫斯（Rosser Reeves）提出的USP理论，即独特的销售主张式广告。

独特销售主张式广告的 个重要观点就是"只突出一个品牌特性"，这个观点非常正确。如果广告想同时表现几个特性，又想让人记住它，那么多半不会达到目的。USP理论的一个成功例子就是"白加黑"——治疗感冒，黑白分明（见图14-27）。

图 14-27　白加黑广告

图片来源：百度图片

14.4.2.3　逐渐培养品牌偏好

广告主一般都会设定品牌偏好目标，并通过采取多种方法促使消费者喜欢自己的品牌，主要有好感式广告和幽默式广告。好感式广告通过情感联系发挥作用，将广告表现出来的良好感觉与品牌联系起来：你喜欢这则广告，于是你自然会喜欢这个品牌；幽默式广告的目标是：通过幽默、诙谐的台词或场景等使信息接受者对产品产生愉悦而难忘的联想。

14.4.2.4　劝服消费者采取行动

试图劝服消费者的广告目的是通过商业性讲解，使消费者相信某个品牌的优越性。这就需要受众在认知上给予极大的投入，因此必须采取适当的广告形式来达到目的，主要形式有推理式、强行推销式、比较式、信息式、证言式、演示式、评论式、即时式等。

14.4.2.5　改变消费体验

假如想为消费者制造某些期望和熟悉感，将其对某条广告的美好回忆与实际的消费体验联系在一起，可以采取改变式广告。改变式广告就是试图制造一种感觉、一种形象或一种气氛，使消费者在使用产品前就会起作用。一般而言，效果非常好的改变式广告都将广告体验与品牌结合得非常紧，以至于消费者在想到品牌时就会情不自禁地想到广告。

14.4.2.6 赋予品牌社会意义

一般来说，广告主通常会花巨资为品牌谋求特定的社会意义。因为广告主知道，如果能把产品摆放在适当的社会背景中，自己的品牌就会顺理成章地被赋予这个环境的某些特征，从而获得社会大众的普遍认可。对于这种广告目标，可以采取生活片段式广告和轻度幻想式广告。

生活片段式广告通常比较直观地描绘某个社会背景，并围绕这个品牌的社会背景来烘托品牌的作用，从而赋予品牌某种社会意义。轻度幻想式广告则是让受众幻想自己是名人或事业有成者。例如，普通人穿上某种特殊的运动鞋后就感觉自己好像成了美职篮全明星队里的一员。

14.4.2.7 确立品牌形象

形象是品牌最明显、最突出的个性，是消费者最记得和最能联想到的东西。广告的任务就是创造、调整和维护形象。形象广告的目标是尽量将某种特性与品牌联系起来，而不是包含硬性产品信息的长篇大论。

14.4.3 影响媒体选择的因素

生产经营者在选择广告媒体时，会受到各种因素的影响，了解这些因素，才能使广告宣传减少浪费，取得较好的效果。

14.4.3.1 媒体的基本特性

了解媒体的基本特性，可以知道某种媒体对某个消费群体产生影响的强弱程度和适宜程度，就可以使广告主在决策时根据择优的原则，选用适当媒体。

14.4.3.2 商品的特性

要使广告获得成功，仅靠了解媒体的基本特性是不够的，必须要分析广告商品的特性，其目的是为了弄清哪一种媒体能触及商品所要服务的领域，并能突出商品的优点，让消费者得以充分了解。

14.4.3.3 市场和消费者特性

研究市场和消费者特性，掌握不同地区、不同职业的消费者都需要什么样的商品、需要多少以及各市场上消费者的构成、收入状况、消费习惯等特点。

14.4.3.4 企业支付能力。

不同的广告媒体，收取登载广告的费用是不一样的，要根据企业的财务状况和支付广告费用的能力，并经过对各媒体的分析与权衡，最后选择花钱少、效果好的广告媒体。

14.4.4 广告媒体选择的原则

面对众多的广告媒体，如何选择恰当的媒体以取得最佳效果是广告主面临的一个重大问题，这个问题实际上也是在选择广告媒体时，应遵循哪些指导思想和原则的问题。①

14.4.4.1　根据商品性能、特点等有针对性地选择

针对销售商品本身的性质和消费者对商品的兴趣、爱好来进行宣传，广告主应根据不同情况反复比较各种媒体的优越性及不利因素，选择最优媒体战略，以取得最佳广告效益。

14.4.4.2　依据广告媒体的传播数量和质量来确定

影响广告媒体传播数量和质量的因素是多方面的，每个地区或每个行业都有其特殊的因素，因此广告主在选择媒体时应从媒体的质量和数量方面做出权衡与分析，选择最适宜的广告媒体。

14.4.4.3　根据媒体的传播速度进行选择

面对市场竞争日益激烈的广告宣传活动，一定要将媒体的传播速度作为媒体选择的一个重要因素来考虑，以适应现代人们工作和生活的节奏，尤其要注意考虑媒体的生产周期。

14.4.4.4　根据市场调查和预测进行选择

广告主在选择广告媒体之前，必须对市场进行调研，通过研究消费者的爱好、习惯、购买方式、购买时间，以及市场商品的供求规律、竞争状况、市场行情、市场发展趋势等，最后决定采用何种广告媒体。

14.4.4.5　根据广告主本身的支付能力进行选择

在选用任何一种广告媒体时，都要分析媒体的价格，这样才能在比较中选择费用最低、效果最佳的广告媒体，同时在广告活动中，要采用媒体的组合方法，综合运用多种媒体。

14.4.5　制订广告媒体计划

制订媒体计划涉及的步骤与营销策划和广告策划一样。首先，要回顾营销与广告的目标和战略；其次，确定媒体切实可行的、可以测定的相关目标；再次，尝试制定能够实现这些目标的独创性战略；最后，确定媒体排期与选择的具体战术细节。

14.4.5.1　确定媒体目标

媒体目标将广告战略转换成可供媒体实施的目标，主要由受众目标和讯息分布目标两部分组成。以某一新食品为例，其目标指明了谁是目标受众、讯息发布的原因和场所以及广告发布的时间和频次（见表14-24）。

---

① 郭庆光. 传播学教程［M］. 北京：中国人民大学出版社. 1999：147.

表 14-24   如何表述媒体目标

> ACME 广告公司
> 产品：Chirpee's
> 客户：Econo 食品公司
> 项目名称：第一年的媒体计划
> 媒体目标：
> 第一，瞄准大家庭，重点是家庭中负责采购食品的人。
> 第二，将广告客户的火力集中在城市地区，这类地区的加工食品一般比较好销售，新观念一般较容易被接受。
> 第三，在创牌子期间额外增加广告投放量，保持全年广告印象的持久性。
> 第四，运用那些能巩固文案的战略重点，即便利、便于准备、有品味和实惠的媒体。
> 第五，向与地区性食品销售有关的每一个地区传播广告讯息，制造影响。
> 第六，一旦广泛覆盖的需求与文案大纲的要求相符，可以达到最高广告频次。

表格来源：作者参考相关资料整理得到

受众目标确定广告客户希望到达的具体人群，媒体策划人员一般采用地理人口划分法来确定自己的目标受众。例如，目标受众是全国范围内居住在城市地区的大家庭中的食品采购员。目标受众可能由某种教育程度、收入层次、职业或社会阶层的人群组成，即我们第六章中提到的细分市场。目标受众往往比目标市场大得多。例如，在推出新产品时，目标受众除了潜在顾客之外，还包括分销渠道成员、关键舆论领导者，甚至是媒体本身。

讯息分布目标就是要指明应该在何时何地发布广告以及发布频率如何控制。为了解决这些问题，媒体策划人员需要掌握大量专门术语，如受众规模、讯息力度、到达率、频次和持续性（见表 14-25）。

表 14-25   讯息目标的相关术语

序号	术语	释义
1	受众规模	计算某个媒体的受众人数，一般采用统计样本来反映整体受众规模。对于印刷媒体，由发行量乘以每册读者数来确定规模大小。
2	讯息力度	任何一个市场内广告所覆盖的范围，可以用 2 种方法表示，即总印象和毛评点。总印象等于媒体额总受众规模与指定时间内所发布的广告讯息次数的乘积。
3	到达率	在任意一段时间内至少接触过某一媒体一次的不同个人或家庭的总和。
4	频次	频次是用来表示同一个人或家庭在特定时间内接触同一讯息的次数的一个术语，表明每天排期的密度。频次的计算是以媒体或节目的重复暴露为基础的。
5	持续性	持续性是指广告讯息或广告活动在指定时间段内的寿命。通常企业会在黄金销售季节之前加强销售力量，在旺季过后逐渐减少力量。持续性能在人们最需要讯息的时候为他们提供讯息，能在购买环节中击中目标的广告，其效果会更好，所需要频次也较少。

表格来源：作者根据相关资料整理得到

确定好了媒体目标，我们就可以进行初步的媒体选择与策略制定。

14.4.5.2 确定广告区域及其预算分配

一般而言，广告主会选择全国性媒体，同时重点加强销售地区的媒体广告投放量。在没有产品销售的地区做广告则是为培养、开拓新市场而打知名度。那么，企业怎样对这些广告预算进行分配呢？常用的四种方法如表 14-26 所示：

表 14-26　　　　　　　　　　　　　　　　**广告预算常用方法**

序号	方法	释义
1	百分率法	百分率法是以一定时期的销售额或利润额的一定比率来确定广告费用数额的方法，包括销售额百分率法和利润额百分率法。 第一，销售额百分率法。企业按照销售额的一定百分比来决定广告开支。换言之就是企业按照每完成 100 元销售额需多少广告费来决定广告预算。 优点：计算简单，编制预算时可以依据过去的经验，提高广告预算的安全性；将广告投入与产品销售状况建立密切关系以利于企业发展计划；适合竞争环境稳定，能够准确预测市场的企业。 缺点：将销售额当成广告预算的基础，造成了因果倒置；用此法确定广告支出，缺乏弹性，不适应市场变化；用此法编制广告预算，将导致广告预算随每年的销售波动而增减，可能与广告长期方案相抵触；不同产品不同地区的比率相同，造成不合理的预算分配。 第二，利润额百分率法。企业按照利润额的一定百分比来决定广告开支。采用利润额来计算更为恰当，因为利润是经营成果的最终表现。但当企业没有利润时，此法就失去了可操作性。利润额百分率法除上述与销售额百分率法的区别外，其优缺点与销售额百分率法基本相同。
2	目标任务法	目标任务法是把完成广告目标所必须发生的总工作费用计算出来作为广告总预算。此法具有较强逻辑性和成本节约性，使用较为广泛。管理层需要制定沟通的目标，然后决定获取沟通目标所必须的任务以及成本，通过选择实现每个目标所需的适当的促销要素。因此，此法可用于建立促销组合。目标任务法的效率取决于营销团队的判断力和经验。
3	销售单位法	销售单位法按照一个销售单位所投入的广告费确定广告的预算。把每件商品作为一个特定的广告单位，对每个特定单位以一定金额作为广告费，再乘以计划销售量得出广告费用投入的总额。 优点：将广告支出与销售单位相结合，以每单位商品来分摊广告费，适合薄利多销的商品；适合那些产品标准化或专业化的厂家；适用于昂贵的耐用消费品和销售单位明确的日用百货等。 缺点：生产经营多角化的企业会感到计算手续繁杂；广告支出与销售状况因果倒置，难适应市场环境变化。
4	跟随竞争法	跟随竞争法是把自身产品的广告费提高到能对抗竞争对手的水平，以此来提高或保持竞争地位。具体计算方法分有两种： 第一，市场占有率法。公式：广告预算 =（对手广告费用/对手市场占有率）×本企业预期市场占有率 第二，增减百分比法。公式：广告预算 =（1±竞争者广告费增减率）×上年广告费 优点：能适应激烈的市场竞争，有强烈的市场导向，适合市场竞争激烈经济实力雄厚的大中型企业。 缺点：竞争对手决定的广告费不一定合理；广告费可能越来越高；可能失掉自身的盈亏条件和调整性；广告预算的模式问题不明确，带有一定的片面性和盲目性；等等。

表格来源：作者根据相关资料整理得到

14.4.5.3 确定广告排期

一般来说，很难同时获得高的到达率、暴露频次和持续性且需要付出昂贵的代价，人们通常采取一些折中的做法。下面介绍四种广告排期理论（见表14-27）。

表14-27 广告排期理论简介

序号	理论	释义
1	到达率理论	通过牺牲暴露频次和持续性来强调到达率。例如，广告主会在同一时期内购买许多不同的媒体，希望尽快让最多人知道新品牌。这种方法适合用于新产品的上市。
2	波状理论	牺牲持续性以换取较高的到达率和暴露频次。广告主可在一年中的几个短时期内挑选多家媒体刊播广告。例如，一年分6次刊播，每次为期半个月，而其他月份则完全不做广告。这样就形成波状排列，该理论因此得名。广告主希望通过这种做法将刊播广告时期的影响持续到不刊播的时期，这种做法较适合那些季节性较强的产品以及资金实力不是特别雄厚的广告主。
3	媒体集中理论	牺牲有限的到达率以换取高的暴露频次和持续性。广告主采用单一媒体做持续性的广告。例如，在某杂志的每一期做全页广告，起到一种提醒作用，这种做法较适合那些日常消费品，如洗漱用品、卫生纸等。
4	媒体主宰理论	综合利用到达率、暴露频次和持续性。广告主先在某一时期在某个媒体上进行密集型的广告攻势，而后再以同样的方式转至另一个媒体。这样一来，在不同时期广告主就有了较高的暴露频次，一段时间后，到达率也随之增高。同时，由于连续使用媒体又会达到高持续性。但这种方法只适合那些资金实力相当雄厚的广告主。

表格来源：作者根据相关资料整理所得

14.4.5.4 节省广告费用

第一，所有媒体对于大量购买都会提供折扣优惠。近年来，国际上广告公司进行媒体集中购买蔚然成风，如萨奇广告公司就曾买下美国所有的商业电视台近20%的广告播映时间。近几年，国内也出现了专门进行媒体计划和购买的媒体公司。

第二，许多大型报纸和杂志会发行不同的地区版，广告主可自由选择适合自己的区域，有创意的媒体策划者会充分利用有限的广告费以达到目的。

第三，在国外，已经出现了由报纸、电台或电视台自行决定在什么版面、何时刊播的广告形式，这种形式的广告价格普遍较低。

第四，媒体的季节性价格。在美国，夏季的电视收视率较平常会下降20%~30%，而5~6月的电视广告价格要比10~12月的电视广告价格便宜一半以上。

14.4.6 媒体组合

媒体组合指的是对媒体计划的具体化，即在对各类媒体进行分析评估的基础上，根据消费者心理、市场状况、媒体传播特点以及广告预算等情况，选择多种媒体并进行有机组合，在同一时期内发布内容基本一致的广告。要想增加广告效益，就必须通过运用媒体组合策略，选择出最有效的传播媒体加以实施。

14.4.6.1 媒体组合的方式

在选择具体媒体时，媒体策划人员首先必须决定采用哪种媒体组合。媒体组合可以采用以下两种方式（见表14-28）：

表 14-28 <center>媒体组合方式</center>

序号	方式	释义
1	集中式媒体组合	这是指将全部媒体发布费集中于一种媒体，一般采用以下两种方法： 第一，尝试法，即企业经过一段时间的使用，对多种媒体进行比较后，感到其中一种广告效果最好，就把该媒体作为主要广告媒体而集中加以利用。 第二，剔除法，即在某种产品进入市场前，不清楚要使用哪种媒体，这就要对产品、企业、市场等进行调查分析，把可能采用的媒体列出清单，再逐一将不符合要求的媒体剔除，选中一种进行试用，在使用过程中及时调整。 集中式媒体组合有以下优点： 第一，可以让广告主在某一种媒体中占绝对优势； 第二，可以提高品牌的知名度，尤其在接触媒体种类比较少的目标受众中提高品牌知名度； 第三，对于采取高度集中式媒体亮相的品牌，分销商和零售商也可能在库存或店内陈列方面给予照顾； 第四，集中的媒体费可以使广告主获得可观的折扣。
2	分散式媒体组合	这是指采用多媒体到达目标受众，是广告媒体战略的核心，一般有以下三种方法： 第一，集中火力，即在短时间内采取一切可能的广告手段，形成密集型、立体式广告攻势，重点突破。 第二，连续频率，即在一定时间内进行广告宣传的次数，如在一年之内可以按相同的频率进行一项广告宣传，也可以把宣传集中于某一特定季节。 第三，两面兼顾，即连续的广告加上每隔一段时间的集中攻势，在相同频率的中间有所起伏，这样可以同时兼顾到季节性、推广宣传及其他竞争情况。 分散式媒体组合具有以下优点： 第一，针对每个目标的产品类别或品牌的特殊需求，制定专门的讯息，将这些讯息传达给不同的目标受众； 第二，不同媒体中的不同讯息到达同一个目标，可以巩固这个目标的学习效果； 第三，相对于集中式而言，分散式媒体投放可以提高讯息的到达率； 第四，更可能到达接触不同媒体的受众。

表格来源：作者根据相关资料整理所得。

14.4.6.2 善于运用不同的媒体

运用多种媒体推出广告，不单是将所选用的媒体累加起来，更是要善于筹划，并对媒体组合构成的效果进行分析优化，使组合的媒体发挥出最大化传播效果。这里需要注意以下三个方面的问题：

第一，要能覆盖所有的目标消费者。一方面，要把确定的具体媒体排列在一起，将其覆盖域累加后看广告影响能否有效地触及广告的目标对象；另一方面，将具体媒体进行针对性的累加，看广告必须进行劝说的目标消费者能否都接收到这些信息。倘若这两种累加组合还不能保证所有的目标消费者都接收到有关的广告信息，那么就说明该种媒体组合还存在着问题。此时，需要重新调整或增补某些广告媒体，把遗漏的目标消费者补进广告的影响范围。最后要注意的是媒体覆盖的范围不能太过大于目标消费者，避免造成浪费。

第二，注意选取媒体影响力的集中点。媒体的影响力主要体现在两个方面：一方面是"量"，即媒体覆盖面的广度；另一方面是"质"，即针对目标消费者进行说服的效果。企业的重点目标消费者是在组合后的媒体影响力重合的地方，如果这种影响力重合在非重点目标消费者上，那么就会得不到理想的广告效果，造成广告浪费。因此，要以增加对重点目标消费者的影响力为着眼点，确定媒体购买的方向，从而增加广告收益。

第三，与企业整体信息交流的联系。运用媒体组合策略，还要树立系统观念。媒体组合与企业营销是相辅相成的，媒体组合是为实现广告目标服务的，广告目标又依赖于企业营销目标的要求。因此，媒体组合要符合整合营销传播的要求，在广告计划的统一安排下进行。在此期间，还要注意与企业公共关系战略相互配合，与促销策略相互呼应。在进行综合信息交流的思想指导下，善于运用各种媒体，发挥整体效用。

参考案例

广告媒体计划——康师傅新饮"冰糖雪梨"

一、媒体目标

（一）目标受众分析

根据产品情况，由于果汁饮品的消费者相对较趋于年轻化，故将"冰糖雪梨"目标定位在年轻人和中年人群体，年龄分布在 15～40 岁。这类人群对果汁饮品的需求量大，且容易接受新口味。因为工作压力的原因，现在的人越来越重视饮品健康，而这款饮品正好符合这一需求，所以康师傅将新饮品的目标受众定位在这一年龄段群体是适当的。

（二）媒体预计达到目标

通过该广告，希望能将康师傅的市场份额和销售领域的范围都有所扩大。"冰糖雪梨"是新的饮品种类，为了获得产品知名度、市场占有率，在面对众多竞争压力的情况下，通过各种媒体宣传康师傅传世新饮"冰糖雪梨"，让更多的消费者了解、认识该饮品，吸引消费者的目光，从而达到提高消费者购买欲的目标。

（三）持续性及可持续的方式

通过不同媒体合理安排时段，进行为期 3 个月的初期宣传。3 个月之后，根据具体广告效果对其进行调整，从而达到持续的宣传效果。

（四）媒体的商业特性

在选择媒体方面，要考虑产品自身的商业特性。针对"冰糖雪梨"这一新产品，要求选择的媒体具有广泛的受众面、清晰明了的传达效果。电视、网络，受众较为广泛普遍，适合多频率的出现，但媒体费用高；杂志受众较为集中，具有平面优势，可以对产品进行详细介绍和有针对性的宣传，媒体费用较为低；户外媒体具有传播直接、广泛，有视觉冲击力，传播广泛且持续时间长的优势，但媒体价格较高。

二、媒体策略

康师傅作为中国市场的著名品牌，故其市场也是面向全国，而"冰糖雪梨"作为其传世新饮，在选择媒体方面要考虑全国各地区的接收情况。

（一）媒体的选择

第一，电视媒体和网络媒体。电视媒体主要选择央视主要频道（中央一台、中央三台），各省区卫视频道；网络媒体主要针对上网群体，选择视频网站、网络游戏。视频效果好，能够更高质量的突出产品的优点，覆盖面广，表现力强。

第二，移动媒体：公交车车身广告。有很好的流动性，渗透性强，受众范围较广，时间较长。

第三，户外媒体：固定广告、路牌灯箱广告。在人流大的公交场所、地铁站以及大型商场附近刊登户外广告是非常有视觉冲击力的。可以提高产品知名度及好感度，实现好的宣传效果，直接实现购买率。

第四，杂志媒体：《读者》《青年文摘》以及阅览人群大且稳定的知名杂志。《读者》目前消费者大多数是 16 ~ 40 岁的人群，其中中学生、大学生占其消费者总数的50%。《青年文摘》的主要消费者中，中学生与大学生所占比例为85%。

（二）媒体类别的预算分配

电视媒体和网络媒体占总预算 40%，移动媒体占总预算 20%，户外媒体占总预算25%，杂志媒体占总预算 15%（见图 14-28）。

预算分配

图 14-28　预算分配

数据来源：中央电视台网站

（三）首要和次要目标市场

首要目标市场为央视主要频道（中央一台、中央五台）、湖南卫视、江苏卫视、浙江卫视，受众范围为全国。次要目标市场是其他各省市卫视，受众地区性较突出。

（四）使用媒体的详细情况

使用媒体的详细情况如表 14-29 所示：

表 14-29 　　　　　　　　　　　媒体使用情况

视频广告：央视为 15 秒，一天 5 次；其余卫视为 30 秒，一天 10 次左右。在每档节目开始前播放，内容为简单的产品介绍，请明星代言，给消费者灌输产品特征，增加产品印象，从而刺激消费欲望。	移动媒体：在各城市购买一条公交线路，进行车体广告宣传。 户外媒体：在主要交通站点、活动场所进行大幅宣传。 杂志媒体：在选择杂志上进行整版广告宣传，封面及彩页专版效果较明显

表格来源：作者根据相关资料整理所得

（五）媒体时间安排

在头 3 个月的初期阶段进行大范围、多频率的广告宣传，侧重到达率，广告媒体主要选择电视媒体。在产品趋向成熟稳定期，可以适当缩减广告投入及投放范围，强化产品形象，进行大范围但频率较低的宣传，杂志媒体、户外媒体为主要宣传媒体（见表 14-30）

表 14-30 　　　　　　　　　　　媒体排期表

时间＼媒体	视频广告	移动媒体	户外媒体	杂志媒体
前 3 个月	★★★★	★★	★★	★
趋向稳定期	★★★	★★	★★★★	★★
成熟期	★★	★	★★	★

表格来源：中国营销传播网

三、媒体计划细节和说明

媒体到达率及价值如表 14-31 所示：

表 14-31 　　　　　　　　　　　媒体价值

电视媒体：根据中国人口估算，至少有 8 亿人接收电视媒体，其中目标群体占 50% 所以电视媒体到达人群 4 亿人，到达率 85%，覆盖范围广且覆盖人数多。 网络媒体：主要是视频网站、网络游戏投放，以青少年为主。覆盖人群 2 000 万，到达率 70%，吸引年轻消费群体。	户外媒体：各城市人口密集地带、商业地带。可以多频次、持续到达消费者视线，促使直接消费。 杂志媒体：《读者》《青年文摘》目前消费者大多数是 16~40 岁的人群，符合目标群体要求，到达率 80%。

表格来源：电视传媒资源网：http://www.ctvmr.com

根据以上分析，可以知道广告媒体到达率较高，基本可以达到 80% 以上，因此可以达到预期的宣传效果。

四、媒体计划效果预测

在此次宣传活动中，采用了多种媒体组合的方式进行宣传，集合了各种媒体的传播优势，传播覆盖面广，使传播效果达到最大化。通过对各种媒体的到达率及覆盖率分析，在使用广告媒体方面最大限度地利用资源。在媒体计划实施后的每一个月都会做具体的综合效果评估，然后根据评估结果进行媒体调整。通过该次媒体计划，可以让消费者对康师傅新饮"冰糖雪梨"有一个全面地认识，引起其对产品的兴趣及购买欲，从而实现媒体目标。

本章小结

广告媒体是广告信息传播的通道，是企业与消费者之间的连接者。随着科学技术的发展，广告媒体的形式也在演进，特别是近年来互联网和移动通信技术的发展使得网络媒体得到了极大的发展，微博、微信等新媒体形式更是受到了社会各界的高度关注。那么随着人们对媒体性质认知的加深，这些当下备受追捧的新媒体到底又是凭借哪些不同于传统媒体的优势而脱颖而出的呢？对于媒体计划，又应该从哪些方面面开始着手呢？本章分为四节，分别从广告媒体概述、常规媒体特色及趋势、自制媒体特色及趋势和媒体计划四个方面来对广告媒体的知识展开学习。

思考题

1. 著名报学史专家戈公振说："广告为商品发展之史乘，亦即文化进步之记录。人类生活，因科学之发明趋于繁密美满，而广告既有促进认证与指导人生之功能。"请结合所学的广告媒体知识，谈谈你对这句话的理解。

2. 请借助表14-4：报纸广告的利与弊，看看是否能够运用该表中的资料解决下列问题：假设你是某重要品牌洗发水的产品经理，你希望通过一条带优惠券的广告使自己的产品行销全国。

（1）选择那种报纸最好？　a.月报　b.周报　c.日报

（2）如果采用日报，你希望广告刊登在哪个栏目内？

（3）如果决定采用周末增刊，你会选择以下哪家？谈谈为什么？

a.彩色优惠券增刊　b.《瑞丽》杂志　c.《读者》杂志

3. 请欣赏视频14-7联邦快递荒岛篇广告，谈谈你从该广告中获知的该品牌形象有哪些？

4. 请欣赏视频14-8和视频14-9，谈谈你对微博和微信这些新媒体新趋势的认识和看法。

5. 请结合所学到的媒体计划知识，与大家分享一个你认为比较成功的广告媒体案例。

参考文献

［1］ Ronald Redfern. What Readers from Newspapers ［J］. Advertising Age，1995（1）：25.

［2］ 威廉·阿伦斯，迈克尔·维戈尔德，克里斯蒂安·阿伦斯. 当代广告学 ［M］. 丁俊杰，等，译. 北京，人民邮电出版社，2010.

［3］ The Hot List Adweek 25ᵗʰ Anniversary ［N］. Brandweek，2005-03-14.

15　广告法规概述

开篇案例

"科诺克咒语"与保健品广告

　　法国著名剧作家于乐·罗曼于1923年创作的《科诺克或医学的胜利》讲述了这样一个故事：20世纪初有个医生，名叫科诺克，他的行医生涯始于一个叫圣莫里斯的山村。然而当地居民个个身强体壮，根本不必看医生，科诺克要是坐等病人，恐怕只能是被饿死。那么他要怎么做才能吸引活力旺盛的居民来他的诊所呢？要开什么药给健康的村民呢？科诺克灵机一动，决定拉拢村里的老师办几场演讲，向村民夸大微生物的危险。他还买通村里通报消息的鼓手，公告民众，新医生要帮大家免费义诊，义诊目的是要"防止各种近年来不断侵袭我们这个健康地区的所有疾病的大范围传播"。于是他的候诊室挤满了人。诊疗室里，没病没痛的村民被科诺克诊断出大病大症，还被再三叮咛要来定期诊治。许多人从此卧病在床，顶多喝水而已。最后整个村子简直成了一间大医院。药店老板和科诺克密谋，合计让村民购买价格高昂的药材。于是科诺克和药店老板成了有钱人，小旅店也大发横财，因为它的客房都成了急诊室，总是随时爆满。就这样，科诺克创造了一个只有病人的世界，即"其实世界上没有健康的人，只是他还不知道自己有病而已"。这就是科诺克咒语。可21世纪的今天，这个故事仍在延续，只不过"科诺克"已然变成了制药企业、医生和媒体广告商了。

　　如今，各种各样的保健品包围着我们，这些广告无一不是通过夸大产品功效和误导消费者，从而达到增加销量的目的。这样的做法，已经违反了我国有关商品广告的法律法规。

　　面对屡禁不止的"科诺克咒语"，如何才能规范广告市场，营造公平竞争的广告秩序，维护好像圣莫里斯村民那样的消费者的权益呢？

本章提要

　　广告法规管理是指工商行政部门和其他部门依据《中华人民共和国广告法》《广告管理条例》《中华人民共和国消费者权益保护法》及其他政策、法规，对广告活动的参与者进行监督、检查、控制、协调、指导的过程。本章从广告法规管理的基础知识入手，分析我国广告法规管理的现状，比较国内外广告法规的异同，围绕国内广告法规管理中的问题进行探讨。

15.1　广告法规管理的含义与必要性

广告业是市场经济不可分割的一部分，对活跃经济、促进国民经济发展有着重要的作用。由于市场经济的自发性、盲目性、滞后性等局限，有必要对广告业活动进行监督管理。在广告管理体系中，居于首要位置的就是广告法规管理。学习本节之后，我们将会了解什么是广告法规管理以及为什么国家要进行广告法规管理。

15.1.1　广告法规管理的含义

广告法规管理是指国家通过制定有关的法律、法规和相关政策，并通过制定的管理机关按照法规和政策对广告行业和广告活动进行监督、检查、指导。广告法规管理是一种运用法规和政策对广告进行管理的方法和手段。在我国，广告法规管理是由国家工商行政管理部门行使管理权力，这是我国现阶段进行广告管理的一种主要方法。

15.1.2　广告法规管理的必要性

15.1.2.1　规范市场活动

广告活动是一种市场行为，是社会经济生活的重要组成部分。为保证广告活动参与各方的利益，必须进行广告管理，规范广告活动，维持正常的广告市场秩序使广告活动顺利进行。规范广告活动包括规范广告活动参与主体资格、规范广告活动内容、规范广告活动进行过程、规范广告活动涉及的法律法规。

15.1.2.2　保证广告业健康发展

广告管理是国家发展广告业的方针、政策得以落实的具体措施和手段。我国从1979 年以来，广告业恢复，并发展迅猛，目前已经成为经济领域一种不可或缺的新兴产业。在发展过程中，我国政府相关部门已经根据实际需要进行了广告管理必须的立法工作。只有通过广告立法对广告活动进行管理，才可能防止广告业的发展走入歧途，保证广告业健康发展。

15.1.2.3　保护消费者合法权益

保护消费者合法权益是广告管理和广告立法的最终目的。广告是促销的重要手段，对消费者的购买、使用及其生产、生活都有重要影响。广告真实与否、合法与否、健康与否，对消费者利益有着直接的影响。某些人或组织为获取不正当利润，以各种形式散布虚假广告信息，坑骗广大消费者购买不合格的广告产品，会给消费者造成精神和物质损失。因此，必须对这种现象进行严加管理。

15.2 我国广告管理的法规和机构

在学习本节前，我们先来分析一个案例。某消费者向工商局投诉，某报上发布了一则保健食品广告声称有抗癌和治癌的功能，经工商局调查，某广告公司和某报在未查验有关广告证明的情况下，为保健食品生产企业刊登了广告，该广告虚构该保健食品具有抗癌和治癌的功能，违反了禁止虚假广告以及禁止保健食品使用与药品相混淆用语的规定。因此，工商局拟做出行政处罚。此时，工商局内部对适用《中华人民共和国广告法》，还是适用《广告管理条例》或《中华人民共和国消费者权益保护法》或《中华人民共和国反不正当竞争法》等法规进行处罚以及是对该保健食品生产企业进行处罚，还是对该保健食品生产企业、某广告公司和某报一并进行处罚，意见很大。要解决这个问题，就有必要了解我国的广告法规管理体系。

15.2.1 我国广告管理的法规

我国广告业恢复发展 30 多年来，广告的法制建设取得了显著成绩。1982 年，国务院颁布了《广告管理暂行条例》，1987 年又颁布了《广告管理条例》，同时制定了大量的配套规定，将我国广告纳入法制的轨道。1994 年 10 月 27 日，第八届全国人大常委会第十次会议通过了《中华人民共和国广告法》，并于 1995 年 2 月 1 日起施行。2015 年 4 月 24 日，第十二届全国人大常委会第十四次会议通过新修订的《中华人民共和国广告法》（以下简称《广告法》），并于 2015 年 9 月 1 日起施行。

15.2.1.1 我国广告管理的法规体系

我国已基本形成了以《广告法》为核心，以《广告管理条例》为必要补充，以国家工商总局单独或会同有关部门制定的行政规章和规定为具体操作依据，以地方行政规定为实际针对性措施的多层次的法规体系。

具体来说，《广告法》是我国广告法制建设中第一次以法的形式创制的部门法，是广告法律体系中的基本法。根据《广告法》的规定，《广告管理条例》等广告管理法规，在《广告法》颁布后与之不抵触的规定仍有法律效力，即仍可以适用。国家工商行政管理总局、卫生部等国务院部委及直属机构还依据广告法律和行政法规颁布了众多的部门规章和行政解释。同时涉及广告法律规范的《中华人民共和国民法通则》《中华人民共和国合同法》以及《中华人民共和国产品质量法》《中华人民共和国商标法》《中华人民共和国反不正当竞争法》《中华人民共和国消费者权益保护法》《中华人民共和国药品管理法》《中华人民共和国食品安全法》《中华人民共和国烟草专卖法》《中华人民共和国国旗法》《中华人民共和国人民币管理条例》等，构成了我国广告法规的专门法律体系。

15.2.1.2 广告法规的特点

广告法规是国家广告管理机构进行广告管理的依据，是我国政治、法律制度的一个组成部分。广告法规具有以下特点：

第一，利益性。不同的法规是为不同的社会制度服务的。在资本主义制度下，广告法规是为资产阶级利益服务的；在社会主义制度下，广告法规是为社会主义制度服务的。

第二，概括性。广告法规制约的对象是抽象的、一般的，具有高度的概括性，不是针对具体的人、单位或事情而提出的行为准则。我国广告法规的约束对象是我国所有广告活动的主体，因此所有从事广告活动的人都要遵循广告法规。

第三，强制性。广告法规和国家其他法律规章一样，都是强制性的，是国家对广告业实行强制管理的一种手段，广告活动主体必须依法从事广告活动。

第四，规范性。广告法规的规范性一方面体现在明确广告活动主体的行为准则，告诉人们可以做什么、不可以做什么，广告法规成为指引和评估人们行为的标准；另一方面体现在广告法规的制定和修改都必须按相应的程序进行，广告法规的内容要经过表决同意后才生效。

第五，稳定性。广告法规同其他法律一样具有稳定性的特点。广告法规是国家对广告业在一段较长时间内进行管理的法则，只有当情况发生重大变化时，国家才按一定程序修改法规。

15.2.2 《广告法》概述

15.2.2.1 《广告法》的立法宗旨

《广告法》第一条规定了广告法的立法宗旨："为了规范广告活动，保护消费者的合法权益，促进广告业的健康发展，维护社会经济秩序，制定本法。"

具体来讲，包括以下几个方面：

第一，规范广告活动。规范广告设计、制作、发布、代理经营等行为，规范广告内容，使广告活动主体的权利、义务更加明确。

第二，消费者的合法权益。广告的主要功能是传递信息，引导消费，既为企业服务，也为消费者服务。按照市场营销理论，广告应以消费者需求导向。按照《中华人民共和国消费者权益保护法》的规定，消费者享有安全权、知情权、自主选择权、公平交易权、求偿权、结社权、获得有关知识权、人格尊严和民族风俗习惯受尊重权、监督权、知情权九项权利。因此，广告必须保护消费者的合法权益，使企业、消费者都受益。只有消费者的合法权益受到保护，才能使广告取信于受众，更加有效。

第三，促进广告业的健康发展。广告业属于知识密集、技术密集、智力密集、人才密集的现代服务业，也是与意识形态密切相关的文化产业。30 多年来，我国的广告服务质量有了明显的提高，广告设计从告白、公式化、雷同化的模式向创新的艺术表现的方向发展；广告的制作及设备水平与国际新技术和新材料接轨；广告业的服务水平朝着以创意为中心、全面策划为主导、广告公司为核心、优质服务为标准的方向发展。但是仅在广告业服务水平上提高，而不增强广告业的社会诚信地位及良好秩序，广告业将会失信于受众，失去发展的基础，出现"皮之不存，毛将焉附"的尴尬境地。

第四，维护社会经济秩序。广告是市场经济发展的产物，是为市场经济服务的。广告业的发展在一定程度上反映了一个国家市场经济发展的水平。我国广告业的发展水平是与我国的改革开放、经济建设相辅相成、紧密相连的。广告为社会创造了经济效益和社会效益，促进了产品的销售，促进了体育、文化、出版、广播、电视等事业的发展。如果广告虚假、不正当竞争、秩序混乱、功能低下，那么势必影响社会主义市场经济秩序，甚至破坏国民经济的健康有序发展。只有规范广告活动，才能维护社会主义市场经济秩序，发挥广告的积极作用。广告的积极作用主要表现为：

一是活跃经济。广告的基本功能就是传播功能。广告传递信息，沟通产、供、销渠道，提高经济效益，活跃经济。

二是促进竞争。广告能促进新产品的开发、新技术的发展。广告在传递新产品、新技术的信息时，能使新产品、新技术迅速在市场上获得成功，推动市场正当竞争，提高产品质量。

三是指导消费。广告帮助消费者认识和了解各种商品的商标、性能、用途、使用和保养方法、购买地点和购买方法、价格等内容，从而起到传递信息、沟通产销的作用。广告能较好地介绍产品知识，起到指导消费的作用。

四是增加销售。广告是企业常用的促销手段，企业通过广告宣传品牌，提高知名度，增强市场竞争力，将产品及时销售出去。一则好的广告能起到引起消费者的兴趣和感情共鸣，激起消费者购买该商品的欲望，甚至促进消费者的购买行动。

五是丰富生活。广告是一门艺术，人们通过对广告作品的欣赏，产生丰富的生活联想，增加精神上的享受，并在艺术的潜移默化之中，帮助消费者树立正确的道德观、人生观，陶冶人们的情操，丰富人们的物质文明和精神文明生活。

总之，我国广告法立法目的就是依法保护正当广告活动，防止和打击虚假广告，充分发挥广告的积极作用，充分保护消费者权益，促进我国广告业的健康发展。

15.2.2.2 《广告法》的概念、结构和主要内容

《广告法》是指调整广告活动过程中所发生的各种社会关系的法律规范的总称。

商业广告活动是指广告经营方面的设计、制作、发布、代理活动记忆广告内容表现方面活动。

广告法的调整对象是商业广告活动中发生的各种社会关系。广告法调整的社会关系包括：广告主、广告经营者、广告发布者、其他广告活动人之间发生的社会关系；广告主、广告经营者、广告发布者、其他广告活动人与消费者之间发生的社会关系；广告管理机关、广告审查机关在广告行政管理中与广告主、广告经营者、广告发布者、其他广告活动人之间发生的社会关系。

广告活动法律关系的主体是广告主、广告经营者、广告发布者、其他广告活动人、广告监督管理机关、广告审查机关。广告活动法律关系的内容是主体依法具有自己为或不为一定行为或者要求他人为或不为一定行为的资格。广告活动法律关系的客体主要指广告行为，包括经营行为、广告代言行为及广告内容。

广义的广告法的概念不仅指《广告法》的法律法规，还包括涉及广告的其他法律规范，如《中华人民共和国商标法》《中华人民共和国反不正当竞争法》《中华人民共和国消费者权益保护法》《中华人民共和国药品管理法》《中华人民共和国食品安全

法》《中华人民共和国烟草专卖法》《中华人民共和国国旗法》《中华人民共和国人民币管理条例》等。

《广告法》共六章七十五条，主要内容如下：

第一章　总则（第一条至七条，主要规定了立法宗旨、调整对象适用范围、基本原则、广告活动主体及概念、广告监督机关）。

第二章　广告内容准则（第八条至第二十八条，主要规定了广告内容准则、广告活动基本准则、违禁广告规定、人用药品、医疗器械、农药、烟草、酒类、食品、化妆品等特殊商品广告规定）。

第三章　广告行为规范（第二十九条至第四十五条，主要规定了广告活动主体依法设计、制作、发布、代理广告及有关禁止规定、广告审查义务、广告合同规定、依法登记广告、广告收费规定、户外广告规定）。

第四章　监督管理（第四十六条至第五十四条，主要规定了人用药品、医疗器械、农药、兽药广告发布前审查及其规定）。

第五章　法律责任（第五十五条至第七十三条，主要规定了违法广告应当承担的行政责任等规定）。

第六章　附则（第七十四条和第七十五条，主要规定了国家鼓励公益广告和本法生效日期）。

15.2.2.3　《广告法》的适用范围

《广告法》有其特定的适用范围和调整对象。

《广告法》第二条规定了其适用范围："在中华人民共和国境内，商品经营者或者服务者通过一定媒介和形式直接或间接地介绍自己所推销的商品或服务的商业广告活动，适用本法。本法所称广告主，是指为推销商品或者服务，自行或者委托他人设计、制作、发布广告的自然人、法人或者其他组织。本法所称广告经营者，是指接受委托提供广告设计、制作、代理服务的自然人、法人或者其他组织。本法所称广告发布者，是指为广告主或者广告主委托的广告经营者发布广告的自然人、法人或者其他组织。本法所称广告代言人，是指广告主以外的，在广告中以自己的名义或者形象对商品、服务作推荐、证明的自然人、法人或者其他组织。"

广告法的适用范围和调整对象还包括广告活动中其他人。

《中华人民共和国食品安全法》第一百四十条规定："社会团体或者其他组织、个人在虚假广告或者其他虚假宣传中向消费者推荐食品，使消费者的合法权益受到损害的，应当与食品生产经营者承担连带责任。"《中华人民共和国食品安全法》第一百四十条还规定："违反本法规定，在广告中对食品作虚假宣传，欺骗消费者，或者发布未取得批准文件、广告内容与批准文件不一致的保健食品广告的，依照《中华人民共和国广告法》的规定给予处罚。"因此，名人代言虚假食品广告，也属于《广告法》的适用范围和调整对象。

广告活动主体包括广告主、广告经营者、广告发布者以及广告活动中其他人。

第一，广告主。广告主是指为推销商品或者服务，自行或者委托他人设计、制作、发布广告的自然人、法人或者其他组织。

广告主必须是为推销商品或者服务而进行广告宣传，并支付费用的自然人、法人或者其他组织。

所谓法人，按照《民法通则》第三十六条的规定，是指"具有民事权利能力和民事行为能力，依法独立享有民事权利和承担民事义务的组织"。

所谓其他组织，可以理解为依法登记领取营业执照的合伙型联营企业、非独立核算的分支机构等。

所谓自然人，包括经营广告的个体工商户、个人合伙企业等。

第二，广告经营者。广告经营者是指受委托提供广告设计、制作、代理服务的自然人、法人或者其他组织。

广告经营者是在受广告主委托的情况下从事广告的设计、制作或者代理服务。除拥有自身媒介发布广告的广告公司具有广告经营与广告发布的双重主体资格外，其他广告公司大多是广告经营者。从事广告经营的，应当具有必要的专业技术人员、制作设备，并依法办理公司登记，方可从事广告活动。因此，广告经营者必须依法经过核准登记，领取企业法人营业执照或分支机构营业执照后，方可接受委托从事广告活动，否则，即构成违法广告经营行为。另外，如果广告经营者也进行介绍自己服务的广告活动，那么其就成为广告主了。

第三，广告发布者。广告发布者是指为广告主或者广告主委托的广告经营者发布广告的自然人、法人或者其他组织。

广告发布者主要是广告人所称的"广告媒介单位"，即利用自身拥有的媒介手段发布广告的单位，主要包括广播、电视、报纸、杂志等大众媒介组织以及拥有户外广告、互联网、手机等媒体发布手段的广告公司，广播电台、电视台、报刊出版单位应在其内部设立专门的广告部门统一负责广告发布业务，由其专门从事广告业务的机构办理。大众媒介组织应依法办理兼营广告的登记，领取广告经营许可证。

第四，广告活动中其他人。凡是参加商业广告活动的社会团体或者其他组织以及个人，虽不是广告主、广告经营者、广告发布者，但是只要为广告活动提供了帮助或便利条件，并得到一定的物质利益或非物质利益，就是广告活动主体，也受《广告法》的调整和约束。

另外，广告活动主体除包括广告主、广告经营者、广告发布者、广告活动中其他人外，还包括广告监督机关、广告审查机关。广告监管机关、广告审查机关的监管、审查活动也适用《广告法》。

《广告法》仅在中华人民共和国境内有效力。所谓中华人民共和国境内，是指我国行使国家主权的空间，包括陆地领土、领海、内水和领空四个部分。按照1992年2月25日第七届全国人民代表大会常务委员会第二十四次会议通过的《中华人民共和国领海及毗连区法》的有关规定，所谓陆地领土，是指"包括中华人民共和国大陆及其沿海岛屿、台湾及其包括钓鱼岛在内的附属各岛、澎湖列岛、东沙群岛、西沙群岛、中沙群岛、南沙群岛以及其他一切属于中华人民共和国的岛屿"；所谓领海，是指"邻接中华人民共和国陆地领土和内水的一带海域"，领海的宽度是从领海基线量起12海里；

所谓内水，是指"中华人民共和国领海基线向陆地一侧的水域"，包括海域、江河、湖泊等；所谓领空，是指中华人民共和国陆地领土、领海和内水的上空。另外，注册为中国国籍的航空器、船舶，中国驻外国的领事馆均属于在中华人民共和国境内。

我国的《广告法》在全国范围内具有普遍法律效力，即一切在中华人民共和国境内从事广告活动的单位和个人，都必须遵守《广告法》。

划分法律部门的主要标准是法律所调整的对象，而所谓法律调整的对象，也就是法律规范所调整的社会关系。

商业广告，即商品经营者或者服务提供者承担费用，通过一定媒介和形式直接或者间接地介绍自己所推销的商品或者服务的广告。因此，《广告法》是以商业广告为专门调整对象，不包括非营利性的社会广告等活动。

商业广告的三个基本特征如下：

第一，广告的目的是为了介绍自己所推销的商品或者服务，介绍的方式可以是直接介绍，也可以是间接介绍。"介绍自己所推销的商品或者服务"是商业广告区别于其他非商业广告的本质特征。

第二，商业广告是通过一定的媒介或者形式来介绍自己所推销的商品或者服务，广告宣传必须有媒介载体或一定的形式，如电视、广播、户外、现场展示等。

第三，商业广告是有偿的，广告的费用必须由介绍自己的商品或者服务的商品经营者或者服务提供者承担。

15.2.3　《广告法》的基本原则

15.2.3.1　真实性原则

广告的真实性原则也称客观性原则，是指广告内容必须真实地传播有关商品或者服务的客观情况，而不能进行虚假、夸大的宣传。

广告的真实性原则是广告的"生命"，是广告法基本原则中最根本的原则。因为商业广告的目的是向消费者推荐商品或者服务，具有正确指导消费功能。如果广告不真实，消费者就受到误导甚至欺诈，侵犯消费者合法权益。

如果广告提供的信息是虚假不实的，不但不可能正确指导消费，相反还会导致消费者做出错误的决策，造成不应有的损失。

具体说来，广告的真实性原则体现在以下两个方面：

第一，产品或服务的客观性。《广告法》中的真实性原则，应首先表现为广告所指向的产品、劳务与服务整体上的客观存在性。按照现代市场营销理论，产品包括三个层次，即核心产品层次，表现为产品的有用性和产品的功能、功效、内在价值；形式产品层次，表现为产品的用料、规格、品牌、包装、款式、造型、色泽等；扩大产品层次，表现为围绕产品的所有服务的综合，包括售前、售中与售后服务。

例如，把一个本不具有某种功能、不能满足消费者某种需求的产品，说成具有某种功效、能满足消费者某种需要都属于虚假宣传行为。以减肥茶产品为例，很多产品都声称具有助人减肥的功效，将帮助消费者获得完美的"S"形曲线，然而几乎所有减肥茶产品都无法满足消费者瘦身的需要，甚至大部分产品具有较大副作用，体重反弹明显。这样的广告行为就是虚假广告行为。

又如，在广告中故意夸大产品的某样功效，用无法证明的时间指标、数字指标诱导消费者进行购买的行为，也都属于虚假广告行为。以"养乐多"为例，该产品在广告中宣称含有"100亿活菌帮助肠道做运动"，然而这个数字根本是没有经过科学验证，是无法证明的一个夸大的数字（见图15-1）。

图 15-1　养乐多广告
图片来源：昵图网

第二，文字及图形艺术表现真实性。广告是以文字、图形以及音响来表达的，具有艺术性及创意。在广告宣传中，不仅产品或服务本身应该是真实的，所选用的艺术表现方式、方法、特色以及所造成的实际效果、给消费者的实际感受也应该是真实的。

在这里，从消费者接受信息的角度认识广告的真实性，涉及的一个十分重要的问题，就是如何处理广告真实性与艺术性的关系问题。广告真实性的要求，不是对广告艺术表现的限制，而是要为广告表现注入于广告艺术相结合的广告真实，就是要求充分地展示出产品或服务本身的美，即产品或服务真实存在的美，从而给人以美的感受。在这里分别举一个合理运用广告艺术性的例子和一个夸大产品的例子，供读者比较理解。

例子中的果汁广告运用了通感的艺术表现手法，以视觉刺激带动消费者的味觉感受，从而达到引导消费者购买的作用（见图15-2）。例子中的美的变频空调，同样运用艺术表现手法，以蓝色为主色调，带给人凉爽的心理感受，从而联想到空调的功效，然而一晚一度电这种夸张的说法却是不合适的，厂家也始终对一晚一度电的数据出处绝口不提，这种广告行为是错误运用艺术夸张性的虚假广告行为（见图15-3）。

图 15-2　果汁广告
图片来源：昵图网

图 15-3 美的变频空调

图片来源：昵图网

总之，《广告法》中的广告真实性原则，一方面有其质的规定性，对此应有科学的认识。同时从法的实践合理性角度上看，应随着实践的发展，及时提出新的详细的法律规定，从而使广告真实性原则更具针对性。另一方面其在广告法中又有核心地位。认识这一地位，是我们在执法实践中准确执法的基本前提。

另外，虚假广告必然导致广告诚信度下降，使消费者远离或拒绝广告，广告一旦失去了受众，没有人看广告了，广告就没有效果，广告也就失去了"生命"。因此，广告内容必须真实。

15.2.3.2 合法性原则

广告的合法性是指广告行为必须符合法律的规定。合法性是广告应遵循的首要原则，其与真实性原则在广告行为与广告内容两个方面起到准则作用。真实性是事实，合法性是法律事实。真实性原则是对广告内容的要求，而合法性原则既是对内容又是对行为的要求。

合法性原则主要体现在以下几个方面：

第一，遵守广告相关法律。广告主、广告经营者、广告发布者、其他广告人在进行广告活动时，必须遵守国家制定的《广告法》及相关的法律、法规，如《广告管理条例》《中华人民共和国民法通则》《中华人民共和国反不正当竞争法》《中华人民共和国商标法》《中华人民共和国著作权法》《中华人民共和国专利法》《中华人民共和国消费者权益法》《中华人民共和国公司法》《中华人民共和国食品安全法》等，还应遵守地方性法规。

广告活动中涉及大量的版权问题，广告主、广告经营者、广告发布者在进行广告活动时，必须遵守《中华人民共和国著作权法》的规定，尊重他人广告设计作品、图片、文案、广告语、策划书等版权。

第二，主体资格合法。广告主、广告经营者、广告发布者应当具备《中华人民共和国民法通则》《中华人民共和国公司法》《广告法》规定的权利能力与行为能力，广告主应有政府批准设立的资格证书或工商局核发的营业执照，广告经营者应有工商局核发的营业执照，广告发布者应有政府批准设立的资格证书或工商局核发的营业执照及广告经营许可证。

第三，广告所介绍的商品或者提供的服务合法。商品既具有物质属性与市场价值，也具有法律属性。企业生产制造销售的商品应当是合法的，凡不合法商品不得做广告。

例如，枪支弹药、有害有毒食品、国家明令淘汰商品等。同样，服务项目也应当是合法的，凡不合法服务项目及内容不得做广告，如色情服务行业。

第四，广告的内容及表现方式合法。广告的内容应当遵守《广告法》及相关的法律、法规，既不能虚假失实，也不能违反禁止规定，如违法使用国旗、国歌等。广告的表现形式也应当遵守《广告法》及相关的法律、法规，如违法采用新闻报道形式发布广告（见图15-4）、通过人体彩绘发布广告（见图15-5）等。

图15-4　以新闻报道形式发布广告

图片来源：我图网

图15-5　大唐无双2游戏广告

图片来源：百度图片

第五，广告经营行为合法、发布程序合法。广告设计、制作、发布、代理的经营行为应当遵守《中华人民共和国民法通则》《中华人民共和国公司法》《广告法》及相关的法律、法规，合法经营，不得开展不正当竞争等。广告发布程序也应当遵守法律、法规，如广告经营者、广告发布者在设计、制作、发布、代理广告时应审查广告内容，特别是在发布前应当履行法定审查程序，如药品、医疗广告等均应经审查机关审查后方可发布，且审查后的广告在发布时须与审查时保持一致。

例如，珍视明涉嫌违规篡改广告内容。在珍视明的视频广告中，汪涵的一段话让人印象深刻："学习，天天向上；视力，却天天下降，珍视明滴眼液，天然配方，调节眼肌，要想视力好，天天珍视明。"在珍视明推出的图片广告中，也总会出现这样标志性的"诉求"：要想视力好，天天珍视明。

值得关注的是，国家食品药品监督管理总局网站上查到的珍视明的批准文号仅有"用珍视明"字样，并无"天天珍视明"字样的有效批号。也就是说，珍视明公司在上报审批的内容与实际播放广告时的内容不符。

根据《药品广告审查办法》第十六条的规定："经批准的药品广告，在发布时不得更改广告内容。药品广告内容需要改动的，应当重新申请药品广告批准文号。"如果珍视明修改了广告内容，应当重新申请一个药品广告批准文号。

篡改批准文号的后果会怎样？《药品广告审查办法》第二十条规定："篡改经批准的药品广告内容进行虚假宣传的，由药品监督管理部门责令立即停止该药品广告的发布，撤销该品种药品广告批准文号，1年内不受理该品种的广告审批申请。"

15.2.3.3 精神文明原则

广告必须符合社会主义精神文明建设的要求，就是指广告必须符合社会主义思想道德建设和教育科学文化建设的要求。

第一，思想道德建设。广告不仅是传播商业信息，同时也是传播文化信息，反映意识形态，在生活方式、消费观念、人生观、价值观、社会风气等方面起到导向和劝说的作用。因此，广告必须尊重社会主义的社会公德和社会公共利益，禁止宣扬损人利己、损公肥私、金钱至上、以权谋私、封建迷信、淫秽、恐怖、暴力、丑恶的内容。应倡导科学、文明、健康向上、良好风尚和公共秩序，为建设社会主义和谐社会尽到社会责任。

例如，广告发布赌博用具、超级牌术包教会之类的广告，都是属于违背社会主义思想道德建设要求的广告行为。

第二，教育科学文化建设。教育科学文化建设是精神文明建设不可缺少的基本方面，它既是物质文明建设的重要条件，也是提高人民群众思想道德水平的重要条件。

一是发展社会主义教育事业。社会主义教育事业是实现社会主义现代化建设的基础。广告具有教育大众的功能。

二是发展社会主义科学事业。广告具有推动科技发展的功能。

三是发展卫生事业和体育事业。卫生事业和体育事业的发展水平，标志着一个国家和社会的文明进步程度。广告不仅传播卫生信息和体育信息，而且还为卫生事业和体育事业提供经费来源。

四是发展文学艺术和其他文化事业。广告具有推动艺术创造发展的功能。

15.2.3.4 禁止虚假广告原则

《广告法》第四条规定："广告不得含有虚假或者引人误解的内容，不得欺骗、误导消费者。"

我国现行法律、法规没有明确注释虚假广告的概念，但从《广告法》《中华人民共和国反不正当竞争法》《中华人民共和国消费者权益保护法》的规定中可见虚假广告的实质是欺骗和误导。

所为虚假广告，是指通过一定媒体或形式，以欺骗和误导的方式进行不真实、不客观、不准确的广告宣传。

虚假广告的主要类型分为欺诈性虚假广告和误导性虚假广告两大类。

欺诈性虚假广告通常称为欺骗性虚假广告，这类广告以非法利益为目的，次用编造事实等手段进行宣传，主观上故意制造虚假信息，欺骗消费者。这类广告具体表现为虚构、说谎、伪造、空许诺等，以及谎称产品优质、历史悠久或是名牌；未取得专利谎称取得专利；对商品的性能、产地、数量、质量、价格、生产者、允诺的表示或对服务的内容、形式、质量、价格的表示与实际不符；使用不科学的表示功效的断言和保证，如"包治百病""一次见效""永不复发"等。对欺诈性虚假广告的认定，1993 年 6 月 21 日国家工商总局在《关于认定处理虚假广告问题的批复》中明确规定一般应从以下两个方面认定：一是广告所宣传的产品和服务本身是否客观、真实；二是广告所宣传的产品和服务的主要内容是否属实。凡利用广告捏造事实，以并不存在的产品和服务进行欺诈宣传，或广告所宣传的产品和服务的主要内容与事实不符的，均应认定为虚假广告。只要把广告与事实对照，不一致的，即可认定为欺诈性虚假广告。

误导性虚假广告亦称不实广告，误导性虚假广告所宣传的产品或服务本身可能是真实的，产品的性能质量也无问题，但是广告中利用公众对特定对象产生的错误理解，使公众对产品或服务产生不切实际的期望，故意玩弄所谓的文字游戏，通过模棱两可或含糊不清的语言误导消费者，这种误导超出了作为一般消费者应有的判断识别能力，致使消费者可能产生误认、误购。误导性虚假广告的手法往往是夸大歪曲事实，刻意取巧，使用模棱两可的、含糊不清的语言、文字、图像，使消费者产生误解，如促销广告中"亏本大甩卖"等用语。只要广告表述不准确、不清楚、不明白地介绍客观事实，即可认定为误导性虚假广告。

根据最高人民法院《关于审理不正当竞争民事案件应用法律若干问题的解释》的规定，经营者有以下行为之一，足已造成相关公众误解的，可以认定为引人误解的虚假宣传行为：一是对商品做片面的宣传或者对比的；二是科学上未定论的观点、现象等当做定论的事实用语商品宣传的；三是以歧义性的语言或者其他引人误解的方式进行商品宣传的。最高人民法院将根据日常生活经验、相关公众一般注意力、发生误解的事实和被宣传对象的实际情况等因素，对引人误解的虚假宣传行为进行认定。

虚假广告的主要表现有实质虚假、夸大失实、歧义误导等。

第一，实质虚假的广告。广告所宣传的产品本身是不客观、不真实的，即广告宣传的产品与实际产品不符，甚至所宣传的商品或者服务根本不存在。广告介绍的商品、服务本身是虚假的，欺骗、误导消费者。

第二，夸大失实的广告。一般是经营者对自己生产、销售的产品的质量、制作成分、性能、用途、生产者、有效期限、产地来源等情况，或对所提供的劳务、技术服务的质量规模、技术标准、价格等资料进行夸大的宣传。广告宣传产品的主要内容（包括产品所能达到的品质和功能、效用、标准，产品的生产企业，产品的价格，产品的标志以及为宣传产品适用的证明、检测报告、文摘、引用语和宣传手段等）不准确、不清楚、不明白，即广告宣传的内容具有不合理夸张、欺骗误导性的内容。

第三，语言文字存在歧义，令人误解的广告。此类广告内容也许是真的或者大部分是真实的，但是经营者在措词上使用歧义性语言的技巧明示或者暗示、省略或含糊使得消费者对真实情况产生误解，并影响消费者购买决策，导致受骗。

常见的有医疗、药品广告中夸大疗效，以专家、教授的名誉和患者的形象做宣传；保健品、减肥广告往往夸大效果，混淆概念，把保健品当成药品来宣传，误导消费者，甚至请来某某明星为其产品代言，而这些明星根本没有使用过该产品。

下面举例来辨认广告虚假与否（见图15-6）。

图15-6　澳兰姿广告

图片来源：昵图网

广告语：甄选原生态海岛鲷类新鲜鱼鳞为原料，采用世界领先的定向底纹纹酶解技术，定向截取胶原蛋白中最适宜人体吸收的有效氨基酸片段，分子量控制在2 000~3 000道尔顿，产品保证0污染、0添加、100%安全承诺，并由中国人民财产保险公司承诺。澳兰姿三肽胶原蛋白不但可以美容、养颜，同时还促进人体新陈代谢、提高免疫力、增强血管弹性、提升骨密度、改善肠胃功能等，从人体结构上彻底预防、缓解衰老，给身体注入年轻活力。

问题：上述广告是否属于虚假广告？如果是，请具体分析该广告中的哪些内容属于虚假广告行为。

15.2.4　我国广告法规的管理机构

要对全国进行有效的广告管理，必须要建立各级各类的广告管理机构。我国的广告管理机构因广告管理的方式、层次的不同而不同。

15.2.4.1　国家广告管理机关

国家广告管理机关是广告管理行政行为的发出者，是广告管理的主体。我国的广告管理机关是工商行政管理机关。我国《广告法》第六条规定："国务院工商行政管理部门主管全国的广告监督管理工作，国务院有关部门在各自的职责范围内负责广告管理相关工作。县级以上地方工商行政管理部门主管本行政区域的广告监督管理工作，县级以上地方人民政府有关部门在各自的职责范围内负责广告管理相关工作。"国家工商行政管理总局和地方各级工商行政管理局代表国家行使广告管理的职能，是国家的方针政策落实于广告活动的执行者，是广告活动的直接监督者。工商行政管理机关的广告管理职能，由其内设的职能部门具体负责。国家工商行政管理总局内设广告监督司，负责广告监督管理工作。其主要职能是：研究拟定广告业监督管理规章制度及具体措施、办法；组织实施对广告发布及其他各类广告指导活动的监督管理；组织实施广告经营审批以及依法查处虚假广告；指导广告审查机构和广告行业组织的工作。各省、自治区、直辖市、计划单列市工商行政管理局内设广告监督处，地、市、县工商行政管理局设广告科，既接受相应的各级政府领导，也接受上级工商行政管理局的业务领导。各级工商行政管理机构都有一批懂业务、会管理的专职或兼职广告管理人员，进而形成了较为完整的广告管理组织体系。

15.2.4.2　广告协会、广告学会

广告协会、广告学会虽不是广告管理机关，但依据广告管理的有关规定，可对广告业进行组织、协调和指导，进行行业自律；对广告理论、广告业发展过程中出现的新情况、新问题进行研究和探讨。各级广告协会、广告学会在协助广告管理机关改进和加强广告管理工作方面发挥了巨大的作用。

中国广告协会成立于1983年，是国家工商行政管理总局直属事业单位，是经民政部注册登记的全国性社会团体。经过30多年的发展，中国广告协会组织结构日益健全、组织力量日益壮大。目前，已有全国各省、自治区、直辖市等地方广告协会单位会员51家，单位会员1 700余家（广告公司、媒体、广告主、教学研究机构、市场调查公司等），个人会员400余名（学术委员和法律委员）以及15个专业领域的分支机构。

中国广告协会始终紧密围绕"为行业建设与发展提供服务"的根本宗旨，切实履行"提供服务、反映诉求、规范行为"的基本职责，积极开展工作。中国广告协会的主要职能有以下几方面：

一是加强行业自律、大力推动行业诚信建设，规范会员行为，加强自我监管。中国广告协会组织制定并实施了广告行业自律规范，积极开展对违法广告的劝诫、点评工作以及广告发布前法律咨询工作，组织开展全国广告行业精神文明先进单位评选表彰活动。

二是以优化产业结构、提升企业核心竞争力、推动产业升级为出发点，积极开展中国广告业企业资质认定工作，赢得业界和社会的支持和认同。

三是以提升广告从业人员素质，维护广告行业人才市场秩序为宗旨，努力推动建立全国广告专业技术人员职业水平评价体系，使广告专业技术人员纳入全国专业技术人员职业资格证书制度统一规划。

四是积极开展反映诉求和维权工作，为行业发展创造良好的政策环境。积极参与

推动相关立法和政策制定，参与了《中华人民共和国广告法》等法律、法规的制定与修订工作，协助国家工商总局、国家发改委研究制定《关于促进广告业发展指导意见》《广告业发展"十二五"规划》等。2001年，中国广告协会有效协调广告费税前抵扣问题，使企业广告费税前扣除标准由2%调整至8%；2009年，中国广告协会进一步使化妆品制造、医药制造和饮料制造（不含酒类制造）企业发生的广告费和业务宣传费支出税前扣除比例从15%放宽到30%；组织开展中国户外广告业生态和整治问题的调研，使我国户外广告管理逐步纳入规范化、法制化的轨道。

五是开展行业培训、交流活动，实施多层次人才培养计划，提升行业整体服务水平。

六是广泛开展调查研究和信息服务工作，利用行业网站、工作通信和电子刊物等形式为会员和行业提供优质服务。

七是搭建学习展示、商务交流的平台，帮助广告企业提高业务素质、拓展业务领域、改进业务能力。"中国国际广告节""中国广告论坛"等重要展会已经成为业界颇有影响力的服务品牌。

八是加强学术研究，为提高广告从业人员专业素质和理论研究水平拓宽了领域。中国广告学会主办的《现代广告》等专业杂志和所属学术分会成为行业思想舆论和学术理论建设的重要平台和阵地。

九是积极开展国际交流，促进中国广告业与国际广告业的接轨和融合。非常值得肯定的是中国广告学会于2004年在北京成功举办第39届世界广告大会，标志着中国广告业进入国际化发展的新时期。

中国广告产业学会（China Advertisement Industry Association，CAIA）创立于1989年10月27日，是经主管部门批准登记的具有社团法人资格的全国性广告行业组织。

中国广告产业学会的宗旨是坚持四项基本原则，贯彻执行改革开放的方针，代表和维护会员的正当权益，团结全国广告工作者，抓自律、促发展，为建设社会主义物质文明和精神文明服务。

中国广告产业学会的职能是在国家主管部门的指导下，按照国家有关方针、政策和法规，对行业进行指导、协调、服务、监督。

中国广告产业学会设置办事机构和专业委员会。办事机构由综合事务部、会员管理部、学术培训部、对外联络部、信息咨询与技术开发部五个部门组成；专业委员会设有广告主委员会、报纸委员会、广播委员会、电视委员会、广告公司委员会、铁路委员会、公交委员会、学术委员会。

中国广告产业学会的主要任务如下：

一是宣传贯彻有关广告管理法规、政策，协助政府搞好行业管理；反映会员单位的意见和要求，就有关广告管理、行业规划向政府提出建议。

二是开发信息资源、建立信息网络，为会员单位和工商企业提供经济、技术、市场、行业等方面的信息咨询服务。

三是开展境内外人员培训和学术理论研究，提高广告从业队伍的思想水平、理论水平、政策水平和业务能力。

四是组织开发、引进和推广国内外先进技术、设备、材料和工艺，举办本行业的全国性和国际性展览会、展销会，促进广告设计、制作、发布水平的提高。

五是建立广告发展基金会，为促进广告行业健康发展提供资金支持。

六是开展国际交流与合作，代表和统一组织中国广告界参加国际广告组织及活动。

七是开展行业资质检评活动，向社会推荐资质优秀的单位，促进会员单位不断提高经营管理水平。

八是加强行业自律，建立和维护良好的广告经营秩序，反对不正当竞争，坚持广告的真实性，提高广告的思想性、科学性和艺术性；向社会提供广告行业法律咨询服务，调解行业内、外部纠纷。

中国广告产业学会的最高权力机构是会员代表大会，在代表大会闭会期间理事会和执行理事会执行大会决议，行使大会职权，领导办事机构开展工作。

15.3　广告法规管理的主要内容[①]

15.3.1　对广告内容的法规管理

广告法规的主体内容之一是对各种类型广告内容及表现形式的管理规定。

15.3.1.1　通用的一般准则

在开展广告宣传的过程中，必须遵守最基本的法律规定和准则。关于这方面的具体内容，主要由有以下两方面：

第一，广告宣传内容的要求。总体而言，广告宣传内容必须真实、合法、健康。《广告法》第三条规定："广告应当真实、合法，以健康的表现形式表达广告内容，符合社会主义精神文明建设和弘扬中华民族优秀传统文化的要求。"《广告法》第四条规定："广告不得含有虚假或者引人误解的内容，不得欺骗、误导消费者。"

第二，广告宣传的基本准则。这是指广告法律、法规规定的广告内容和形式应当符合的基本要求。我国的《广告法》从广告的内容和形式两个方面，对广告内容的导向、广告禁止的内容、广告的可识别性、广告内容的组织等做了明确的规定。

15.3.1.2　对特殊广告主的法律准则

有些商品由于比较有特殊，与人民健康和生命密切相关，如药品、医疗器械、农药、烟草、食品、化妆品等一些特殊商品以及其他法律、法规中规定的应当进行特殊管理的商品。对这些商品，广告法律、法规中一般有比较明确的特殊规定。

---

① 李景东. 现代广告学［M］. 广州：中山大学出版社，2010：50-52.

15.3.2 对广告活动的法规管理

15.3.2.1 关于广告经营者、广告发布者资格的认定

第一，广告经营者资格认定。申请经营广告业务的企业，除符合《中华人民共和国公司法》《中华人民共和国公司登记管理条例》《中华人民共和国企业法人登记管理条例》及有关规定之外，还要具有特殊的业务专项条件。根据广告经营业务的不同，广告公司应当具备的条件又有不同的规定。

第二，广告发布者资格认定。根据《广告法》的规定，广告发布者主要是指兼营广告业务的媒介单位，如电台、电视台、报社、杂志社、出版社等。这些单位的主要职能是政策宣传和出版业务，同时兼营广告业务。发布广告属于一种广告经营行为，所以必须对其实行专门管理。关于广告发布者的资格认定，在我国的《广告法》有明确规定。

15.3.2.2 关于广告经营活动的规定

广告经营活动是广告宣传活动的基础。如果经营行为不合法、不合格、不科学，就可能创作出损害公众利益的广告作品。因此，各国的广告法规对经营活动都有比较详细的规定。我国关于广告经营活动的相关规定，请查阅我国的《广告法》，这里不一一赘述。

15.3.2.3 关于户外广告活动规范

根据我国《广告法》的规定，有下列情形之一的，不得设置户外广告：利用交通安全设施、交通标志的；影响市政公共设施、交通安全设施、交通标志、消防设施、消防安全标志使用的；妨碍生产或者人民生活，损害市容市貌的；在国家机关、文物保护单位、风景名胜区等的建筑控制地带，或者县级以上地方人民政府禁止设置户外广告的区域设置的。户外广告的设置规划和管理方法由当地县级以上地方人民政府组织广告监督管理、城市建设、环境保护、公安等有关部门制定。

15.3.2.4 网络广告活动规范

一般来讲，只要是发布广告，就要遵守《广告法》，但有关在网络媒体上发布广告的规定，《广告法》却未提及。对于管理部门而言，除了规定网络公司承接广告业务必须对其经营范围进行变更登记外，如何界定网络广告经营资格，监测和打击虚假违法广告，取证违法事实，规范通过电子邮件发送的商业信息，对域外网络广告行使管辖权等一系列新的课题，都尚待探讨。但网络广告接受法律监督势在必行。2000年5月29日，全国20家知名度较高的网络公司在北京首次获得国家工商局颁发的经营广告业务的通行证——广告经营许可证。2000年9月25日，国务院颁布了《互联网信息服务管理办法》。这些都标志着国家对网络信息传播管理的重视。

15.3.2.5 关于广告合同的规定

我国《广告法》第三十条规定："广告主、广告经营者、广告发布者之间在广告活动中应当依法订立书面合同。"广告主和广告经营单位在签订书面合同之前，广告主应出示符合广告管理法规要求的证明文件。若齐全无误，广告经营单位可以代理和发布；

反之，则不然。倘若双方不能严格履行验证手续而出现重大事故，将由工商行政管理机关视情节轻重追究责任。验证手续完毕后，方可签订书面合同，以明确双方的责任。双方按规定及相互协议的结果形成书面合同后，必须严格遵守，不得单方面撕毁，否则就要向对方支付违约金。

15.3.3　对广告违法行为的法规管理

广告违法行为是指广告主、广告经营者、广告发布者违反《广告法》和有关法律、法规的行为。在广告活动中，凡是违反了有关法律、法规的，必须承担相应的法律责任，接受相应的处罚，直至刑事制裁。

我国现行的《广告法》，对广告活动中的各种违法行为规定了严格的法律责任，主要有以下 3 个方面：

第一，民事责任。《广告法》第五十五条、第五十六条和第七十条规定了发布虚假广告对消费者的侵权行为及其他侵权行为应承担的民事责任。

第二，行政责任。广告当事人违反《广告法》，应当承担行政处罚和行政处分。

第三，刑事责任。《广告法》对发布虚假广告，违反《广告法》关于广告内容的基本要求及广告禁止的情形，伪造、变造广告审查决定文件，以及广告监督管理机关和广告审查机关工作人员的渎职行为构成犯罪的，按规定依法追究刑事责任。

15.4　国外广告法规管理

在发达国家，广告法规已有较长历史，并在不断推出新的法规。世界上第一步广告法于 1907 年在英国颁布，对广告发布的范围进行了规定。该法又于 1927 年进一步加以完善，主要内容包括：禁止发布妨碍公园、娱乐场所或风景地带自然美的广告；禁止损害乡村风景、公路、铁路、水道、公共场所、历史文物地的广告；禁止在车辆上做广告，并对医药广告做出了严格规定。

美国的广告法规比较完善。美国政府通过联邦、州和提防的法律和各种政府代理机构的规章来进行广告的管理。1911 年，美国制定了《普令泰因克广告法案》，并在 1938 年和 1975 年进一步完善。该法案对广告活动中各方的权利、义务、行为规范以及反垄断方面都有明确的规定。1914 年，美国国会通过《联邦贸易委员会法案》，产生了联邦贸易委员会这个代表联邦政府的专门机构对广告加以管理，在依法管理虚假和误导性广告方面起到了示范作用。除了联邦条例和规定外，美国各州和地方政府也颁布自己的法令管理广告。地方性的广告法规一般规定得比较详细，如纽约市关于旅游与旅馆业价格广告的法规；俄勒冈州和加利福尼亚州关于喷放烟雾的商品广告违法的规定；缅因州的法规则要求撤出商店以外的张贴广告和路牌广告并制定了具体的罚则。

美国广告业的营业额居世界第一位，其广告立法及广告管理也十分健全和完善，因此本节重点介绍美国的广告法规及广告管理。

15.4.1 美国广告法规

美国广告法规健全、具体、详细，虚假广告认定十分准确，并且能有效利用法律进行处罚。美国早在1911年就颁布了《普令泰因克广告法案》（又称《印刷物广告法案》），还有成文商标法《兰哈姆法》（Lanham Act）。1975年，美国广播事业协会制定了《美国电视广告规范》，为行业自律规范。美国广告法对不同产品的广告，如烟酒、食品、减肥保健品和药物都有针对性的详尽规范，一旦接到消费者个人、消费者组织或广告企业竞争对手的投诉，就会对涉嫌虚假广告的产品或服务展开调查。

美国不仅广告法规十分完善，广告业自律也很充分。在这些法律、法规以及管理条例中，值得注意的是美国规定证人广告中的意见领袖，如明星、名人、专家必须是产品和服务的实际使用者，否则是虚假广告。

流行天王迈克尔·杰克逊在1988年为百事可乐公司代言（见图15-7）。并拍摄了系列广告。然而在此之后，由于媒体爆料杰克逊并不饮用可乐，导致该系列广告效用尽失，杰克逊本人也获称"美国年度最不受欢迎明星"。同样是为没有实际使用的产品代言，罗纳尔多为金嗓子喉宝代言（见图15-8）则获得了完全不一样的待遇。该广告并没有受到我国广告监管部门的调查，也就没有被定性为虚假广告。

图15-7　迈克尔·杰克逊代言百事可乐
图片来源：迈克尔·杰克逊中国网

图15-8　罗纳尔多代言金嗓子喉宝
图片来源：百度图片

15.4.2 美国广告管理

15.4.2.1 虚假广告

虚假广告（Deceptive Advertising）是美国广告管理的重点。根据美国联邦贸易委员会的规定，凡是"广告的表述或由于未能透露有关信息而给理智的消费者造成错误印象的，这种错误影响又关系到所宣传的产品、服务实质性特点的，均属虚假广告"。无论是直接表述还是暗示信息，广告发布者都要负法律责任。

美国把判定广告是否虚假的权利交给消费者，并由专业部门裁定。凡符合以下条件的广告视为虚假广告。

第一，不管广告本身是否真正虚假，只要广告的内容产生误导消费者，造成消费者认知错误的结果，就判定为虚假广告。

第二，判定广告虚假，不同的对象在合理的判断标准上会有所不同。一般合理的消费大众会相信广告内容为真。在判断一般合理的大众时，应考虑该广告是否针对老人、儿童等特定对象。如果是针对老人、儿童等特定对象的，那么判定广告虚假标准比针对其他成年人为对象的广告标准更为简单。

第三，广告向消费者诉求表述的重点内容为考量广告中虚伪成分的重点。这些重点包括涉及产品质量、效果、耐用度、保证以及有关健康、安全等方面的表述，还包括经营商品明示或者有意暗示的表述。

以上三点是评价虚假广告的条件及标准。如果一则广告内容虚假夸张，但不会使消费者产生误信，就不属于虚假广告，有利于广告创意及艺术夸张表现手法的运用。

15.4.2.2 不实广告

不实广告（False Advertising）是涉及食品、药品、装置及化妆品的虚假广告，由于食品、药品、装置及化妆品的虚假广告直接危害消费者的安全利益，所以把不实广告单列出来进行管制。

15.4.2.3 不公平广告

不公平广告（Unfair Advertising）是指违反社会公序良俗，具有压制性和反道德性的广告。不公平广告的特点就是具有不公平性，侵害其他同业者。判断不公平广告的条件有以下三个：

第一，广告内容是否违反社会公序良俗。

第二，广告中使用的方式是否含有压制性和不道德行为。

第三，同业者、消费者是否受到了实质的损害。

只要第三项成立，即使第一、二项不存在，也不影响不公平广告的成立。也就是说，不以表现为依据，而以损害结果为评判依据。

15.5 我国广告法规管理的现状

我国的广告管理从以前的单一行政管理逐步形成现阶段的多层次的管理架构，是一次重大的突破和转型，但还存在着诸多问题。中国广告协会会长杨培青女士曾做过这样的描述：在快速发展中，我国广告业比较突出的问题，一是社会对虚假广告的普遍认识不足。一些企业的法律意识十分单薄，有的根本没有认识到发布广告应当承担相应的法律责任。有的企业，包括大中型企业，为了追求经济效益，广告中采用虚假、欺骗的手段误导消费者；有的贬低竞争对手，进行不正当竞争；有的广告内容有悖社会善良习俗，损害社会公德；等等。二是广告活动不够规范。广告主、广告经营者、广告发布者各自的法律责任不明确，运作不合理，缺乏相应的制约机制。这段描述基本表述了我国广告行业中存在的问题，也揭示了我国广告管理的现状。

我国广告法规管理存在的问题概括如下：

第一，广告管理的法规不够健全、不够细化，衡量违法的具体标准不是很明确。

第二，虽然我们采用多层次的监管方式，但是我们的行业自律是由广告协会半官方的机构负责执行，而消费者和社会的监督途径不是很畅通。

第三，对于新兴媒体的广告管理的法规条文很少，如网络广告的管理、电视购物这种广告和购物模式的管理中法律责任的分配和追究等问题。

第四，执法力度不够，在每年的消费者权益保护日各大媒体会集中关注广告欺骗、消费品质等问题，而在一年的其他时间内，媒体关注度不够，执法部门的执法力度也不够。

第五，按照加入世界贸易组织的规定，2005 年年底对我国的广告市场全面放开，这就使得我国的法律和国际化接轨不到位，在对国际性的广告监管方面有法律和执法缺陷。

本章小结

广告的法规管理，即国家通过制定有关的法律、法规和相关政策，并通过管理机关按照法规和政策对广告行业和广告活动进行监督、检查、指导的过程。广告的法规管理是广告管理的重要组成部分，也是广告监管部门最主要的管理手段，对维护广告市场的公平竞争和促进广告业的健康发展起着巨大作用。然而由于种种问题，我国广告法规管理的现状并不乐观，需要探讨解决的问题还很多。

思考题

1. 试评价中国现行广告法规体系。
2. 试比较中美广告法规管理优劣。
3. 请用所学知识分析以下广告是否违反我国相关广告法律、法规的规定？

参考文献

[1] 李景东. 现代广告学 [M]. 广州：中山大学出版社，2010：50-52.

第五部分总结

广告制作是整个广告创作流程的最后一步，是广告创意的实际体现过程，因此广告作品制作的好坏和制作水平的高低直接影响着广告面世后的传播效果。任何优秀的广告创意都必须经过一系列制作工序后才能转化成现实的作品，而不同的广告媒体作品，因其在编辑方法、内容特点、表现形式、对象范围等方面存在差异，所以其制作方式和制作环节也大不一样。本部分围绕平面印刷广告（包括报纸广告、杂志广告）、电子媒体广告（包括电视广告、霓虹灯广告、车身广告）和网络广告（包括网幅广告、文本链接广告、电子邮件广告），重点介绍以上广告形式的基本要求和制作过程，并简单介绍屏保、书签和工具栏广告、指针广告等其他广告形式。在介绍新兴网络广告形式的同时，本部分还对网络媒体空间的来源进行了探索与思考，并针对广告的现实意义，重点介绍了不同广告材料的适用场合，以期对读者的具体实践提供更多帮助。

广告制作完成标志着广告创作过程的完成，然而广告信息并不能直接到达消费者，必须通过一定的中介物，也就是所谓的媒体。媒体是指交流、传播信息的工具，其范畴要比媒介小得多，只是人们通过眼睛可以看得见的传播物。作为广告信息的载体和传播渠道，广告媒体对于广告的作用，决定了广告信息所能到达的顾客群及其传播效果。媒体之于传播，正如郭庆光所说：媒体就是传播的核心概念之一，作为信息传递、交流的工具和手段，媒体在人类传播中起着极为重要的作用。没有语言和文字的中介，人类传播就不能摆脱原始的动物状态；没有机械印刷和电子传输等大量复制信息的科技手段的出现，就不可能有今天的信息社会。

任何广告都必须依赖于一定的媒体存在，并通过媒体进行传播。自人类社会出现广告起，广告与媒体就密不可分地联系在一起。随着科学技术的发展，广告媒体的形式也在演进，特别是近年来互联网和移动通信技术的发展使得网络媒体得到了极大的发展，微博、微信等新媒体形式更是受到了社会各界的高度关注。本部分从广告媒体的概念体系、传统广告媒体、新媒体和媒体计划四个方面，介绍了广告媒体的相关知识。

广告制作与传播并不是无限制的行为，所谓广告法规管理是指工商行政部门和其他部门依据《广告法》《广告管理条例》《中华人民共和国消费者权益保护法》及其他政策、法规，对广告活动的参与者进行监督、检查、控制和协调、指导的过程，是广告管理的重要组成部分，也是广告监管部门最主要的管理手段，对维护广告市场的公平竞争和促进广告业的健康发展起着巨大作用。本部分从广告法规管理的基础知识入手，分析我国广告法规管理的现状，比较国内外广告法规的异同，围绕国内广告法规管理中的问题进行探讨。

学习知识，就如建设楼房，优秀的设计蓝图是基础，而实际建设过程的好坏直接决定了楼房最终的质量。如果将前两部分的内容比作设计蓝图，那么本部分的内容就是为具体实践作指导。优秀的广告创意必须要通过高质量的广告制作，方能转化为具体的广告作品；优秀的广告作品，又必须经过合理的广告媒体，才能到达消费者。无论广告制作还是广告媒体选择，都必须接受国家广告法规管理。因此，本部分的内容更为强调广告的现实意义，旨在为读者进行广告的具体实践提供帮助。

第六部分
世界著名广告公司

16　概述

16.1　广告公司的产生及发展

　　1841 年，沃尔尼·B. 帕默（Volney B Pdmer）在美国费城开办了一家以代理报纸广告为主营业务的公司，该公司被视为世界上第一家广告公司。在 1845 年和 1847 年，帕默又先后在波士顿和纽约开办公司，不仅是报纸和广告界的中介，而且常为客户撰写文案，并向报纸抽取 25% 的佣金（后逐渐减至 15%）。

　　广告公司的业务在发展中不断完善，从中介代理向设计策划完美转变。直至被广告历史学家称为"现代广告公司的先驱"的艾耶父子广告公司（N.W.Ayer & Son）于 1869 年在费城成立，世界上出现了首家被认为具有近似现代意义的广告代理公司。

　　19 世纪末 20 世纪上半叶，广告公司进入快速发展期，公司数量不断增加、服务功能不断完善、服务领域不断扩大，形成由国内向国外发展的大趋势。其中，一批实力雄厚的广告公司以惊人的速度展现于世界面前，成为跨国广告公司的代表。

　　1849 年，英国的美瑟—克劳瑟广告公司（Mather & Gowther）已有员工 100 人，并提供类似于美国艾耶父子广告公司的广告服务。1880 年，日本第一家广告代理店"空气堂组"在东京开业，随后"弘报堂""广告社""三成社""正喜路社"纷纷成立。现存历史最悠久的日本广告公司"博报堂"也在这一时期（1895 年 10 月）正式开业，并于 1901 年 7 月，成立了具有股份制性质的"日本广告株式会社"。至此广告公司迅猛发展，逐渐遍布世界的每一个角落。

16.2　全球广告行业格局

　　随着经济全球化的扩张，跨国广告集团应运而生，广告行业的竞争也愈演愈烈。奥姆尼康（Omnicom）集团、WPP 集团、Interpublic（IPG）集团、阳狮（Publics）集团、电通集团以及哈瓦斯（Havas）集团成为当今广告市场最具影响力的六大广告公司，雄踞广告行业。各集团下设许多子公司，为客户提供广告、市场营销、公关、网络营销、客户关系管理和咨询等服务。2003 年，这六大集团的业务量占全球广告市场总份额的 66%。

　　奥姆尼康——全球最富创意的广告与传播集团。奥姆尼康总部位于美国纽约，通过其全球网络和下属的众多专业公司在 100 多个国家和地区为超过 5 000 个客户提供广告、战略媒体规划和购买、直销、促销、公共关系以及其他专业传播咨询服务。奥姆尼康下属主要公司有：天联广告（BBDO）、恒美广告（DDB）、李岱艾、浩腾媒体。

WPP 集团——世界上最大的广告与传播集团。WPP 集团总部位于英国伦敦，拥有60 多个子公司，主要服务于本地、跨国及环球客户，提供广告、媒体投资管理、信息顾问、公共事务及公共关系、建立品牌及企业形象、医疗及制药专业传播服务。WPP集团下属主要公司有：奥美（Ogilvy & Mather，O&M）、智威汤逊（J Walter Thompson，JWT）、电扬广告的、传力媒体、尚扬媒介、博雅公关、伟达公关。

Interpublic 集团——美国第二大广告与传播集团。Interpublic 集团总部位于美国纽约，超过 20 个国家和地区拥有 40 个代理商。Interpublic 集团下属主要公司有：麦肯环球广告、灵狮广告公司、博达大桥广告公司、盟诺广告公司、万博宣伟公关、高诚公关。

阳狮集团——法国最大的广告与传播集团。阳狮集团创建于 1926 年，总部位于法国巴黎，以广告代理服务、媒介服务、媒体经营、公共关系服务和市场营销服务为主要业务。阳狮集团下属主要公司有：阳狮中国、盛世长城、李奥贝纳、实力传播、星传媒体。

电通集团——日本最大的广告与传播集团。电通集团总部位于日本东京，在 30 多个国家和地区设有子公司，与 50 余个国家和地区成立了合作据点。电通集团下属主要公司有：电通传媒、电通公关、Beacon Communications。

哈瓦斯集团——法国第二大广告与传播集团。哈瓦斯集团总部位于法国巴黎，业务遍布全球 70 多个国家和地区，拥有 14 400 多名雇员。哈瓦斯集团下属主要公司有：灵智大洋、传媒企划集团、Arnold Worldwide Partners

17 世界著名广告公司简介

17.1 恒美广告公司

17.1.1 公司简介

恒美广告公司（Doyle Dane Bernbach，DDB）于 1949 年在美国纽约成立，是一家具有 60 多年历史的世界顶极 4A 广告公司，世界著名十大广告公司之一。DDB 是传播公司奥姆尼康集团（Omnicom 集团，又译宏盟集团）的子公司。截至目前，DDB 在 96 个国家和地区设有 206 个分公司（办事处），其客户包括百威、保时捷、联想等世界知名公司。

17.1.2 公司起源

1949 年，比尔·伯恩巴克（Bill Bernbach）、道尔（Ned Doyle）和戴恩（Maxwell Dane）三位广告大师在美国纽约创立了 DDB。三位创始人惊醒了当时的美国广告业，他们开创了一种依赖对人性的洞察、对消费者的尊重和创造的全新市场营销方式。用他们的话说就是："让我们停止对人们的单项灌输，让我们开启能付诸行动的对话。"

DDB 的主要创始人比尔·伯恩巴克（Bill Bernbach）被认为是二战后"最具有影响力的创意人"之一，他最先在广告中引入了具有讽刺意味的幽默和鲜明领导形象的运动。伯恩巴克曾说："规则是供艺术家打破的，循规蹈矩永远无法产生令人难忘的想法。"这句话至今影响着 DDB 的广告精英们，激励着一代又一代的 DDB 人，推动着 DDB 成为世界十大广告公司之一。DDB 因其独特的创意和先进的理念，获得了合作伙伴的充分信任，树立起了在业界的声誉。

17.1.3 公司理念

DDB 所能提供的是能够让品牌和业务成长的"有创意的解决方案"，创意是广告公司前进的动力。DDB 的发展一直遵循着与创意相关的一系列相关理念。

第一，创造力是商业中最强大的力量。DDB 通过与客户在合作关系中发现并释放人的潜能、品牌的潜能和商业业务的潜能，通过创造力来打造品牌影响力。

第二，洞察人性。DDB 始终相信伟大创意来自于敏锐的洞察力，一个好的创意可以推动品牌的持久发展。

第三，尊重消费者。在不断发展中，DDB 认识到品牌掌握在消费者手中，而不是品牌经理手中。

第四，尊重世界。作为有影响力的信息传播者，DDB一直致力于将创意用于善举。正如伯恩巴克所说的那样："所有专业使用大众媒体的人都是社会的塑造者。我们可以使这社会庸俗化，我们可以残酷地对待它，或者我们可以帮助它提高到一个更高的水平。"

第五，充分尊重个人自由。即使是最优秀的人才，若没有一个鼓励个人自由与成长的环境，他的想象力也不可能得到完全激发。因此，DDB首席执行官凯茨·雷恩哈德（Keith Reinhard）提出四个自由，即免于恐惧的自由、无畏失败的自由、避免混乱的自由和为所应为的自由，借此将DDB打造成能够激发人自由表达的土壤。

17.1.4　广告风格

想象奇特，以情动人，这是DDB在广告创作中最为突出的风格。广告中最重要的东西就是独创性和新奇性，令消费者眼前一亮，从而对产品留下深刻印象。DDB的作品往往能在一般人熟视无睹的地方提炼出与众不同的创意，在看似反常的广告文字之中，告诉人们真实可信的事实和重要信息，形成与目标消费群体的生活形态有关和与企业期望的公众行为相关的广告创意，运用与众不同的特色在瞬间引起受众的注意并在其心灵深处产生震动，有效地推出产品形象，与竞争对手形成产品概念的差异，提高品牌整体形象和市场竞争力。

下面以DDB为上海大众Lavida品牌上市提供的营销解决方案为例，对DDB的广告风格产生更直观的认识。

2013年11月14日，上海大众汽车的标志性品牌Lavida家族首次震撼上市。由DDB集团（上海）与上海大众汽车携手重磅打造的"Lavida，投入的生活"品牌上市宣传方案让人耳目一新，颇能引发主流大众的共鸣——真正"生活"着的人是强大的，他们没有惊天动地的梦想，却有着让世界动容的真挚感情。在由DDB设计的视频广告中，是年轻的情侣投入地去表达爱、去追寻爱的片段，或者是对世界充满向往的年轻人听从灵魂的声音投入地探索未知、去体验世界等。除了独具创意的"Lavida生活"图标，DDB设计的手指平面广告，更是让人眼前一亮，配上轻松愉快的音乐，能充分激起受众那颗热爱生活的心。相信所有热爱生活的人，都会为之动容（见图17-1、图17-2）。

图17-1　"Lavida，投入生活"视频网视频广告截图

资料来源：优酷网频截图

图 17-2　Lavida 家族上线 Teaser Video 手指篇视频广告截图（请欣赏视频 17-1）

资料来源：优酷网视频截图

17.1.5　启示

DDB 创立于 1949 年，迄今已有 60 多年的历史。已是花甲之年的 DDB 公司却始终保持着先进的营销理念，具有独特的广告见解与创意，这是颇为不易的。其成功的理念与经验是值得探究学习的。

首先，这与其独特的公司理念和企业文化分不开。DDB 公司强调创意是广告公司发展前进的动力，管理层致力于营造自由的企业氛围，以激发员工的创意思维。

其次，DDB 独特的创意概念与方法是其驰骋广告界的法宝。DDB 公司的创意手段——ROI 法。ROI 是一种速记法，简述客户需要的是什么及广告如何解决客户的需要。以相关性（Relevance）、原创性（Originality）、冲击性（Impact）为原则来创作广告传播，为客户带来投资上的回报（Return on Investment）。基于 ROI 法，DDB 提出了机会跳板法、品牌基石跳板法、品牌经历跳板法、构思跳板法等几种创意工具。

最后，DDB 大量的优秀人才储备为其丰富的广告创意提供了来源。DDB 以其充满创新和激情的公司文化，鼓励个人自由与任意创造的公司氛围，吸引了一大批优秀的广告人才。简言之，优秀的内部营销，为 DDB 储备了大量广告人才。

17.2　天联广告公司

17.2.1　公司简介

天联广告公司（Batten，Barton，Durstine & Osborn，BBDO，下同）是世界排名第一的广告公司，隶属于全球最大的传播集团，奥姆尼康集团，拥有 323 家分公司，遍布 70 多个国家和地区，雇员超过 1.7 万人。BBDO 在 2007—2011 年连续五年获得法国戛纳广告节（Cannes Festival）"年度最佳广告公司（Network of the Year）"称号；2006—2010 年连续五年被 *The Gunn Report* 评选为"年度广告公司"；在 2008—2010 年摘下 *The Big Won Report* 评选的"年度最佳广告公司"桂冠。BBDO 的主要客户有蒂芙尼

（Tiffany）珠宝、宝洁（P&G）联邦快递、肯德基（KFC）、维萨（VISA）等。

17.2.2 公司起源

100 多年以前，一个叫乔治·巴腾（George Batten）的美国人在纽约开了一家以自己名字命名的传播公司 Batten 公司。他创作了许多那个年代脍炙人口的案例，而他本人留在广告史上最大的贡献是为后来名震全球的 BBDO 贡献了首字母"B"。

1919 年，布鲁斯·巴顿（Bruce Barton）与罗伊·德斯汀（Roy Durstine）在纽约成立 Barton & Durstine 公司，BBDO 的第二个和第三个字母有了着落。一年以后，Barton & Durstine 公司和 Alex Osborn 公司合并。1928 年，Batten 公司与 Barton Durstine Osborn 公司合并，正式宣告了 BBDO 的诞生。

隶属于奥姆尼康集团的"出身名门"的地位和 100 多年的创意经验，让 BBDO 在中国很快发展壮大。2005 年 Proximity China 成立，BBDO 在活动及互动领域变得更加全能。

17.2.3 公司理念

BBDO 坚信核心竞争力，即杰出的创意不仅使其成了卓越的创意领导公司，更重要的是帮助客户建立起了强大的品牌，并为客户的销售带来了赢利。

"促成卓越工作成就的原因，只有创意。"这句话在 BBDO 的经营理念上得到了很好的体现。

第一，重视创意。BBDO 相信创意能力是衡量广告公司实力的唯一标准，因此其专注于优秀的创意，从而帮助客户建立伟大的品牌。

第二，重视员工。一个由关心伟大创意工作的精英组成的广告公司会持续创造出更伟大的创意来，因此 BBDO 对于员工的创意性有着极高的要求。

第三，重视客户。BBDO 坚信好的创意、好的作品必须是能为广告客户带去利益的作品。

第四，重视作品。BBDO 坚持只有好的作品才能吸引更多的员工和客户。

BBDO 的营运在此基础上自然形成了良性循环，从过去 7 年的 4 个年度国际大奖冠军的佳绩中，可看出 BBDO 的坚持确实为其开创了一条独特的道路。

17.2.4 广告风格

BBDO 始终坚信创新、创异、创优。BBDO 是以创意出彩，以创意取胜的。正如 BBDO 的前总裁所说："创造性是广告公司生存的理由。越是好的创意，越能改变消费者的意见和态度并唤起行动。广告主选择广告公司的基准，就是这种无可替代的创意性。"天联公司为箭牌益达量身打造的"酸甜苦辣"系列，使得其荣膺"2011 年度中国最杰出广告宣传作品代理机构"。

家喻户晓的箭牌益达广告作品旨在传达给中国消费者一种良好的理念，旨在改变大家的一些饭后习惯，培养"咀嚼的习惯"。然而身处于如此多样食物文化的社会中，寻找大家共同的理想追求点是其面临的挑战及关键所在，在中国被定义为"口味"。这一概念词语成了整个广告作品创意的主线点，最初的构想来源于成语"酸甜苦辣"，英语翻译为"Sour，Sweet，Bitter，Spicy"，而此处有着双重的意义，即"生活百味"。

整个广告把所有故事归于味道，"甜——甜蜜的开始，总是充满美味""酸——越觉得心酸，越是在乎对方""辣——火辣的争吵，是爱的调味剂""苦——最酷的总是爱得不够勇敢"。广告中的"益达"在两个人的爱情中起着很大的作用，让两个人相识，又让两个人相爱。从某些程度上符合了当代年轻人的一些人生态度，可以使他们对此产生共鸣。通过趣味事情的发生，让观众印象深刻，成功地推销了产品（见图17-3、图17-4）。

图17-3　益达酸甜苦辣大结局（请欣赏视频17-2、视频17-3）

资料来源：http://waaaat.welovead.com/cn/top/detail/91eBgowz.html

图17-4　益达酸甜苦辣 III 广告（请欣赏视频17-4）

资料来源：http://www.uuuu.cc/news/81905.html

17.2.5　启示

BBDO 从一个小小的创作"铺子"，发展到今天在世界各地设有数百家分支机构的大公司，必然有其制胜的法宝。BBDO 将其经营规范称为"四点法"。"四点法"突破了各地不同的语言、文化、风俗、国情的障碍，有效地控制了广告作业水准。"四点法"的主要内容如下：

第一，认清潜在消费者。BBDO 认为广告必须首先对潜在消费者市场有透彻的了解。潜在消费者研究一般包括人口分布、消费态度、消费行为、生活方式及购买形态等。BBDO 在纽约设立了资料管理服务中心，对其所属的分支机构提供消费者的背景资料。而各地分支机构也设有小型资料管理中心，贮存与本地消费者有关的背景资料及当地的市场基本资料。

第二，认清潜在消费者的问题。BBDO 特别创制了一套研究程序，称为"问题探索系统"。该操作程序分两个阶段：第一阶段"列出潜在问题"，做法是由专家邀请消费者，请消费者对商品本身和使用这种商品后发表意见，尽量地让消费者发表不满和抱怨，而不收集正面意见。第二阶段"分析和研究问题"。"PDS"是 BBDO 独创的一种方法，用这种方法可向广告主提供潜在市场机会中有效、可靠而又经济的调查。这种方法还可以分析世界各地消费者对同一产品的要求和不满，哪些大致相同，哪些是由于文化、国情、经济状况、市场等不同因素而产生的差异。

第三，认清产品。如果广告制作者对产品的基本销售对象及产品存在的问题不清楚，就会闭门造车，制作出的广告就如同隔靴搔痒，无法打动消费者，更谈不上改变消费习惯。BBDO 为此制定了一种方法，即列出同一类产品的所有品牌，然后研究到底哪些品牌在相互竞争，并请消费者回答其对某一特定品牌的问题与使用形态，然后将所有资料输入电脑处理，用电脑将消费者所有轻易改变选购品牌的心理因素加以分类整理，这样就可能获得使消费者购买的决定因素，这是制作广告的重要依据。

第四，突破创作障碍。BBDO 认为制作广告的两大致命障碍一是为创作而创作。二是根本谈不上创作。第一种情形也许可将广告信息传播出去，但效果不佳；第二种情形根本无法引起消费者的兴趣。因此，必须在广告创作中克服这两种情况。

17.3　李奥贝纳广告公司

17.3.1　公司简介

李奥贝纳广告公司（Leo Burnett Worldwide）是一家美国广告公司，于 1935 年由李奥·贝纳创立，现在是全球最大的跨国广告公司之一，在全球 80 多个国家和地区设有将近 100 个办事处，拥有 1 万多名员工。李奥贝纳广告公司的客户包括全球 25 个最有价值品牌当中的 7 个——麦当劳、可口可乐、迪士尼、万宝路、家乐氏（Kellogg）、丹碧斯（Tampax）和任天堂（Nintendo）。

17.3.2　公司起源

李奥贝纳广告公司的创始人李奥·贝纳生于 1891 年 10 月 21 日。1915 年，24 岁的李奥·贝纳进入凯迪拉克汽车公司任公司内部刊物编辑，与当时提倡广告应与消费者共鸣的广告大师西奥多·麦克马纳斯（Theodore F MacManus）一起工作。后者为凯迪拉克汽车公司设计的"领袖的代价"曾轰动一时。

李奥·贝纳任职的第一家广告公司是 Homer McKee。他在那家公司连续干了 10 年，任资深创意总监。后来，李奥·贝纳去了纽约，进入 Erwin Wasey 广告公司，被派往芝加哥 5 年，任创意副总裁。但是李奥·贝纳与 Erwin Wasey 广告公司的理念却越来越远。终于李奥·贝纳无法忍受"就像洗碗水一样乏味"的广告创意。于是李奥·贝纳变卖所有财产，筹组自己的李奥贝纳广告公司。

李奥贝纳广告公司建立之始只有一家客户，营业额是 20 万美元。李奥·贝纳艰苦创业，经过 3 年努力，终于把李奥贝纳广告公司发展成一家大公司。

李奥·贝纳从事广告工作长达半个多世纪，被誉为美国 20 世纪 60 年代广告创意革命的代表人物之一，是芝加哥广告学派的创始人及领袖。他所代表的芝加哥学派在广告创意上的特征是强调"与生俱来的戏剧性"（Inherent Drama），他说："每件商品，都有戏剧化的一面。我们当前急务，就是要替商品发掘出其特点，然后令商品戏化地成为广告里的英雄。"

17.3.3　公司理念

正如李奥·贝纳所言：公司生存的主要目的，在于创造世界上最棒的广告，绝不输给任何一家公司。我们制作的广告，必须具备震撼、大胆、新鲜、有吸引力、人性化、具有说服力、主题概念明确等特色。长期而言，要能建立优良品质的声誉；在短期内，则要创造销售佳绩。为了实现这一目的，李奥贝纳广告公司有着独特的经营理念：

第一，成功的定义，即为客户制作卓越的广告。

第二，相信客户。李奥贝纳广告公司认为其客户相信广告，依赖卓越的广告来创造业绩，并具有相当的发展潜力，相信伙伴关系的重要性，而且在薪酬制度及企业道德方面与本公司理念一致。

第三，相信员工。李奥贝纳广告公司认为自己的员工必定具有才华、极富创意、要求很高、热爱广告、尊重他人以及喜欢从竞争中获得成就感，迫切希望有卓越的表现，重视客户的利益甚于自己的利益。

第四，相信自己。李奥贝纳广告公司认为不论是工作条件、人际关系、成长机会、自我表达或实质待遇，其环境都能够吸引最优秀的人才参与，同时其提供了广告业界最具挑战、回馈最大、最有乐趣的工作。李奥贝纳广告公司规划并采取积极的新业务计划，同时也了解新客户以及现有客户的新业务能够替公司带来新的挑战与机会。

17.3.4　广告风格

作为芝加哥广告学派的创始人，李奥·贝纳的广告也一直以清新朴实著称，他喜欢很大众化的语言，真诚、自然、温情可以说是李奥贝纳广告公司的广告最为贴切的表达。"受信任""使人温暖"的要素，使得消费者更易接受广告所要传达的信息。下面我们以李奥贝纳广告公司为可口可乐"昵称瓶"做的创意广告为例。

2013年夏季到来，正是全中国年轻人共同寻求冰爽的好时候。李奥贝纳广告公司把可口可乐的包装替换成个性化的昵称，像是"老兄""你的甜心"等，以独具匠心的方式让美好时光更加深刻。

李奥贝纳广告公司的消费者调查发现，一些特定的昵称和称赞语在主流社交媒体上非常流行。年轻人暑假会将大把的时间花在网上，特别是社交媒体，而与家人和朋友面对面交流的时间则较少。当他们见面时，有时候都找不到表达自己的最佳方式，所以他们喜欢相互在线上和线下取昵称。李奥贝纳广告公司挖掘出了这个令人兴奋的结论，创造出"昵称"的概念，在人与人的间隙上架起桥梁，并以社交和文化的方式加以连接。这一做法不仅会增加年轻人面对面的交流，鼓励他们与想要交流的人分享合适的昵称，而且符合中国人喜欢新鲜和猎奇的特点。

这个战略性的尝试果然吸引了大量年轻人的注意，让他们以全新的方式看待一款经典的饮料。更重要的是，这使他们与可口可乐度过了一个不一样的夏天（见图17-5、图17-6）。

图 17-5　可口可乐"昵称瓶"

资料来源：http://brand.cnad.com/html/Article/2013/1105/20131105151913517.shtml

图 17-6　可口可乐"昵称瓶"夏日战役

资料来源：http://finance.21cn.com/stock/express/a/2013/1119/17/25090431.shtml

17.3.5 启示

作为广告公司，唯一的资产就是人才，广告人在公司的时间比在家多，上班就是回家。李奥贝纳广告公司给员工营造家的氛围，让员工放心工作、专心投入，从而发挥出潜力，做到人力增值。李奥贝纳广告公司关注点除了公司的扩张以外，更重要的就是好的创意。广告依靠团队作业，每个人都需要想创意，从而相互启发，没有严格工作范围，员工也是顾客，需要提高员工的满意度。

每个季度，李奥贝纳广告公司在全球 80 多个国家和地区、200 多个分支机构遴选创意作品进行评比。在全球评估系统对不同创意作品的分析中，李奥贝纳广告公司创建了一套叫做"7+"的创意评估体系，精确而又细致地将广告作品划分为 10 个等级，如 7 分为优秀的广告创意表达，8 分为所在产品行业的广告新标准，9 分为广告界的新标准等。这样通过评估体系，不仅有效促进了内部创意交流，更使李奥贝纳广告公司的广告保持全球一致的创意高水准。

17.4 智威汤逊广告公司

17.4.1 公司简介

智威汤逊（JWT）是世界四大顶尖广告公司之一，是全球第一家广告公司，也是全球第一家开展国际化作业的广告公司。智威汤逊的 1 万多名成员，300 多个分公司及办事处，遍布全球六大洲的主要城市，为客户提供全方位的品牌服务。目前智威汤逊隶属于全球最大的传播集团 WPP 集团，其客户主要有雀巢、嘉士伯、中国联通、伊利等。

17.4.2 公司起源

智威汤逊创始于 19 世纪 80 年代。1864 年，詹姆斯·沃尔特·汤普逊在纽约花了500 美元买下了一家在宗教杂志卖广告版面的小公司，并以自己的名字为这家公司命名。到了 1870 年，汤普逊利用增加广告篇幅的方法来销售杂志，并请作家和艺术家来设计广告，帮助广告主以更好的方式传达他们想要表达的讯息。此后，汤普逊还开创了文案撰写、版面策划、全套设计、商标开发、市场调查等特色服务，这使得该公司在 1897 年登上行业霸主地位。1899 年，智威汤逊在伦敦开办了第一家分公司，从此迈开了其进军国际市场的步伐。

智威汤逊从成立至今的 100 多年历史中，为现代广告业留下了各种创举：首次使用性诉求、首次使用卫星制作第一个越洋商业电视广播、首次在其电视广告中出现折价券以及首次使用电脑策划与购买媒体等。

17.4.3 公司理念

异于其他广告公司，智威汤逊以其独特的品牌全行销规划（Thompson Total Branding）工具，策略性地将传统的广告与直效行销、促销、赞助、公关活动等结合在一起，以协助客户达成短期业绩成长，并创造长期的品牌价值。

智威汤逊的创新和成功与其独特的广告理论和方法论——"全方位品牌传播（TTB）"密切相关，这是智威汤逊用以帮助客户提升短期的销售额，同时建立长期的品牌价值的重要工具。全方位品牌传播由4个核心要素组成，即消费者洞察、品牌远景、品牌意念、传播计划，将具有洞察力的策略与突破性的创意融合在一起，再从中发展出富有创意的广告作品，使之适用于任何媒介。

第一，消费者洞察。这是智威汤逊的品牌传播的起点，要求从研究消费者个体行为开始，进而探索其共通性，从而找出能够激发消费者个体行为的根本动机。

第二，品牌远景。这是用以引导消费者，统一定义了产品所代表的意义，满足了消费者的某种精神性需求。品牌远景必须是品牌所独有的，能将品牌与竞争对手区分开的蓝图；必须定义清晰、准确，从而能聚焦从促销、公关到广告、销售管理的市场活动；必须源于敏锐而且根本的消费者洞察。品牌远景沟通的信息，真正在品牌和消费者之间建立起有意义的关系，是品牌的DNA，是品牌根本的精华之所在，是一切品牌运作的灵魂。

第三，品牌意念。这是从消费者洞察和品牌远景的概念性的策略中发展出来的，立体的、生动的创意性描述，全方位地向消费者传递品牌形象、品牌所代表的意义。品牌意念虽然来源于创意部门，但是远远超出一个电视广告或者一个平面创意的范畴，具有突破性的意念能够经得起时间的考验，而且能够在任何媒介上予以执行体现。

第四，传播计划。传播计划将创意（如品牌意念）和媒介结合在一起，是分析性的，必须确定营销目标、适合媒体、传播时间。智威汤逊是最具洞察力的广告公司，比任何广告公司都能够更加深入地洞察消费者的心理。

17.4.4　广告风格

自成立以来，智威汤逊一直以"不断自我创新，也不断创造广告事业"著称于世。智威汤逊究竟是如何来实现这句话的呢？下面我们将解析一个案例。

2012年，智威汤逊和新秀丽启动了新的亚太区"阔步人生，一路向前"广告战役，这个战役紧紧抓住了突破局限、不断向前这一胸怀抱负的冒险精神的精髓，或是抵达另一里程碑，或拥抱内心的渴望，或只是单纯地追寻新鲜事物。

这一新的广告战役将"阔步人生，一路向前"带到了新的高度，将旅行者踏入一个新的环境这一标志性画面进行进一步描述，但是融入了更多的细节和新人物情节。

三位衣着光鲜的人物走出房间，从他们日常生活的环境进入个人追求的环境中，每个人的内心都装着一个流浪的梦。丰富的视觉和故事内容深入到每个人内心深处深藏的情感领域，在新秀丽遍及亚洲的不同客户群中产生了强烈的情感吸引力。智威汤逊东北亚区执行创意总监兼中国区主席劳双恩（Lo Sheung-Yan）说：这个广告展示的不仅仅是产品本身。它体现了我们所有人内心深处对追求的内在期望，这激起了我们所有人内心对游牧生活的向往。随着新秀丽品牌的逐步发展，新秀丽已经不再仅仅提供旅行产品，而其品牌信息也上升为代表生活中的无限可能性（见图17-7、图17-8、图17-9）。

图 17-7　新秀丽：阔步人生，一路向前

资料来源：http：//fashion.163. com/11/0602/11/75HQ9OCQ00264KBF.html

图 17-8　新秀丽：阔步人生，一路向前

图片来源：http：//fashion.163. com/11/0602/11/75HQ9OCQ00264KBF.html

图 17-9　新秀丽：阔步人生，一路向前

资料来源：http：//fashion.163. com/11/0602/11/75HQ9OCQ00264KBF.html

17.4.5 启示

作为世界上最成功的广告公司之一，智威汤逊有其独特的竞争优势。

第一，线上线下合二为一。同样是国际知名的 4A 广告公司，智威汤逊一直在探索、坚持走一条不同于其他广告公司的发展之路。智威汤逊意识到，大众传媒广告只是整个传播项目的一部分，而越来越注重营销的客户群都要求能有整合线上创意和线下资源的方案。因此，关键是创造出一个整合的、深深地扎根于消费者根本行为和喜好的意念，并将这个意念渗入不同的渠道和媒体，甚至是零售商店这一级。这样不但可以迅速提升短期的销售额，而且可以增强长期统一的品牌形象。智威汤逊未来的公司架构，也将以此为核心，循序渐进地开展。有了具体可循的发展模式，更需要稳定的内部管理作为发展的内核动力，智威汤逊能够在激烈的竞争中不断发展、取得连续成功，与稳定的管理团队也是分不开的。这种内部的稳定性折射到业务上，就表现为稳定的客户构成。智威汤逊的客户包括国际与客户本土客户，都是长期合作关系，智威汤逊也从不依赖于单独的项目取胜。

第二，"太阳系模型"下的收购之路。在过去的几年，智威汤逊开始了一系列大规模的收购，收购了中国本土最大的促销网络之一的上海奥维思市场营销服务有限公司。此外，智威汤逊还建立了 RMG Connect（一个互动性方案的设计应用公司），并且与 Cohn & Wolfe 达成战略联盟（后者是欧美最负盛名的消费品公共关系管理公司）。

17.5 奥美广告公司

17.5.1 公司简介

大卫·奥格威于 1948 年创立的奥美广告公司（Ogilvy & Mather），为众多世界知名品牌提供全方位传播服务，业务涉及广告、媒体投资管理、一对一传播、顾客关系管理、数码传播等。奥美集团旗下已有涉及不同领域专业的众多子公司，如奥美广告、奥美互动、奥美公关、奥美世纪、奥美红坊等。今天的奥美集团已经从两个员工成长到跻身全球八大广告事业集团之一。

过去的几十年里，奥美与众多全球知名品牌并肩作战，创造了无数市场奇迹，包括美国运通（American Express）、西尔斯（Sears）、福特（Ford）、壳牌（Shell）、芭比（Barbie）、旁氏（Pond's）、多芬（Dove）、麦斯威尔（Maxwell House）、国际商业机器公司（IBM）、柯达（Koldak）、联想（Lenovo）等。

17.5.2 公司起源

大卫·奥格威（David Ogilvy）是著名的奥美广告公司创始人，生于 1911 年英国苏格兰，大学肄业，曾做过厨师、厨具推销员、市场调查员、农夫及英国情报局职员、外交官和农夫，对市场一无所知，从未写过一篇文案，38 岁尚未涉足广告业，囊中只有 5 000 美元创业资金。

在广告业的星河之中，大卫·奥格威是一颗明亮的星。他凭借非凡的创造力、深邃的思想、勤奋的努力跻身现代广告业的巨擘之列，享誉世界。堪称现代广告业一代宗师的奥格威，既是品牌发展的伟大思考者之一，又是树立品牌意识的先驱。

17.5.3　公司理念

奥美广告公司以"成为那些最有价值品牌的客户最看重的广告代理商"为公司宗旨，履行着给客户能帮助他们业务成长的"Big Ideas"，通过今天有效地传达，为明天建立永久的品牌。

奥美广告公司面对急剧变化的大环境，在竞争日益激烈的广告行业里，是什么让它保持这样高的行业地位，引领全球广告业发展呢？这就不得不提到奥美大卫·奥格威提出的经典广告信条，它们已经成了当今优秀广告公司进行广告运作的参考准则。

第一，对自己负责。绝对不要制作不愿意让自己的太太、孩子看的广告。大家大概不会有欺骗自己家人的念头，当然也不能欺骗自己的家人，己所不欲勿施于人。绝对不做没有创意的广告，在美国一般家庭，每天接触 1 518 件广告，要引起消费者注意，其广告必须别具一格。

第二，对客户负责。绝不能忘记自己是在花广告主的钱，不要埋怨广告创作的艰难。时时掌握主动，不要让广告主支使才去做，要用出其不意妥协的神技，让广告主惊讶。

第三，不要随便地攻击其他广告活动，不要打落鸟巢，不要让船触礁，不要杀鸡取卵。

第四，说什么比如何说更重要，诉求内容比诉求技巧更为重要。

17.5.4　广告风格

深度的思考，精准的策略，出色的创意，使得奥美广告公司创造出极具实效性和思考性的广告。奥美广告公司始终坚持"快乐、专业、价值"的理念，即"在一个快乐的环境""以专业赢得尊重""为客户创造最大价值"。下面我们通过两个案例来了解一下奥美广告公司的广告风格。

15.5.4.1　案例一：奥美广告公司携手 Lee 推出新广告

2011 年 5 月，美国标志性牛仔品牌 Lee 与奥美广告公司合作，将世界最具活力的社区之一，纽约布鲁克林区的创造力、激情和精神呈现给中国消费者。

Lee 的 2011 春夏季系列新广告"Live Forever Lee"的意义，在于鼓励人们对其周围世界中的创作产生想法和思考。为了将"创意非凡"的主题融入现实生活，奥美广告公司采取新的策略——为线上营销制作了一支鼓舞人心的音乐短片（MV），让消费者能够在线互动并且推进个性和创意的融合。Lee 邀请消费者通过个性创作，来制作个性化的音乐短片，再通过社交网站将自创短片分享给朋友们（见图 17-10）。

图 17-10　将布鲁克林感觉带到中国

资料来源：http://pps.sinoef.com/topic/8705/

15.5.4.2　案例二：奥美广告公司为好奇（Huggies）纸尿裤设计创意广告

好奇金装纸尿裤旨在为宝宝提供超级舒适感受，令宝宝干爽、愉快。奥美广告公司为好奇纸尿裤量身打造的这一系列平面广告主要凸显的是好奇纸尿裤的强力吸水功能。平面广告上都有一个纸尿裤的形状，且其特征与周围环境形成鲜明的对比，着重突出纸尿裤强效吸水、令宝宝干爽自在的性能。该广告表现手法新奇，极富创意，让人过目难忘（见图 17-11）。

图 17-11　好奇（Huggies）纸尿裤可不能随便丢

资料来源：http://www.lnuu.com/article/2308.htm

17.5.5　启示

作为全球创意的巨擘之一，奥美广告公司在国际市场上频频创造精彩，颠覆人们的眼球。奥美广告公司在中国市场与文化的土壤里植根并成长几十载，活力依然，并继续扮演着引领者的角色。奥美广告公司一路走来的历程，值得我们研究与借鉴。奥美广告公司给中国的广告产业甚至世界的广告产业设立了准则，树立了标准。

17.5.5.1　广告运作方面

第一，广告设计先求对再求妙。精彩的创意点子令人眼前一亮，印象深刻，但正确的诉求才会改变人的态度，影响人们的行为。奥美广告公司的创意人就像高明的模特，利用身体语言，尽情表现服饰的独特，而且没有让自己高明的条件掩盖服饰的风采。然而，现在很多的广告创作者总是将消费者的注意力吸引到了其高明的创意上，而忘了产品本身才是主角。因此，奥美广告公司的创作理念很好地使艺术效果和广告效果相结合，没有让纯粹的创意掩盖了广告本身宣传产品的意义。

第二，广告要简洁明了。消费者看广告是一种手段而不是一种目的，把广告当做购买决策的参考。多半情况下，消费者是被动接受广告讯息。相比奥美广告公司的广告设计，目前很多广告公司的广告作品刻意将创意做得很大、很有深度，忙于构建复杂的逻辑，套用结构式的文字，拼凑模棱两可的画面，使消费者难以理解。因此，在广告创意与简洁清晰之间的取舍，奥美广告公司或许给了广告业值得借鉴的答案。

17.5.5.2 公司运作方面

第一，全球化视野，本土化执行。近年来，广告业受到"上压下夺"的挑战日趋严重。"上压"主要是来自一些战略咨询公司，如麦肯锡公司等对企业高层决策的影响，以市场战略、全球化视野和强大的资源优势赢得了客户尊敬，并得到更多业务；"下夺"主要是来自一些小型公司提供更加细分、专业的服务，甚至通过价格战和大型广告公司竞争。奥美广告公司有很清楚的目标：必须成为最具影响力、最具世界水平的国际广告公司。因此，质量的产出一定是世界水平。具体就是在创意上、品牌上必须做得更好。除此之外，还有本土化的策略，要做最国际化的本土公司，最本土化的国际公司。奥美广告公司同样感受到上压下夺的市场威胁，采取了一系列的对策。奥美广告公司通过收购各个区域的广告公司，来满足不同区域消费者的习惯和文化，适应不同层级地区的销售渠道。通过把奥美广告公司的理念传递给当地的合资公司，然后由它们在本地为客户服务。作为最早进入中国的外资广告公司之一，奥美广告公司从广告起家，包括在很多领域完成资源的整合，实现了奥美广告公司对中国的完美进军。

第二，人本思想。广告行业最难的就是找对人。奥美广告公司坚持不变的就有对人的尊重和对知识的尊重。人才是一个广告公司成长的基石，也是一个广告公司成败的关键。奥美广告公司在中国的发展历程正是寻找人才、培养人才，与中国广告人才共进的旅程。基于对人的细微观察与深刻理解之上，去打动人、去影响人，广告一直是在做和人有关的事情。因此，好的人（适合做广告的人）是解决一切问题的关键所在。的确，人作为不可控制因素，在人才的寻找、培养等各个环节都因为人才本身的不可控制而容易出现问题。找到好的人才、培养好的人才、判断好的人才、留住好的人才，是奥美广告公司一直在摸索的。尊重个人是奥美文化的核心。来自对广告的尊重，本身也是对人的尊重。但是，这种思想更多是一种期望，细微到具体的工作中，也具有一定的困难性。因此，在公司工作的每一个环节中，奥美广告公司都试图将人本思想落实到具体的环节之中。

参考文献

［1］唐锐涛. 智威汤逊的智 ［M］. 北京：机械工业出版社，1998.

［2］黄倩. 浅析"益达"无糖口香糖《酸甜苦辣》系列广告营销 ［J］. 大众文艺，2013（4）.

［3］许正林，等. 李奥·贝纳：关于创意的 100 个提醒 ［J］. 中国广告，2012（3）.

第七部分
整合营销的
广告策划案例

案例：成都梦幻岛主题公园大二期项目战略定位的选择与启示（A）：千呼万唤的大二期^①

一、引言

中国主题公园的建设发展过程可谓跌宕起伏。20 世纪 90 年代初是我国主题公园的黄金时期，第一次出现了"大跨越"式的发展。这一时期，无数主题公园在大江南北依托着各类主题竞相涌现。而随之到来是 20 世纪 90 年代末残酷的"大衰败"时期，全国大多数主题公园很快就因各种原因在建设的初期倒闭或废弃。对于此次过程，不少学者曾感慨：主题公园本身就是未经中国市场验证的舶来品，中国人的出游动机和习惯不适合主题公园的生存和发展。

此阶段内产生的欢乐谷和海昌极地海洋公园等主题公园却在国内快速崛起，并成功延伸了其相关产业链与品牌。2008 年后，中国政府经营城市的理念受到越来越多的关于公平性和未来性的质疑，中国土地政策随后开始改变，限制了单纯的大面积商住开发用地的获取。房产开发商们为获得大宗土地，往往需要以公共设施和城市旅游吸引物的打造为突破口，由此迎来了新一轮的以各地房地产开发商为主要力量的中国主题公园大建设大开发时期。

当今中国新一轮的主题公园开发建设中呈现着这样一种规律：发展的主力都是所谓的康乐类民营区域型主题公园。这类主题公园的命名就能说明其特征：康乐是指以游乐设备为主要吸引物；民营是指其所有权和非经营性的修建目的（往往是为了融资、获得土地资源以及不动产的增值），以及相对较小的资金投入；区域型是指其经营范围和单店式的单一开发模式。现今这种类型的主题公园占据国内主题公园数量的 3/4 以上，且比例逐渐上升，已成为当今中国主题公园市场的主流，却大多面临自身品牌知名度低、内部资金有限、经营管理经验不足等问题。由于主题公园属于典型的不动产项目，前期投入巨大，而后期再投入或经营收入如果不能支撑其营运费用，开发商往

① 本案例由西南财经大学工商管理学院艾进博士后撰写，作者拥有著作权中的署名权、修改权和改编权。本案例的制作过程受到"中央高校基本科研业务费专项资金"（JBK130824）、四川省哲学社科重点研究项目（SC14A031）、四川省教育厅"西部旅游发展研究中心"、四川省旅游局"旅游经济研究基地"共同资助。

本案例得到了梦幻岛所属的成都南湖国际旅游文化传播公司的授权和认可，案例中的数据和有关名称皆为真实有效的。

本案例只供课堂讨论之用，并无意暗示或说明某种管理行为是否有效。本案例部分相关内容已在相关课程使用和验证了两年以上。

413

往欲罢不能，从而陷入绝境，最终将产生设备废弃、土地闲置和社会财富的巨大浪费。据2015年最新统计，国内共计有2 500个主题公园，是美国近60年开发数量的70多倍，而其中的90%以上的主题公园亏损。①

当今学术界与实务界一致认为，如何生存下去是这些主题公园面临的最主要问题，这既考验项目的定位制定能力，也需要管理团队对过程管理、设备管理、体验管理与宣传以及客户管理等整个园内管理体系的深度把控。

二、成都梦幻岛主题公园的前世今生

成都梦幻岛并不是那个迪士尼故事小飞侠中的"梦幻岛"。它位于成都市城南，锦江与江安河两河交汇处的一个岛形区域上，是成都市新城——成都天府新区核心区域——南湖度假风景区的一部分，距离新的成都市政府办公区域不足3千米。

成都天府新区是2014年国务院批准的中国西部第五个国家级开发区，定位于构建中国西部科学发展的先导区。作为西部内陆开放的重要门户，成都市天府新区将树立我国城乡一体化发展的示范区、建设具有国际竞争力的现代产业高地、打造以科技创新和高端产业聚集为特色的国际化现代化新城区，最终建设成为西部经济核心增长极。成都天府新区区位图如图1所示：

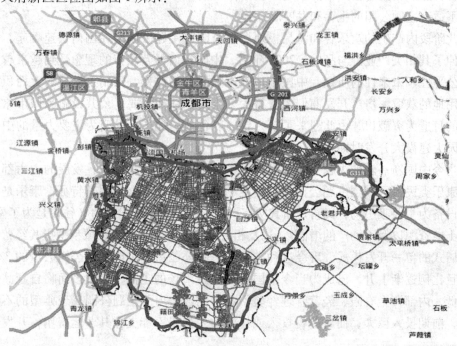

图1　成都天府新区区位图②

---

① 每日经济新闻. 全国2 500个主题公园博弈战打响　9成不赚钱　盈利模式待考 [EB/OL]. http://www.1sy1. com/ppsj/show.asp？id=115365.

② 图1中下方圈住的区域内为天府新区辖区范围，上方圈住的区域为现成都市中心城区范围。

开业于 2009 年的南湖梦幻岛主题公园（以下简称梦幻岛）仅为南湖国际社区楼盘销售提供卖点而建造，犹如一个伴随呱呱落地的婴儿而出现的胎盘，是一个在孕育期重要却在分娩后无足轻重的附属品。

在打造梦幻岛之时，南湖国际社区的开发商宣称将秉承梦幻、时尚、动感、休闲的理念，将梦幻岛与周边高端商务、游乐项目一起打造成成都顶级娱乐目的地。梦幻岛筹备之初，开发商无不自豪地宣称将首次引进近 30 套全球顶级游乐设备，包括亚洲第一台 38 米高 TOP-FLYING 设备，亚洲第一台 M 形激流勇进高空船，亚洲唯一一台内向六爪大摆锤，以及目前国内科技含量最高的虚拟体验项目"星际航班"等。

开发商的设计部将梦幻岛分为了南湖明珠、海神码头、精灵恶魔岛、丛林之旅和爱神湖五个区域，拟定了五个小精灵为代言形象以突出梦幻的主题，进而营造出惊险、刺激、愉悦的环境和氛围。

然而，在公园的经营管理过程中，问题开始浮现。第一是五个精灵的故事无法自圆其说，不能形成引人入胜的体验引导，反而使游乐主题更显混乱。规划中的主题是梦幻，但是如何执行和实施这个主题却未能细化下去，因此风格迥异、鬼魅奇特的建筑及园林景观不仅不能烘托具体设施设备，还使游客体验的效果受到影响。这里虽然集合了渔人码头的滨海风情、后海酒香的休闲散漫、横滨港"艺术源日"的精髓，但却各自分散，不成体系。第二是虽然公园的规划前期有专业主题公园设计团队的介入，但是开发商的需求并不在于公园今后的营运，而是短期周边售楼的视觉效果，因此在公园设计、道路规划、绿化打造以及建筑实用性等方面均从住宅楼盘的视角去考虑。这些都让公园的后期经营和管理以及自身设备的吸引力大打折扣。更为严重的是后期设备的扩充和更新都将受到现有规划用地和功能分区方面的影响，无法正常进行。由此导致了公园游乐设备本身的更新换代问题。任何主题公园的设备刺激强度和新鲜度以及设备和设备体验之间的关联性都将随着时间的变迁和游客经历的累积而不断衰退。梦幻岛的竞争对手成都欢乐谷和国色天乡主题公园一直没有停止过规模延伸以及设施设备更新换代，而梦幻岛却基本没有开发商的后期投入支持。因此，今天的梦幻岛形成了"夏天玩不了（太热，没有水上项目），冬天不能玩（太冷，没有室内项目），小孩能玩的不多，大人能玩的不够刺激"的尴尬局面。

三、困境

2014 年 5 月的一天，阳光灿烂，在梦幻岛的阳光会议室，梦幻岛的高层又开始了一次常规性的园区经营管理讨论。会上，李琳总经理、周艳经理和桑青林经理三人分别发言。

李琳，成都南湖梦幻岛主题公园总经理，原成都市游乐园园长，资深的主题公园管理专家。这是一位文质彬彬、随时都笑容可掬的中年人，工作充满激情。多年的主题公园管理经验让他对这个行业充满信心，却也充满危机感。他总是和一线员工打成一片，总是一个人带着批判性的眼光，一遍一遍地巡视着园区，去发现问题、解决问题。在接手梦幻岛管理工作后，李琳总经理一次次尝试了园区功能区域的重塑和优化工作，对他来说，增加游客数量和人均园内消费金额是当前工作的重中之重。

周艳，梦幻岛营销部经理，总经理助理，一位对工作满怀热情的职业女性。她拥有多年的涉及不同区域和多个行业的营销管理经历，一直努力尝试拓展梦幻岛的营销渠道。在工作中，她更关注游客满意度，更看重促销活动的有效性和执行细节。近期，周艳经理多次开展与本地都市广播频道、网络平台以及电视台的相亲活动的合作，并辅以与中小学校课外游合作。

桑青林，梦幻岛商务部经理，负责园区的招商与活动推广以及和渠道商的沟通与合作事务。这是一位充满活力的年轻的职业经理人，做事效率高、务实、执行力强、一切工作强调最终的经济结果。在以往的工作经历中，他曾负责过许多不动产项目的招商工作，并与各类涉旅企业保持着长期良好关系。在梦幻岛的商务部工作管理中，他一直充分地监视竞争对手的一举一动，通过差异化的招商与推广活动来提升梦幻岛的吸引力和影响力。

"××大学刘博士的市场调研报告预测成都市的休闲需求将持续全面释放，周末休闲游人群还将大幅上升！"周艳经理首先发言，"这对于我们园区来说应该是个利好消息。"

"但是受游乐园行业的限制，6月之后会一直是我们的淡季。随之而来的就将是员工流失率的增大以及顾客的投诉的增加。"李琳总经理紧接着发言，他顿了顿又说道，"但是，令人庆幸的是我们的门票和设备收入一直在可接受的范围内！"

"对啊！"周艳经理深表赞同，她补充道，"游客对不少服务都有意见，许多游客的整体满意度并不高，尤其是针对餐饮和纪念品两大板块的投诉最多。员工们也很纠结，因为许多游客在设备和餐饮上的花费很少，但对服务的要求却很高。"

"这也是员工流失率高的原因之一。"李琳总经理担忧地说，"再说设备方面，任何投入都需要大量资金啊，而现在游客对设备的要求又多元化。刺激强度高了，小孩不能玩；刺激强度低了，年轻人又不满意。梦幻岛毕竟不是儿童乐园也不是冒险岛。"

"设备需要更新换代，园区需要升级再造，员工能力和素质需要提升，人力成本不断上升……而设备收入却不能支撑这些工作，难啊！"周艳经理为难地说。

"设备更新不太现实！"桑青林经理接过话头，"一是资金量要求巨大，我们无法承受；二是现有空间已经无法容载任何一项大型项目；三是任何设备更新都需要时间，即使我们马上行动，今年恐怕也来不及了……"

"但是，最近成都范围内的几个主题公园都有很大的动作。位于成都市区西北面的欢乐谷由于距离城市中心最近，而且设备刺激度有明显的优势，一直是行业的老大。最近欢乐谷又引进了与成都市电视台合作的水上挑战项目，人气指数不断上升。而位于成都市温江区的国色天乡主题公园，以万国风情建筑和特色花卉作为主题，辅之以游乐设备和特色购物街，吸引了成都市郊区和周边二级城市的消费者。"李琳总经理望着远处继续说道，"我们的特色又是什么呢？五个小精灵早就不能自圆其说，也不能配合设备形成独特有效的品牌吸引力。"

周艳经理忧虑地说："国色天乡的水上乐园和附近的极地海洋世界的儿童沙滩项目下个月就要开始营业了。高温的夏季是室外主题公园的淡季，有了水上项目可以有效缓解这个问题。而我们的特色不够鲜明，虽然名字中有个'岛'字，水体上却没有任何吸引物。这将是一次巨大的冲击啊！"

李琳总经理补充道："夏天淡季还伴随着其他隐患。平时学校有组织的游园活动将不在暑假中继续，员工的士气和状态也将因温度升高而降低，室外酷热的工作环境将使员工流失率加大、办园成本增加，而园内用餐消费也将受到影响。"

"通过招商工作，我们正在解决一些配套设备和员工不足的问题！"桑青林经理充满信心地说，"利用场地租赁的形式，我们已经招募的几十家设备投资商，一方面解决了我们再投入不足的设备增添的问题，另一方面还获得了稳定的租金收益！还有，这些投资商的项目还自带部分员工。这也一定程度上解决了我们人员不足的问题！"

"这些只是问题的一方面。"李琳总经理却担忧地说，"另一方面，首先，这些设备都是低端的可移动设备，对我们的园区的整体吸引力的提升作用非常有限。其次，这些投资商并不稳定。如果我们经营有问题，他们会毫不犹疑地迅速收拾起这些设备撤离我们。最后，这些招商项目还大大增加了我们园区与设备管理的风险！"

"问题真的很多！"周艳经理不由地叹息了一声，"集团公司的房地产项目又已经销售得差不多了，靠他们的再投入应该不太现实。我们该怎么办呢？"

又是一阵沉默。之后，三人各抒己见，却并无任何结论。

四、转机

"好！好！好！"李琳总经理连说三个"好"字，放下电话，一脸的满足和兴奋。"这真是雪中送炭啊！"他感慨道。

在电话中，集团公司于总经理明确地告诉他，尽快启动位于现有梦幻岛公园旁500亩空地上的大二期项目的设计工作，争取年内可以开工建设。

集团公司终于发力了！这也意味着集团公司旗下的南湖大二期住宅项目也将正式启动。"虽然还是为住宅项目配套的，这次的公园设计与建设一定要克服上次的困难，吸取以往的教训！"李琳总经理暗自下定决心，"无论怎样这次都要坚持大二期建设中对前期专业性和可持续性分析结果的执行。绝不能再让开发商牵着我们的鼻子走！"

然而确定了这个原则后，问题也随之而来（南湖梦幻岛主题公园现有设备分布与大二期位置图见图2）：

第一，大二期的建成将带给梦幻岛一期公园什么样的影响？

第二，结合当前市场情况和未来市场发展趋势，大二期梦幻岛应该如何定位？

第三，大二期的具体游乐产品应该如何差异化和特色化？

第四，大二期将最终以什么主题和风格来展开设计和规划？

李琳总经理不禁又一次陷入沉思。

图 2　南湖梦幻岛主题公园现有设备分布与大二期位置图①

———————————
① 该图由南湖梦幻岛市场营销部制作提供，并授权使用。

案例：成都梦幻岛主题公园大二期项目战略定位的选择与启示（B）：遥遥无期的大二期①

一、刘博士眼中的梦幻岛

刘博士，某高校旅游规划和游客行为研究领域博士后、副教授，曾主持国内各类旅游规划和景区营销方案多项。刘博士是一位典型的理想主义学者，沉默寡言，爱思考。作为与梦幻岛合作多年的研究者，刘博士自2010年开始一直对梦幻岛的日常管理与游客满意度进行详细深入的跟踪。他不时将研究发现解读成管理建议反馈给梦幻岛的高层管理人员。

翻开刘博士的调研报告，里面有这样一段话："在我这几年近距离走访和调研过的人造旅游吸引物中，梦幻岛实在是算不上特色鲜明，更说不上在规划设计方面有任何的创新和突破。"

在刘博士的记录中，南湖梦幻岛主题公园是在2009年仅为南湖国际社区楼盘销售提供卖点而建造，缺乏前期专业性和可持续性分析的产品。每一次游走在梦幻岛，刘博士都会感慨良久。因为梦幻岛有着太多的遗憾，有着太多违反旅游开发设计原则的细节，虽然说不上是痛心疾首，却也让刘博士无法释怀。

"大二期一定要彻底避免这些设计瑕疵！"刘博士接到李琳总经理关于大二期规划初步方案委托公证的电话后按捺不住内心的激动，暗暗下定决心。

二、晴天霹雳

2014年7月的一天下午，当刘博士抱着自己关于梦幻岛大二期规划设计的初步设想报告兴冲冲地走进李琳总经理办公室的时候，他立刻被房间里压抑的气氛笼罩。

① 本案例由西南财经大学工商管理学院旅游系艾进副教授、张梦教授与吕兴洋博士撰写，作者拥有著作权中的署名权、修改权和改编权。本案例的制作过程受到"中央高校基本科研业务费专项资金"（JBK130824）、四川省哲学社科重点研究项目（SC14A031）、四川省教育厅"西部旅游发展研究中心"、四川省旅游局"旅游经济研究基地"共同资助。

本案例授权全国MTA教指委教学案例库使用，全国MTA教指委秘书处享有复制权、修改权、发表权、发行权、信息网络传播权、改编权、汇编权和翻译权。

本案例得到了成都南湖梦幻岛公司的授权和认可，案例中的数据和有关名称皆为真实有效的。

本案例只供课堂讨论之用，并无意暗示或说明某种管理行为是否有效。本案例部分内容已在相关课程使用和验证了两年以上。

李琳总经理像往常一样客套地招呼着刘博士，但双眉却紧锁着。

"大二期泡汤了。"周艳经理快人快语，先发言。

"受全国房地产行业不景气的影响，开发商决定南湖国际社区大二期住宅项目暂时延后。"李琳总经理补充道，"就算住宅项目开工，梦幻岛大二期也可能无限延期了。"

"什么？梦幻岛的一期只是个半成品，不是从开业之初就一直在准备这个大二期吗？"刘博士震惊之余，疑惑地问。

"万达不是还正在转型大建旅游项目吗？旅游项目是最能抵御经济下滑风险的投资！"刘博士不死心地说，"今年四川的旅游收入增加比重尤为明显，政府也更关注旅游业的发展了呀！"

"唉，这是开发商节约开发成本的必然选择！"桑青林经理抬起了头叹息了一声，无奈地说。

三、重返大一期

"我们现在唯一能够做的就是优化现在梦幻岛的管理工作了。"周艳经理幽幽地说。

"嗯，这是目前最现实、最有效的工作，大一期梦幻岛必须自力更生！"李琳总经理下定了决心。

"首先游客满意度是个问题。"周艳经理眉头紧锁地说，"刘博士前段时间针对游客满意度调查和一线员工意见反馈都反映了游客对园区餐饮、观光车以及服务的不满！"

"的确，对于任何主题公园来说，游客满意度是关键。日常管理和园区基建工作都应该是为这个服务的。"刘博士接着总结，"游客满意度又与游客游后行为选择挂钩，游客们是否选择重游、是否选择推荐他人来游玩等都与满意度高低有关。我们不能一味地采取高投入来吸引新客源，却忽略不停流失的老客户。"

"重游率和游客自发的口碑宣传是我们良性循环的突破口，但是如何去获得呢？"周艳经理不禁问道。

刘博士深吸了一口气，沉思了一下，一字一句地缓缓说道："我想，目前公园的所有问题其实都是一个问题。首先，它们都是症状，是我们定位和经营模式方面含糊和特色不鲜明的反映。其次，它们又都是原因，是我们在竞争中并未真正做到后来居上、无力加大再投入的原因。因此，我认为重新精确定位和确定并坚持执行由定位而衍生出的特色主题才是关键！"

李琳总经理若有所思地说："我时常在思索一个问题，我们主题公园的最终游客是谁，他们消费的实质又究竟是什么？常言说，你走你的阳关道，我过我的独木桥。把握住了我们自身游客的需求来制定未来战略，并由此提升我们现有主流游客的满意度和重游率，就不怕其他竞争对手的动作。"

"是啊！"刘博士兴奋地说，"这就是问题的核心！我们主流游客是谁，他们的需求是什么？解决了这个问题，一方面，可以更好地面对欢乐谷、极地海洋世界和国色天乡的竞争，有效地开发和保护梦幻岛自身的有效客源；另一方面，我们将尽可能精细化和人性化地满足主流游客需求，从而提高个人游客消费额、现有重游率以及游客正面口碑，并最终实现当前园区收入的最大化。"

桑青林经理深表同意。他翻开自己的笔记本，粗略看了看后说："相比于其他成都的主题公园，我们是最新的，而我们所在区域又是成都的新城核心地带。新的市政府和商业圈以及居住配套都向我们转移了。地铁 1 号线、5 号线也会加快进度向我们方向靠拢！未来我们旁边还会有天堂岛和帆船港口两个公园，成都环球中心的人造海洋乐园也已经落户在我们周边，这将会形成一个主题公园群落，共同辐射周围二级市场。"他顿了顿，"我们团队有这样一种意见，目前的定位可否主打一个'新'字？以'新'带动游客的好奇心，吸引游客流，最终扩大知名度。"

刘博士若有所思："'新'？那如何解读并实施呢？游客具体又会如何评价呢？会不会认同我们提出的这个'新'呢？"

办公室里的众人一时都陷入了沉默（梦幻岛主题公园最新周边商业与公共交通配套图见图 3）。

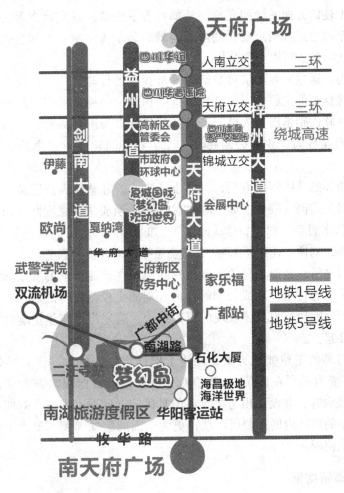

图 3　梦幻岛主题公园最新周边商业与公共交通配套图①

---

① 该图由南湖梦幻岛市场营销部制作提供，并授权使用。

四、刘博士的调研问卷设计和调研步骤

刘博士等三人讨论良久却并无定论，但三人一致认为梦幻岛的现状和问题可以总结提炼为四个方面：第一，日常管理的重点是什么？因为只有抓住日常管理经营中的重点才能合理配置有限的企业资源，才能做到有的放矢，优先解决关键问题。第二是怎样识别其主流客源并如何强化和巩固现有市场的问题。第三是关于梦幻岛的定位问题，在当前梦幻岛的主题不清晰、设施设备特色并不鲜明的背景下，梦幻岛应该如何集中营销资源，坚持合理的定位战略来应对竞争，并指导其园内氛围和设施设备的优化与增添工作。第四个问题是梦幻岛将如何通过更加精细化和人性化的手段，满足其现有主流游客需求，从而实现对重游率、正面口碑和整体满意度的提升，并最终增加其园区收入。

然而关于上述四方面的疑问究竟应该如何着手一事，三人始终无法从讨论中得到答案。最后，李琳总经理确定委托刘博士为梦幻岛量身定做一次问卷调研，由游客的需求入手对上述问题进行测量与分析。

刘博士认为，通过游客需求对梦幻岛日常管理进行调研的工作核心应该是测量游客对现有可主观感知的主题公园硬件和软件的评价。硬件是指有型的设施设备和多样化的产品本身，软件则是指其人员服务的各项指标以及游客体验的氛围。根据这一思路，刘博士把问卷分为"主题公园硬件""主题公园软件""主题公园体验"三大部分。

在满意度指标的具体测量方面，刘博士认为，游客整体满意度是指游客最终的感知结果，是相对于前面（硬件、软件和体验）的单项质量满意度而言的。整体满意度可以由"是否总体满意"和"整体认同度"（如顾客高兴来访）来测量。[①] 在测量指标的具体选项方面，刘博士使用了 Liket 五点衡量指标来评价满意度。

游客在体验之后，会把自身的主观地判断对应在该旅游地的各项活动中，进而产生出某种可能采取的特定行动或行为的倾向。刘博士根据游客的这一行为特征，参考其他学者对于产品购后行为具体表现的研究结论，确定出了测量主题公园游客游后行为意向的结构要素。

而关于梦幻岛的定位测量方案，刘博士根据定位的概念，将其拆分为企业特征（含企业资源、能力和所在区位）、竞争对手特征以及目标顾客需求（含目标顾客特征）三方面考核内容，并设计出与之对应的具体问卷问题。同时，刘博士还将在梦幻岛的各竞争对手的园区内展开调研以获得更为全面的信息（关于刘博士此次调研量表的正式表详见案例附录 2）。

五、刘博士的调研结果

首先，刘博士和他的研究生们于 2014 年 7 月进入梦幻岛的各个管理部门以及一线

---

① Namkung Y, Jang S C. Does Food Quality Really Matter in Restaurants? Its Impact on Customer Satisfaction and Behavioral Intentions [J]. Journal of Hospitality & Tourism Research, 2007, 31 (3): 387-409.

部门顶岗轮岗约 20 天。在充分了解了企业日常管理流程，一线管理情况以及业务经营情况后，结合上述四个关键问题，修改并优化了调研量表的初稿。

随后是为期一周的针对一线员工和顾客的试调研和访谈。之后是根据试调研和访谈结果修改模型和调研量表。再之后是为期一周的大规模随机抽样调查（随机发放问卷 400 份，回收有效问卷 329 份）。刘博士团队花了近一个月进行数据分析和解读，以多因子正交旋转、聚类分析、方差比较以及结构方差模型来提炼和验证各变量的关系和因果路径。

刘博士首先根据性别、消费金额、地缘特征、重游率、游览时间、游览目的、满意度、推荐度等统计结果识别出了梦幻岛的主流游客特征（主流游客指数量相对最多，且具有高满意度、高推荐率、高人均花费以及高重游率的游客）。

其次，通过对主流游客评价结果的数据解读以及因子分析的降维，刘博士总结了梦幻岛日常工作的重点内容与其排序以及各管理内容中需要提升的环节。

在对比研究中，刘博士通过对主流游客中不同性别、年龄、收入以及教育程度组的比较，获得了梦幻岛进行精细化全面质量管理的具体内容与策略。

最后，通过结构路径的解读，刘博士初步提出了达到高重游率、高正面推荐率等有效游客正向游后意向的关键路径和具体管理内容。

但是在数据解读中，刘博士意外地发现了许多非常规性的、令人疑惑的数据结果：

第一，主流游客的构成特征非常独特，同时他们在"是否带孩子来玩"的出游目的选择上具有明显的争议性（方差值大）。同时，主流游客更关注餐饮质量和公共区域的环境，而对游乐设备的各个方面相对不重视……这些究竟意味着什么？

第二，与成都欢乐谷和国色天乡相比，梦幻岛与国色天乡的游客的喜爱度基本一致，而欢乐谷则超越梦幻岛 3.3 倍以上。成都的这三家主题公园游客具有相互排斥、互不认同的特性。另外，游客的出游动机对于这三个主题公园也不尽相同……这又暗示着什么？

第三，对于梦幻岛，游客的游览整体满意度如果可以得 69 分，而整体高兴度却可以达到 73 分以上，这仿佛是自相矛盾的。

第四，数据表明，性别因素在安全性感知和人员服务质量上有明显差异；年龄因素在道路审美和员工仪容仪表感知上也具有显著差异；收入因素在餐饮质量感知和价格感知上也是显著不同的。

怎么解读这些发现呢？刘博士苦苦思索着（详细的数据结果以及调研量表请参见案例附录 1 和附录 2）。

六、"快乐，慢生活"

刘博士认为，上述数据的结论可以说是非常规的，突破了现有研究和实践对我国主题公园的分析与解读。刘博士不由得陷入了深深的困惑之中，一个主题公园如此不合常规，是其正陷入困境还是另有启示呢？

这十余年来我们身处的世界正在发生怎样的变化呢？苹果公司的成功不是在其制造，而应在其创意和多元产业功能的组合；《功夫熊猫》的成功不是因为它说的是中国的故事，而是其在全球化背景下的直接且普遍的幽默性和趣味性……现有的服务产业正前所未有地扩展着、延伸着。世界正由服务经济时代走向以体验和创意为特色的内容经济。那梦幻岛呢？这又是怎样的一个产品？应该怎样去定位？抑或其自身的定位已然自发形成，只是需要我们去解读和强化。

面对这次大规模的调研结果，刘博士、李琳总经理、周艳经理三人又一次坐定在梦幻岛的阳光茶舍里。刘博士首先根据调研数据结果解读了梦幻岛今后的管理工作重点，并针对公园今后的餐饮服务、设备氛围和特色商品等工作提出了具体的建议。

"我更关注的是此次调研的核心结论：游客并不是主要为了带小孩来的。设备对于主流游客不是出行的主要目的，这一定暗示着今后的工作重点。"李琳总经理若有所思地说。

"是啊，我们究竟卖的是什么？我们的主流游客是谁？"刘博士对着数据总结说，"我们提供的价值不是设备本身，我们的主流游客更不是泛泛而谈的家庭人群。我们所提供的应该是一种感情，一种与家人、朋友、恋人共乐共享的轻松愉快的感觉。来梦幻岛不为了设备本身，而是为一种与亲近之人共处的空间和时间的重叠！因此，我们的定位是'亲'而不是'新'；我们更像是都市中的一处桃源般的休憩地，给游客提供一个休息和亲密接触的场所来度过一个休息日。"

"对啊，这就是我们能和国色天乡的人群不交叉、与欢乐谷的人群不冲突的原因。"李琳总经理补充道，"我同意刘博士的调研建议——我们的门票应该免了。让更多的人来休息、休闲和消费！"李琳总经理下定决心。

"对！"刘博士也补充说，"梦幻岛实质应该是一个都市商业综合体，与任何大型休闲购物广场和商场一样。"

"难怪游客是这么关注我们的餐饮、商品和公共休息区域，对我们的设施设备的感知并不明显。原来是醉翁之意不在酒啊！"周艳经理略略一笑。

"我想到了一句广告词来传递梦幻岛的定位。"刘博士也笑了，"快乐，慢生活！"

"和成都的都市形象一致！"李琳总经理也笑了。

（成都梦幻岛以此调研结果而设计的一系列三组视频广告可在其网站 http://www.nhmhd.com 获取，亦可通过优酷、土豆和百度等视频软件搜索观看）

七、结语：回归

2014年10月至今，梦幻岛员工服务培训、公园内餐饮和商品（纪念品）服务已经采取了外包的形式去经营。用李琳总经理的话来说，就是专业的人做专业的事。园区游客无论从数量上、人均消费额上，还是重游率上都有了持续并显著的提升。

刘博士在自己的调研总结中这样写道："首先，根据梦幻岛主流游客个人特征、出游行为特征以及竞争对手的现状，可以说在其设备、环境和建筑无相对特色的背景下，没有特色就是梦幻岛的特色。因为梦幻岛主题公园的核心不是'主题'而是'公园'。它以一种公园最初的包容性和公共性吸引着游览者轻松休闲地到访。由此，是否可以进一步认为梦幻岛这类伴随房地产项目而生的康乐类民营区域型主题公园的实质或至少其直接竞争对手应该是一种商业综合体，它应该给予其游客一个周末休闲娱乐的理由以及吃、行、娱、购的选择。这进一步支撑了现有主流游客更关注其餐饮和商品服务的事实，解释了为什么其整体满意度达 69% 而整体高兴度却达 73%，解释了为什么梦幻岛、国色天乡和欢乐谷的游客不交叉，解释了我们发现的梦幻岛工作重心顺序为什么应该是服务价值感知、餐饮价值感知以及商品价值感知这样一种排序结果，而其设备价值感知的提升是相对不太重要的。"

李琳总经理在写给刘博士的一封邮件中这样写道："一个乐园的诞生背景各异，但不论如何，它若要持续经营发展，就必须遵循事物自身的规律，符合人性的本质。通过此次调研，我们终于悟到：梦幻岛的管理经营需要不断地实现理性的回归，回归到市场的本质、回归到商业的原点、回归到人性的特征！"

案例：成都梦幻岛主题公园大二期项目战略定位的选择与启示

一、教学目的与用途

（一）案例教学用途

本案例主要适用于"旅游市场营销"、"旅游规划"以及"旅游营销调研"等旅游管理硕士（MTA）课程的课堂教学分析与讨论。具体来说，案例 A 对应上述课程内容中的环境分析、战略制定、产品价值分析与景区定位等理论与模型；案例 B 对应市场营销调研方法与步骤、消费者行为调研设计、统计方法（原理与应用）、市场（产品和企业）定位、主题与概念的确定（产品价值）等专业内容。

（二）本案例适用对象

旅游管理硕士（MTA）、工商管理硕士（MBA）以及全日制旅游管理类研究生

（三）本案例的教学目标

通过对案例 A 的分析与讨论，学生将能够更好地理解和掌握（旅游吸引物的）产品核心价值的剥离与本质提炼的过程；能够更系统地分析并提炼企业经营环境中的优劣势问题以及外部机会与挑战；能够更加深入了解企业竞争战略与定位在企业经营管理中的重要地位，并掌管企业战略的分析工具。

通过案例 B 的阅读与讨论，学生将更好地掌握体验营销、感知质量、满意度、购后行为、顾客特征识别和定位等营销和消费者行为学中的基本概念；学生将充分了解旅游规划、体验类产品设计等基本常识和维度。通过教师对案例 B 的讲解与数据解读，学生将掌握质量感知、满意度测量、购后行为意向结构的主流模型和理论以及应用方法；学生将掌握问卷设计、描述性统计分析、聚类分析、因子分析、方差分析以及结构方程的具体使用过程与结果解读方法。学生将具备独立开展消费者行为方面科学研究的能力以及挖掘数据以获得路径决策的能力。

授课教师可以根据学生生源背景和具体培养要求来使用本案例。对于不做数据分析以及营销调研要求的旅游管理硕士（MTA）培养单位，可以单独使用案例 A。

二、启发思考题

（一）案例 A 部分

（1）梦幻岛大二期未来的战略方向与定位应该是怎样的？

（2）大二期的建成将带给梦幻岛一期公园什么样的影响？

（3）大二期的具体游乐产品应该如何差异化和特色化？

（4）大二期将最终以什么主题和风格来展开设计和规划，为什么？

（5）试讨论梦幻岛的产品价值与本质有哪些，是什么？

（6）根据上述分析，试讨论梦幻岛大二期推出以后，整个梦幻岛主题公园应该如何进行定位，即在当前大一期梦幻岛的主题不清晰、设施设备特色不鲜明的背景下，如何集中营销资源和统一宣传口径，如何利用定位来应对竞争，并指导其园内氛围营造和设施设备的优化与增添工作，从而获得对有效潜在游客的引导和吸引，如何与大二期定位形成有效互补等。

（二）案例 B 部分

（1）请再次分析主题公园产品的核心是什么？其产品结构维度有哪些？

（2）顾客是如何感知并评价产品质量的？结合体验经济和体验营销的理论，分析游客是如何具体感知梦幻岛的产品质量的？

（3）满意度是什么？其基本构成是怎样的？在梦幻岛的产品结构中，其游客满意度应该如何去测量？

（4）顾客购后行为意向是指什么？游客游后意向应该包括哪些方面？你将如何使用上述理论去测量梦幻岛的游客游后意向？

（5）市场细分的原理和依据是什么？具体到梦幻岛，你将如何使用上述原理和分类去识别和测量梦幻岛的游客？

（6）什么是定位？需要通过现实中的哪些信息去确定定位？怎样使用这些信息以确定定位？通过对附录中数据的解读，梦幻岛大一期的重新定位应是怎样的？

（7）你怎么看待刘博士提出的定位于"亲"以及桑经理提出的定位于"新"两种观点，为什么？

（8）描述性统计分析的具体指标有哪些？分别用于解读什么？因子分析的目的是什么？结合梦幻岛的数据结论如何解读其结果？方差分析的目的是什么？结合梦幻岛的数据，其检验结果应如何解读？

（9）你如何解读梦幻岛调研数据结果？根据这些结果应该怎样解决梦幻岛现有问题并重新定位？

（10）对于案例 B 中提到的"商业化的回归"，你如何理解，是否赞同？为什么？请结合实例来说明。

三、分析思路

首先，案例中提到梦幻岛性格迥异的管理者们对梦幻岛的评价与判断，将不能直接作为有效信息用于对梦幻岛的评价。授课教师和学生应该保持中立且客观的态度去了解和分析梦幻岛。授课教师可以使用"你怎么评价梦幻岛"等问题来测试学生的态度，并强调中立和客观对于管理者和研究者的重要性。本阶段，案例 A 涉及的四个人物，其实各有特点和局限：刘博士是一个旅游方面的学者，一个理想主义者。他凡事使用旅游吸引物的规划标准和学术态度去评价事物和事件，这是他的局限。李琳总经理是公园管理的负责人，凡事用战略的视角去分析，对于企业的日常管理和业务细节并未过多考虑，也不能去过多考虑。周艳经理是营销管理的执行者，对细节关注却无法站在企业高度去分析总结问题。桑青林经理是招商端口的负责人，从项目招商和短期经济绩效作为梦幻岛工作的重心思考问题是他所能提供的管理视角。因此，他们各自的言语并不能直接作为评价标准。这一点，授课教师需要首先提示学生。

本案例的第一阶段：教师要求学生只阅读案例 A。首先，梦幻岛作为一种新兴的都市旅游吸引物，教师和学生应该避免用传统的旅游吸引物思路去评价它。授课教师和学生可以根据此部分案例提及的梦幻岛的区域位置、园区设备分布图以及旅游景区相关标准与研究（引言部分）去全面了解新一轮房地产开发建设背景下产生的这类民营康乐类区域型主题公园的特征。

其次，授课教师和学生可以根据梦幻岛管理层的谈话内容去了解梦幻岛的内部和外部现状，并分析各个问题产生的根源。上述信息可以用作初步 SWOT 或 PEST 模型的分析之用（本步骤中，建议教师安排学生尝试使用量化的指标去进行模型分析，其量化的具体要求和方法可以根据学生的学术程度具体确定）。学生可以由此得出梦幻岛大二期未来的战略基本方向，并由此初步确立其定位的方向。在这一步中，授课教师还可引导学生根据上述内容去总结提炼梦幻岛这一具有典型性和代表性的都市旅游吸引物的产品核心，剥离其产品构成维度、产品体验过程和维度，让学生初步了解如何去评价和测量这一类产品和服务。至此阶段，建议授课教师使用案例 A。

授课教师安排学生使用案例 B。此阶段，授课教师应该指引学生根据梦幻岛现状涉及的四项基本问题（即日常管理重点什么、有效主流游客是谁、他们的需求是什么、梦幻岛与之匹配的主题定位应该是什么）去剥离其问题涉及的关键词的范围（即日常管理、主流顾客、顾客体验需求和定位）。再由这些关键词的概念、相关研究结论去总结出关键词的结构和维度，让学生了解科学定性与定量研究的步骤和方法，以便之后帮助学生尝试并掌握问卷初步设计的手段与流程。随后，建议授课教师要求学生结合梦幻岛实例去设计一份关于梦幻岛的调研问卷，该问卷的设计目的需要对梦幻岛的四项基本问题进行测量。教师可以使用参考案例附录中的问卷进行引导和讲解，也可通过自己的理解对附录问卷进行评判性的讨论，如对问卷的全面性、客观性提出质疑，让学生思索；提出根据研究问题来设计问卷的思路，对问卷的每一道小题提出评价和分析等。这一步的主要目的是让学生去尝试根据研究问题、关键词和模型的知识去独立设计并评价问卷问题。

再次，刘博士的调研结论是对其调研数据结果的一个总结与提炼的精简版。授课教师和学生可以通过上述内容，结合具体的调研数据结论对梦幻岛的现状、主流游客的识别、满意度以及游后意向的基本趋势进行解读。在数据解读中，描述性统计分析、因子正交旋转、T 检验的具体指标，目的以及启示应该由授课教师提出并让学生提前掌握和了解。学生将根据这些知识对附录中的数据进行识别和解读。此部分中，授课教师可以尝试用 SPSS 软件演示每一种统计方法的使用过程。

最后，根据案例 B 部分中确定的四项基本问题，授课教师让学生根据上述所有步骤的总结提炼和思考，对这些问题进行总结性回答。回答要求简洁清晰，使用语言要求简单明了，避免统计用词和专业用词的大量出现。上述四个问题将按照这样的管理实战框架来总结回答：梦幻岛应该首先做什么，其次做什么，再次做什么……梦幻岛大一期的重新定位应该什么，如何体现与传播。

四、理论依据与分析

（一）主题公园—都市旅游吸引物的现状

在中国，第一个真正意义的大型主题公园是 1989 年 9 月在深圳开业的锦绣中华，它以中华民族源远流长的文化历史为蓝本，以中华各地的自然与文化"微缩景观"为主题线索。

中国主题公园的发展可分为三个阶段。第一阶段是在 20 世纪 80 年代中期以前，以兴建游乐场为主。第二阶段是 20 世纪 80 年代末期开始，全国各地出现了以民族文化、世界文化、仿古文化为主题的各种主题公园，一时之间，主题公园遍布大江南北，但大多数很快就因各种原因而倒闭。第三阶段是进入 2000 年以后，经过市场的激烈竞争与淘汰，伴随着新兴技术的发展，主题公园出现了规模化、集团化、多元化的趋向。①

当今中国新一轮的主题公园开发建设中呈现着这样一种规律：发展的主力都是所谓的康乐类民营区域型主题公园。这类主题公园的命名就能说明其特征：康乐是指以游乐设备为主要吸引物；民营是指其所有权和非经营性的修建目的（往往是为了融资、获得土地资源以及不动产的增值），以及相对少投入；区域型是指其经营范围和单店式的开发模式。

现今这类型的主题公园占据国内主题公园数量的 3/4 以上，并逐渐上升，已成为当今中国主题公园市场的主流，却发展艰难、问题重重。众多的问题指向了这样一个根源：多数主题公园都未能从游客体验需求的视角经营管理，因此普遍存在着定位模糊、游客满意度低下、重游率低等不可持续经营的问题。游客体验需求视角是一个以游客主观感知评价为基础的管理视角，又进而指向了这样一系列问题：对于具体的个体主题公园，其主流游客是谁？他们的需求是怎样的？游客是怎样感知主题公园的？游客满意度如何通过具体管理细节提升？如何通过提升游客满意度来提高游客游后正向行为意向？最终，个体主题公园应如何结合自身定位实现其竞争优势，从而在有效管理的基础上获取更大市场和更多市场认可？

因此，要研究上述一系列问题，首先需要依次弄清这样一系列关键专业内容：游客识别因素具体有哪些？什么是感知质量？什么是游客感知质量（针对旅游和主题公园）？什么是满意度？什么是游客满意度？什么是行为意向？什么是游客行为意向？什么是游客体验？游客体验的具体细节和维度是怎样的？什么是定位？什么是主题公园定位？

同时依据上述理论和界定内容确定应该最终进入调研量表的项目，并根据调研对

---

① 胡亚琴. 对中国主题公园现状及未来发展趋势的探讨［J］. 科技信息，2009（9）：579-580.

象的具体情境展开，成为具体的调研问题。因此，在上述理论上参考和开发其测评体系和维度成为研究本类问题的关键。

最后，要通过客观的企业实践和调研获得上述问题的结论还需要一系列数理统计原理和方法。这些都具体总结提炼在下面内容之中，学生还可以通过下列内容的参考文献进行拓展阅读以深化相关知识点。

（二）游客特征识别与测量

1. 消费者市场细分标准

根据科特勒的理论，消费者市场细分标准可以概括为地理因素、人口统计因素、心理因素和行为因素四个方面，每个方面又包括一系列的细分变量，如表1所示：

表1 消费品市场细分标准及变量一览表

细分标准	细分变量
地理因素	地理位置、城镇大小、地形、地貌、气候、交通状况、人口密集度等
人口统计因素	年龄、性别、职业、收入、民族、宗教、教育、家庭人口、家庭生命周期等
心理因素	生活方式、性格、购买动机、态度等
行为因素	购买时间、购买数量、购买频率、购买习惯（品牌忠诚度）以及对服务、价格、渠道、广告的敏感程度等

2. 游客市场细分相关研究

旅游市场细分逐渐成为旅游市场营销领域的研究重点之一，与之相呼应，国内外有关旅游市场细分的研究文献近年来也逐渐增加。程圩等采用聚类分析将"韩国游"的中国游客细分为4类：探求型游客、社交型游客、逃逸型游客和迷茫型游客；[①] 许峰采用聚类分析将成都国际游客细分为表象旅游者、商务旅游者、休闲旅游者、文化旅游者和深度旅游者；[②] 涂玮等基于自组织神经网络对居民区域旅游影响感知进行分析，将灵璧县居民分为5类；[③] 帕克等（Park & Yoon）将韩国乡村游客分为家庭型游客、消极型游客、求全型游客和求知寻刺激游客四类；[④] 佩雷斯（Daz-Perez）采用卡方自动交互检测法对西班牙加那利群岛中7个岛屿的游客住宿消费情况进行了分析，以找出高盈利市场；[⑤] 布鲁姆（Bloom）采用自组织神经网络将游览过好望角的国际游客分

① 程圩，马耀峰，隋丽娜. 不同利益细分主体对韩国旅游形象感知差异研究 [J]. 社会科学家，2007（4）：118-120.

② 许峰. 成都国际旅游营销的市场细分与定位研究 [J]. 旅游学刊，2008，23（2）：36-40.

③ 涂玮，刘庆友，金丽娇. 基于自组织神经网络的居民区域旅游影响感知研究——以安徽省灵璧县为例 [J]. 旅游学刊，2008，23（9）：29-34.

④ Park D B, Yoon Y S. Segmentation by Motivation in Rural Tourism: A Korean Case Study [J]. Tourism Management，2009，30（1）：99-108.

⑤ Daz-Perez F M, Bethencourt-Cejas M, Alvarez-Gonzalez J A. The Segmentation of Canary Island Tourism Markets by Expenditure: Implications for Tourism Policy [J]. Tourism Management，2005，26（6）：961-964.

为精神旺盛型游客、平淡稳健型游客和享乐型游客;① 贝阿和布吕耶尔（Beh & Bruyere）根据动机将肯尼亚国家保护区的游客分为摆脱枯燥者、寻知者和精神满足者。②

国内外关于旅游细分市场游客的特征通常都采用的是多个系列变量因素组合法，即根据影响游客在旅游过程中的需求和行为表现的多种因素作为市场识别和细分的标准。例如，根据游客来自的地理位置、性别、年龄段、收入水平、职业分类、旅游次数、旅游时间、旅游交通工具选择、旅游动机和旅游花费等变量因素识别游客。

（三）感知质量的概念

首先，质量的广义定义为"优越或优秀程度"（Narsono & Junaedi，2006）。赞密姆（Zeithaml，1998）认为质量有两种形态：客观质量和感知质量。客观质量是指产品在实际技术上的优越性或优秀程度。从这种意义讲，客观质量可用预先设定的理想化标准来证实。由于学术界对什么是理想的标准存在争议，测量客观质量的属性选择和权重一直是研究者和专家关心的焦点。梅恩（Maynes，1976）则认为客观质量是不存在的，所有的质量评估都是一种主观的行为。该观点有力地支持了质量的另一形态：感知质量。

感知质量的概念最早由奥尔森和雅各比（Olson & JaCoby）③ 在 1972 年提出，被定义为对产品质量的评价判断。

（四）顾客感知质量的评价模型与测量方法

1. 有形产品的感知维度

无论是对管理者还是研究者，想要为所有产品确定一个普遍适用的质量标准是很困难的。产品种类不同，其具体属性或核心内部属性就会不同，顾客用来判断质量的标准也会不同。

尽管如此，学者们还是对建立尽可能普遍适用的、高度概括的质量维度进行了努力的探索。Carvin 提出的产品感知质量维度包括五个方面，即产品的性能、特征、可靠性、审美性和产品或品牌形象。他试图通过这五个维度来理清营销人员、工程师和消费者等一些相关团体提出的关于质量的复杂含义（Brucks，Zeithaml & Naylor，2000）。

罗梅罗和斯特恩（Stone-Romero & Stone，1997）参考奥尔森和雅各比（Olson & Jacoby）对产品属性的划分，将产品感知质量分为四个维度：无瑕疵性、耐用性、外观和独特性。其中，前三个维度属于内部属性，而最后一个维度属于外部属性。

2. 服务产品的感知维度

学术界公认，服务产品的感知质量因素与有形产品并不相同。其主要的划分基础是 SERVQUAL 理论。英国剑桥大学的帕拉舒拉曼（Parasuraman）、赞密姆（Zeithaml）以及

---

① Bloom J Z. Tourist Market Segmentation with Linear and Non-linear Techniques [J]. Tourism Management, 2004, 25 (6): 723-733.

② Beh A, Bruyere B L. Segmentation by Visitor Motivation in Three Kenyan National Reserves [J]. Tourism Management, 2007, 28 (6): 1464-1471.

③ Olson J C, Jacoby. Research of Perceiving Quality [J]. Emerging Concepts in Marketing, 1972 (9): 220-226.

贝利（Berry）三位教授（PZB 组合，下同）研究了电器维修、零售银行、长途电话、保险经纪以及信用卡业务的服务质量的顾客感知质量情况，提出了一种新的服务质量评价体系，其理论核心是"服务质量差距模型"，即服务质量取决于用户所感知的服务水平与用户所期望的服务水平之间的差别程度（因此又称为"期望—感知"模型）。其模型为：SERVQUAL 分数＝实际感受分数－期望分数。SERVQUAL 理论将服务质量分为 5 个层面：第一，可靠性，即可靠地、准确地履行服务承诺的能力；第二，响应性，即帮助顾客并提供进一步服务的意愿；第三，保证性，即员工具有的知识、礼节以及表达出自信和可信的能力；第四，移情性，即关心并为顾客提供个性化服务；第五，有形性，即包括实际设施、设备以及服务人员的外表等。每一层面又被细分为若干个问题，通过调查问卷的方式，让用户对每个问题的期望值、实际感受值及最低可接受值进行评分，并由其确立相关的 22 个具体因素来说明它。然后通过问卷调查、顾客打分和综合计算得出服务质量的分数。

3. 顾客感知质量的评价模型与测量方法

关于服务质量的评价与测评，代表性的观点主要有美国 PZB 组合的服务质量差距模型（Parasuramanetal，1985）和北欧学派的全面可感知质量模型（Gronroos，1990）。

（1）服务质量差距模型（Theo Gaps Model）。1985 年，PZB 组合提出了服务质量差距模型，他们指出，无论何种形式的服务，要能完全正确地满足消费者的需求，必须突破以下 5 个差距：

差距 1：顾客期望与管理者感知之间的差距。

差距 2：管理者感知和服务质量标准间的差距。

差距 3：服务质量标准和服务传递间的差距。

差距 4：实际传递的服务与外部沟通之间的差距。

差距 5（模型的核心）：顾客期望服务和感知的服务之间的差距。

服务质量的差距分析模型能够引导服务企业的管理者发现服务存在的问题以及原因是什么和应当如何解决。通过对该模型的运用，管理者可以逐步缩小顾客期望与实际服务体验之间的差距，由此提高顾客感知的服务质量。

1988 年，PZB 组合提出了用以具体测量服务质量水平的 SERVQUAL 模型及相应的量表，包含 5 个维度，共 22 个测量项目。

（2）全面可感知服务质量模型（Total Perceived Quality Model）。帕拉舒拉曼（Parasuraman）等提出服务质量是顾客感知的一种态度，是由期望服务质量与感知服务质量之间的差距得来，即服务质量等于期望的服务减去感知的服务。格鲁诺斯等（Cronroos et al，1990）认为期望对服务质量的影响并不明显，主张仅使用绩效感知测量服务质量。因此，格鲁诺斯提出了全面可感知服务质量模型。

帕拉舒拉曼（Parasuraman）等人的理论被认为是对服务质量量化研究的一个完整体系，是适用于评价服务质量的典型方法。之后的学者，如克罗宁和泰勒（Cronin & Taylor）在 1992 年对银行、洗衣、快餐行业进行调查后，提出了服务质量新的评价方法——SERVPERF 量表。量表采用 5 个维度，22 项指标的研究模式，但是减少了对服务期望的评判。

（3）其他测量工具。SERVQUAL 量表和 SERVPERF 量表是测量顾客感知服务质量的两个重要工具，它们都遵循一个基本思路，即首先归纳出服务的若干属性，然后通过问卷调查的方式了解顾客对这些属性的看法，最后根据所收集的信息来判断企业的服务质量状况。因此，学术界认为它们是以属性为基础的测量方法（Attributes-Based Approach）。

斯特劳斯和魏鲁赫施（Stauss & Weiulich，1997）则认为还有一种测量服务质量的方法是以事件为基础的（Incident-Based Approach）。此类方法并不是去了解顾客对某些服务属性的看法，而是要求顾客叙述他们的服务遭遇，并根据顾客所讲述的信息来评价企业的服务质量。

关键事件技术（Critical Incident Technique，CIT）由弗拉纳根（Flanagan，1954）提出，要求受访者讲述一些印象深刻的事件，然后对这些所谓的关键事件进行内容分析，以寻求导致关键事件发生的深层次的原因。目前，关键事件技术已被运用于管理学、人力资源学、教育学等多个领域。

4. 旅游综合产品感知质量的构成

国内外学者普遍认为旅游产品一般包括有形部分和无形部分（服务）。[①] 有形部分就是一般意义上的商品，这部分在质量的确定上根据具体产品的属性可以测量。旅游产品的无形部分也就是旅游服务，主要包括旅游从业人员的表现、旅游服务设施和环境的状况以及旅游活动的水平等。

旅游服务质量被界定为旅游企业或旅游管理部门能满足游客享受旅游服务的水平。旅游服务质量主要反映在服务人员的行为表现、服务的设施条件和服务的管理等方面。对旅游服务质量评价的理论体系建立在传统服务质量评价理论的基础之上。其中，使用 SERVQUAL 模型来测量和比较旅游服务和产品的感知价值是目前的主流手段。

5. 主题公园游乐感知质量的测量研究

通过对全球十大最受欢迎主题公园的特征进行总结，可以归纳出受游客欢迎的主题公园所具备的特征包括：第一，创意性的主题；第二，惊险刺激、多样化的游乐设施；第三，丰富的节目表演；第四，优美的景色。同时结合以上学者对旅游服务质量的研究可以看出，由于旅游产品自身特性，在对主题公园游乐感知质量进行定义及构建游乐感知质量衡量量表时还应考虑以下两方面的内容：

第一，旅游活动是游客离开惯常环境而进行的活动，易产生不确定的安全隐患。主题公园游乐设施多以机械为主，向游客提供服务时，机械安全性及人员操作安全性就表现得尤为重要。因此，在对主题公园游乐感知质量进行评价时，"安全性"应当着重考虑。

第二，主题公园旅游活动的进行依托于游乐设施、服务设施等有形产品。SERVQUAL 的服务质量评价法则是基于对服务过程的体验，更关注服务过程中与顾客直接交流的员工表现，而忽视了顾客对有形产品的体验评价。因此，SERVQUAL 中的"有形性"维度在用于主题公园游乐感知质量评价时，应加以强化。

[①] 马骏. 旅游产品质量分析评价方法初探［J］. 商场现代化，2006（35）：267.

（五）体验的概念和维度

1. 体验的概念

1970 年，美国未来学家阿尔文·托夫勒（Toffler）[①] 把体验作为一个经济术语来使用，这标志着体验开始进入经济学的研究范畴，而市场营销对体验的研究的时间就更晚一些，早期的研究主要集中在情感体验（Havlena & Holbrook，1986；Westbrook & Oliver，1991；Richins，1997）、消费体验（Lofman，1991；Mano & Oliver，1993）、服务体验（Padgett & Allen，1997）等方面[②]。

有关旅游体验（Tourism Experience）的含义，国内外学者都有着各自不同的见解。早在 1965 年丹尼尔·布尔斯廷（Daniel Boorstin）把它理解为一种时尚消费行为，一种人为的、预先构想的大众旅游体验。[③] 而美国学者寇恩（Cohen）则认为，对体验的需要因人而异，同时体验也赋予旅游者及其群体以不同的意义。[④] 他认为旅游体验是个体与多种"中心"之间的关联，在阐述这种关联时，体验的意义源自个体的世界观，取决于个体是否依附于"中心"。

2. 体验的构成维度和测量指标

在现有的研究成果中，许多国内外学者从不同的视角对体验的构成维度及其测量指标进行构建，学者们的主要研究结果和观点如下：

施密特（Schmitt）从心理学、社会学、哲学和神经生物学等多学科的理论出发，依据人脑模块说把顾客体验分成感官（Sense）体验、情感（Feel）体验、思考（Think）体验、行动（Act）体验和关联（Relate）体验五种类型，并把这些不同类型的体验称为战略体验模块（Strategic Experience Modules，SEM）。[⑤]

除了施密特（Schmitt）对体验维度构成进行了研究之外，其他一些学者也进行了大量相关的研究，如派恩、吉尔摩根据顾客的参与程度（主动参与、被动参与）和投入方式（吸入方式、沉浸方式）两个变量将体验分成四种类型，即娱乐（Entertainment）、教育（Education）、逃避现实（Escape）和审美（Estheticism）。

我国台湾学者郭肇元将休闲体验分为情感、活力、认知有效性、动机、满足感、放松性与创造力七个体验维度。[⑥] 王俊超以休闲产业区为例，依据郭肇元的衡量维度，从情感、活力、满足感、放松、创造性、投入程度、自由感、硬性服务及社交等维度衡量游客的体验，并探讨了游客的生活形态对休闲体验的影响。[⑦]

---

① Toffler A. Future Shock [M]. New York：Bantam Books，1970：3-11.

② 黄燕玲. 基于旅游感知的西南少数民族地区农业旅游发展模式研究 [D]. 南京：南京师范大学，2008.

③ Daniel B. The American：The National Experience [M]. New York：Vintage Books，1965.

④ Cohen E A. Phenomenology of Tourist Experiences [J]. The Journal of the Britis Sociological Association，1979 (13)：179-201.

⑤ Schmitt B H. Experiential Marketing [J]. Marketing Management，1999, 15 (1).

⑥ 郭肇元. 休闲心流经验、体闲体验与身心健康之间关系探讨 [D]. 台北：台湾政治大学，2003.

⑦ 王俊超. 游客生活形态及其休闲体验之研究 [D]. 彰化：台湾大叶大学，2007.

（六）满意度的概念与测量模型

1. 顾客满意度的界定

顾客满意度概念最先由美国学者卡多索（Cardozo）在 1964 年提出。[①] 其基本内容为探讨顾客预期与实际之间的差距以及满意度对再购意愿的影响。赫普（Hample，1977）认为顾客的满意程度决定于顾客所预期的产品或服务的实现程度。之后的学者，如奥利弗（Oliver）则更重视个人心理上的感受，将满意度定义为满意是一种消费者在获得满足后的反应，是消费者在消费过程中，感受产品本身或其属性所提供之愉悦程度的一种判断与认知。[②] 晁钢令（2003）提出客户满意是一个人通过对一个产品的可感知的效果（或结果）与其期望值相比较后，所形成的愉悦或失望的感知状态。[③] 而多数学者则借鉴赫普（Hample）的理论，认同顾客满意度是指顾客把对产品的感知效果与期望值相比较后，所形成的愉悦或失望的感觉状态。[④]

2. 游客满意度构成维度和测量指标

游客满意（Tourist Satisfaction，TS）指游客通过旅游活动过程的感知和事先预期的对比，两者之间产生的心理差距。如果实际感知超过活动前预期，即差距为正值时，游客就会感觉到满意，差距越大游客就越满意；反之，负向差距越大表明游客满意度越低。[⑤] 赵丽丽、南剑飞指出旅游景区游客满意度主要由 3 部分构成：景观满意度（Landscape Satisfaction Degree）、服务满意度（Service Satisfaction Degree）和形象满意度（Identity Satisfaction Degree），简称为 LSI 模式。[⑥]

国内比较权威的定义还有董观志、杨凤影（2004）在《旅游景区游客满意度测评体系研究》中指出的旅游景区游客满意度评价指标体系就由 3 个层次的指标项目构成：第一层次是游客总体满意度指标；第二层次是项目层指标，包括食、宿、行、游、购、娱、服务、设施、形象 9 个指标；第三层次是评价因子层指标，是第二层次指标进行分解后的满意度指标。[⑦]

（七）顾客购后行为意向及其结构维度

行为意向（Behavior Intention）指一个人主观判断其未来可能采取行动的倾向（Folkes，1988）。施密斯和辛亚特（Smith & Swinyard，1982）认为，行为意向是指个人对于态度标的物将进行一项明确的活动或行为的可能性或倾向，且该意向可能包含

---

① Cardozo Richard. Customer Satisfaction：Laboratory Study and Marketing Action ［J］. Journal of Marketing Research，1964（2）：244-249.

② Oliver R. L. Satisfaction：A Behavioral Perspective on the Consumer ［M］. New York：McGraw-Hill，1997.

③ 晁钢令. 市场营销学 ［M］. 上海：上海财经大学出版社，2003.

④ 冯国珍. 二十一世纪饭店经营与管理发展趋势 ［J］. 江西社会科学，1999：101-102.

⑤ 特利·瓦伏拉. 简化的顾客满意度测量 ISO 9001：2000 认证指南 ［M］. 中国质量协会卓越培训中心，译. 北京：机械工业出版社，2003.4-8.

⑥ 赵丽丽，南剑飞. 旅游景区游客满意度 TSD 模型研究 ［J］. 企业管理，2006（11）：36-38.

⑦ 董观志，杨凤影. 旅游景区游客满意度测评体系研究 ［J］. 旅游学刊，2005，20（1）：27-30.

实际的消费者行为。[①] 而恩格尔（Engel）则指出，行为意向是指消费者在消费后，对于产品或者企业所可能采取特定活动或行为倾向。[②]

我国学者陈帝伃在随后的研究中补充购后行为意向是指消费者于体验后，对于体验的相关产品、服务或企业可能采取的再购行为、推荐意愿及交易意愿。[③] 杨素兰认为行为意向的定义是指顾客对环境体验过程所产生的评估与感受，进而影响顾客态度、未来意向与向他人推荐的可能性，包括再访意愿、向亲友介绍等。[④]

（八）定位

1. 定位相关概念的界定

定位理论是随着营销理论的发展而发展起来的，定位（Positioning）最早被提出是在广告业，是由著名的美国营销专家艾·里斯（AI Ries）与杰克·特劳特（Jack Trout）于 1969 年首次提出来的。他们认为定位是从产品开始，可以是一件商品、一项服务，一家公司、一个机构，甚至是一个人。定位并不是要对产品做什么事情，定位是公司对其产品在未来的潜在顾客的脑海里确定一个合理的位置，也就是把产品定位在未来潜在顾客的心目中。[⑤] 菲利浦·科特勒认为，定位是指公司设计出自己的产品和形象，从而在目标顾客心中确定与众不同的有价值的地位，定位要求公司能确定向目标顾客推销的差别数目及具体差别。[⑥]

因此，可以说定位的实质是相对于竞争对手，具体针对自身产品、品牌或企业进行潜在顾客心理方面的差异化工作。定位的开发和制定因而由上述三个因素决定。

2. 旅游景区定位相关研究理论

国内学术界普遍认为传统旅游景区应从主体地位、功能、市场、形象、产品方面进行定位更新，努力实现在新的竞争条件下的再发展。[⑦]

旅游目的地市场定位的步骤可分为以下几个方面：资源调查与评价、列举产品类型并区分等级、与竞争对手对比分析、选定目标市场。在景区开发之前，必须要先做市场定位且对目标消费群进行市场调研，有针对性地开发和包装合适的产品来满足消费者的需求。[⑧]

（九）统计方法

1. 李克特量表（Likert Scale）的说明

李克特量表是属评分加总式量表最常用的一种，属同一构念的这些项目是用加总

---

① Smith K H. Implementing the "Marketing You" Project in Large Sections of Principles of Marketing [J]. Journal of Marketing Education, 2004, 26（2）: 123.

② Engel J F, Blackwell R D, Miniard P W. Consumer Behavior [M]. 8th Edition. New York: The Drydden, 1995: 365.

③ 陈帝伃. 体验质量对情绪、价值、体验满意度、承诺及行为意图影响之研究——以台湾现代戏剧演出为例 [D]. 新北: 辅仁大学, 2004.

④ 杨素兰. 环境体验、体验价值、顾客满意与行为意向之研究 [D]. 台北: 台北科技大学, 2004.

⑤ 王心美. 现代营销系统之研究—行销策略与顾客管理之研究 [D]. 长沙: 中南大学, 2004.

⑥ 菲利浦·科特勒. 营销管理 [M]. 9 版. 梅清豪, 译. 上海: 上海人民出版社, 1999.

⑦ 廖珍杰. 对传统旅游景区战略定位更新的思考 [J]. 武汉商业服务学院学报, 2011, 6（3）: 27-30.

⑧ 吴长亮. 景区开发市场定位策略及实例分析 [J]. 商业时代, 2010（18）: 39-40.

方式来计分，单独或个别项目是无意义的。该量表是由美国社会心理学家李克特于1932 年在原有的总加量表基础上改进而成的。李克特量表的优点如下：

（1）容易设计。

（2）使用范围比其他量表要广，可以用来测量其他一些量表所不能测量的某些多维度的复杂概念或态度。

（3）通常情况下，李克特量表比同样长度的量表具有更高的信度。

（4）李克特量表的五种答案形式使回答者能够很方便地标出自己的位置。

（5）李克特量表容易被游客看懂，不易出现理解性偏差，从而降低理解风险。

2. 统计分析方法

（1）描述性统计分析。描述性统计分析是对样本的基本资料及研究的各变量和问项进行百分比、频数、平均数、方差、标准差等的基本统计分析。

（2）聚类分析。聚类分析（Cluster Analysis）指将物理或抽象对象的集合分组成为由类似的对象组成的多个类的分析过程。[①] 聚类就是按照事物的某些属性，把事物聚集成类，使类间的相似性尽可能小，类内相似性尽可能大。聚类分析的目标就是在相似的基础上收集数据来分类。这个技术方法被用作描述数据、衡量不同数据源间的相似性以及把数据源分类到不同的簇中。

（3）交叉分析。交叉分析（Crosstable Analysis）又称立体分析，是一个基本的分析方法。通常用于分析两个变量之间的关系。[②] 实际使用中，通常把这个概念推广到行变量和列变量之间的关系，这样行变量可能有多个变量组成，列变量也可能有多个变量，甚至可以只有行变量没有列变量，或者只有列变量没有行变量。交叉分析的主要任务有两个：第一，根据收集到的样本数据，构成二维和多维交叉列联表；第二，在交叉列联表的基础上，分析两两变量之间是否具有独立性或具有一定的相关性。

（4）因子分析。因子分析又叫因素分析，就是通过寻找众多变量的公共因素来简化变量中复杂关系的一种统计方法，将多个变量综合为少数几个"因子"以再现原始变量与"因子"之间的相关关系，即用较少几个因子反映原始数据的大部分信息的统计方法。在多元统计中，经常遇到诸多变量之间存在强相关的问题，它会给分析带来许多困难。通过因子分析，可以找出几个较少的有实际意义的因子，反映出原来数据的基本结构。

（5）方差分析。方差分析可以用来检验多组相关样本之间的均值有无差异。本书主要采用单因素方差分析来检验不同类型旅游景区在游客统计特征及旅游行为特征上的差异性，不同游客统计特征及旅游行为特征在旅游体验上的差异性，不同旅游景区游客在景区体验及满意度上的差异性。

五、背景信息

关于成都南湖梦幻岛的官方资料，授课教师和学生可以通过直接访问其网站（ht-

---

① 卢文岱. SPSS for Windows 统计分析 [M]. 北京：电子工业出版社，2008：185-260.

② 吴明隆. 问卷统计分析实务 [M]. 重庆：重庆大学出版社，2010：194-235.

tp：//www.nhmhd.com）获取，也可通过优酷网、土豆网和百度网等搜索其宣传视频，还可通过百度百科、百度知道等搜索其基本资料和游客评价等。

案例中涉及的成都市区域和基本经济信息，学生可以通过成都市政府官方网站获得；涉及的成都市国色天乡主题公园和成都欢乐谷以及成都极地海洋世界等旅游吸引物，可以访问其相关官方网站获得具体信息。

六、关键要点

（一）案例分析的关键

本案例的关键点在于：第一，让学生对真实管理问题有客观和清晰的分析能力，不受其他人观点的误导。第二，让学生具备快速初步分析企业战略定位方向和发展趋势的能力，为具体问题的解决夯实基础。第三，让学生具备独立科学研究管理问题的能力，熟悉科学范式和手段，可以独立开展前期理论基础框架搭建和后期实地客观研究工作。第四，让学生可以熟练地将理论与实际联系起来，具有能够熟练使用科学研究方法的能力和能将其顺利应用于解读和解决现实管理问题的工作能力。这种能力的培养是本案例的重中之重。

（二）关键知识点

1. 产品核心价值

顺利地了解所研究的产品核心价值是本案例的前期重点之一。任何个人和团体都不可能对所有产品和服务的细节了如指掌。因此，如何剥离产品价值，即核心价值、有型价值、附加价值、潜在价值、物理价值、消费价值以及精神价值是营销者和管理者的基本能力之一。此处授课教师可以参考莱维特的产品结构模型以及消费者行为中的购买动机等概念进行引导。

2. 感知质量的概念

质量一般被认为有两种形态：客观质量和感知质量。多数学者认为客观质量是不存在的，所有的质量评估都是一种主观的行为。该观点有力地支持了质量的另一形态，即感知质量。

感知质量是指：第一，顾客感知质量是顾客对期望服务与实际体验之间差距的主观认识；第二，顾客感知质量包含多个维度，可以丰富其消费体验；第三，顾客感知质量以有形设施、设备及人员为服务基础，体现在顾客与组织之间的互动服务过程中。

在科学研究中，感知质量往往是研究者表述产品质量的基本概念，而感知质量的测量通常需要对产品价值或结构本身进行一一拆分和评价。另外，有形产品与五星服务之间的构成因素是不同的。

3. 体验的构成维度和测量

国内外大量采用的是施密特（Schmitt）的体验维度划分标准。施密特（Schmitt，1999）从心理学、社会学、哲学和神经生物学等多学科的理论出发，依据人脑模块说把顾客体验分成感官（Sense）体验、情感（Feel）体验、思考（Think）体验、行动（Act）体验和关联（Relate）体验五种类型，并把这些不同类型的体验称为战略体验模块（Strategic Experience Modules，SEM）。

除了施密特（Schmitt）对体验维度构成进行了研究之外，其他一些学者也进行了大量相关的研究，如派恩、吉尔摩根据顾客的参与程度（主动参与、被动参与）和投入方式（吸入方式、沉浸方式）两个变量将体验分成四种类型，即娱乐（Entertainment）、教育（Education）、逃避现实（Escape）和审美（Estheticism）。

我国台湾学者郭肇元将休闲体验分为情感、活力、认知有效性、动机、满足感、放松性与创造力七个体验维度。王俊超 以休闲产业区为例，依据郭肇元的衡量维度，从情感、活力、满足感、放松、创造性、投入程度、自由感、硬性服务及社交等维度衡量游客的体验。

4. 游客满意度的概念与测量模型

游客满意度的概念是在原有顾客满意度定义上的修正。从形成机理上看，游客满意与其他服务领域里的顾客满意现象一样，是游客期望和感知相比较的结果，是一种心理比较过程。后期的研究认为，游客满意度（Tourist Satisfaction Degree，TSD）作为游客满意的定量表述，也是衡量旅游景区经营绩效（经济和社会效益）的综合性指标。

国内学者赵丽丽、南剑飞指出旅游景区游客满意度主要由三部分构成：景观满意度（Landscape Satisfaction Degree）、服务满意度（Service Satisfaction Degree）和形象满意度（Identity Satisfaction Degree），简称为 LSI 模式。

总结国内外的相关研究，可以这么说，游客满意度指标体系可以定义为一系列相互联系的能敏感地反映游客满意状态及存在问题的指标的有机构成整体。游客满意度评价指标体系主要是根据游客的分类需求结构及其在景区的活动内容建立起来的。而旅游景区游客满意度测评体系中明确提出了游客满意度评价指标体系就由三个层次的指标项目构成：第一层次是游客总体满意度指标；第二层次是项目层指标，包括食、宿、行、游、购、娱、服务、设施、形象 9 个指标；第三层次是评价因子层指标，是第二层次指标进行分解后的满意度指标。

5. 游客游后行为意向及其结构维度

多数研究认为游客对环境体验过程所产生的评估与感受将影响顾客态度、未来意向与向他人推荐的可能性，包括再访意愿、向亲友介绍、忠诚度和对品牌的认同喜好度等。

6. 游客特征识别与测量

对于顾客或游客的特征识别概念是从市场细分的基本原理中得来的。按照科特勒对消费者市场的细分标准的描述，顾客特征维度包括了地理因素、人口统计因素、心理因素和行为因素，每个因素又包括一系列的细分变量。国内外关于旅游细分市场游客的特征通常都采用的是多个系列变量因素组合法，即将在旅游过程中影响游客的需求和行为表现的多种因素作为市场识别和细分的标准。例如，根据游客来源的地理位置、性别、年龄段、收入水平、职业分类、旅游次数、旅游时间、旅游交通工具选择、旅游动机和旅游花费等变量因素识别游客。

7. SWOT 评估矩阵

SWOT 分析方法是一种通过对比企业内外变量确定企业发展战略方向的分析方法。

其中，S 代表 Strength（优势），W 代表 Weakness（弱势），O 代表 Opportunity（机会），T 代表 Threat（威胁）。其中，S、W 是内部因素，O、T 是外部因素。按照企业竞争战略的完整概念，战略应是一个企业"能够做的"（即组织的强项和弱项）和"可能做的"（即环境的机会和威胁）之间的有机组合。在 SWOT 评估矩阵中，企业战略方向可以有四种选择：积极进取、多元化经营、战略转移和战略防守。每一个企业因为其内外环境和资源的不同，其选择也是不同的。值得一提的是，要明确企业定位，战略方向是重要的参考和指导。

七、建议的课堂计划

本案例应该作为专门的案例讨论课来进行。授课教师应该将本案例课程安排在专业授课内容基本结束或即将结束之时，利用本案例做课程总结或课程补充。以下是按照时间进度提供的可行计划建议，仅供参考。

整个案例课程应该由 2~3 次课程来完成，每次课堂时间不得少于 2 小时。学生应该至少有一次课外阅读要求。整个案例共计需要 4~6 个小时的课堂讨论。

（一）课前计划

安排学生去相关网站了解成都市主题公园的基本情况和区域覆盖的基本范围。让学生提前阅读案例 A 正文，并提出启发思考问题，如梦幻岛的主要问题、对梦幻岛的评价等。请学生在课前完成这些阅读和思考，并查阅国内外都市主题公园行业的相关资料以及发展趋势。

（二）第一次课中计划：使用案例 A

（1）首先陈述梦幻岛的基本特征，提出主要问题，让学生对梦幻岛的管理以及现状提出自己的见解，并陈述原因。（时间 30 分钟）

（2）提出案例中的思考题，让学生进行初步回答和讨论，并陈述自己的理由、分析方法和路径。（时间 30~40 分钟）

（3）引入 SWOT 评估方法说明，并当场演示，为初步分析提供思路。（控制在 20~30 分钟）

（4）让学生使用 SWOT 评估方法对梦幻岛大二期的未来战略方向进行分析和总结，讨论战略匹配的主题定位，并陈述理由（时间 60 分钟左右）

（5）介绍市场调研、游客行为调查的基本方法和路径。解说关键词剥离和界定的方法、要求以及目的。（时间 30 分钟）

（三）课后计划

（1）要求学生详细阅读案例"理论依据与分析"部分的相关文献涉及的知识。

（2）要求学生对案例涉及的关键词和统计方法进行总结和提炼。

（3）提前提出案例 B 中总结提出的四个基本问题，要求学生根据这四项问题进行调研量表的设计工作。学生将被要求对自己调研量表的设计和细节进行分析和解说。

（四）第二次课中计划：使用案例 B

（1）简要说明课程目的，引导学生并明确主题，即对研究范式和方法的熟悉和掌握。（时间 5 分钟）

（2）学生陈述自己的调研量表的选项、结构和细节，授课教师做好记录工作。（时间 1~2 个小时）

（3）授课教师可以参考附录 2 的量表设计对学生的量表设计进行评价和引导：明确调研量表的设计步骤，熟悉调研问题、调研可行性、调研方法三者之间的关系。（时间 60 分钟）

（4）学生结合案例调研问卷的设计和关键理论的原理回答案例 A 后的启发思考题。（时间 30~60 分钟）

（五）第二次课后计划：使用案例 B

（1）要求学生完成对案例 B 以及附录 1 和附录 2 的阅读理解工作。

（2）学生将被要求对调研量表进行理解和分析，对调研数据进行分析和解说。

（六）第三次课中计划：使用案例 B

（1）明确科学调研的系统性和客观性，明确解读数据的困难性和重要性，引入本次主题。（时间 5~10 分钟）

（2）学生汇报对附录 1 和附录 2 的问卷设计的理解和意见以及对数据的基本理解和解读。同时要求学生对案例中四个问题进行最终总结回答，授课教师做好记录工作。（时间 60 分钟左右）

（3）授课教师对所记录的数据理解难点和争议点进行总结，并引导学生展开讨论。（时间 30 分钟）

（4）授课教师打开 SPSS 或 Excel 软件进行数据的模拟操作和基本统计方法的操作步骤说明。（时间 60 分钟）

（5）授课教师对案例进行总结，包括范式、步骤、方法和每一步的目标等。让学生独立掌握此类市场和顾客行为调研的手段和原理以及操作细则。（时间 20 分钟）

（七）第三次课后计划

下节课前，要求学生每人独立上交一篇具体的完整版案例结论与启示的分析报告。

八、案例的后续进展

作者有关"成都梦幻岛主题公园员工工作绩效提升的尝试与结果"的案例正在测试与优化中。

九、附录1

表2   梦幻岛游客特征描述性统计结果

被调查者背景资料		人数（人）	百分比（%）	被调查者背景资料		人数（人）	百分比（%）
性别	男	130	39.2	居住地	成都市区三环内	87	26.2
	女	199	59.9		双流和华阳	140	42.2
年龄	14 岁以下	25	7.5		成都其他郊县（含县级市）	22	6.6
	15~24 岁	162	48.8		龙泉驿区	13	3.9
	25~44 岁	129	38.9		新都区	3	0.9
					温江区	4	1.2
	45~64 岁	12	3.6		青白江区	4	1.2
					大成都以外四川省内其他地区	3	0.9
	65 岁以上	2	0.6		四川省外其他地区	23	6.9
教育程度	小学	12	3.6	收入	800 元以下	71	21.4
	初中	54	16.3		800~1 500 元	42	12.7
	高中	85	25.6		1 501~3 000 元	90	27.1
	大中专或职业技术院校	79	23.8		3 001~5 000 元	50	15.1
	大学本科及以上	94	28.3		5 000 元以上	29	8.7
职业	企业管理人员	32	9.6	乘车时间	30 分钟以内	46	13.9
	政府官员公务员	11	3.3		30~60 分钟	65	19.6
	个体经营者	17	5.1		1~2 小时	74	22.3
	教师	20	6.0		2~3 小时	63	19.0
	学生	114	34.3		3 小时以上	80	24.1
	军人	4	1.2	游玩次数	1 次	139	41.9
	工人/企业普通员工	66	19.9		2 次	67	20.2
	离退休人员	1	0.3		3 次	31	9.3
	自由职业者	27	8.1		4 次	24	7.2
	农民	11	3.3		5 次及以上	67	20.2
	其他	22	6.6				

表2（续）

被调查者背景资料		人数（人）	百分比（%）	被调查者背景资料		人数（人）	百分比（%）
交通工具	步行	21	6.3	同游者	自己一个人	5	1.5
	自行车或摩托车	22	6.6		家人、亲戚	214	64.5
	自驾汽车	107	32.2		同学、朋友	93	28
	出租车	20	6.0		旅行团成员	1	0.3
	公交车	106	31.9		同事	15	4.5
	地铁和公交车	52	15.7	同游人数	单独一人	6	1.8
游玩时间	1~2 小时	29	8.7		1~2 人	70	21.1
	2~4 小时	155	46.7		3~4 人	133	40.1
	4~6 小时	105	31.6		5~6 人	85	25.6
	6~8 小时	39	11.7		7 人或以上	36	10.8
游玩花费	50 元以下	21	6.3	信息获知渠道	电视媒体广告	26	7.8
	51~100 元	82	24.7		网络	61	18.4
	101~200 元	115	34.6		旅行社	8	2.4
	201~300 元	56	16.9		收音机	3	0.9
	301 元以上	51	15.4		报纸杂志	8	2.4
三大主题公园喜爱度排序（由高到低）	梦幻岛—欢乐谷—国色天乡	31	9.3		手机短信	8	2.4
	梦幻岛—国色天香—欢乐谷	25	7.5		亲朋好友同事同学的推荐	212	63.9
	欢乐谷—梦幻岛—国色天乡	103	31		户外广告	43	13
	欢乐谷—国色天乡—梦幻岛	82	24.7	购买纪念品	有	70	21.1
	国色天乡—梦幻岛—欢乐谷	27	8.1		没有	252	75.9
	国色天乡—欢乐谷—梦幻岛	27	8.1				

资料来源：刘博士梦幻岛调研小组统计整理所得

表3 南湖梦幻岛主题公园游客感知质量分析结果

		问卷问题分解	平均数	众数	标准差	信度	分项排序
硬件感知质量	游乐设施设备	刺激性	3.84	4	0.753	0.919	5
		趣味性	3.69	4	0.718		10
		安全性	3.98	4	0.563		1
		多样性	3.54	4	0.796		16
		等待时间	3.55	4	0.848		15
	售票亭	分布的合理、方便性	3.81	4	0.77		6
		标识	3.82	4	0.782		5
		其他功能	2.09	2	0.662		
	公共休息区域		3.42	4	0.896		18
	景区道路	便利性	3.81	4	0.741		6
		趣味性	3.58	4	0.798		13
		标识清晰性	3.7	4	0.78		9
	卫生间	清洁度	3.38	4	0.722		19
		数量	3.56	4	0.805		14
		容易找到与否	3.47	4	0.902		17
	垃圾桶	清洁度	3.75	4	0.743		7
		容易找到与否	3.85	4	0.67		3
	环境	卫生、安全	3.84	4	0.648		4
		绿化	3.9	4	0.74		2
		布局	3.66	4	0.703		12
	建筑	风格、色彩	3.71	4	0.789		8
		与设施景观的统一性	3.75	4	0.747		7
		特色鲜明与否	3.67	4	0.771		11
	餐饮	种类	3.08	3	0.815		25
		新鲜度	3.2	3	0.725		23
		就餐环境	3.29	3	0.755		20
		等待时间	3.42	3	0.731		18
		食品味道	3.24	3	0.758		22
		价格	2.77	3	0.910		27
		分量	3.07	3	0.878		26
		是否愿意在园区就餐	3.11	4	0.927		24
	其他商品	种类	3.20	3	0.785		23
		品质	3.26	3	0.735		21
		价格	2.9	3	0.865		27
		特色	3.2	3	0.815		23
	游客乘坐游览车关注点		2.27	2	0.706		
硬件质量感知总体平均值					3.427		

表3(续)

问卷问题分解			平均数	众数	标准差	信度	分项排序
软件感知质量	员工	服务态度	3.66	4	0.766	0.867	1
		专业水平	3.60	4	0.707		4
		服务及时性	3.61	4	0.698		3
		仪容仪表	3.63	4	0.725		2
		乐于提供帮助与否	3.55	4	0.790		5
		能否及时找到工作人员	3.49	4	0.804		6
		从游客角度出发提供帮助	3.44	3	0.779		7
软件质量感知总体平均值					3.568		
体验质量感知		公园氛围能否吸引游客参与体验	3.64	4	0.797	0.702	2
		梦幻岛让游客感到满意与否	3.09	4	1.171		5
		大多数设备游客是否愿意尝试	3.65	4	0.749		1
		是否愿意购买园区餐饮	3.1	3	0.866		4
		是否愿意购买园区纪念品	3.04	3	0.874		6
		梦幻岛总体独特、有吸引力	3.53	3	0.798		3
体验质量感知总体平均					3.341		

资料来源:刘博士梦幻岛调研小组统计整理所得

表4　　　　　南湖梦幻岛主题公园整体满意度分析结果

问卷问题		平均数	众数	标准差	信度	分项排序
满意度	整体满意度	3.76	4	0.665	0.874	4
	高兴度	3.82	4	0.648		3
游后行为意向	重游与否	3.82	4	0.706		3
	向他人推荐	3.89	4	0.756		1
	品牌认同度	3.49	4	0.836		5
	正面评价	3.84	4	0.704		2
满意度和游后行为意向分项平均值				3.77		

资料来源:刘博士梦幻岛调研小组统计整理所得

表5　　　　　游客感知价值各维度价值分析结果

因子命名	所含指标	因子负荷量									
		1	2	3	4	5	6	7	8	9	10
服务价值感知因子	B01	.645									
	B02	.705									
	B03	.691									
	B04	.629									
	B05	.729									
	B06	.643									
	B07	.642									

表5(续)

因子命名	所含指标	因子负荷量									
		1	2	3	4	5	6	7	8	9	10
餐饮价值感知因子	A26		.553								
	A28		.521								
	A29		.788								
	A30		.640								
	A31		.718								
	C04		.734								
体验价值感知因子	A21			.600							
	A23			.632							
	C01			.559							
	C03			.729							
商品价值感知因子	A32				.679						
	A33				.633						
	A34				.671						
	A35				.567						
环境价值感知因子	A16					.608					
	A17					.685					
	A18					.750					
	A19					.574					
游乐设备价值感知因子	A01						.637				
	A02						.646				
	A04						.744				
便利价值感知因子	A09							.568			
	A10							.789			
	A20							.523			
卫生间满意度感知因子	A14								.843		
	A15								.815		
售票亭满意度感知因子	A06									.693	
	A07									.692	
效率价值感知因子	A05										.704
	A27										.540
因子个数		7	6	4	4	4	3	3	2	2	2

资料来源：刘博士梦幻岛调研小组统计整理所得

表6　　　　　　　　　以年龄为自变量的方差分析总结

ANOVA						
		平方和	df	均方	F	显著性
您对公园内游乐设备的刺激性是否满意?	组间	3.447	4	.862	1.541	.190
	组内	181.717	325	.559		
	总数	185.164	329			

表6（续）

ANOVA						
		平方和	df	均方	F	显著性
您对公园内游乐设备的趣味性是否满意？	组间	3.923	4	.981	1.952	.102
	组内	163.301	325	.502		
	总数	167.224	329			
……	…	…	…	…	…	…

数据来源：由刘博士梦幻岛调研小组统计整理

表7　　　　　　　　　以受教育程度为自变量的方差检验结果总结

ANOVA						
		平方和	df	均方	F	显著性
您对公园内游乐设备的刺激性是否满意？	组间	5.955	4	1.489	2.673	.032
	组内	177.699	319	.557		
	总数	183.654	323			
您对公园内游乐设备的趣味性是否满意？	组间	6.957	4	1.739	3.637	.006
	组内	152.558	319	.478		
	总数	159.515	323			
您对公园内游乐设备的种类多样性是否满意？	组间	12.981	4	3.245	5.380	.000
	组内	190.614	316	.603		
	总数	203.595	320			
您认为景区内的道路是充满乐趣的吗？	组间	16.686	4	4.171	7.089	.000
	组内	187.719	319	.588		
	总数	204.404	323			
您认为景区内的道路是标识清晰的吗？	组间	6.756	4	1.689	2.865	.023
	组内	187.467	318	.590		
	总数	194.223	322			
您认为公园内建筑风格、色彩是否能较好地突出公园特色？	组间	9.577	4	2.394	4.128	.003
	组内	182.147	314	.580		
	总数	191.724	318			
您认为公园内建筑和其他设施、景观是和谐统一的吗？	组间	5.416	4	1.354	2.592	.037
	组内	164.534	315	.522		
	总数	169.950	319			

表7（续）

ANOVA						
		平方和	df	均方	F	显著性
您认为公园内建筑特色鲜明吗？	组间	8.809	4	2.202	3.802	.005
	组内	183.601	317	.579		
	总数	192.410	321			
您对公园内餐饮店的食品种类是否满意？	组间	8.371	4	2.093	3.242	.013
	组内	200.092	310	.645		
	总数	208.463	314			
您对公园内餐饮店食品的新鲜程度是否满意？	组间	3.698	4	.924	1.812	.126
	组内	160.690	315	.510		
	总数	164.387	319			
您对公园内餐饮店的就餐环境是否满意？	组间	5.993	4	1.498	2.749	.028
	组内	170.626	313	.545		
	总数	176.619	317			
您对公园内餐饮店的食品味道是否满意？	组间	5.355	4	1.339	2.415	.049
	组内	174.595	315	.554		
	总数	179.950	319			
您对公园内餐饮店的食品分量是否满意？	组间	10.154	4	2.539	3.434	.009
	组内	229.167	310	.739		
	总数	239.321	314			
您是否愿意在梦幻岛主题公园内的餐饮店就餐？	组间	12.882	4	3.221	3.839	.005
	组内	265.080	316	.839		
	总数	277.963	320			
您对公园内商品店的商品种类是否满意？	组间	6.766	4	1.691	2.797	.026
	组内	191.072	316	.605		
	总数	197.838	320			
	总数	240.006	320			
您认为公园内商品店的商品是特色鲜明的吗？	组间	7.165	4	1.791	2.749	.028
	组内	205.223	315	.652		
	总数	212.388	319			

表7(续)

ANOVA			平方和	df	均方	F	显著性
您对这里员工为您提供服务的及时性满意吗？		组间	6.750	4	1.687	3.637	.006
		组内	148.025	319	.464		
		总数	154.775	323			
您对这里员工的仪容仪表满意吗？		组间	9.159	4	2.290	4.681	.001
		组内	155.052	317	.489		
		总数	164.211	321			
您觉得这里的员工乐于提供帮助吗？		组间	6.499	4	1.625	2.697	.031
		组内	191.600	318	.603		
		总数	198.099	322			
您认为员工能站在您的角度去帮您解决问题吗？		组间	7.886	4	1.971	3.335	.011
		组内	186.787	316	.591		
		总数	194.673	320			
公园内的氛围能够吸引您参与到体验活动中去吗？		组间	12.135	4	3.034	5.116	.001
		组内	189.149	319	.593		
		总数	201.284	323			
如果可能您愿意购买园中的纪念品吗？		组间	14.462	4	3.615	5.113	.001
		组内	224.163	317	.707		
		总数	238.624	321			
对您而言，梦幻岛总体来说是独特的、有吸引力的吗？		组间	9.063	4	2.266	3.661	.006
		组内	197.415	319	.619		
		总数	206.478	323			
您对梦幻岛主题公园的整体满意度如何？		组间	8.071	4	2.018	4.711	.001
		组内	136.630	319	.428		
		总数	144.701	323			
此次梦幻岛之行是令您高兴的吗？		组间	5.624	4	1.406	3.415	.009
		组内	131.348	319	.412		
		总数	136.972	323			
您愿意以后再次来到梦幻岛主题公园吗？		组间	6.685	4	1.671	3.431	.009
		组内	154.900	318	.487		
		总数	161.585	322			

表7（续）

ANOVA		平方和	df	均方	F	显著性
您会向您的亲朋好友推荐成都梦幻岛主题公园吗？	组间	9.830	4	2.457	4.490	.002
	组内	174.602	319	.547		
	总数	184.432	323			
您在这个公园里得到了比您以前去的其他的公园更多的乐趣	组间	14.792	4	3.698	5.711	.000
	组内	205.920	318	.648		
	总数	220.712	322			

数据来源：刘博士梦幻岛调研小组统计整理所得（注：只列举了显著性差异项）

表8 以职业为自变量的方差检验结果总结

ANOVA		平方和	df	均方	F	显著性
您对公园内商品店的商品种类是否满意？	组间	15.045	10	1.505	2.540	.006
	组内	183.590	310	.592		
	总数	198.636	320			
您对公园内商品店商品的品质感是否满意？	组间	10.378	10	1.038	1.999	.033
	组内	158.344	305	.519		
	总数	168.722	315			

数据来源：刘博士梦幻岛调研小组统计整理所得（注：只列举了显著性差异项）

表9 以收入为自变量的方差检验结果总结

ANOVA		平方和	df	均方	F	显著性
您认为公园内建筑特色鲜明吗？	组间	8.236	4	2.059	3.679	.006
	组内	153.341	274	.560		
	总数	161.577	278			
您对公园内餐饮店的食品种类是否满意？	组间	7.516	4	1.879	2.961	.020
	组内	171.962	271	.635		
	总数	179.478	275			
您对这里员工的服务态度感到满意吗？	组间	8.565	4	2.141	3.802	.005
	组内	148.121	263	.563		
	总数	156.687	267			

数据来源：刘博士梦幻岛调研小组统计整理所得（注：只列举了显著性差异项）

表 10　　　　　　　　　以居住地为自变量的方差检验结果总结

ANOVA						
		平方和	df	均方	F	显著性
您认为公园内售票亭是分布合理、方便的吗？	组间	12.059	9	1.340	2.374	.013
	组内	176.653	313	.564		
	总数	188.712	322			
您对公园内公共休息区域是否满意？	组间	13.078	9	1.453	1.990	.040
	组内	228.600	313	.730		
	总数	241.678	322			
您认为公园内的卫生间容不容易找到？	组间	14.065	9	1.563	1.974	.042
	组内	248.626	314	.792		
	总数	262.691	323			
您对公园内的园林绿化是否满意？	组间	12.907	9	1.434	2.747	.004
	组内	161.815	310	.522		
	总数	174.722	319			
对于园中大多数游乐设备您都愿意尝试吗？	组间	10.791	9	1.199	2.173	.024
	组内	173.806	315	.552		
	总数	184.597	324			
您对梦幻岛主题公园的整体满意度如何？	组间	7.810	9	.868	2.005	.038
	组内	135.928	314	.433		
	总数	143.738	323			
此次梦幻岛之行是令您高兴的吗？	组间	7.947	9	.883	2.172	.024
	组内	127.670	314	.407		
	总数	135.617	323			
您会在别人面前给予梦幻岛主题公园正面评价吗？	组间	11.069	9	1.230	2.584	.007
	组内	149.928	315	.476		
	总数	160.997	324			

数据来源：刘博士梦幻岛调研小组统计整理所得（注：只列举了显著性差异项）

十、附录2

问卷编号：　　　　　　　　　**正式调研问卷**

梦幻岛主题公园游客感知质量与体验满意度调查问卷

先生/女士，您好！

我们是××大学梦幻岛主题公园游客需求与满意度研究组成员，我们希望通过本问卷调查了解您对梦幻岛主题公园的真实感受，并将对公园的设施和服务进行调整和优化，您的意见和建议对我们很重要，我们会按《中华人民共和国统计法》为您的个人信息保密，谢谢您的参与！

注：请在您的选项下打√

梦幻岛主题公园硬件设施质量感知

1. 您对公园内游乐设备的刺激性是否满意？
□非常满意　□满意　□一般　□不满意　□非常不满意

2. 您对公园内游乐设备的趣味性是否满意？
□非常满意　□满意　□一般　□不满意　□非常不满意

3. 您是否认为公园内的游乐设备是安全的？
□非常同意　□同意　□一般　□不同意　□非常不同意

4. 您对公园内游乐设备的种类多样性是否满意？
□非常满意　□满意　□一般　□不满意　□非常不满意

5. 您对公园内乘坐游乐设备的等待时间是否满意？
□非常满意　□满意　□一般　□不满意　□非常不满意

6. 您认为公园内售票亭是分布合理、方便的吗？
□非常同意　□同意　□一般　□不同意　□非常不同意

7. 您对公园内售票亭的标识是否满意？
□非常满意　□满意　□一般　□不满意　□非常不满意

8. 您认为售票亭还应该有哪些功能（单选）？
□宣传功能　□游客咨询功能　□饮料食品售卖

9. 您对公园内公共休息区域是否满意？
□非常满意　□满意　□一般　□不满意　□非常不满意

10. 您认为公园内的道路是便利的吗？
□非常同意　□同意　□一般　□不同意　□非常不同意

11. 您认为景区内的道路是充满乐趣的吗？
□非常同意　□同意　□一般　□不同意　□非常不同意

12. 您认为景区内的道路是标识清晰的吗？
□非常同意　□同意　□一般　□不同意　□非常不同意

13. 您对公园内卫生间的清洁度是否满意？
□非常满意　□满意　□一般　□不满意　□非常不满意

14. 您对公园内卫生间的数量是否满意？
□非常满意　□满意　□一般　□不满意　□非常不满意

15. 您认为公园内的卫生间容不容易找到？
□非常容易　□容易　□一般　□不容易　□非常不容易

16. 您对公园内垃圾桶的清洁度是否满意？
□非常满意　□满意　□一般　□不满意　□非常不满意

17. 您认为公园内的垃圾桶容不容易找到？

□非常容易　　□容易　　□一般　　□不容易　　□非常不容易

18. 您对公园内的环境（卫生、安全）是否满意？

□非常满意　　□满意　　□一般　　□不满意　　□非常不满意

19. 您对公园内的园林绿化是否满意？

□非常满意　　□满意　　□一般　　□不满意　　□非常不满意

20. 您是否认同公园内的布局吗？

□非常同意　　□同意　　□一般　　□不同意　　□非常不同意

21. 您认为公园内建筑风格、色彩是否能较好地突出公园特色？

□非常同意　　□同意　　□一般　　□不同意　　□非常不同意

22. 您认为公园内建筑和其他设施、景观是和谐统一的吗？

□非常同意　　□同意　　□一般　　□不同意　　□非常不同意

23. 您认为公园内建筑特色鲜明吗？

□非常同意　　□同意　　□一般　　□不同意　　□非常不同意

24. 您对公园内餐饮店的食品种类是否满意？

□非常满意　　□满意　　□一般　　□不满意　　□非常不满意

25. 您对公园内餐饮店食品的新鲜程度是否满意？

□非常满意　　□满意　　□一般　　□不满意　　□非常不满意

26. 您对公园内餐饮店的就餐环境是否满意？

□非常满意　　□满意　　□一般　　□不满意　　□非常不满意

27. 您对公园内餐饮店的就餐等待时间是否满意？

□非常满意　　□满意　　□一般　　□不满意　　□非常不满意

28. 您对公园内餐饮店的食品味道是否满意？

□非常满意　　□满意　　□一般　　□不满意　　□非常不满意

29. 您对公园内餐饮店的食品价格是否满意？

□非常满意　　□满意　　□一般　　□不满意　　□非常不满意

30. 您对公园内餐饮店的食品分量是否满意？

□非常满意　　□满意　　□一般　　□不满意　　□非常不满意

31. 您是否愿意在梦幻岛主题公园内的餐饮店就餐？

□非常愿意　　□愿意　　□一般　　□不愿意　　□非常不愿意

32. 您对公园内商品店的商品种类是否满意？

□非常满意　　□满意　　□一般　　□不满意　　□非常不满意

33. 您对公园内商品店商品的品质感是否满意？

□非常满意　　□满意　　□一般　　□不满意　　□非常不满意

34. 您对公园内商品店的商品价格是否满意？

□非常满意　　□满意　　□一般　　□不满意　　□非常不满意

35. 您认为公园内商品店的商品是特色鲜明的吗？

□非常同意　　□同意　　□一般　　□不同意　　□非常不同意

36. 如果您选择乘坐游览车，您最看重的是什么（单选）？

□反复乘坐　　□快捷便利　　□有讲解与导游服务

梦幻岛主题公园软件设施质量感知

1. 您对这里员工的服务态度感到满意吗？

□非常满意　□满意　□一般　□不满意　□非常不满意

2. 您对这里员工的专业水平（如圆满解答您的问题并熟练提供帮助）感到满意吗？

□非常满意　□满意　□一般　□不满意　□非常不满意

3. 您对这里员工为您提供服务的及时性满意吗？

□非常满意　□满意　□一般　□不满意　□非常不满意

4. 您对这里员工的仪容仪表满意吗？

□非常满意　□满意　□一般　□不满意　□非常不满意

5. 您觉得这里的员工乐于提供帮助吗？

□非常同意　□同意　□一般　□不同意　□非常不同意

6. 您认为可以在需要的时候快速找到工作人员和服务人员吗？

□非常同意　□同意　□一般　□不同意　□非常不同意

7. 您认为员工能站在您的角度去帮您解决问题吗？

□非常同意　□同意　□一般　□不同意　□非常不同意

梦幻岛主题公园体验质量感知

1. 公园内的氛围能够吸引您参与到体验活动中去吗？

□非常同意　□同意　□一般　□不同意　□非常不同意

2. 梦幻岛让您感觉如何（单选）？

□热情欢乐　□新奇　□轻松愉悦　□惊险刺激　□害怕　□无聊

3. 对于园中大多数游乐设备您都愿意尝试吗？

□非常愿意　□愿意　□一般　□不愿意　□非常不愿意

4. 您愿意购买园中的餐饮吗？

□非常愿意　□愿意　□一般　□不愿意　□非常不愿意

5. 如果可能您愿意购买园中的纪念品吗？

□非常愿意　□愿意　□一般　□不愿意　□非常不愿意

6. 对您而言，梦幻岛总体来说是独特的、有吸引力的吗？

□非常同意　□同意　□一般　□不同意　□非常不同意

整体满意度和游后行为意向

1. 您对梦幻岛主题公园的整体满意度如何？

□非常满意　□满意　□一般　□不满意　□非常不满意

2. 此次梦幻岛之行是令您高兴的吗？

□非常高兴　□高兴　□一般　□不高兴　□非常不高兴

3. 您愿意以后再次来到梦幻岛主题公园吗？

□非常愿意　□愿意　□一般　□不愿意　□非常不愿意

4. 您会向您的亲朋好友推荐成都梦幻岛主题公园吗？

□非常愿意 □愿意 □一般 □不愿意 □非常不愿意

5. 您在这个公园里得到了比您以前去的其他的公园更多的乐趣吗？

□非常同意 □同意 □一般 □不同意 □非常不同意

6. 您会在别人面前给予梦幻岛主题公园正面评价吗？

□非常同意 □同意 □一般 □不同意 □非常不同意

个人信息

1. 您的性别：□男 □女

2. 您的年龄：

□14 岁以下 □15~24 岁 □25~44 岁 □45~64 岁 □65 岁以上

3. 您的受教育程度：

□小学 □初中 □高中 □大中专或职业技术院校 □大学本科及以上

4. 您的职业：

□企业管理人员 □政府官员及公务员 □个体经营者 □教师 □学生

□军人 □工人／企业普通员工 □离退休人员 □自由职业者 □农民 □其他

5. 您的月收入：

□800 元以下 □800~1 500 元 □1 501~3 000 元

□3 001~5 000 元 □5 000 元以上

6. 您的居住地：

□成都市区三环内 □双流县 □成都其他郊县（含县级市）

□龙泉驿区 □新都区 □温江区 □青白江区 □仁寿县或眉山市

□大成都以外四川省内其他地区 □四川省外其他地区

7. 您本次来到梦幻岛花费的时间大约是：

□30 分钟以内 □30 分钟~60 分钟 □1~2 小时 □2~3 小时 □3 小时以上

8. 您通过哪种交通工具来到南湖梦幻岛：

□步行 □自行车或摩托车 □自驾汽车 □出租车

□公交车 □地铁和公交车

9. 您是第几次游览南湖梦幻岛：

□1 次 □2 次 □3 次 □4 次 □5 次及以上

10. 您此次与谁同游梦幻岛：

□自己一个人 □家人、亲戚 □同学、朋友 □旅行团成员 □同事

11. 您本次同游的人数：

□单独一人 □1~2 人 □3~4 人 □5~6 人 □7 人或以上

12. 您本次游玩南湖梦幻岛花费的时间大约为几小时：

□1~2 小时 □2~4 小时 □4~6 小时 □6~8 小时

13. 您本次游玩梦幻岛的花费大约在：

□50 元以下 □51~100 元 □101~200 元 □201~300 元 □301 元以上

14. 您如何了解到南湖梦幻岛的相关信息（多选）：

□电视媒体广告　□网络　□旅行社　□收音机　□报纸杂志　□手机短信
□亲朋好友同事同学的推荐　□户外广告

15. 您是否购买了梦幻岛提供的旅游纪念品：

□有　□没有

16. 请从您对以下主题公园的喜爱度（由高到低）进行排序：_____。

①梦幻岛　②欢乐谷　③国色天乡

17. 与欢乐谷、国色天乡比，您更喜欢梦幻岛的：_____。

设备　□非常同意　□同意　□一般　□不同意　□非常不同意

服务（餐饮、商品）□非常同意　□同意　□一般　□不同意　□非常不同意

环境　□非常同意　□同意　□一般　□不同意　□非常不同意

氛围　□非常同意　□同意　□一般　□不同意　□非常不同意

18. 您选择梦幻岛主题公园的动机是：

慕名而来　□非常同意　□同意　□一般　□不同意　□非常不同意

体验设备　□非常同意　□同意　□一般　□不同意　□非常不同意

休闲度假　□非常同意　□同意　□一般　□不同意　□非常不同意

工作或学习　□非常同意　□同意　□一般　□不同意　□非常不同意

带孩子来玩　□非常同意　□同意　□一般　□不同意　□非常不同意

增进爱情或友谊　□非常同意　□同意　□一般　□不同意　□非常不同意

和家人相处增进感情　□非常同意　□同意　□一般　□不同意　□非常不同意

偶尔路过　□非常同意　□同意　□一般　□不同意　□非常不同意

19. 与其他景区相比，您认为梦幻岛的特色在：_____。

××大学梦幻岛课题小组再次谢谢您的参与！

调研者记录被调查者：有无小孩？1 有　2 无；小孩年龄_____。

专业名词索引

序号	专业名词	出现章节
1	体验经济	1.1.2
2	顾客体验	1.1.3
3	感官（Sense）体验	1.1.3
4	情感（Feel）体验	1.1.3
5	思考（Think）体验	1.1.3
6	行动（Act）体验	1.1.3
7	关联（Relate）体验	1.1.3
8	体验式广告	1.2.1
9	广告	3.1.2
10	心理过程	4.1.1
11	认识过程	4.1.1.1
12	情感过程	4.1.1.2
13	意志过程	4.1.1.3
14	马斯洛需求层次理论	4.2.1
15	生理需求	4.2.1
16	安全需求	4.2.1
17	情感和归属需求	4.2.1
18	尊重需求	4.2.1
19	自我实现需求	4.2.1
20	动机	4.2.2.1
21	生理动机	4.2.2.1
22	心理动机	4.2.2.1
23	消费者行为	4.2.2.2
24	消费者目标	4.2.2.3
25	人格心理学	4.2.4
26	广告表现	5.1.1

表(续)

序号	专业名词	出现章节
27	广告主题	5.1.3.1
28	广告创意	5.1.3.2
29	USP 策略	5.2.1.1
30	BI 策略	5.3.1.1
31	广告的定位策略	5.4.1.1
32	CI（Corporate Identity）理论	5.5.1
33	品牌个性论	5.5.2
34	共鸣论	5.5.3
35	ROI 创意策略	5.5.4
36	营销观念	6.1.1
37	营销	6.1.2
38	需要	6.1.3.1
39	欲望	6.1.3.1
40	需求	6.1.3.1
41	市场	6.1.3.2
42	价值	6.1.3.3
43	产品	6.1.3.4
44	交换	6.1.3.5
45	营销者	6.1.3.6
46	宏观环境	6.1.4.1
47	人口环境	6.1.4.1
48	经济环境	6.1.4.1
49	政治法律环境	6.1.4.1
50	社会文化环境	6.1.4.1
51	自然环境	6.1.4.1
52	技术环境	6.1.4.1
53	微观环境	6.1.4.2
54	供应商	6.1.4.2
55	企业内部	6.1.4.2
56	营销中介	6.1.4.2
57	顾客	6.1.4.2

序号	专业名词	出现章节
58	社会公众	6.1.4.2
59	竞争者	6.1.4.2
60	STP 理论	6.1.4.3
61	4Ps 理论	6.1.4.4
62	产品	6.1.4.4
63	价格	6.1.4.4
64	渠道	6.1.4.4
65	促销	6.1.4.4
66	4Cs 理论	6.1.4.4
67	客户	6.1.4.4
68	成本	6.1.4.4
69	便利	6.1.4.4
70	沟通	6.1.4.4
71	营销预算	6.1.4.5
72	市场细分	6.3.1.1
73	目标市场	6.3.2.1
74	市场定位	6.3.3.1
75	整合营销传播	6.4.1
76	广告策划	7.1.1
77	系统原则	7.2.1
78	动态原则	7.2.2
79	创新原则	7.2.3
80	效益原则	7.2.4
81	企业营销策划	7.4.1
82	广告策划营销环境调查	8.1.1
83	宏观环境调查	8.1.1
84	中观（行业）环境调查	8.1.1.1
85	微观环境调查调查	8.1.1.2
86	消费者调查	8.1.1.3
87	市场调查	8.1.1.4
88	竞争状况调查	8.1.1.5

表（续）

序号	专业名词	出现章节
89	广告目标	8.1.2
90	广告创意表现	8.1.4
91	广告媒介策略	8.1.5
92	广告策划书	8.2.1.1
93	广告预算	9.1
94	广告效果	10.1.1
95	广告效果测评	10.1.3
96	广告心理效果	10.2.1
97	广告心理效果测评	10.2.1
98	广告促销效果测评	10.3.1
99	广告社会效果	10.4
100	广告创意	11.1
101	平面广告	13.1
102	广告媒体	14.1.1
103	视听率	14.1.1.1
104	开机率	14.1.1.2
105	视听占有率	14.1.1.2
106	到达率	14.1.1.2
107	毛评点	14.1.1.2
108	千人成本	14.1.1.2
109	有效暴露频次	14.1.1.2
110	媒体组合	14.4.6
111	广告法规管理	15.1.1

注：专业名词序号按照第一次出现的先后顺序排列。